U0113305

权威·前沿·原创

澳门蓝皮书

BLUE BOOK
OF MACAU

澳门经济社会发展报告
（2010~2011）

主　编／郝雨凡　吴志良
执行主编／林广志

ANNUAL REPORT ON ECONOMY AND
SOCIETY OF MACAU(2010-2011)

社会科学文献出版社
SOCIAL SCIENCES ACADEMIC PRESS (CHINA)

法 律 声 明

　　“皮书系列”（含蓝皮书、绿皮书、黄皮书）为社会科学文献出版社按年份出版的品牌图书。社会科学文献出版社拥有该系列图书的专有出版权和网络传播权，其 LOGO（▨）与“经济蓝皮书”、“社会蓝皮书”等皮书名称已在中华人民共和国工商行政管理总局商标局登记注册，社会科学文献出版社合法拥有其商标专用权，任何复制、模仿或以其他方式侵害（▨）和“经济蓝皮书”、“社会蓝皮书”等皮书名称商标专有权及其外观设计的行为均属于侵权行为，社会科学文献出版社将采取法律手段追究其法律责任，维护合法权益。

　　欢迎社会各界人士对侵犯社会科学文献出版社上述权利的违法行为进行举报。电话：010 - 59367121。

社会科学文献出版社

法律顾问：北京市大成律师事务所

主要编撰者简介

郝雨凡　澳门大学社会科学及人文学院院长，政治学教授，博士生导师。先后于 1984 年和 1989 年获得美国约翰·霍普金斯大学高级国际问题研究院硕士和博士学位，曾任哈佛大学国际问题中心麦克阿瑟研究员、美国科盖特大学（Colgate University）政治学教授、亚洲研究何鸿毅讲座教授。多年从事国际关系、中美关系、决策学及中国腐败问题的研究，在国际主要学术刊物发表众多学术文章。英文近作：*Macao and Sino-U. S Relations*（co-edited by Yufan Hao & Jianwei Wang, Lanham, MD.：Lexington Books, 2011）；*China's Policies on Its Borderlands and the International Implications*（co-edited by Yufan Hao & Bill Kwok Ping Chou, Singapore：World Scientific, 2010）；*Sino-American Relations：Challenges Ahead*（edited by Yufan Hao. London：Ashgate, Nov 2010）；*Challenges to Chinese Foreign Policy：Diplomacy, Globalization and the Next World Power*（University Press of Kentucky, 2008）；*Chinese Foreign Policy Making：Societal Forces in Chinese American Policy Making*（Ashgate, London, 2005）。中文近作有：《中国人文社会科学三十年回顾与展望》（合编，复旦大学出版社，2008）、《中国外交决策：开放与多元的社会因素分析》（合编，社会科学文献出版社，2007）、《布什的困境》（时事出版社，2005）、《白宫决策》（东方出版社，2002）、《瞬间的力量》（新华出版社，2002）、《限制性接触》（新华出版社，2001）、《无形的手》（新华出版社，2000）。曾任日本国际大学客座研究员、韩国汉城东亚研究所客座研究员、日本庆应义塾大学全球安全研究所高级研究员，以及北京大学、清华大学和中国人民大学客座教授等职。现任复旦大学、北京外交学院和上海外国语大学客座教授。

吴志良　1985 年北京外国语学院葡萄牙语专业毕业；1986 年赴葡萄牙，先后在里斯本大学文学院和葡萄牙天主教大学法律专业进修；1997 年获南京大学历史学博士学位。1988 年加入澳门基金会，1992 年 3 月起出任管理委员会委员，

2000 年 11 月出任主席，2001 年 7 月澳门基金会与澳门发展与合作基金会合并成立新澳门基金会后，担任全职行政委员，目前担任行政委员会主席。1998 年 6 月至 2001 年 7 月兼任澳门教科文中心主任。2005 年 3 月起兼任澳门可持续发展策略研究中心助理主任。又任澳门公共行政管理学会会长、中华海外联谊会理事、中国中外关系史学会副会长、中国明史学会理事、中国国际问题研究和学术交流基金会理事，以及北京外国语大学、南京大学、澳门大学和澳门科技大学客座教授。主编《澳门论丛》、《新澳门论丛》、《濠海丛刊》和《澳门法律丛书》等丛书百余种，也是《粤澳公牍录存》、《澳门丛书》、《澳门百科全书》和《澳门总览》的双主编之一，并合作主编《澳门史新编》、《明清时期澳门问题档案文献汇编》、《粤澳关系史》和《澳门历史新说》。著有《葡萄牙印象》、《澳门政治制度——沿革、现状和展望》、《青年与澳门未来》、《澳门政制》、《东西交汇看澳门》、《生存之道——论澳门政治制度与政治发展》（中、葡文版）及《一个没有悲情的城市》，并合著《葡萄牙投资指南》、《澳门政治社会研究》、《镜海飘渺》、《东西望洋》、《过十字门》、《早期澳门史论》及 *Revisitar os primórdios de Macau: para uma nova abordagem da História*。

中文摘要

《澳门蓝皮书》集中体现过去一年澳门各个领域的最新发展形势，全面总结回归以来澳门的总体变化，力求做到既有时效性又有历史感，既重点突出又系统全面。

2011 年度《澳门蓝皮书》分总报告、政治法制篇、经济贸易篇、社会事业篇、文康事业篇及附录六部分。总报告回顾了第三届特区政府上任时面临的社会形势，以及上任后在阳光政府和科学决策两大施政理念指导下，所展开的一系列重要的民生工作和制度建设。并提出，如何在发展中兼顾民生，在效率中兼顾公平，是第三届特区政府需要认真对待的新的历史任务；政治法制篇从宏观上勾勒了回归以来，澳门政治发展、法律改革、政府与社会关系的变迁，并结合 2011 年行政长官施政报告提出的建设阳光政府、科学决策与咨询制度建设等进行了深入细致的分析；经济贸易篇内容涉及澳门赌博业、澳门文化创意产业、横琴开发以及澳门中医药产业发展等方面；社会事业篇就当前澳门劳动报酬、财政制度改革、交通运输发展、房屋分配政策、社会保障制度以及城市规划等热门话题作全方位探讨；文康事业篇详细介绍了澳门学、澳门公共广播事业、澳门演艺事业等方面取得的进步与存在的问题。附录则提供了澳门最新重要统计指标和 2010 年发生的重要事件，以便读者查阅。

目 录

B Ⅳ　社会事业

B Ⅴ　文康事业

B Ⅵ　附录

皮书数据库阅读**使用指南**

CONTENTS

B I   General Report

B II   Political and Legal Development

B III   Economical and Trade Development

总 报 告

General Report

B.1

兼顾效率与公平的民生与发展问题

郝雨凡*

摘 要： 本文回顾了第三届特区政府上任时面临的社会形势，以及上任后在阳光政府和科学决策两大施政理念指导下，所展开的一系列重要的民生工作和制度建设。同时指出，前两届特区政府在通过推动博彩业的大发展卓有成效地实现经济发展和财富积累的同时，忽视了关系社会公平的民生建设。最后提出，如何在发展中兼顾民生，在效率中兼顾公平，是第三届特区政府需要认真对待的新的历史任务。

关键词： 第三届特区政府 民生与发展 效率与公平 制度建设

全球金融危机的余波尚未散去，澳门经济却早已在 2009 年底开始回暖。2009 年，澳门本地生产总值约 1694 亿澳门元，人均生产总值 31 万澳门

---

* 郝雨凡，教授，博士生导师，澳门大学社会科学及人文学院院长。

元，博彩收益 1216 亿澳门元，总体就业人口每月工资收入中位数 8500 澳门元。而回归当年，相关数据分别仅约为 470 亿澳门元、11 万澳门元、120 亿澳门元、4920 澳门元。2010 年，澳门经济更强力复苏，总体形势一路向好，上半年本地生产总值约 907 亿澳门元，全年博彩收益为 1883 亿澳门元。随着经济快速增长，政府财政收入相应由回归当年 195 亿澳门元增至目前近 800 亿澳门元，财政滚存由 27 亿澳门元增至约 1400 亿澳门元。可以说，这得益于始于第一届特区政府开放赌权的制度变革，以及第三届政府在首开之年的 2010 年继续稳步推动，澳门成为近年来中国乃至世界范围内最引人注目，甚至是最令人羡慕的地区之一。

但是，在经济快速增长和社会财富翻倍积累的同时，市民对于社会现状的忧怨在逐渐膨胀，对于政府的期望也日益高涨。这种期望，指向很多方面。例如实现经济适度多元、妥善管理财政盈余、提升财政透明度、平衡推进民生建设与经济发展、加强政府廉政建设等。澳门土地资源十分稀缺，社会发展的承载能力有限。然而，近几年博彩业的急速发展导致严重的社会超载，各种社会问题日益突出，人口拥挤，交通堵塞，环境污染，房价攀升，医疗服务不足，生活成本增加，贫富差距拉大，生活质量下降，中小企业经营负担加重等。而在过去一年中，伴随着澳门经济形势持续向上，以及政府换届带给市民的心理预期效应，加大力度解决民生问题的呼声在社会上变得越来越高，甚至可以将其形容为"市民心中压倒一切的问题"。人们希望，能更贴切地感觉到社会财富增长带给个人的好处，能真实地过上与亚洲人均 GDP 排名第一相称的优质生活。就是在这样一种社会形势下，以崔世安为行政长官的第三届特区政府在刚刚过去的 2010 年，即澳门回归祖国后迈入第二个 10 年的首开之年，走马上任，平稳交接。它承接首个 10 年澳门所取得的一切成就和遗留下来的各种问题，并在市民对新政府有新作为的期待下，开始了新的征程。

总体来说，2010 年新一届政府顺应民意，确立了关怀民生这一施政主旋律，试图做到全民共享经济成果。除了继续实施多项税务减免，以及与 2009 年金额相同的现金分享计划（即向永久性居民和非永久性居民分别派发 6000 澳门元和 3600 澳门元）、医疗券计划（即向永久性居民发放 500 澳门元医疗券，可在私营医疗机构使用）、5000 澳门元敬老金计划、每户住宅单位 150 澳门元电费补贴和其他特殊补贴以外，还开始落实讨论多年的、由社会保障基金和中央公积金两部分组成的双层式社会保障制度①，旨在应对社会老龄化程度日益加重时澳门居民能获得更有保障、更加体面的退休生活。另一个重要的民生工程，是正式确定了离岛医院发展计划，即以填土 5 万平方米的方式在路环岛石排湾水库附近兴建离岛医疗综合体，目前已开展填土工作。特区政府表示，争取在 2015 年前建成首期急症医院，其他项目计划不迟于 2020 年完成。这一工程，将有助缓解澳门本岛以外路氹居民长期看病难的问题。最近，政府还正式发布了《完善医疗系统建设方案》（以下简称《方案》），预计未来 10 年投入约 100 亿澳门元逐步完善澳门医疗系统建设，包括扩建及重建现有医疗设施、完善初级卫生保健网络，以及上面提到的兴建离岛医疗综合体，并成立了由行政长官担任主席的"医疗系统建设跟进委员会"，全面协调、跟进和评估《方案》内的各项公共投资②。

更重要的是，新政府在 2010 年 3 月 16 日和 11 月 16 日发表的两份施政报告中③，提出了阳光政府和科学决策两大施政理念，试图建设更加民主、亲民、科学、透明的管治体系，以此引领澳门未来的发展。为了加强政府与社会之间的直接沟通，推动政务公开，政府于 2010 年 2 月 24 日成立了新闻发言人办公室，政府各主要官员、各局级部门也分别设立新闻暨公共关系协调员，使议论多年的新闻发言人制度初步成型④。为了强化公共政策制定的科学性，并统筹协调政府内部、高等院校及民间社会的各种研究工作，经过一年多的筹备，隶属行政长官的政策研究室于 2011 年 1 月 1 日正式运作，成为政府落实科学决策理念的一项重要措施⑤。在推动澳门经济适度多元方面，政府于 2010 年 3 月 8 日成立会展业发展委员会，希望在澳门已有一定基础的会展业得到进一步整合和提升。另于 5 月10 日成立文化产业委员会，并在文化局辖下增设文化创意产业促进厅，旨在培育和发展文化产业⑥。作为文化产业的相关部分，政府于 10 月公布了历经半年

①　关于双层式社会保障制度的具体情况，可参见本书邓玉华《澳门社会保障制度建设》。

②　参见新闻《十年百亿完善医疗系统》，载于 2011 年 3 月 1 日《澳门日报》A01 版。

③　《2010 年财政年度施政报告》和《2011 年财政年度施政报告》全文，参见澳门特别行政区政府入口网站，http：//portal. gov. mo/web/guest/govinfo/policy - address。

④　关于阳光政府的具体落实情况，参见本书吴志良《全民努力，构建阳光政府》。

⑤　关于科学决策的具体落实情况，参见本书鄞益奋《科学决策与咨询制度》。

⑥　关于推动经济适度多元发展的新进展，参见本书梁文慧《文化创意产业：澳门产业适度多元发展的新举措》。

草拟的《澳门广播电视股份有限公司策略发展工作小组报告》①，从定位、管治、财政、监督、人事、节目、表现评估等多方面，对澳门广播电视股份有限公司提出了整体改善意见和长远发展策略，旨在为澳门市民提供更加优质的公共广播服务。而在市民普遍较为关心的社会事务如公共房屋、城市规划等方面，新一届政府也着手展开了一系列框架性的工作。先后于 4 月 28 日和 6 月 14 日成立了公共房屋事务委员会及促进房地产市场可持续发展工作小组，启动编制《公共房屋发展策略（2010~2020）》，旨在全局地、系统地解决澳门居民的住屋问题。运输工务司于 2010 年 10 月 31 日发布了《澳门总体城市设计研究》② 报告，为更加科学合理地规划这座寸土寸金的城市做出了纲要性指导。

然而，尽管特区政府库存得益于博彩业的大发展而逐渐丰裕，也正在加大民生建设的经费投入，居民对此似乎却难有赞辞。澳门新视角学会于 2010 年 6 月 24 日和 12 月 31 日分别发布了新一届特区政府施政满意度调查结果③，从总体上看，市民较满意的施政内容包括提高教育资助、提供现金分享、兴建离岛医院、设立公交专线。但纵向对比，市民对新政府施政一年的满意情况（$N = 867$）比半年前（$N = 1160$）有所下降，正面评价下降更近 5 个百分点④。调查同时反映出，大部分居民最关心的还是住屋、医疗、交通等民生问题，体恤民情、关怀民生仍然是澳门居民对政府的最大诉求。

温家宝总理 2010 年 11 月 14 日到访澳门作《同呼吸、共命运、心连心》演讲时曾提出四点希望，其中包括特区政府要"努力保障和改善民生，利用财力较为雄厚的有利条件，将公共开支更多向民生领域倾斜"，做到"澳门的发展成果，应由广大澳门居民分享"。温总理的讲话，一语中的地点出了澳门问题的症结，即不断累积的财富如何公平公正地分享。客观地说，平常不乏听到邻近地区

---

① 报告全文参见澳门特别行政区政府入口网站，http：//portal. gov. mo/web/guest/tdm_ report_ 2010。另可参见本书吴玫、李凝怿《公共广播在澳门的起步——澳门广播电视股份有限公司的重新定位》。

② 报告摘要参见澳门土地公务运输局网站，http：//www. dssopt. gov. mo/tc/DUGM/SPUM/ spum. pdf。另可参见本书邢荣发《近期澳门的城市规划概况》。

③ 报告全文参见 http：//www. myra. org. mo/wp – content/uploads/2010/08/，澳门特区政府施政满意度调查报告 pdf 文件。

④ 相关数据参见新闻《要重视民调对政府满意度下降之因》，载于 2011 年 1 月 11 日《澳门早报》第 A2 版。

的民众羡慕澳门人每年能收到政府派发的大红包，以及享受各种为数不少的税费减免和生活补贴，但围城内外，人们的感受为何不尽相同？究其原因，主要在于社会上弥漫着一种不患贫而患不均的情绪。部分居民认为，澳门整体经济在博彩业这个龙头产业的带动下取得了跳跃式增长，GDP总量自回归以来增加3倍有余。但同时，政府给予了过多支持博彩业发展的倾斜性政策，导致，一方面，社会财富过于集中小部分群体，未能合理平衡地分配给整个社会；另一方面，博彩业超速发展付出的社会成本，却由未能同比例分享发展成果的社会大众承担。

曾忠禄教授从初次分配角度，即劳动报酬占GDP的比重，计算了澳门的社会公平水平，并作了横纵向比较。研究结论指出，2008年澳门的劳动报酬比重是28.8%，不仅低于世界一般水平的40%～60%，且远远低于同期邻近国家或地区的中国香港、中国台湾、新加坡、日本以及具有可比性的微型经济体卢森堡。从纵向看，澳门回归当年这一数据为37.7%，比2008年还高出9个百分点，而期间澳门人均GDP是以平均每年12.7%的速度在增长。也就是说，澳门劳动报酬占GDP的比重不仅在世界上较低，与亚洲人均GDP排名第一的地位不相称，而且在回归后有所下降①。曾教授的研究，以科学的方法印证了长期存在于居民心中的直观感受。而要改善收入分配不公的现象，政府除了需要加快研究在全社会推行最低工资制度外，还要从增加医疗、养老、社保、房屋、教育、交通等公共服务支出方面研究对策。

另一个社会焦点是房屋问题。澳门地域狭小，30平方公里的土地上生活着近55万人，可谓寸土寸金。随着2002年开放赌权后经济迅猛发展，房价也一直攀升，整体住宅单位每平方米成交价由当时约6261澳门元，升至2009年约2.3万澳门元②；两室一厅的住宅租金，则从每月千元左右升至四五千。究其原因，一方面在于私人房屋市场的发展商大都推出中高档较大面积楼房，这些新建房屋与居民的心理预期和实际负担能力在短时间内出现较大差距。而面对房价快速上涨，政府的土地制度和公共房屋制度严重滞后，间接推高私人房屋价格，使社会

---

① 参见本书曾忠禄《效率与公平：澳门劳动报酬问题研究》。

② 数据来源于澳门统计暨普查局网站之"建筑统计"，http://www.dsec.gov.mo/Statistic/Construction/ConstructionStatistics.aspx。

上出现一批对公屋需求殷切的居民，尤其是适婚年轻人的置业诉求最为强烈。年轻人，亦因而成为澳门各年龄阶层中最不满房屋政策的群体①。虽在金融海啸后房价有所回落，但随着美国量化宽松政策带来的全球资金剩余，亚洲新兴经济体的资产价格迅速回升，加之澳门博彩经济势头持续向好，澳门房价在金融海啸后依然屡创新高。2010 年，全年住宅单位买卖数目为 17989 个，买卖价值共 459.4 亿澳门元，每平方米成交价约 3.1 万澳门元，均属近年来高位②。尽管政府自 2009 年起开始高度重视这一问题，陆续推出帮助年轻人置业的"自置居所贷款利息补贴制度"、"贷款担保计划"以及俗称"刘十招"③ 的房屋调控措施，并承诺在 2012 年之前兴建 1.9 万间公共房屋，但目前来看，楼市炽热的氛围仍难改变。政府更是推迟了原定在 2010 年底的土地公开拍卖，避免引起楼市的进一步波动④。

随着澳门人口总数从回归时约 43 万人增至目前约 55 万人，以及人口老龄化指数（即 65 岁及以上人口与 0～14 岁的人口的百分比）相应从 28.8% 升至 59%，社会对医疗卫生的需求已大大增加，但澳门医疗体系的供应能力并未跟进。数据显示，2000～2009 年，医院门诊求诊人数从 63 万人左右（2 间医院）升至约 115 万人（3 间医院），住院病人数目从 2.9 万人左右升至约 4.4 万人。但同期，医院数目仅从 2 间增至 3 间，住院病床数从 923 张增至 1109 张，医生从 997 名增至 1292 名，护士从 943 名增至 1491 名。目前，澳门每千人口对应的住院病床数为 2 张，每千人口对应的医生和护士分别为 2.4 人和 2.8 人⑤。可见，澳门医疗卫生系统已长期处于超负荷状态，看病难、轮候时间长成为大部分前往医院就诊居民的苦恼。而同期在资源投入上，政府卫生领域开支的绝对数额虽从 11.3 亿澳门元增至 26.9 亿澳门元，但其占每年公共职能开支总数的比重则从 12.9% 降至 7.6%，支出与需求较不平衡。市民对澳门医疗体系除了有数量上的

① 参见本书陈建新、林辰乐、黄景尧《澳门房屋政策发展》。
② 澳门统计暨普查局网站之"2010 年第 4 季私人建筑及不动产交易"，http：//www.dsec.gov.mo/Statistic/Construction/PrivateSectorAndRealEstateTransactions/PrivateSectorAndRealEstateTransactions 2010Q4.aspx。
③ 参见新闻《刘十招冀遏炒风楼价》，载于 2010 年 9 月 29 日《澳门日报》第 A01 版。
④ 参见新闻《刘司：建细单位地不只一幅》，载于 2011 年 1 月 24 日《澳门日报》第 B05 版。
⑤ 澳门统计暨普查局网站之"医疗统计"，http：//www.dsec.gov.mo/Statistic/Social/HealthStatistics.aspx。另可参见本书卞鹰、王一涛《澳门医疗服务体系及其发展改革》。

需求外，质量要求也在不断提高。由于澳门医疗体系的整体质量跟不上，部分有经济能力的人出外就医的现象也较过去增多。因此，如何一方面满足普通市民的看病需求，另一方面提高医疗体系看诊和服务的整体水平，是政府应该正视的问题。澳门，这个在财富上已经迈入丰裕型社会的城市，能否在生活质量上也相应提升至优质水平，医疗体系的表现是一项重要的衡量指标。

此外，融入区域整合仍然是新政府一项不容忽视的工作。自 2008 年 12 月国家出台《珠江三角洲地区改革发展规划纲要（2008～2020）》逾两年来，珠三角地区新一轮整合发展已是大势所趋。澳门如何借力建设成为世界旅游休闲中心，进而实现经济适度多元和社会可持续发展，很大程度上取决于参与区域合作的程度，特别是与珠海的合作①。两年间，珠澳两地初步形成了政府直接沟通机制，即珠澳合作专责小组，并已下设珠澳跨境工业区转型升级、珠澳城市规划与跨境交通研究、珠澳口岸通关合作 3 个工作小组，负责开展和跟进两地之间的重大合作项目②。伴随着横琴岛开发拉开帷幕，澳门大学横琴校区建设已经启动，而中医药科技产业园也有望在近期签署《粤澳合作框架协议》后动工兴建③。这些项目，将帮助澳门为参与后续横琴岛开发和更大范围内的区域合作积累经验。但目前来看，不论是特区政府还是澳门企业界，都还需要进一步提升参与区域合作的意识和步伐。

回顾过去，澳门回归后的第一个 10 年是一段特殊的历史时期，当时政府面对的主要任务是尽快改变澳门经济多年不振的局面，盘活整体经济面貌，这不仅是一个经济问题，也是一个政治问题。现在看来，前两届特区政府通过推动博彩业的大发展卓有成效地完成了发展经济、积累财富的历史任务，但高效的同时，也留下了长期忽视民生建设的后遗症，医疗、社保、房屋、工资收入、财富分配等问题从未像今天这样集中堆积在一起。这些问题，正在悄悄地销蚀着澳门取得的那些光鲜的成就。在 2005 年和 2010 年的两次调查中，澳门居民对于整体社会生活素质的评分均是 3.18 分（5 分制）。原来，居民每天真切感受着的澳门，某

---

① 关于澳门参与区域经济合作的情况，可参见本书叶桂平《远交促近融：澳门区域经济合作的特点》。
② 关于珠澳合作的最新进展，可参见本书姜姗姗《珠澳合作新进展》。
③ 关于澳门参与横琴岛开发的情况，可参见本书柳智毅《澳门参与横琴岛开发的现状和政策建议》。

种程度上只是在原地踏步①。

促进发展与关怀民生，追求效率与维系公平，是一座难以把握的天平，这是每一个社会都逃避不了的治理难题。当经济增长与各种制度建设脱节的后果逐渐显露出来时，人们开始不同意政府再以过去那种高度倾斜博彩业的取向规划澳门的未来。随着澳门经济总量的持续扩大，社会利益的逐渐分化，社会治理的难度必定越来越大，特区政府的治理能力也面临更严峻的考验。这不仅需要政府从增加资源投放上解决好民生问题，更需要关注导致民生问题的深层次制度欠缺。例如与房屋问题相关的土地制度、与廉政建设相关的财政预算制度②、与机会公平相关的公务员中央招聘制度等。总之，如何在发展中兼顾民生，在效率中兼顾公平，改变长期以来澳门只用"一条腿"走路的状态，贴近民意，提升行政能力和治理水平是第三届特区政府需要认真对待的新的历史任务。政府对于这一任务的回应渐已展开，力度也正在加大。但是，实施效果和社会反响均有待观察。

Balancing Efficiency and Social Justice：Urgent Need to Address Citizens' Livelihood in Macau's Development

Hao Yufan

Abstract：This paper examines the political, economic and social development of Macau during 2010, the first year of the third SAR government since its return to China. Addressing the pressing issues facing Macau, the administration pursued a new approach under the ideas of "sunshine government" and "scientific decision-making." By summarizing most of the main ideas presented in each chapter of the book, this introductory chapter argues that Macau SAR has encountered new challenges regarding how to maintain economic growth, while at the same time allocating the wealth

---

① 参见本书孔宝华、郑宏泰《澳门居民的综合生活素质》。

② 关于廉政建设和财政透明的具体情况，可参见本书邝锦钧《澳门廉政公署的建设与发展》；连信森：《澳门财政透明度研究——基于 IMF 守则的描述性分析》。

accumulated in the last decade fairly and effectively. The pressing task is how to uplift citizen's living standards and meet their expectation by improving medical service and infrastructure, and addressing problems like rocketing housing prices and inflation. It also makes some recommendations regarding how the SAR government should prioritize its attempts to solve these social problems.

Key Words: The Third SAR; Macau Development and People's Living; Efficiency and Fairness; Institution Building

政 治 法 制

Political and Legal Development

B.2

全民努力，构建阳光政府

吴志良*

摘　要：建设阳光政府是澳门特区第三届政府的工作重点之一。本文试图从政策、制度和工具的方向入手，同时期望透过阳光政府的建设促进一个以更加开放、包容、理性、和谐为基调的新型治理网络的形成。然而，法治意识的提高和法制建设将是建设阳光政府进程中的一大挑战，而实现阳光政府更需全社会的共同努力。

关键词：阳光政府　开放政府　公众参与

建设阳光政府是澳门特区第三届政府的工作重点之一。"阳光政府"实际上是"公开政府"（open government）的意象表述，有引入"阳光"开诚布公之意。公开政府强调善治（good governance）中问责（accountability）、透明

＊　吴志良，澳门基金会行政委员会主席，北京外国语大学及澳门大学客座教授，博士生导师。

（transparency）和公开（openness）的要素，而经济合作与发展组织（OECD）认为，建设公开政府在于构建扎实的法律、制度和政策框架，从法制、政策、制度和工具的方向使公众便于取得政务资讯、参与政策咨询以及政策制定过程，以此达至公共政策的优化、防范贪腐行为、提高公众对政府的信任。本文总结澳门特区政府提出"阳光政府"的背景、建设阳光政府的具体措施以及探讨阳光政府将来的建设方向。

一 提出阳光政府的背景

澳门特区成立的首 10 年，经济和社会皆发生巨大的变化。新生的特区政府和年轻的施政团队刚承接过去葡治时期形似共识实为混沌的政治和无为而治甚至无所作为的行政遗产，而且要面对在"澳人治澳"的新形势下刚刚完成本地化的公务人员的能力建设挑战，政府体制于是出现了由强势的行政长官领导但公共行政机器在整体运作上经验不足的情形，而公共行政的能力和经验的不足一方面导致既有的制度难以严格执行，另一方面，又造成原有的缺陷被无限放大或利用。2006 年揭发的前运输工务司司长贪腐案便充分暴露了这种缺失，严重损害了特区政府的威信，也对特区的政治社会发展带来冲击。

根据澳门理工学院在 2009 年上半年展开的"澳门特区 10 年发展"民意调查中，超过 60% 的受访者对政府内部出现的贪腐和利益输送行为表示不满，认为肃贪倡廉、加强廉政建设应为 2009 年 12 月就任的第三届政府的重点工作。当时的行政长官候任人崔世安在 2009 年 11 月 24 日公布新一届政府主要官员的名单时，首次提及以加强廉政建设作为构建"阳光政府"的切入点。12 月中，崔世安在接受中国新闻社的访问中，进一步提出"阳光政府是未来（政府工作的）方向"，并首次阐述构成澳门特区"阳光政府"的要素，除了加强廉政建设外，还包括增强工作透明度、有效回应居民施政诉求、落实系统决策、科学决策等，至此整套构建"阳光政府"的理念步向成熟，并写进崔世安上任后的首份《施政报告》中："新一届特区政府将充分听取民意，集思广益，以澳门居民的福祉为依归，对澳门长远利益和整体利益负责，加强廉政建设，全面提升施政透明度；推动公共政策的科学化和民主化；提高政府执行力；提升广大市民对政府的信心；在良性的互动和监督下，全力推动阳光政府建设。"

二 建设阳光政府的具体措施

基于上述原则，特区政府在 2010 年落实了一系列与建设阳光政府有关的具体措施，包括：

（1）设立政府发言人制度，在最高层次设立政府发言人办公室，并且在主要官员办公室及各局级部门指派新闻暨公共关系协调员，统筹政府信息发放、回应媒体查询。

（2）启动检讨和修改廉政公署组织法和财产申报法律的程序，适当引入官员财产资料公开的机制、完善"廉政公署人员纪律监察委员会"和强化行政申诉职能等。

（3）发表《公共政策咨询规范性指引》咨询文本。根据文本内容，有关指引将全面涵盖公共政策咨询应遵循的原则、规划统筹、前期准备、公开推行、回馈总结和个人资料的使用。

（4）启动修订《出版法》和《视听广播法》的工作，分 4 个阶段，透过比较研究、民意调查、公众咨询和法案草拟通过，争取在 2～3 年内完成。

（5）更注重《施政报告》的前期准备工作。第三任行政长官除了继承过往的做法，邀请各界社会人士就政府施政报告发表意见外，还主动邀请行政长官选举委员会部分成员、专业界别团体的代表参与其中，深入街区邻里听取基层居民意见。

（6）整合和改善现有政府政策研究体系的架构，筹建全新的政策研究室，作为政府核心的咨询、辅助决策机关。另一方面，加强公、私研究机构的协调合作，以期在公共政策制定的输入阶段与将来的政策研究室发挥互补作用。

（7）颁布《澳门特别行政区主要官员通则》行政法规及公布《澳门特别行政区主要官员守则》和《领导及主管人员行为准则——义务及违反义务时的责任》两份规范性文件，强调政府对主要官员、领导及主管人员有高度的个人品格及专业操守要求，且必须以高度的行为道德准则履行职务，自觉维护政府的声誉和管治威信。

三 未来建设阳光政府的方向

从构建公开政府的四大方向和政府在 2010 年采取的措施分析，目前政府主要从政策、制度和工具的方向入手，期望以建设阳光政府来促进一个以更加开放、包容、理性、和谐为基调的新型治理网络的形成。这个网络以资讯公开为导因，由政府引导居民参与社会治理。建立政府发言人制度、制定《公共政策咨询规范性指引》、修订《出版法》和《视听广播法》、行政长官亲自听取基层居民施政意见等，都充分显示出政府催化更成熟的澳门公民社会的用心和诚意，使政府和居民之间在重大的公共政策议题上能取得更大的默契、共识和信任。

然而，治理网络非政府独力可以建成，需要市民的全力参与和配合。一个成熟的公民社会，首先要具备高度的法治意识，唯有这样，一个重视程序、过程而不仅仅是结果的新共识政治才能健康发展；也只有这样，治理网络和公民社会方能茁壮成长。诚然，前述四大方向中的关键法制手段，似乎仍存在严重的空白，也是当前阳光政府建设进程中要面对的重大挑战。例如，《行政程序法典》关于保障居民行使资讯权的规定出现灰色地带，没有专门规范信息自由（freedom of information）的法律，对法规影响的评估（Regulatory Impact Assessment）未尽充分也导致《因执行公共职务的司法援助》（俗称"公职法援"）等法案在社会上出现争议，由下而上的立法行为更受到宪制和社会整体能力的制约而难以开展。

特区法制建设滞后，对阳光政府的构建进程产生消极影响。事实上，社会习惯以"法律滞后"概括表述澳门特区当前的法制状况并未全面和精确地反映近年发生快速变化的现实形势，部分法律法规长期未作修订而与社会现实脱节，而与回归前因须完成法律本地化而出现的法制建设高潮相比，回归后的法制建设步伐显然放缓，尤其在博彩业开放前对法制建设的重视和准备严重不足，导致理应保障澳门经济和社会有效运转的法制竟成为日后澳门飞跃发展的绊脚石。如果缺乏法制建设的配合，为阳光政府作为制度化产物提供有力的强制力支撑，再多的行政措施也可能事倍功半。因此，法律改革与现代化成为当务之急。

行政长官邀请终审法院法官以个人身份参与法律改革咨询委员会的工作，可以说是新一届政府决心推进法制建设的重要步骤。虽然法官参与行政机关组织的工作易受外界质疑其独立性，但司法机关伸张正义的工具就是法律，法官本身正是对法律有透彻了解的人士之一。澳门法律人才缺乏，以及司法界对法制建设滞后一直颇有微言等，使法官以个人身份参与有关工作具备符合澳门独有现实情况的正当性。这不但有助于以法制建设推动阳光政府的发展，长远来看更有助司法机关本身提升处理积压案件的效率，使正义得以及时伸张，更使阳光政府的运转

能最终走向良性循环。

尽管社会人士忧心忡忡，但事实上法律人才缺乏甚至断层的问题也可望逐步得以解决。多年来，澳门大学培养了数百名法律毕业生，而经过澳门基金会、教育暨青年局和澳门大专教育基金会的多年努力，首批参与赴葡学习葡文及法律计划的 12 名学员亦于 2010 年学成归澳服务，预计在 2011 年又将有 17 名毕业生回澳。这批法律人才的生力军，既掌握法律专业知识和精通法律界不断强调的中葡双语，又了解澳门居民习俗和本地社会现实情况，相信对推进特区法制建设、构建阳光政府将能作出积极的贡献。

总之，阳光政府的构建是一项长期的工作，阳光政府的成功建设也绝非单靠政府一己之力，而是需要全社会的共同参与和努力，使优质、成熟的公民社会不断成长。只有这样，阳光政府方竟全功。

Open Government: A Full Account

Wu Zhiliang

Abstract: Building a "sunshine government" (open government) is one of the major tasks of the Third Government of the Macau Special Administrative Region. By means of policy, institutions and tools, the construction of an open government is being attempted that will stimulate the formation of a new type of governance network based on openness, tolerance, rationality and harmony. However, the consciousness of the rule of law and the construction of legal institutions will become a major challenge during the course of building an open government. The realisation of an open government also depends on the joint effort by all members of the community.

Key Words: "Sunshine Government", Open Government, Public Participation

B.3

澳门廉政公署的建设与发展

邝锦钧 *

摘　要： 廉政建设和肃贪倡廉对政府的管治能力都非常重要，因此，政府良好管治和廉政建设是相辅相成的。澳门回归 10 年，廉政建设由初期的探索阶段至目前的成熟期，肃贪倡廉和行政申诉取得不小成绩，亦赢得市民的认同。廉政公署由成立初期只能打击与公务员有关的贪污行为，到现时扩展至私营部门的防止贿赂，令廉政公署拥有全面的反贪工具，加上政府扩大廉政公署的人手配备，更令廉政公署的打击贪污有形之手，伸展至全澳。在万事俱备的今天，能够影响廉政公署执法效能的可能是国际以及民间的认同。国际反贪机构——透明国际对澳门的最新清廉印象指数评为临近恶化的评级，却为澳门反贪工作发出警示。

关键词： 贪污　廉政公署　私营部门　架构重组

澳门特别行政区自 1999 年 12 月 20 日正式成立之后，刚于 2009 年度过了第一个 10 年。回顾这 10 年，澳门廉政公署在反贪及处理公共行政申诉的工作上取得了一些令人鼓舞的成绩，当然，其中也经历了一些令人难忘的挑战。澳门廉政公署作为澳门唯一专责肃贪倡廉和行政申诉的机构，澳门特区政府在回归伊始便展开了一连串的部署，包括通过法律第 10/2000 号的澳门廉政公署组织法及第 11/2003 号法律《财产申报》法律，以及就 2001 年举行的回归第一次立法会选举通过法律第 3/2001 号选举法。2008 年，澳门廉政公署着手制定将打击贪污行为扩展至私营部门领域的法律，并随即进行大量的咨询和宣传工作。2009 年，立法会通过了第 19/2009 号的《预防及遏止私营部门贿赂》法律。自此，无论贪

---

* 邝锦钧，博士，澳门大学社会科学及人文学院政府与行政学系助理教授。

污贿赂等不法行为是发生在公营部门或纯粹发生在私营部门，都一一受到法律的监管。然而，不论法律是如何的严格，挑战和批评总是存在的。在扩大财产申报方面，由于得不到立法会的全面支持而只取得少许进展；在 2009 年第三届行政长官选举上亦因投票方式保密不足而令人留有口实；而在 2009 年第五届立法会选举后行政长官任命新一届行政会成员中，委任原行政长官选举管理委员会主席并刚升任中级法院法官的冯文庄出任廉政专员一职，亦因他的家族成员和因贪污罪入狱的欧文龙有关系而激起一阵涟漪。廉政公署在监督立法会选举上亦因运作废票问题而出现一些波折。

一　澳门廉政公署的组织和人事编制转变

澳门廉政公署于 1999 年 12 月 20 日澳门回归当天随即成立，除了是根据《基本法》的规定设立之外，其目的亦明确了新政府锐意借打击公务人员的贪污及欺诈行为而强化特区政府的有效管治。廉政公署的前身，是"反贪污暨反行政违法性高级专员公署"，简称"反贪公署"，起初由前澳门总督李安道于 1975 年倡议设立，作为专门对付贪污的肃贪机关。至 1992 年立法会通过反贪公署的内部组织法之后才正式成立①。廉政公署（以下简称廉署）成立超过 10 年，在打击贪污方面实在是不遗余力。然而，经过前运输及工务司司长欧文龙因世纪巨贪案被捕并被判刑 28 年 6 个月之后，市民对廉署反贪工作的认同感确实是增加了，但事件亦暴露了廉署在面对复杂并涉及境外犯罪行为的案件处理方面显得有点吃力，市民亦对欧文龙案件的处理方法表示困惑②。2009 年适逢行政长官换届选举，前行政长官何厚铧两届任期期满而必须卸任，崔世安走马上任，成为澳门特别行政区第三届行政长官。他在宣布参选行政长官的记者会上，便公开明确指出，当选后的首要任务是致力打击贪污，建设廉洁政府③。崔世安正式就任之后便展开廉政建设工作，借着新一届立法会于同年 9 月选出新一届议员之便，重组新的行政会并对所有主要官员人选向中央提名，并提请原任中级法院法官的冯文庄接任廉政专员

---

① 参阅《廉政公署的起源》，澳门廉政公署网页，网址：http：//www.ccac.gov.mo/cn/。
② 见 *Macau Closer*，February，2007。
③ 2009 年 5 月 26 日《香港文汇报》，http：//paper.wenweipo.com/2009/05/26/HK0905260038.htm。

一职，显示新政府欲透过任命具鲜明维护法纪、正义和相对民望较高的人员，增加特区政府及廉署的公信力。与此同时，政府亦进行廉署的重组工作。

二 架构重组

为有效执行肃贪倡廉，建设廉洁政府的使命，一个强而高效的组织架构是极为重要的。澳门廉政公署的组织规模始于 2000 年通过第 10/2000 号法律的《廉政公署组织法》，这为廉署的权限和架构设下框架①。廉署的架构重组工作始于 2009 年 1 月，政府颁布第 3/2009 号行政法规《廉政公署部门的组织及运作》，对廉署的组织架构进行重组，把原有的架构扩大，职权方面亦增加了不少（见图 1）。正如新任行政长官崔世安在他的首份施政报告中明确指出，"特区政府将强化廉政建设，以切合构建阳光政府的施政方向，继续加强肃贪倡廉"②，为此，他在上任不久便展开了改革廉署的人事编制，并于 2010 年 6 月通过颁布第 46/

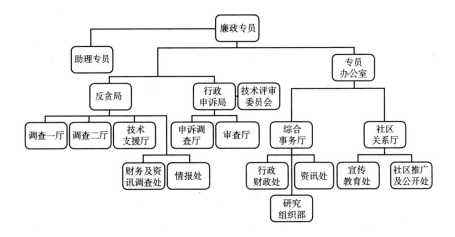

图 1　廉政公署的组织架构

注：局长一职由一名助理专员兼任。

资料来源：澳门廉政公署《公署简介》之"公署职能/组织架构"，澳门廉政公署网站：http：//www. ccac. org. mo/cn/subpage. php? cat = intro&page = structure（2010 年 12 月 10 日）。

---

① 本法律全文见澳门廉政公署网页（http：//www. ccac. org. mo）。
② 崔世安：《2010 年财政年度施政报告》，第 21 页，澳门特别行政区政府网页（http：//portal. gov. mo/web/guest/info_ detail? infoid = 14943）。

2010 号行政命令《廉政公署部门的人员配备》①，扩大了廉署的人事编制和增设部门，以加强支持工作（见表1）。

表1　2010 年澳门廉政公署改革后的人事编制

人员组别	级别	官职及职程	职位数目
领导及主管	—	办公室主任	1
	—	顾问	6
	—	厅长	2
	—	总调查主任	5
	—	处长	6(2)
高级技术员	6(9)	高级技术员	12(6)
高级信息技术员（取消）	(9)	高级信息技术员（取消）	0(2)
传译及翻译（前称翻译员）	—	翻译员	2(1)
秘书（前称私人秘书）	—	秘书（前称私人秘书）	2
办公室助理		办公室助理	1
技术员	5(8)	技术员	7(4)
		信息技术员（取消）	0(1)
调查员	—	调查员	95(52)
技术辅助人员（前称专业技术员）	4(7)	技术辅导员	23(13)
		公关督导员	1
		信息督导员（取消）	0(1)
行政人员	3(5)	行政技术助理员（新增）	2
		助理技术员（取消）	0(6)
		文员（取消）	0(3)
		总数	165(109)

注：括号内的数字为改革前的数字。

资料来源：第46/2010 号行政命令，《廉政公署部门的人员配备》，澳门政府印务局网址：http：//bo. io. gov. mo/bo/i/2010/23/ordem46_ cn. asp。

这次扩大了的组织架构，在反贪局、行政申诉局和专员办公室辖下的机构都有增设新的处级部门。相比改革前的架构，反贪局辖下增设了财务及资讯调查处和情报处。财务及资讯调查处的职能主要包括：（1）为廉政公署进行的侦查及调查提供信息方面的辅助；（2）研究、分析及执行贯彻反贪局职责所需的财务调查工作，并可于执行职务时下设调查小组。情报处的主要职能包括：（1）搜集情报，并对之进行分析及研究；（2）就预防及调查涉及第 10/2000 号法律所定的廉政公

---

① 此行政命令于 2010 年 6 月 7 日刊登公布，翌日生效，其效力日期却可追溯至 2009 年 8 月 4 日。

署职权范围的犯罪，提供协助及给予所需的信息，并可于执行职务时下设调查小组①。行政申诉局除了把原调查三厅正名为申诉调查厅，令其职称和职能更为配合之外，辖下还增设了技术评审委员会，其职能包括：

（1）技术评审委员会负责就有关行政申诉局所处理的投诉及举报，以及该局对行政部门的运作所作的研究及对不同法律制度所作的分析的法律问题发表意见；

（2）技术评审委员会由行政申诉局局长、被指派辅助行政申诉局局长的法律顾问、申诉调查厅总调查主任、审查厅总调查主任及不超过 4 名的行政申诉局人员组成；技术评审委员会的会议由行政申诉局局长召集及主持；

（3）技术评审委员会的意见不具约束性质，但如行政申诉局局长不采纳有关结论，则须就其决定说明理由；

（4）技术评审委员会的成员必须积极参与委员会的会议并就须审议的事项明确表达立场，但属履行紧急公务、休假、合理缺勤或回避的情况则除外；

（5）技术评审委员会的成员，由行政申诉局职级不低于高级调查主任且于该局服务不少于 5 年的人员担任；如符合条件的工作人员超过 4 名，则依次以职级较高、于该局的服务时间较长者优先②。

而在专员办公室辖下的综合事务厅则增加一个资讯处，主要职能包括：

（1）执行廉政公署的信息化计划；

（2）购置、管理及保存信息设备，并监管其正确运作及使用；

（3）规划、构建及保存廉政公署所需的应用程序及数据库，并确保其正常安全运作；

（4）提供廉政公署运作所需的信息科技支持；

（5）促进及规划采用新的信息技术，以推动廉政公署行政工作的现代化及提高效率；

（6）研究、实施及跟进旨在维护信息安全的机制。

从以上新增的部门可以看到，这次行政架构上的改善，是希望廉署锐意改善信息科技方面的力量，特别是现在讲求信息科技高速发展的时代，如果不能与时

---

① 见第 3/2009 号行政法规，《核准廉政公署部门的组织及运作》，第 20、21 条，澳门政府印务局网址：http：//bo. io. gov. mo/bo/i/2009/06/regadm03_ cn. asp。

② 见第 3/2009 号行政法规，《核准廉政公署部门的组织及运作》，第 25 条，澳门政府印务局网址：http：//bo. io. gov. mo/bo/i/2009/06/regadm03_ cn. asp。

俱进的话，那么在遇到涉及信息传递方面的犯罪行为，便难以有效侦查和予以打击。

三 人事编制重组

组织架构扩大了，廉署方的人事编制亦相应地大大增加，以配合部门的职权和工作的发展。据第 46/2010 行政命令的《廉政公署部门的人员配备》，经改革后的人事编制由旧制的 109 人增至 165 人，总共增加了 56 人。从表 1 可以看到不同职位转变的比较，主力打击贪污的调查员职位由 52 人增加至 95 人，一共增加了 43 人；原信息督导员、信息技术员和高级信息技术员的职位取消，但同一组别的技术辅导员、技术员和高级技术员的职位却明显增加，这一变动令有关信息科技的人员数目更有弹性，招聘人员时不必再局限于单一职位的编制数目。有趣的是，廉署招聘人员时有时会偏离编制的规限，例如 2008 年的年报透露，为了要配合廉署各部门工作量的增加，廉署会"连同其他方式聘用人员"①。如表 2 所示，在 2008 年，廉署的人员总数为 143 人，但核准的人事编制数目是改革前

表 2　2000～2009 年澳门廉政公署调查人员人事编制数字

职　位	12/2000	12/2001	12/2002	12/2003	12/2004
总调查主任	—	2	2	3	3
调查员	19	32	35	40	50
其他职程	43	50	54	63	59
总　数	62	84	91	106	112
职　位	12/2005	12/2006	12/2007	12/2008	12/2009
总调查主任	2	2	3	4	NA
调查员	49	61	55	66	NA
其他职程	61	62	70	73	NA
总　数	112	125	128*	143#	NA

注：*不包括 13 名仍在接受培训的调查员；#不包括 18 名仍在接受培训的调查员；NA 该年年报中并没有列出有关数字。

资料来源：《澳门廉政公署年报 2008》第 97 页，网址：http://www.ccac.org.mo/cn/intro/download/rep2008.pdf，2009 澳门廉政公署工作报告，网址：http://www.ccac.gov.mo/cn/intro/download/rep2009.pdf。

---

① 《澳门廉政公署年报 2008》，第 97 页。澳门廉政公署网页：http://www.ccac.gov.mo/cn/intro/download/rep2008.pdf。

的 109 人，换言之，截至 2008 年底，廉署的人员数目总共较人事编制超出 34 人。廉署 2009 年年报改以工作报告形式发表，内容却比往年的年报缩减了不少。就以人员配备来说，2009 年工作报告便没有列出相关数字，令市民无法得知实际人员数目和公署财政开支的关系，这种欠缺透明度的处理方式，除了与开放及阳光政府的施政方针背道而驰之外，亦令市民难以有效监察部门的运作。

从表 1 与表 2 的比较之中可以见到，廉政公署是很着意落实行政长官锐意加强廉政建设、肃贪倡廉力量的，但在架构改革之前，基于现实所需及碍于编制的规限，于是便以不同的方式招聘人员，包括以不同的合约形式而不在编制规限之下增聘人手，以便更有力地打击贪污及其他不法行为①。而调查员的数字，自 2002 年至 2009 年架构改革之前的一段时间，实际上已经超过 2003 年所定的编制了。

四 澳门廉署的肃贪倡廉成效

经过多年的努力，廉署的工作已经初见成效。自欧文龙贪污案于 2007 年审结之后，廉署于 2008 年及 2009 年接获的贪污及行政申诉投诉不减反增，然而，其中可以立案的数目却减少了。从表 3 可以看到，2008 年及 2009 年的刑事案立案数字分别为 31 宗及 44 宗，行政申诉亦只有 5 宗及 4 宗，两部分数字都比 2007 年的数字大幅下降。这种现象除了反映出公众对廉署肃贪倡廉的信心和认同增加外，而意欲收受贿赂或渎职的人，都能感受到廉署打击贪污和行政申诉方面的决心和能力，并不是纸老虎或陈列室的展品。同时，近数年的刑事案件和行政申诉案件的收案情况，亦呈显著的下降趋势，其中行政申诉范畴的收案数字是自 2002 年之后首次见到的低过 200 宗。市民亦显得较为愿意具名举报贪污，刑事案件虽为近年的新高，但立案的数字远低于 2006 年及 2007 年的数字（见表 4 及表 5）。或许，这是由于廉署积极地进行防贪腐的教育工作（见表 6），令公务员及其他在公共行政架构内工作的人员，抗拒贪腐行为的意识强化了，因此立案的贪污举报随之下降。

---

① 感谢一名现职廉署人员对作者发表的研究文章作出的评论，表示有部分人员是通过个人劳务合同聘用的。2007 年 10 月。

表3 回归后经澳门廉政公署处理案件分类数字

单位：宗

年份	立案案件		证据不足案件	转介其他部门跟进案件	非正式途径处理	接获投诉总数
	刑事	行政申诉				
2000	83	52	783	60	NA	978
2001	112	22	1062	64	5	1265
2002	115	16	917	59	9	1116
2003	85	5	333	28	626	1077
2004	75#	1	708	81	362	1227
2005	69#	1	714	39	286	1109
2006	54	3	460	31	292	840
2007	66	9	367	43	251	736
2008	31	5	465	NA	NA	796
2009	44	4	661	27	187	923

注：数字为该分类的案件宗数；NA：该年的年报中并没有列出有关数字；#该年并没有提供刑事及行政申诉范畴的分类数字，但仍能在《年报》内其他章节中计算出相关数字，唯只在2004年及2005年的《年报》出现这种情况，然而，报告内有些数字不甚明确，这点在2006年及2007年的《年报》已不再出现。

资料来源：综合2000~2009年澳门廉政公署年报。网址：http://www.ccac.org.mo/cn/subpage.php? cat = intro&page = report。

表4 2000~2009年反贪及行政申诉范畴收案趋势

单位：宗

年份	2000	2001	2002	2003	2004	2005	2006	2007	2008	2009
刑事案件	926	1101	924	785	916	889	586	500	553	768
行政申诉	52	164	192	232	311	220	254	236	243	155
总数	978	1265	1116	1017	1227	1109	840	736	796	923

资料来源：综合2000~2009年澳门廉政公署年报。网址：http://www.ccac.org.mo/cn/subpage.php? cat = intro&page = report。

另外，廉署就国际上对澳门廉署的评估亦非常重视。2006年，透明国际首次把澳门列入调查廉洁情况的地区之一①，而澳门的首次就清廉印象指数被评级，取

① 笔者曾于2006年10月5日以电邮向透明国际东亚区高级项目主任Liao Ran咨询，何以澳门于2002年开放赌权之后，坊间不断出现贪污和洗黑钱的谣言，却没有对澳门进行廉洁指数研究。对方于10月6日回答，指由于澳门并不符合透明国际就一个地区进行研究的三个指标，所以不会对澳门展开研究。但未几于同年11月发表的报告中，便修改了研究指标，把澳门包括在内。

表 5　2000～2009 年的收案途径

收案途径 \ 年份		2000		2001		2002		2003		2004	
		数字	%	数字	%	数字	%	数字	%	数字	%
市民举报	要求匿名/匿名投诉	542	55.4	813	64.3	708	63.4	663	61.6	661	53.9
	具名投诉	392	40.1	401	31.7	370	33.2	363	33.7	498	40.6
公共机构转介/举报/请求		39	4	32	2.5	28	2.5	41	3.8	44	3.6
传媒转介或举报		2	0.2	6	0.5	2	0.2	2	0.2	3	0.2
廉署主动跟进		3	0.3	13	1	8	0.7	8	0.7	21	1.7
收案总数		978	100	1265	100	1116	100	1077	100	1227	100

收案途径 \ 年份		2005		2006		2007		2008		2009	
		数字	%	数字	%	数字	%	数字	%	数字	%
市民举报	要求匿名/匿名投诉	650	58.6	437	52	333	45.3	368	46.2	443	48
	具名投诉	403	36.3	335	39.9	312	42.4	374	47	423	45.8
公共机构转介/举报/请求		45	4.1	42	5	44	6	24	3	30	3.3
传媒转介或举报		0	0	0	0	0	0	0	0	0	0
廉署主动跟进		11	1	26*	3.1	47*	6.3	30*	3.8	27*	2.9
收案总数		1109	100	840	100	736	100	796	100	923	100

注：* 包括来自司法机关立案侦查的案件。

资料来源：综合 2000～2009 年澳门廉政公署年报。网址：http：//www.ccac.org.mo/cn/subpage.php？cat＝intro&page＝report。

得世界排名第 26 位，亚太区排名第 6 位的佳绩①。清廉印象指数中的"贪腐"系指"滥用公职谋取私利"（the abuse of public office for private gain）。清廉印象指数所采用的那些分项指标主要是询问受访者有关滥用公权力谋取私人利益的问题，并侧重于公务人员在采购的过程中是否接受贿赂，但这些问题并没有细分是由行政贪腐还是政治贪腐原因所致，也没有区别贪腐案件的大小②。从这些成绩来看，澳门在打击贪腐方面取得一点成效，因而政府的管治能力亦相对显得良好。然而，在欧文龙案发生之后，澳门的清廉指数得分却每况愈下，世界排名更

① 见透明国际网页：http：//www.transparency.org/policy_ research/surveys_ indices/cpi/2006。
② 见台湾透明国际 2006 年新闻稿，网址：http：//www.ti-taiwan.org/ch.files/intorduction.files/cpi.files/2006cpi.doc。

表6 2000～2009年廉署在不同界别举办讲座统计

分类＼年份		2000	2001	2002	2003	2004	2005	2006	2007	2008	2009
公务人员	场数	23	94	132	132	51	173	67	88	64	78
	人数	855	5209	7435	11385	1752	20228	3340	4731	2842	3165
学 生	场数	10	21	40	50	301	175	263	182	285	243
	人数	886	5386	3271	6105	27483	12430	18902	14300	29696	23724
教 师	场数	—	—	—	24	—	—	—	—	—	—
	人数	—	—	—	810	—	—	—	—	—	—
社团成员	场数	14	19	10	6	22	17	25	13	9	36
	人数	1678	1736	493	190	890	876	1010	413	327	2637
信用机构人员	场数	6	4	2	6	8	3	2	1	1	2
	人数	220	132	55	316	538	135	75	90	100	170
公用事业及私人机构人员	场数	—	2	1	—	3	3	9	16	18	9
	人数	—	70	25	—	105	154	393	586	535	340
总 计	场数	53	140	185	218	385	371	366	300	377	368
	人数	3639	12533	11279	18806	30768	33823	23720	20120	33500	30036

资料来源：综合 2000～2009 年澳门廉政公署年报。网址：http：//www. ccac. org. mo/cn/subpage. php？cat ＝ intro&page ＝ report。

由2006年的第26位跌至2010年的第46位，而亚太区排名更自2007年起被台湾地区迎头赶上，近3年更是超越了澳门（见表7）。

表7 2006～2010年澳门特别行政区世界及亚太区清廉指数排名[#]

国家/地区	世界排名					亚太区排名					廉洁得分[#]				
	2006	2007	2008	2009	2010	2006	2007	2008	2009	2010	2006	2007	2008	2009	2919
新西兰	1	1	1	1	1	1	1	1	1	1	9.6	9.4	9.3	9.4	9.3
新加坡	5	4	4	3	1	2	2	2	2	1	9.4	9.3	9.2	9.2	9.3
澳 洲	9	11	9	8	8	3	3	3	3	3	8.7	8.6	8.7	8.7	8.7
香 港	15	14	12	12	13	4	4	4	4	4	8.3	8.3	8.1	8.2	8.4
日 本	17	17	18	17	17	5	5	5	5	5	7.6	7.5	7.3	8.0	7.8
台 湾	34	34	39	37	33	7	7	6	6	6	5.9	5.7	5.7	5.6	5.8
澳 门	26	34	43	43	46	6	6	7	7	7	6.6	5.7	5.4	5.3	5.0

注：#透明国际的清廉指数是检测一个国家公共领域的腐败猖獗程度，它是一个复合指数，其来源是对不同的专家和行业进行的调查。2010年所进行的清廉指数调查覆盖了 178 个国家和地区，2009 年的清廉指数调查国家或地区覆盖面，则和 2008 年及 2007 年的指数一样涵盖了 180 个国家和地区，2006年则为 163 个国家和地区。其排名按照 10 分排列，10 分为最清廉。总共有 12 种调查或专家评估方法，每一个获评估的国家或地区必须经过至少 3 种调查方法才得以列入廉洁指数排名之中。

资料来源：综合透明国际 2006～2010 年报告。网址：http：//www. transparency. org/policy _ research/surveys_ indices/cpi。

澳门的亚太区排名不及台湾是有迹可循的。第一，马英九的廉洁和维护法治形象非常鲜明，全台湾包括敌对的民进党人几乎没有人会认为马英九会和贪污扯上关系，即使他在竞选总统期间被指涉及国务机要费贪污案，台湾民众亦普遍认为他是被政敌诬陷的。第二，马英九当选总统之后，随即展开建设廉洁政府政策，即使面对天灾和党员出现丑闻，亦没有影响他的决心，正如透明国际东亚区高级主任廖燃表示，台湾的成功"主要原因是马政府肃贪的努力获国际认同"①。第三，陈水扁下野后被揭发多宗大型贪污案件，这反映出花言巧语的政客不及技术官僚那么有把握建设一个廉洁政府。其实，澳门于 2010 年的得分亦为澳门的廉政建设埋下令人忧虑的伏线。据透明国际 2010 年清廉指数报告指出，被调查的 178 个国家或地区当中，有 75% 的国家或地区得分低于 5 分，"显示出腐败仍然是一个严重的问题"②。

透明国际主席拉贝勒表示："这些结果表明，我们必须投入更多的努力以加强全球各国的管治能力。当全球仍然有这么多人口的日常生活受到腐败威胁时，政府必须把其反腐败的决心和提高透明、加强监督的口号付诸行动。建设良治是全球各国政府应对今天的公共全球政策挑战的方法中最基本的组成部分。"③ 当欧文龙案的影响逐渐淡化之际，政府必须警惕澳门清廉印象指数跌至恶化的临界点对澳门建设受国际认同的廉洁政府所带来的影响。

五　将防止贿赂法律扩展至私人领域

2009 年，政府终究把防止贿赂法律由只限于公职人员推展至私人领域，换言之，不论是私营或是公营部门，所有有关贿赂行为都属于廉署的职权范围。根据政府通过的第 19/2009 号《预防及遏止私营部门贿赂》法律，私人机构员工在执行职务过程中，如从事不公平竞争行为或违反职务上的义务的话，便属贿赂行为。法律对这两种行为的定义是：

---

① 见台湾新头壳网站：http：//newtalk. tw/news_ read. php？oid＝9256。
② 见透明国际《2010 年清廉印象指数报告》新闻公告，网址：http：//www. transparency. org/policy_ research/surveys_ indices/cpi/2010/press#pr。
③ 见透明国际《2010 年清廉印象指数报告》新闻公告，网址：http：//www. transparency. org/policy_ research/surveys_ indices/cpi/2010/press#pr。

（1）"不公平竞争"是指一切在客观上表现为违反经济活动规范及诚信惯例的竞争行为；

（2）"职务上的义务"是指由法律规定，又或通过当事人法律上的行为订定在从事某类活动时应遵的义务。

政府曾花了差不多一年时间向不同的私人机构推销此项法律草案，并邀请前香港廉政公署副廉政专员兼执行处处长郭文纬和胡国兴大法官等到澳门出席研讨会，就如何向私人机构推销法案、法律执行和举证方面的问题交流意见和经验。经过长时间的咨询，最后出台通过的《预防及遏止私营部门贿赂》法律，却显得过于简单，全部法律只有 9 条，而实质上与贿赂有关的条文则只有 6 条，受贿的刑罚最高只有 3 年，如归还同等利益者可予免罚；行贿者最高刑罚为监禁两年、最低监禁 6 个月或罚款代替。由从轻罚则和冗长的咨询过程可以看到，来自私人机构的抗拒是不少的，令政府非常审慎和克制，乍眼看来是受制于私人机构的反对压力。无论如何，能够立法填补反贪不到私人机构这一漏洞是一大突破，亦是一个起步，待落实执行之后可以借修订法律，令一些灰色地带和未能涵盖的范围得以及时修改，这当然需要一个有效的立法机构配合。

六　总结

澳门回归不觉过了 10 年，回顾这段时间，澳门廉政公署由最初的起步阶段，便面对部门自我优化与同各部门磨合，取得衷诚合作和信任，下了不少工夫。在发生欧文龙案之前，廉署打击贪污的成效令市民半信半疑，2001 年立法会选举的反贿选宣传取得成绩，买票卖票活动少了，令投票率亦相对剧减，但 2005 年立法会选举的买票传闻又削弱了廉署的声望，直至欧文龙最终被判破纪录的难囚，澳人对廉署打击贪污的决心和努力渐渐认同。新任行政长官崔世安委任中级法院法官冯文庄接任廉政专员，及将防止贿赂法律推展到私人机构等，都可在市民的心目中提高廉署的声望和认受性。然而，市民又担忧，在现时法院严重缺乏法官及司法人员的情况之下，委任一位法官脱离司法体系转任官僚，这似乎令缺乏司法人才的现实恶化。此外，市民对廉署的期望亦相对其他政府部门来得高，亦期望廉署能够响应政府建立高透明阳光政府的愿景。2009 年以工作报告形式取代过去 10 年一直沿用的年报方式汇报，唯内容却比年报缩减得多，令市民难以监察；在他上任一年后，澳门的清廉印象指数下跌至恶化水平，通过了《预防及遏止私营部门贿赂》法律亦帮助不大。由此看来，澳门打击贪污工作的硬件已经齐备，欠缺的是廉署的印象改造，以赢取澳门市民以及世界各地的全面认同，这当然要包括行政长官决断而有力的政策的扶助。未来一年，澳门廉政公署反贪工作取得成效的压力似乎不是来自社会，而是来自廉署本身的形象提升与深入民心的公关工作。

Development of Commission against Corruption in Macau

Kuang Jinjun

Abstract：Establishing a clean government as well as combating corruption and promoting anti-corruption are equally important to governing capacity of a given state, therefore, good governance and construction of clean government are mutually inclusive. Starting from the exploration period to the present mature stage, the building of anti-corruption and ombudsman in Macao have recorded a lot of achievements as well, and earned the citizens' recognition. Combating corruption related to civil servants, the functions of Commission Against Corruption (CCAC) of Macao could concentrate its power on part of the areas since its was established in December 1999, and now it is empowered to investigate crimes happened in both public and private sectors. The enlargement of manpower and enhancement of legal apparatus, the visible hands of anti-corruption of CCAC can stretch to the entire community. More successful achievements the CCAC can seek for are to win the domestic and international recognitions. The deteriorating CPI of Macao issued by the Transparency International in late 2010 alarmed the achievements of anti-corruption of Macao revealing that more jobs have to be done.

Key Words：Corruptio；Commission against Corruption；Private Sector；Restructuring.

B.4

推动澳门法制现代化

庞嘉颖[*]

摘　要：本文对澳门特别行政区过去一年的立法及修法状况进行了简要回顾，认为立法会通过法律之状况反映出三大特点：半数以上法律是对澳门回归前陈旧立法的更新；一定数量的法律是应势态变化作出的及时调整；立法环节反映出特区政府与立法会之间的关系尚未理顺。进而，笔者提出推动澳门法制现代化的观点，并分析了澳门法制现代化的实质及特区政府如何扮演主导角色之要点。

关键词：立法回顾　法制现代化

2010 年澳门步入回归后的第二个 10 年，经由对过往 10 年治理经验与教训的总结，澳门社会诸多领域呈现变革端倪。在持续多年的法律改革问题上，一方面，新一届立法会依职权做出了相关跟进和努力；另一方面，社会舆论对法律改革的呼吁与探讨更为集中。不可否认，澳门法制现代化历程尚任重而道远。

一　2009～2010 年度立法回顾

（一）概况

2009～2010 年度，澳门特区第四届立法会于第一立法会期总共获引介、讨

---

* 庞嘉颖，澳门大学法学院博士研究生，研究方向为宪法、"一国两制"理论与特别行政区基本法。

论并通过了 15 项法律，它们分别是：第 22/2009 号法律《对行政长官和政府主要官员离任的限制规定》、第 23/2009 号法律《中国人民解放军驻澳门部队因履行防务职责而享有的权利和豁免》、第 24/2009 号法律《2010 年财政年度预算案》、第 1/2010 号法律《修改第 11/2000 号法律〈澳门特别行政区立法会组织法〉》、第 2/2010 号法律《修正 2010 财政年度预算》、第 3/2010 号法律《禁止非法提供宿舍》、第 4/2010 号法律《社会保障制度》、第 5/2010 号法律《修改关于批准澳门特别行政区政府承担债务的第 5/2003 号法律》、第 6/2010 号法律《药剂师及高级卫生技术员职程制度》、第 7/2010 号法律《诊疗技术员职程制度》、第 8/2010 号法律《卫生督察职程制度》、第 9/2010 号法律《卫生助理员职程制度》、第 10/2010 号法律《医生职程制度》、第 11/2010 号法律《医务行政人员职程制度》、第 12/2010 号法律《非高等教育公立学校教师及教学助理员职程制度》。

此外，2009 年 11 月～2010 年 10 月，特区政府共颁布了 25 项行政法规，此处不详细罗列。

（二）评述

第四届立法会第一立法会期通过法律之状况呈现以下特点。

1. 半数以上的法律是对澳门回归前陈旧立法的更新

在 15 项法律中，《禁止非法提供宿舍》、《社会保障制度》、《药剂师及高级卫生技术员职程制度》、《诊疗技术员职程制度》、《卫生督察职程制度》、《卫生助理员职程制度》、《医生职程制度》、《医务行政人员职程制度》、《非高等教育公立学校教师及教学助理员职程制度》共 9 项法律，皆因十几年前或二十余年前的相关法令已不能适应澳门社会发展需要，无法解决现时出现的新问题，故推出替代性的新法律。

2. 一定数量的法律是应势态变化做出的及时调整

《修正 2010 财政年度预算》是对之前《2010 年财政年度预算案》做出的更补；《修改第 11/2000 号法律〈澳门特别行政区立法会组织法〉》是为配合修改后的公职人员一般职程制度；《修改关于批准澳门特别行政区政府承担债务的第 5/2003 号法律》是为了缓解金融危机给澳门中小企业营运带来的压力。

3. 立法环节反映出特区政府与立法会之间的关系尚未理顺

对此，可从两方面加以说明。

（1）行政主导的政治体制令行政长官及特区政府在制定政策和提出法案方面处于主导性地位，立法会议员的提案权受到很大限制。在立法会通过的 15 项法律中，唯有《修改第 11/2000 号法律〈澳门特别行政区立法会组织法〉》一项法案由议员提出，其余法律皆由特区政府提交法案。

（2）政府对立法会工作配合欠缺。这表现在：

其一，政府提交法案不均衡，令整个会期的立法会工作前松后紧。政府在立法会第一会期即将结束之时，一次性集中提交了 8 份法案，要求立法会尽快审议，结果造成立法会在 2010 年 8 月 11 日当天通过了 9 项法律。而进一步观察可见，2010 年 2 ~ 5 月未有一项法律经由立法会出台。

其二，政府草拟法案拖沓，令立法会工作被动。政府在第二届特区政府任期即将届满之时，方才提交《对行政长官和政府主要官员离任的限制规定》法案，并要求立法会动用紧急程序进行审议。立法会为避免令特区法律体系在第三届特区政府就职后出现"真空"，只得顾全大局而仓促通过该法律。

通过以上分析可知，特区立法会虽努力配合澳门法律改革的需求，但必须得到政府的支持。同时也说明，澳门法律改革绝非简单的对于一些法律的改革，亦非立法会所能够主导。法律改革是一项复杂的系统工程。

二 特区政府应主导澳门法制现代化

（一）法律改革陷入"价值模式"与"利益模式"双重困境

澳门法律改革肇始于作为过渡时期三项重大问题之一的法律本地化。回归后，澳门社会飞速发展，法律改革的迫切性日渐突出。然而，由于澳门社会始终未能对法律改革的理念和路向达成广泛共识，亦未能建立起行之有效的法律改革统筹机制，致使改革陷入困局。在澳门步入回归后第二个 10 年之际，如何突破困局，令改革切实推动澳门社会的协调进步，已无可避免地成为澳门当前亟须应对的重大课题。

澳门法律改革主要针对澳门法制系统中的三方面问题：（1）法律滞后；

（2）法律与民众疏离；（3）司法效率低下。

简要分析，此三方面问题又相互关联：以葡国法为渊源的法律是依照《基本法》保留下来的澳门原有法律的主体，许多原有法律在空间上不符合澳门社会现实，在时间上不适应澳门社会发展，此为澳门法律滞后的主因；虽然五大法典等澳门重要法律实现了中文化，中文亦为澳门法定官方语言，但种种客观原因令中文法律文本实际使用率不高，此为澳门法律与民众疏离的主因；在司法领域，由于终审法院与中级法院仍主要以葡文法律文本作为审判依据，令澳门司法程序始终需借助葡中翻译程序，加之中葡双语司法人才数量有限，造成澳门司法效率低下。可见，如何看待和处理葡国法律传统与澳门现实需求之间的关系问题，成为突破澳门法律改革困境的关键。

对此，过往澳门各界基本形成了两种思维模式，笔者将其总结为"价值模式"和"利益模式"。不过，此两种模式在面对实际问题时，又各自显出其无力的一面，令澳门长期滞留于法律改革理念与路向的争论之中。

1. "价值模式"的困境

"价值模式"的主要特征是从法律文化的研究范式或思考向度出发，探讨葡国法律传统在澳门的植入及沿用问题。赞成澳门未来"补强葡萄牙化"的观点认为，葡国法律传统已深深植根于澳门，型塑了澳门法律文化，此等别具特色的法律文化作为一种价值，理应并只能被保存下来和延续下去。而"去葡萄牙化"论者则坚信，法律文化是地方本土文化的衍生物，管治历史令葡国法律文化强行植入，违背了澳门地方民情，不能适应本土实际情况，故应彻底实现澳门法律的本地化。

"价值模式"虽然富于文化深度和理论力度，却存在着其自身难以克服的局限。因为"价值模式"蕴涵着应然性表达，但从不同基点与视角出发，可能得出截然相反的应然结论。因此，应然性在理论上永远被争论，在现实中则永远不可被证实。而从世界范围的法律移植经验着眼，我们既能够寻得法律移植的成功范例，也可找到失败的个案，仍难以总结出有关法律移植的一般规律性真知。

此外，我们不得不反思一个前提性问题，即澳门是否真正继承了葡国法律传统？如果仅遵循客观主义的路径，单从法律语言、法律文本及制度设计层面考查，澳门确实在很大程度上移用了葡国法律传统。但若深入到法律文化的灵魂层面加以细究，许多问题则有待商榷。此处仅列举两点，以供反思。

其一，大陆法系之典型特征即"法学家治法"，作为大陆法系成员的葡萄牙法充分继承了这一传统。澳门著名葡国民法专家 Mota Pinto 就曾指出："1966 年葡萄牙民法典使用了技术性和专业性的语言。与德国民法典类似，我国（指葡国）在民法方面的基本法规使用了法学学说中的表达和术语。法规所规范的法是'法学家的法'，是以技术语言表达出来的法。"① 然而，此"法学家治法"传统显然未能在澳门生根。澳门法律界长期仰赖葡国法学专家之话语系统，至今未形成初具规模的本土法学家群体。澳门本土法学家更未能建构起独立的有关澳门法的相关理论与学说，即便是对本地化后的几大法典的事后阐释，亦未形成系统化的理论体系。

其二，大陆法系另一显著特征即"立法至上"。然而回归前澳门长期奉行的双轨立法制令澳督事实上夺取了大量立法权，违背了权力来源于人民的宗旨，富于强烈的殖民色彩。回归后，特区立法会切实享有了立法权，但由于葡文法律用语仍主导澳门司法话语，澳门法院在司法实践中对法律的解释具有天然优势，且无法获得绝大多数不识葡文的澳门普罗民众的监督，一定意义上削弱了中文成文法律规范的权威。

简言之，若我们在澳门是否真正继承了葡国法律传统这一基本命题上都仍存争论，则更难以令人对"价值模式"给澳门法律改革指出的前路怀有信心。

2. "利益模式"的困境

大致可将两类思路划归为"利益模式"。

一类是从法律利益的角度解读法律语言。广义上的法律利益包括所有法律活动或事件引发或涉及的公共和个人利益；狭义上的法律利益是通过直接参与法律活动所获得的利益总和，它包括直接参与立法活动、司法活动、法学活动和法学教育活动等，给参与者带来法律上的地位。由于法律语言既是法律的载体，又是法律的传媒，故获得法律利益便需掌握法律语言。澳门特定的历史文化传统令法律语言与法律利益的关联性尤为突出，故欲扭转葡文主导澳门法律语言的现状必然牵涉法律利益。笔者对此观点持赞成态度，不过，此观点仅解释了澳门法律语言改革困局的成因，而未能提出解决困局的良方。究竟如何处理法律改革过程中

---

① 引自 Carlos Alberto Da Mota Pinto, *Teoria Geral do Direito Civil*，澳门大学法学院，2001，第 29页。

既得法律利益因素之障碍，如何重新合理分配法律利益？仍令人困惑。

另一类思路认为法律改革背后隐藏着社会中不同政治、经济力量的潜在角逐，澳门法律改革的取向是各种政治、经济、族群等力量相互较量的结果。此观点触及有关法的本质的一个侧面，笔者亦表示认同。但其问题在于，它无形中取消了一个引导法律改革的实体力量的存在意义。因为既然法（包括法律改革）是各种力量逐力的成果，便不可能存在一个能够超然于各种力量的独立的实体力量去引导整场角逐的走向。故法律是否会发生变革，何时发生变革，朝着何种方向变革等问题，皆为顺其自然的结果，非人力所能为之。

（二）理解政府主导澳门法制现代化的内涵

1. 澳门法制现代化的实质

笔者此处采用"法制现代化"之表述，相对于澳门惯常所称之"法律改革"，"法制现代化"强调了改革的系统化要求，即不仅针对澳门既存法律，且旨在引导未来立法方向；不仅检讨重大法典、法律法规等法律文本，亦关注包括司法制度、法律职业人的养成等在内的系统机制。更为重要的是，"法制现代化"指出了改革的目标，弥补了"法律改革"缺乏明确路向的弱点。

现代化是一个宽泛而宏大的概念，但澳门法制现代化则具有相对确定性的内涵，它要求改革的理念兼顾普世价值与地方实际。依笔者之见，澳门法制现代化的实质至少包含两个要点。

（1）适应高度自治。

特别行政区依照《基本法》实行高度自治。从中央与地方关系着眼，自治是特区享有的一项权利。而对特区自身而言，自治又是特区面临的一项任务。因为地方对本地区自治范围内的事务实行自主管理的治理模式，深刻考验着自治地方的治理能力。澳门长期处于葡萄牙管治之下，直至中国恢复对澳门行使主权，特区方才真正实现"澳人治澳"。高度自治权可以通过法律的形式被授予，但自主管理的治理能力的建立绝非一蹴而就。

现代意义上的自治与传统社会里的自治的根本区别在于法治，故法制现代化是衡量实行高度自治的澳门特区是否确立起现代意义上成熟的自我治理能力的重要标志。而从管治转向高度自治后的特区法律制度，唯建基于地方主体性的觉醒，方才能够与自治的要义相吻合。如果一个自治地方的法律系统长期与本地居

民及本土实际相疏离甚或相脱离，地方居民难以参与到法律系统的实际运作中去，显然将抑制该地方的社会自主性发挥，令自治这一地方核心价值失落。

（2）从历史正当性过渡到程序正义。

所谓"历史正当性"，本系葡人为其在澳管治历史正名之策略性说辞，是为其长期据澳并一度对澳施以管治之既成事实寻求的学术化理据。中国方面从不承认此段殖民历史的正当性，但在有关澳门前途的各种制度设计中，又始终秉持了尊重历史的态度。因此，澳门在政治、经济、社会、文化等诸多方面都最大化地维持了其历史连续性，以确保平稳过渡。然而，这也导致了澳门在回归后第一个10年间，对诸多社会问题采取了维持现状的态度，变相接纳了"历史正当性"。

澳门在法律改革历程上遭遇的困难显然与"历史正当性"相关。它时常渗透于前述"价值模式"与"利益模式"的逻辑之中，使诸多难题愈加扑朔迷离。"历史正当性"甚至从根本上动摇了法律改革的必要性，因为既然延续历史是正当的，那么改革反倒显得违背了历史。

其实，争论"历史"是否"正当"的问题无异于重陷"价值模式"的泥沼，且被"利益模式"者所借用。澳门若要真正超越"价值模式"与"利益模式"的局限，就需摆脱"历史正当性"的预设，而寻求其他范式下的正当性。

笔者认为，较符合澳门当前实际的道路是从历史正当性过渡到程序正义，即将程序正义作为公共事务决策的正当性根据。这亦与澳门高度自治的核心价值一脉相承。因为现代意义上的自我治理是政府与公民对公共生活进行的合作管理，它强调的是自治地方居民对于地方公共事务的参与，进而达成某种同意。参与和同意构成了程序正义的基本要素。

2. 政府如何主导

推动澳门法制现代化属澳门重大公共政策，理应由特区政府主导，这至少包括三层含义。

（1）建立中央统筹机制。澳门特区政府已于2005年成立了法律改革办公室和法律改革咨询委员会。法律改革办公室的职责主要是在检讨重大法典、主要法律制度及其他重要法规的范围内，行使法规草拟中央机制的职能。但由于法律改革办公室受职责局限，规划缺乏整体性，政府部门各自为政，故法律改革办公室未能发挥统筹作用。未来中央统筹机制应致力于对理念、政策及方案草拟等不同层次的立体筹划，统筹的内容应涵盖法律文本、制度，以及立法、修法、执法等多个方面。

（2）拓宽重大和具争议性政策、法案面向公众咨询的渠道，并建立公众意见反馈机制。基于从历史正当性转向程序正义的需要，特区政府需尤其重视通过各种方式促进公众对公共事务的参与和协商，寻求共识与同意。且政府不宜令公众咨询流于形式，可设立专门机构对公众意见进行汇总、分析和研究，有效反馈至相关决策部门。

（3）加强特区政府对立法会的配合，建立政府与立法会之间的常态化沟通机制。如前文所述，在特区以行政为主导的政治体制之下，行政与立法之间的关系始终未得到彻底理顺，立法会权力受到过多限制。未来特区政府需在不违背《基本法》规定的情况下，增进与立法会的沟通，令作为民意机关的立法会更为有效地参与到包括促进法制现代化在内的特区良善治理中来。

总之，澳门法制现代化是关系到澳门特区能否真正落实"澳人治澳"、"高度自治"的重大事项。特区政府需及早认识到澳门法制现代化的重要意义，摆脱"头痛医头、脚痛医脚"的旧有思路，审慎决策，建构起一系列行之有效的制度机制，切实担当起主导重任。

Promotion of Macau Legal System Modernization

Pang Jiaying

Abstract：The article conducts a brief overview of the legislative and revising situation during the past year of Macau. The article finds that the laws issued by the General Assembly shows three major characteristics：more than half laws is the refreshment of laws existing before Macau return's to China; some amount of laws are revised according to the situation; the laws making procedure shows the relation between SAR government and General Assembly has not yet regularized. Hence, the author offers a point of promoting Macau Legal System Modernization and analysis the nature of Macau Legal System Modernization and the leading role of SAR government.

Key Words：Legislation Overview；Legal System Modernization

B.5

自主、多元与网络：
青年结社及其社会参与

娄胜华*

　　摘　要　随着回归后澳门社会政治转型、经济高速发展与教育水平的不断提升，青年群体的本土归属感与自主意识获得前所未有的增强，青年结社及其社会参与也因此而出现新变化，自主性、多元化与网络化逐渐成为当今澳门青年结社及其社会参与活动的发展趋势与基本特征。

　　关键词　自主性　多元化　网络化　青年结社　澳门

　　2010 年"五一游行"中首次出现独立组织的青年游行队伍，引起了政府当局与社会各界对青年及其社会参与问题的重视，与此同时，从周边地区的香港与内地不时传来所谓"80 后"、"90 后"问题热烈讨论的消息，更加推动相关议题迅速进入澳门公共论述的视野，成为备受关注的公共议题。其实，青年结社的蓬勃和青年社会政治参与意识的萌动是与回归后澳门社会迅速发展密切关联的。

一　社会政治转型与青年参与意识的萌动

　　考察澳门青年社会主体意识萌动与参与行动兴起的社会背景，无法忽视澳门社会转型的基本事实，其中，作为制度条件的管治形态转变是最重要的影响因素之一。

---

　　*　娄胜华，澳门理工学院公共行政学课程教授兼课程主任。主要研究方向为 NGO 与公民社会，政府管理与公共政策。

尽管在回归前的葡治时代澳门已经开始引入以选举方式产生部分立法会议员及市政议员，并于20世纪80年代中期向华人开放，由此而触发了华人参政热情，但是，当时参与选举等政治活动的华人仍然是以社团精英为主，而非普通民众。随着1999年12月20日澳门回归祖国，"一国两制"、"澳人治澳"、高度自治的方针在澳门特别行政区得到落实，澳门政治形态出现根本转型，居民政治身份从原来被管治者转变为真实的政治主体，对于澳门的归属感增强，加之新成立的特区政府乐于响应居民诉求与听取社会意见，不断扩大居民社会政治参与范围，从逐步增加立法会直选名额到设立多个政策咨询委员会，由此激发起居民参政的政治热情，社会政治文化亦开始由冷漠渐趋积极。

　　与政治转型相同步的是，回归后澳门经济因博彩经营权分散化改革而释放出前所未有的动力，经济一举摆脱低谷徘徊，出现跳跃式增长，人均GDP迅速跃升至亚洲地区前列，由此推动澳门进入丰裕型社会。对于政府来说，充裕的财政收入使其可以从容地向文化教育等社会事业投放资源，免费教育的延长与高等教育的普及化，提升了澳门人口素质，尤其是青年人受教育程度普遍得到提升。据统计，至2006年，澳门3岁以上居民中，达到高中教育程度的比例已由1996年的12.2%提高到2006年的21.2%，完成大学教育的人口比例从1996年的5.5%提高到2006年的12.2%。其中，在人口结构中，在25～29岁年龄组以及30～34岁年龄组接受高等教育程度的人口所占比例分别达到34.6%与28%，列所有年龄组的前两位，也就是说，学历明显高于其他年龄段人群[①]。

　　可以说，正是伴随着经济飞速发展与财政收入增长而创造的充裕教育机会从而不断提升着澳门青年受教育水平，而高学历青年群体较之于其他社会群体原本就更具自主意识与参与精神，加之适逢澳门政权转变，由殖民管治转向高度自治，为青年参与政治提供了前所未有的机遇，持续激励着青年一代走出传统的政治冷漠与被动接受管治状态，追求权利平等与治理民主，青年价值观也更加趋向多元与自主。

　　然而，需要指出的是，特区政府成立以来，尽管有意为青年参与创设机会与平台，可是，与回归初期社会骤然间提供的大量社会政治参与机会相比较，当下的"80后"、"90后"青年参政之机会显然无法与"60后"、"70后"相提并

---

① 澳门统计暨普查局：《2006年澳门人口普查》，2006，第33、211页。

论。毕竟回归初期，葡萄牙政府交回管治权令当时的澳门本地青年获得空前的参政机会，许多青年选择直接加入政府，参与接手与填补澳葡官员撤退后遗留的权力空位。与此同时，部分社团精英亦纷纷参与到澳门政治生活之中，或为政治机构成员（如立法会议员），或为政府官员，或为咨询机构成员。大批青年精英进入管治队伍使治理团队年轻化，有利于建设学习型政府，同时亦使得稍后投入社会的新生代参政意愿受阻，一定程度上形成窒碍效应。由此，导致新一代青年结社与政治参与出现持续活跃、多元发展之势，在展现积极、自主与理性的同时，亦偶尔伴有情绪化的街头抗争行动。

二　青年结社：薪火相传与多元发展

在回归以来蓬勃的结社高潮中，青年结社得到持续稳定发展。一方面，政府与社会对于青年群体与青年结社较为关注，投放到青年社团的资源持续增加。另一方面，青年社团数目不断增长（见表1），青年结社形式多样，价值取向多元，活动内容与活动方式不断创新。总之，青年结社在多方面出现了不同于以往的新变化。

表1　澳门教育暨青年局登记之青年社团（2004～2009 年）

类　　别	2004 年	2005 年	2006 年	2007 年	2008 年	2009 年
青年社团	32	32	34	36	47	51
学　生　会	6	6	6	6	6	7
青年中心	8	9	9	9	9	9
附属青年社团	65	65	65	64	65	65
总　　数	111	112	114	115	127	132

注：1）教育暨青年局登记之青年社团：定义为依法成立的社团及其领导架构90%或以上的成员由45 岁以下人士组成。2）青年社团：主要为依法成立，并由年轻人组成的社团。3）附属青年社团：主要为一般团体辖下，不具法人资格，由年轻人组成的附属组织。
资料来源：澳门教育暨青年局之《澳门青年指标》6.1 青年社团数目。

（一）青年委员会或其他：社团薪火相传

澳门社会发展的特殊历程造就了社团的独特地位，社团成为凝聚社会政治力量的社会组织，并参与选举、政策倡议与社会自治，甚至被赋予发现与培养政治人才等"拟政党化"功能。回归后，传统社团的上述功能得到进一步强化，因此，各主要代表性社团逐渐意识到社团的可持续发展问题，尤其是因为回归后社会成员与政府沟通管道的增多降低了社团对其成员的吸引力与凝聚力，原本一些社团骨干成员或加入政府部门或流失，从而使得社团如何凝聚青年乃至社团领导机构如何延续等问题凸显出来。由此，各功能性代表社团提出薪火相传的发展思路。于是，吸纳与培养青年社团成员成为新的历史条件下社团工作的重要内容。正是在此背景下，传统社团推进"薪火相传"工程，社团内部或新成立或充实加强青年委员会组织。例如，中华总商会、工联总会、街坊总会、妇联总会、厂商联合会等社团的青年委员会（或青年协会），即使是多数在回归前已经成立，在现阶段也得到进一步的重视与加强。就连许多同乡会等宗乡社团也纷纷在内部成立青年组织。例如，潮州同乡会青年委员会、苏浙沪同乡会青年部、江门同乡会青年部、福清同乡会青年部、缅华互助会青年委员会等。

纵然是许多未在内部成立青年委员会组织的社团，同样加强了青年成员的培养工作，一些社团有意识地在领导机构改选或重组时加入青年人，以期推进社团领导机构的年轻化，甚至"80后"亦开始执掌社团领导职务。比如，成立于1992年的新澳门学社，长期由"50后"的吴国昌、区锦新等担任领导，而在2010年学社改选后，作为"80后"的周庭希一跃而成为理事长，成为其中较为突出的例子。

（二）新兴青年社团的勃兴：青年结社的多元发展

如果将通过在社团内部成立青年委员会或以换届方式使青年成员进入社团领导层从而实现培养青年与推进社团可持续发展视作传统社团的"薪火相传"的话，那么，回归以来，尤其是2007年"五一游行"以来，青年结社变化更加明显的却是在传统社团之外各种形式的新兴青年团体开始勃兴，由此推动澳门青年结社朝着多元化方向发展。

1. 青年议政团体的崛起

随着澳门青年教育水平的提高，青年自主意识与参与意识较之往昔得到显著发展，其突出表现在青年结社议政风气的初兴。其中，某些青年社团更是直接参与立法会选举活动。

中华新青年协会是于回归后（2003 年）成立的旨在凝聚澳门各行业青年力量的社团组织。社团以创新与求变的姿态，确定参与社会为其基本工作目标之一。尽管该青年社团因其与政府关系较为密切而被社会指称为传统社团①，甚至并未因为其获得为数不少的来自政府部门的财政资助而放弃批评与监督，反而积极议政，敢于表达对政府各项政策的意见，表现出与以往传统社团并不完全相同的行为取向与风格特征。新青协成立后内设"社会事务委员会"，负责举办各类关注社会时事的活动，致力推动青年对社会时事的关注和参与，从而提高青年的议政论政能力。该会率先在澳门组织举办公开论坛——"市民论坛"，选择市民较为密集的北区作为论坛举办地，定期就市民关心的多项公共政策，邀请专家学者、议员、官员及社会人士进行公开讨论，鼓励市民现场参与讨论，因而在某种程度上引领与带动了澳门青年议政风气的兴起。此外，还有"时政开讲"、"青年论坛"与"青年议会"等多种形式。

在青年议政团体中，澳门公民力量（Macao Civic Power）正式成立于 2008 年 9 月②，是由一群青年专业人士、文化人与学者组成的，主要领导者有林玉凤、尉东君、朱焯信等。公民力量成立的目的在于"希望在履行公民关心社会时事的责任外，推动本澳议政风气，与公众一起响应社会议题，思考社会变革方向，审视、建构新社会价值，为澳门长远发展建言献策，为构建澳门公民社会一同努力"③。该团体选择以民间论政团体模式运作，不时举办论坛、沙龙与讲座，尤其是每月一次的公民圆桌会议（Roundtable），议题涉及政制民主、公共政策、社会价值观等。

在 2010 年新成立的青年研究与议政团体中，新视角学会与思汇网络表现较为"抢眼"。新视角学会是在以研究青年问题见长的青年研究协会基础上成立的，相应地，其关注范围亦由原来以青年议题为主转变为社会时政议题，并连续举办系列性民意调查，发布《澳门居民对新一届政府施政满意度调查》、《澳门市民政制改革意向调查》、《澳门市民对新一届立法会直选议员满意度调查》、《澳门居民对 2011 年度施政报告期望调查》等民调报告，引起一定的社会反响。

---

① "传统社团"的概念意涵较为复杂，在不同语境中，指称会有所不同。显然，它并未特别强调以社团成立时间先后作为区分标志，反而较为关切社团与政府关系之距离。

② 该社团的章程刊登于《澳门特区公报》2006 年第 28 期，2006 年 7 月 12 日。

③ 参见澳门公民力量网站：http://www.civicpower.com。

思汇网络则以汇聚智能共同思考及研究澳门各项事务为宗旨，其开展的主要活动包括面向青年举办议政新秀培训班与时政分析课程。其中，作为创新培养方式的"澳门论坛"于 2010 年 8 月开办，该论坛作为议政课程的核心内容，由专家学者一起参与和引导，论坛主题涉及公职法援论、民主政改、立法监督、施政报告等。

2. 青年动力：网络结社的实体化

结社作为人类的交往方式，同样受到了信息技术的深刻影响，表现之一就是依托互联网提供的各种虚拟平台与交流工具，如 Facebook、twitter、blog、MSN、QQ 等，以及多种论坛（在澳门使用频率较高的有 Qoos、cyber CTM、Talk853 等），建立联系，联络情感，讨论问题，交流思想。而青年群体更是网络化生存的基本人群，网络生活已经成为青年群体日常行动与交往的基本手段与内容。可以说，青年网络结社的兴起是网络生活发展过程中顺理成章的事。与传统结社不同，网络结社是利用网络虚拟平台的社交功能而创建的以吸引志趣相投者加入的虚拟组织，其具有简便、低成本、高流动与不稳定的特征，因为属于虚拟组织，无须办理注册等法律手续，甚至连成员的真实姓名也未必清楚，由此导致虚拟结社的数量难以进行精确统计。以著名的社交网站 Facebook 为例，至 2010 年 5 月底①，利用搜索引擎可查询到与"澳门"、"Macao"、"Macau"相关的群组（groups）合计共有 1593 个，其中由特定群体组成的有"澳门人"、"80 后"、"打工族"等，一个名为"澳门青年（八十年代）"的群组其会员更是达到数千人之多。

作为新的结社现象，网络虚拟社团伴随着互联网的普及（甚至依赖）已越来越多地涌现，更值得关注的是，在澳门，虚拟社团开始转化为现实社团，从而导致结社方式出现新的变化。青年动力创立于 2010 年"五一游行"之后，该社团原本是青年网民利用 Facebook 等建立的"青年游行队伍"群组，以号召青年站出来参加 2010 年"五一游行"，并成功地征集到数百名会员。其中，约有 400 名青年于 5 月 1 日当天自发组织游行队伍，进行和平游行，表达青年诉求，引起社会关注。游行结束后，作为此次游行的网络组织者——阮佩嫦（Esther）等人决定成立实体社团——青年动力（Macao Youth Dynamics），将原本活跃在网络上

---

① 张荣显等：《澳门数码生活 2010》，澳门互联网研究学会，2010，第 24～26 页。

的虚拟组织注册成现实中的社团,以凝聚青年力量,促进青年关心政治,表达青年声音,培养青年公民意识,推动公民社会成长为宗旨。社团成立后,陆续举办"动力论坛"等活动,就"澳广视事件"、"公职法援"等发起讨论,另外还举办街头集会等社会行动。尽管青年动力今后的发展尚待进一步观察,但是,从网络虚拟群组到现实社团的转变本身就是澳门结社史上的新动作。

3. 青年就业(创业)等支援性社团渐兴

自从 2002 年博彩经营权开放后,澳门回归初期的严重失业困局得到根本扭转,就业问题迎刃而解,甚至出现人力资源供应紧缺的局面。尽管如此,对于青年来说,就业仍然是他们经历学习阶段后进入职业生涯的人生新起点。相应地,关注与协助青年就业的支持性社团亦陆续出现。基本形式包括两种:一种是直接成立的促进青年就业与创业的社团,主要有新进青年创业拓展协会(2009 年)、澳门青年创业协会(2009 年)、愿景青年创业协会(2008 年)、澳门大学生创业协会(2008 年)等。另一种是有些社团(尤其是青年社团)在其内部设立"青年就业或创业委员会"之类的组织。例如,中华新青年协会内设的"就业创业委员会"。

不同形式的青年就业(创业)社团之目的较为一致,即通过联络企业、机构等用人单位,举办就业讲座与培训、招聘会,建立就业数据库,甚至青年个人职业生涯规划等多种方式,协助青年就业与创业、进修与转业。同时,影响政府在协助青年就业与创业方面投入更多的资源也是此类社团的行动策略。例如,游说与建议政府设立青年创业发展基金,以及创设青年就业平台,推动政府实施的澳门毕业生赴内地机构实习计划进一步完善。

引入奖励计划提供与促进青年多元化训练是澳门青年社团新拓展的方式。例如,澳门国际青年奖励计划协会引入国际上行之经年且有效的青年奖励计划①,该计划以 14 ~ 25 岁的青少年为参与对象,在成年义工协助下,自由选择参与各项不同的训练活动,完成规定各科(包括服务科、野外锻炼科、技能科、康乐体育科以及团体生活科)训练,可根据年龄获得不同等级(金、银、铜)的奖

---

① 国际青年奖励计划源于英国的"爱丁堡公爵奖励计划",这是一项国际性的青年奖励计划。1965 年,成立国际奖励计划协会,1988 年改名为"国际青年奖励计划"。1994 年,采用地球和平鸽为其标志。参见《青年奖励计划协会访特首》,2010 年 9 月 15 日《澳门日报》。

章。自 2002 年 12 月，澳门加入该项国际性青年奖励计划，现时与全澳 16 所学校及社团合作，成立了 16 个执行处。参与奖励计划的青少年已达 2500 多人，每年活动有 20 多项，参与该项计划的青少年学员因此而获得了规范的多元化训练及活动。

除了上述支持青年就业与创业及青年训练等青年支持社团外，还有一些协助未完成中学教育的青年员工进行回归教育或持续培训的社团，以及协助有偏差行为的青年进行矫正与辅导服务活动的社团等。

4. 青年社团的联合性组织出现

青年结社在回归后呈现出两极发展态势，即分化与联合。尽管分化居于主导性地位，可是，分化的同时亦出现青年联合性社团，主要标志是澳门青年联合会的成立。

青年联合会成立于 2006 年，是由澳区全国青联委员及各省市青联澳区委员发起倡议而成立的。由于青联的发起人与倡议者本身就是澳门各界的青年精英，各自联络着澳门不同界别与不同形式的青年社团，因此，成立后的青联描述其宗旨时，将联络澳门各界青年及青年团体，加强内地青年、港台青年与海外青年侨胞的联系，发展同世界各国青年的联系和友谊，作为首要内容。也就是说，加强青年的内外沟通与联络乃其主要任务，其次才是鼓励青年学习澳门《基本法》、现代科技与文化知识，最广泛地代表和维护各界青年的合法权益，引导青年积极健康地参与社会活动等。

从青联成立后举办的活动看，一如其宗旨所言，以交流与联络为主，尤其是对外交流，会内专门设立了"对外交流委员会"与"台湾事务委员会"，举办了澳门青年赴内地的"红色之旅"、"复兴之旅"、"青年民族节"、"2010 年上海世博交流"等参访活动①，以及接待内地、港台青年团体来澳交流（如全国青联、台湾青年之友会等青年团体访问澳门）等。在澳门内部交流方面，主要联合各青年团体举办大型的纪念性活动（如庆祝澳门回归 10 周年活动、"五四运动"纪念活动等），以及青年联谊活动（如"街舞文化祭"活动、"Happy member,

---

① 据 2010 年 10 月 8 日青联负责人拜访行政长官崔世安时，声称"红色之旅"、"复兴之旅"等为该会的品牌活动。参见《马志毅：团结引导服务青年》，2010 年 10 月 9 日《澳门日报》。

Happy hour"联谊活动、"美女杀手&帅哥警察2.0版杀人游戏"活动、黑沙水库家乐径远足活动等)。至于青年发展与青年权益方面,初期较少涉及,于近期亦有所关注与扩展,如举办"青年议政训练计划",试图在引导与促进青年参政议政、参与社会等方面有所作为。

从满足成立宗旨与开展交流与联谊活动的需要出发,青年联合会的组织形式与会员特征与其他青年团体有所区别。青年联合会成立之始即建立庞大的组织机构与联系网络。目前,其理事会、监事会领导机构成员超过百人,又设立50余人组成的咨询委员会。在会员方面,设团体会员与个人会员两种,据称,首届入会的青年团体会员达66个,个人会员近900名。然而,尽管澳门青年联合会在形式上类似于内地的青联组织,但是,在实质上青联的团体会员并非它的属会组织,青联与团体会员之间不存在领导与被领导关系。因此,并未形成紧密的组织结构,而是松散的合作关系,准确地说,青联是以联合会形式出现的又一个青年社团,某种程度上,具有青年联盟的雏形,与单一性青年联合社团组织还存在着较大的距离,要实现其创立时设定的远大政治抱负与自我期许的历史使命,还需要付出更大的努力。

青年结社,除了上述新形式与新现象外,还有青年服务团体、青年志愿团体也较前得到重视,与此同时,伴随"80后"、"90后"的成长,某些具叛逆意识的青年不屑于传统的"被安排"、"被和谐(河蟹)"之结社方式,也不愿意与"激进工会"等社团有过度牵连,较为强调结社自主,甚至筹组"青年自救会"之类的青年社团。可见,与传统社团"薪火相传"方式相并行,越来越多的青年结社新方式的出现,标志着澳门青年社团发展的更加多元化已成为不可逆转的趋势。

三　青年结社发展趋势:多样化、自组织与网络化

在结社类型上,青年结社并非属于新生的,而是一直以来就存在的,然而,不同时期的青年结社,在结社形式与活动内容上,却始终反映出不同于之前的自身特征。同样,在经历了回归后政治、经济与社会发生巨变的澳门,青年结社及其参与的活动内容也出现了较为明显的新特征与新趋势。

（一） 多样化结社与丰富的社团活动

青年结社是以年龄为标志而划分的一种结社类型，同一年龄段的人群确实存在着诸多共性，却也有着较大的差异性。随着澳门社会经济与教育文化的发展，青年群体整体素质不断提升，青年自主意识不断增强，过去较为单一化的青年结社形式逐渐走向多样化。

在结社形式上，有传统形式，也有现代形式；有社团内设的青年组织，也有社团外新成立的青年组织。如前所述，为适应社团自身发展的需要，许多传统社团在其内部设立青年组织或青年工作机构，以期吸引青年参与，达到薪火相传之目的。与此同时，在既有的社团之外，不少由青年自行组织的社团纷纷成立。在组织形式上，有松散型的，也有紧密型的，有独立型的，也有联合型的，多数青年社团是直接成立的实体社团，也有青年社团是由虚拟的网络组织转化而来。

在结社取向与活动内容方面，多数青年社团仍然以促进青年之间相互联系（联谊）、交往、青年服务等为主，因此，活动内容方面主要有青年志趣性活动、联谊性活动与服务性活动，如组织青年兴趣小组、举办青年培训或就（创）业辅导、开辟青年活动空间、组织青年外访（游）以及青年义工或探访等。此外，值得关注的是，随着青年自组织社团的涌现，关注与维护青年权益以及促进青年政治参与成为近年来此类青年社团的主要活动内容。由青年社团开办的多个青年议政培训课程同时出现，以针砭时弊、议论时政、表达青年声音为内容的时事论坛陆续开办，每逢政府的施政报告或重大政策（法律）咨询或公布时，青年社团会以积极的态度、不同的方式表达青年们的意见。在青年权益维护方面，青年社团（或社团代表）通过与政府官员（特首、社会文化司司长）对话等形式，要求政府在青年住房、就业、教育等方面给予更多的关怀与协助。

由上可见，一些过去较为少见的组织形式以及维权、议政等社团活动的出现，极大地丰富了青年社团组织的结社方式与活动内容，多样化已经成为青年结社及其活动的基本特征之一。

（二） 本土归属感增强与社团自组织性渐显

作为社会组织，社团可以是社会成员的自组织化形式，也可以是被组织化形式。政府作为社会管理与控制的主导者，往往出于社会控制的需要而采取自上而

下方式直接组织或推动社会成员成立社团组织，此所谓"被结社"。应该说，在青年社团中，两种结社方式都存在，绝大多数的社团内设青年组织属于被组织的，部分在已有社团之外的青年社团也是不同社会势力基于利益或政治等考虑而成立的，同样属于被组织的青年社团。然而，从发展趋势看，新兴的青年结社运动中，自组织方式渐成气候。

回归后，无论在政治上，还是经济、社会等方面，澳门都发生了前所未有的变化。政治的历史性转折，使得澳门居民政治身份由被管治对象转变成拥有真正自治权的社会主体，生逢其时的青年群体，不再像其父辈或祖辈那样，以移民的暂（寄）居心态对待自己脚下的那片土地，而是开始生成对于澳门特别行政区的本土归属感。与此同时，经济的跨越发展使政府拥有更多资源投放于文化教育与社会建设事业，青年群体所获得的教育机会是其前辈们所无法比拟的，受教育水平的大幅提升使青年自主意识得到增强。正是对于本土的归属意识的增强与受教育水平的提高，使得青年结社形式也发生了较前不同的新变化。表现之一就是部分青年社群不愿意"被安排"成立或加入社团，而更加愿意选择以自组织方式成立真正属于自己的社团。新生的青年社团中，多数是由青年自主成立的，而非被动结社的产物。例如，澳门公民力量在其成立缘起的介绍中写道："澳门不是属于几个政府官员和几百个社会精英的，而是属于我们全体澳门市民的；同样地，要解决澳门的问题，也不应该由几个政府官员和几百个社会精英包揽的。澳门的问题，需要由我们全体澳门人一同面对和解决。澳门是我们的家，每一个澳门人，每一个澳门市民，都负有建设好这个家的责任，澳门的问题，需要由我们全体澳门人一同面对和解决。"① 由此可见，正是这种对于澳门的归属感与自主意识成为青年创设社团的精神动力。当然，主动结社并非意味着澳门的青年结社没有受到任何来自外界的影响。

其实，澳门的迅速发展使其逐渐摆脱过去对外相对封闭的状态，国际性影响与异质性因素增强，频繁的对外交流，使得澳门社会各界更加易于受到境外（尤其是港、台）的影响。其中，青年群体较之于其他社会群体更加思维活跃，且易于接受外界新生事物。从澳门青年结社的名称以及社团活动方面，也可以看

① 参见《公民是什么？力量在哪里？——澳门公民力量成立缘起》，http：//www.civic-power.org/cp。

出这种影响的存在。近年成立的青年社团中，议政性团体与权益维护团体更多地反映出这种影响。例如，公民力量、思汇网络作为新崛起的两个青年社团，无论是名称，还是活动内容，都受到香港的影响，不仅因为同名社团在香港早已存在，而且建立论坛、沙龙、圆桌（roundtable）会议等青年议政平台之举措，相信同样受到香港青年议政方式的启发。由不同社团开办的青年议政训练课程也会邀请港、台导师前去澳门授课，而课程必会安排学员前往港、台现场观摩选举或论政（如香港的"城市论坛"）等活动。

应该说，澳门青年结社的发展与参与范围的扩大（尤其是议政与维权活动），作为回归后出现的结社新现象，其本身标志着澳门青年群体本土归属感的增强，而主动寻求与接受境外影响同样间接地反映了澳门青年自主意识的提升。可以说，本土性与自主性作为澳门青年结社运动的特征将会越来越鲜明。

（三）网络新工具与活动新平台的创设

信息技术的发展强有力地冲击并改变了人类生活与交往方式，网络化或数字化已经成为现代人日常生活内容与基本生存方式。作为青年交往与沟通方式的青年结社也随着信息与通信技术的发展而出现新的变化。其中，最明显的变化就是网络虚拟空间成为青年结社的新工具与青年社团活动的新平台。大多数青年社团都有其网站或网页，即使以前成立的社团也纷纷设立网站，社团网站不仅提供社团的基本资讯，而且向会员发放会务活动消息、提供参与和服务，甚至游戏功能。有的网站还设有开放式互动平台，即使是非社团成员也可以通过网站设立的论坛参与讨论，使原本用于内部交流的网站成为公共讨论与传播的平台。也有社团（如中华新青年协会）成员拍摄短片上传到网站，或者制作网路节目，使网络本身成为青年社团成员参与社会活动的一种重要载体。

网络工具的运用，方便了会员之间的联系与交流，缩短了社团与会员之间的距离，同时也拓宽了社团对外的影响渠道，扩大了社团的影响面，社团提供的社会参与以及社会服务的链条因此得到延伸，网络甚至成为动员与凝聚青年投入社会行动的工具。例如，2007年的电单车游行，以及2010年的五一青年游行，其影响力由此可见一斑。

青年结社的网络化还表现在青年社群以"群组"方式在网络空间创设的大量虚拟社团，并且已开始出现由虚拟社团变身为实体社团的现象，前文所述的

"青年动力"（2010 年）就是典型例子。

诚然，作为虚拟空间，网络对青年结社产生积极作用的同时亦存在负面影响，例如，过度地依赖网络工具导致社团成员之间面对面交流的减少等。因此，如何更好地运用网络工具推进青年社团工作，以及如何界定社团及其成员的网络责任，都是青年结社需要进一步探讨的新课题。

总而言之，随着社会经济的发展与高新技术的运用，青年群体的自主性与民主意识会得到不断增强，而多元化、自主性与网络化作为青年结社及其社会参与活动的基本发展趋势将同样会得到越来越清晰地呈现。

Independence, Diversity and Cyberization: Youth Association and Social Participation

Lou Shenghua

Abstract: With political transition, economic development and education improvement after the handover of Macau, a sense of belonging and independent consciousness of the young people in Macau have been enhanced. The youth associations and their social participation have changed. Independence, diversity and cyberization become gradually the tendency and basic characteristics of the youth associations and their social participation in Macau.

Key Words: Independence; Diversity; Cyberization; Youth Association; Macau

B.6
科学决策与咨询制度

鄞益奋*

摘　要：科学决策是第三届澳门特别行政区政府的核心施政理念。科学决策在很大程度上依赖于专家咨询、公众咨询和社团咨询等政策咨询体系的建立和完善。进入2010年，澳门特区政府致力于成立政策研究室，以形成科学决策的突破口，同时也意识到政策研究室需要更好地整合各类专家咨询，才能更好地完成科学决策的重任。然而，改革和完善专家咨询、公众咨询和社团咨询，也应该成为实现科学决策的核心环节。只有不断完善专家咨询、公众咨询以及社团咨询并使其相互协调、相互促进，才能更好地推进特区政府科学决策的发展。

关键词：科学决策　咨询制度　专家咨询　公众咨询　社团咨询

在现代社会，实现科学决策的一个重要依托在于实现决策者与咨询者的分离，即"断"与"谋"的分开。随着现代社会的日益复杂化和信息社会的来临，单独依靠个人的经验决策已经无法确保决策的科学性和合理性，决策者需要依靠相关的政策咨询，吸取各个方面的意见和建议，最终达成"多谋"和"善断"的理想局面。从某种意义上讲，科学决策与政策咨询已经成为不可分离的一对范畴，政策咨询是实现科学决策的必要条件和本质规定。

从总体上看，政策咨询可以区分专家咨询、公众咨询和利益集团咨询（社团咨询）三种政策咨询体系。其中，专家咨询又可以区分出政府政策研究机构的咨询、高校政策研究机构的咨询及民间社会政策研究机构的咨询等各种咨询类

---

* 鄞益奋，博士，澳门理工学院社会经济与公共政策研究所副教授。主要研究方向：公共行政和公共政策。

型。如果说，科学决策的实现主要需要依赖于政策咨询体系的构建，那么专家咨询、公众咨询以及利益集团咨询就成为科学决策的三大支柱。就此而言，澳门特区政府实现科学决策的基本前提，在于不断完善专家咨询、公众咨询和利益集团咨询三大咨询体系。

一 科学决策：新一届澳门特区政府的核心理念

科学决策，是当今世界各国政府公共政策发展的一个基本取向。随着社会公共事务的复杂化，政府的决策再也不可能单凭某个领导人的经验决策就能完成，它需要有一系列的制度保障，其内涵是十分丰富而复杂的。从决策程序的角度看，科学决策需要首先确定政策问题和政策目标，拟定政策方案，进而从多个政策方案中选择一个相对优化的方案；从利益协调的方面而言，科学决策是吸纳各方利益、整合各方利益的过程，致力寻求一个实现各方利益均衡，满足社会各界利益诉求，权衡长期利益与短期利益的政策方案；从资源运用的合理化要求来观察，科学决策则要求决策者依据"成本—效益"的原则，防止主观情感认知的影响，认真分析各种政策方案的经济、技术与政治的可行性，并进行对比、权衡和选择。而且，这三个层面的内容在实践中相互交叉、相互渗透。

澳门回归10年以来，在公共政策的民主化方面，尽管仍然存在着许多不足和欠缺，但不可否认，回归以来特区政府显示出对民意表达和公众参与的充分尊重，向公众进行广泛的政策咨询已经逐渐成为特区政府出台公共政策之前的惯例。与此同时，在公共政策的科学化方面，特区政府受到的批评显得更为尖锐，政府政策的前瞻性、科学性不时受到公众的怀疑和质问。对此，行政长官崔世安先生在其参选政纲中提出了加强科学决策的出路，决定致力加强政策研究的力量，提升政策研究的水平，确保特区政府政策制定的科学性、系统性和前瞻性。

第三届特区政府上任以来，行政长官崔世安把"科学决策"和"阳光政府"列为未来特区政府的两大切入点。2010年3月，新一届澳门特区政府首份施政报告再一次强调，特区政府在新时期施政的突破口是推行科学决策，打造阳光政府。科学决策，已经成为当前澳门特区政府的核心理念。

二　科学决策与专家咨询

回归以来，特区政府坚持依法行政，积极听取社会各界的意见进行政策制定，同时也体现出对专家咨询的高度重视。当前，特区政府政策的专家咨询体系主要由以下六个类别组成：（1）政府部门成立相关的研究机构，其中以 2005 年成立的可持续发展策略研究中心为典型的代表。（2）高等院校内部的研究机构和研究部门，例如澳门大学、澳门理工学院及澳门科技大学中相关的研究所和研究中心。（3）回归后民间的政策研究机构得到了长足的发展，诸如澳门发展策略研究中心、澳门经济学会、澳门经济建设协进会等民间研究机构，通过实地调研撰写研究报告，为特区政府施政建言献策。（4）政府各个部门通过召开各种座谈会、集思会的方式听取各个领域专家的意见。（5）政府通过合同判给的方式，委托和聘请专业顾问公司进行专项研究并提交政策研究报告。（6）许多咨询委员会的成员中有专家代表，从而能够为政府提供专业意见。

不可否认，澳门公共政策的专家咨询体系依然存在值得改进的空间。第一，澳门的专家咨询体系比较分散，缺乏集中而强大的政策研究机构。第二，专家咨询带有一定的随意性。特区政府并没有出台相关制度规范，规定政策出台之前一定要进行专家咨询，离"不经过科学论证就不决策"的要求尚有一定的差距。第三，研究机构的专职研究人员较少，这在政府体制内部的研究机构中表现得尤为突出。第四，本地专业研究人才较为缺乏，很多研究项目采取"外包"的方式判给外地专家立项研究，而外地专家对澳门的实际情况往往缺乏深入、具体的了解。

为此，新一届特区政府决定成立向行政长官负责的政策研究室，以实现科学决策。2010 年 3 月第三届特区政府的首份施政报告专门集中地阐释了特区政府关于建立"政策研究室"的构想，规定"政策研究室"的主旨在于"从跨学科、多领域、全方位的综合视角，为政府提出政策建议和方案，提升政府决策的全局性和前瞻性"。2010 年 7 月初，澳门特区政府公报刊登第 200/2010 号行政长官批示，成立直属行政长官的"澳门特别行政区政府政策研究室筹备办公室"，负责订定、开展及协调设立"澳门特别行政区政府政策研究室"所需的工作。特区政府强调，拟设的政策研究室，除了政策调研及政策建议外，还要向行政长官

提供关于社会结构性问题及形势的分析研究材料，并须以民意为基础，实现民主决策、科学决策、高效决策。

成立体制内政策研究室，为澳门公共政策专家咨询体系的发展完善带来了难得的契机。根据当前特区政府的构想，政策研究室将集合专职的研究团队，以集约化的模式针对澳门的政策问题进行集中研究，以集约、专职的方式加强专家咨询力量，改变原来的粗放式、分散化、外判式的专家咨询模式，推进特区政府的科学决策。可以预见，未来的政策研究室将占据未来特区政府专家咨询的龙头位置，由其带动和引领特区政府公共政策的专家咨询体系。

另一方面，特区政府也意识到了未来的政策研究室有必要建立与政府各部门、各咨询机构、高校研究机构及民间社团定期的联络机制，加强体制内外研究机构的信息交流。近年来，政府的政策研究部门建立了较为畅通和开放的外部联络机制，政府的相关部门会经常与高校或民间研究机构进行沟通和互动，在与高校或民间研究机构的对话中广泛地吸纳各方面的意见和建议。可以预见，特区政府在推进科学决策的过程中，新成立的政策研究室和高校、民间研究机构的互动合作关系将会不断得到强化，成为未来特区政府实现科学决策的重要特征。

三　科学决策和公众咨询

除了专家咨询外，公众咨询是公共政策咨询的重心。甚至在一些人看来，公共政策咨询基本上指的就是公众咨询。回归以来，澳门的公众咨询取得了令人欣慰的成绩，公众参与政策咨询的积极性日益提高。许多政府部门在政策出台之前都会进行公众咨询，并且引入多样化的咨询形式和咨询机制，创新了澳门的咨询文化。特区政府在很多公开咨询中，广泛采取多种形式征集民意，并在一些咨询活动中引入"二轮咨询"的咨询模式。此外，特区政府还加强了"社区服务咨询委员会"、"社区座谈会"及"民政总署公开例会"的咨询载体功能，深入社区了解居民的实际诉求，聆听不同阶层的意见。

然而，在取得成绩的同时，澳门的公众咨询依然存在一些问题和弊端。一方面，各个政府部门的政策咨询活动没有统一化、规范化的指引；另一方面，特区政府对公众意见的响应性有待加强，公众咨询受到"形式化"的批评。特别是在政府几个部门同时推出几项公众咨询的情况下，更是令社会怀疑公众咨询的成效，因为一般公众很难有足够的时间和精力同时去消化不同施政范畴的咨询文本。就此，有议员总结性地指出当前澳门公众咨询模式存在的弊端，"目前行政当局各部门咨询的时间五花八门，咨询期限不一，有部门短则两至三个月，有部门可以长达 1 年，有部门咨询过后就不了了之，没有交代采纳意见与否的原因和理据，有部门咨询结束多年后仍未见法例出台，影响咨询的时效性，对咨询质量难有保证"①。

对此，特区政府回应了社会上关于建立法制化、统一化的咨询机制的要求，准备推出规范公共政策咨询机制的文本，咨询各政府部门意见。澳门行政暨公职局长朱伟干在 2010 年 6 月份的公共行政改革咨询委员会第 6 次会议会后表示，政府根据 2009 年完成的民意吸纳及推广系统建立研究报告提出意见，制定政府咨询制度的规范，各公共部门今后开展咨询工作时均有制度可循，预计 2010 年 7 月可完成相关规范的咨询文本。根据朱伟干的解释，"政府将订定公共行政咨询工作规范，各部门可依循规范开展咨询工作，同时会建立协调机制，避免同一时间有多份法案或政策推出咨询"②。

由此，可以预见，未来澳门特区政府的公众咨询将得到进一步的规范化和制度化，各个部门的公众咨询将得到统筹和协调，以提升公众咨询的成效，确保公众咨询不走形式。特区政府改革和完善公众咨询体系的目的，归根到底就是要通过各种公众咨询机制的设立，鼓励公众积极参与社会公共事务，促进公众和政府的双向沟通和相互信任，全面了解、掌握多元化的民意，为政府的政策制定提供切实的民意基础。

四　科学决策与社团咨询

除了专家咨询和公众咨询之外，由于澳门"社团社会"的特质，特区政府在出台公共政策之前一般也会进行广泛的社团咨询。在澳门，承担社团咨询功能的是特区政府的各个咨询机构和咨询委员会。根据澳门《基本法》第六十六条

---

① 《吴在权倡统一咨询机制》，2010 年 3 月 17 日《市民日报》第 P06 版。

② 《当局拟规范政府咨询制度　料下月推规范文件咨询各部门意见》，2010 年 6 月 2 日《澳门日报》第 B02 版。

的规定，澳门特别行政区行政机关可根据需要设立咨询组织。澳门特区在行政长官、行政法务局、经济财政司、社会文化司以及运输工务司等行政机关都设立了相关的咨询组织（截止到2010年底之前，澳门特区的各类咨询委员会一共有42个），其职责在于为政府的决策或政府制定政策提供咨询意见。

澳门的咨询机构和咨询组织有着政策咨询、社会认知、利益协调与人才培养等综合性功能①。从成员构成来看，澳门各咨询机构的成员既有专业代表，又有民意代表和社团代表，事实上承担着专家咨询、公众咨询和社团咨询三种功能。咨询机构功能定位的宏大和宽泛，往往使得咨询机构在实际运作中不堪重负，成效不显。为此，澳门社会提出了各种各样改革咨询委员会的建议，包括改革咨询机构成员的选拔机制（甚至包括直选机制的引入），平衡咨询机构成员专业性和代表性的比例，使咨询机构的运作更为透明，等等。然而，咨询机构的改革最终往什么方向发展，目前仍然没有共识和定论，特别是咨询机构的功能应该是以专家咨询、社团咨询还是公众咨询的定位为主导和核心，似乎没有引起相关的讨论。

笔者认为，在目前特区政府决定成立政策研究室、统一公众咨询机制的背景下，特区政府公共政策的专家咨询和公众咨询已经有了相应的机构依托和机制依托，在这种情况下，可以考虑把咨询机构的主要功能定位在强化社团咨询方面。在以社团政治著称的澳门社会，社团在政府治理中担当着不可或缺的角色，社团咨询在澳门公众政策咨询中也应有重要的一席之地。事实上，一直以来，澳门咨询机构的主要功能之一就是体现社团主义的理念，吸纳社团成为政府施政的帮手和伙伴，广泛吸收各个社团精英的意见和建议。在澳门的专家咨询和公众咨询都有相应的制度机制支撑的新形势下，放大和彰显咨询机构的利益协调功能，让其成为政府与社团以及社团之间相互交流的制度平台，可能是未来澳门咨询委员会改革的方向之一。

五　整合三大咨询体系

科学决策的实现不仅需要依托于专家咨询体系、公众咨询体系和社团咨询体

---

① 参见娄胜华《功能分殊：咨询机构革新的切口》，2006年12月7日《澳门日报》第C12版。

系的建立和优化，而且需要对三类咨询体系进行整合和衔接。这需要更为精良和细致的制度设计，有待在未来的发展中加以进一步探索和思考。

当前政策研究室的成立，只是完成了增强体制内部政策研究力量的第一步，距离真正的科学决策科研，可谓任重道远。在未来的工作中，政策研究室除了要依靠专业化的研究团队为政府提供政策建议和政策方案选择以外，重点在于谋求和公众咨询、社团咨询及各级政府部门的协调和统一。在这方面，特区政府可以考虑以下几点政策建议。

首先，为了形成专家咨询体系和公众咨询体系的和谐一致，可以考虑赋予政策研究室"统一管理公众咨询"的功能。澳门的公众咨询活动较为分散，缺乏统一的协调和统筹机制。为此，不少澳门学者和社会人士建议成立一个统一管理公众咨询的机构，以避免各部门在同一时间推出多项咨询而出现"公众咨询爆炸"和"公众咨询疲劳"的情况。有了统一的公众咨询管理机构，可以根据公众咨询事项的轻重缓急合理确立公众咨询的时间安排，从而保证公众咨询活动的合理化和科学化。然而，这一机构的产生可能会使有些社会人士产生"机构膨胀"的担忧。在这种情况下，让政策研究室承担起管理公众咨询机构的任务和功能：一是可以让公众咨询活动管理的科学化有机构和组织的依托；二是可以消除有关机构膨胀的种种疑虑；三是可以确保专家咨询和公众咨询的紧密互动和协调一致。

其次，可以考虑规定政策研究室的研究人员必须列席相关范畴的咨询委员会的会议，谋求专家咨询和社团咨询的一致化和统一化。在目前特区政府关于政策研究室的设想中，"初步构思研究室下设4个小组，分别是政法组、经济组、社会及教育组、对外交流合作组，提供深入政策研究，各小组有3个专家层，第一层由一位专家担当带领人、辅以两个专家；第二层为技术专业人员，主要配合专家工作；第三层为行政人员，每个工作小组成员不多于6人"[①]。按照这样的构思，政策研究室将有24名人员，可以考虑让政策研究室的部分人员列席各咨询委员会的会议，实现政策研究室的政策研究与社团咨询、专业咨询的有机结合。

最后，可以考虑在政策研究室设立一个沟通各政府部门的窗口，谋求专家咨

① 《政策研究室设4小组开展工作》，2010年7月9日《市民日报》第P01版。

询和政府部门决策的相关性和联动性，以确保政策研究室的政策意见和政策方案的现实性和可行性。通过政策研究室和各个政府部门之间的沟通和对话，可以有效防止政策研究室的研究建议过于抽象空洞、与实际脱钩的各种弊端，充分考虑政策方案在政策执行和政策落实过程中可能面对的困难，有利于增强政策建议意见的可操作性。

六　结论

科学决策，是澳门特区政府公共行政管理走向现代化、国际化的必要途径。澳门特区政府推进科学决策的经验显示，科学决策在很大程度上需要依托专家咨询制度、公众咨询制度以及利益集团（社团）咨询制度的确立和完善，从而为决策提供经过科学论证、富有民意基础和平衡各方利益的政策方案。当前澳门特区政府在完善专家咨询和公众咨询方面已经迈出了可喜的一步，咨询机构的改革也已提上新一届特区政府的施政议程，显示出特区政府在推进科学决策方面的决心和努力。然而，当前特区政府在以上三种咨询制度的建设需在未来的施政实践中进一步完善，才能为特区政府科学决策的实现奠定坚实的制度基础。在这个过程中，政策研究室需要致力对三大政策咨询体系进行整合，其对三类政策咨询的整合力是优化咨询机制、实现民主科学决策使命的关键所在。

Scientific Decision and Consultation Institution

Yin Yifen

Abstract：Scientific decision is a key governance idea in the 3ird government of Macau SAR. Scientific decision depends mostly on the construction and improvement of policy consultation system such as the institution of expert consultation, public consultation and association consultation. In 2010, the government of Macau SAR tends to build up "policy study bureau'to impel scientific decision and realize that the scientific decision can be fulfilled better through integrating all kinds of expert consultation. However, to consummate the expert consultation, public consultation and association consultation should also be another vital link to realize scientific decision. Only the three consultations is improved and intermediated well, can the scientific decision really come true.

Key Words: Scientific Decision; Consultation Institution; Expert Consultation; Public Consultation; Association Consultation.

经济贸易

Economical and Trade Development

B.7

亚洲赌博爆炸中的澳门博彩业

王五一[*]

摘　要：博彩业与旅游业的特殊关系，决定着"游客流"的概念在分析博彩经济时的重要意义，从而决定着一地博彩业之命运须从其所在地区的整体竞争格局来理解，决定着澳门博彩业的命运必须从整个世界博彩市场尤其是亚洲博彩市场的视野来认识。以新加坡开赌为导火线，亚洲新一轮的赌博爆炸正在成势，这无疑会对澳门博彩业的命运产生一定程度的影响。澳门需要审时度势，清醒地面对其博彩业所面临的挑战和机遇，以应对周边地区的新的竞争态势。

关键词：澳门博彩　亚洲博彩　博彩业竞争

1941 年，拉斯韦加斯金光大道上的第一间赌场 El Rancho 开张，老板是一位

* 王五一，经济学博士，澳门理工学院教授。

名叫 Thomas Hull 的旅馆商。当时，包括拉斯韦加斯在内的整个克拉克县的人口不过两万人。Hull 先生在这么一个荒凉的地方开赌场，似乎有点傻。然而事实是，不仅他的这间赌场取得了商业上的成功，而且还启动了拉斯韦加斯开发的因果链，进而带动着克拉克县的人口以两年翻一番的速度增长。

故事背后的故事是，两年前的 1939 年夏，这位 Hull 先生在拉斯韦加斯①城南的 91 号高速公路上爆了胎。他站在路边等待修车人来的时候，被这条公路上的巨大车流量所吸引，他敏感地意识到了在这车流量背后隐含着的商机，于是，一个雄心勃勃的建设计划在他心中形成②。

无疑，Hull 先生明白：决定赌场业命运的最关键的因素，是"游客流量"而不是"居民存量"——博彩业与旅游业的关系③，从这个故事中得到了暗示。本文要从亚洲视野来看澳门博彩业的发展，要从一个更宽阔的视野来认识和理解一个局部区域的博彩业，恰是基于对博彩与旅游两个产业间特殊关系的理解。

一　博彩业与旅游业

博彩业与旅游业之间密切而又特殊的关系，可以简单地概括为：互相依赖、互相促进。在一个旅游目的地增添博彩元素，多少会对其旅游业产生促进作用——新加坡政府就是这么想的；在一个博彩目的地增加其他吃喝玩乐的旅游设施，会为这个地区带来更多的赌客（或留住一些不如此就会走掉的赌客）——20 世纪 80 年代后的拉斯韦加斯就是这么做的。

自 20 世纪 60 年代开始，世界交通、通信、金融以及旅游设施等领域的技术进步急剧加速，地球突然变小了。人类的各种发明把这个地球的各个角落连接了起来，有钱和/或有闲阶级到异国他乡看看光景越来越容易了。于是，旅游经济开始在世界范围内迅速发展。伴随着游客流的扩大和旅游业的发展，赌场业的市场半径也逐渐延长，其开放性、出口性、国际外部性逐渐明显起来。在"大地球"条件下世界上少数几个赌城各自"吃窝边草"的传统开始改变。自己开赌，

---

① 拉斯韦加斯当时还只是个几千人口的小镇，在现在 downtown 的位置，strip 尚未存在。

② Kilby, Jim, and Anthony Lucas. *Casino Operations Management* (Second Edition), New Jersey: John Wiley, 2005.

③ 澳门的经验最能说明这一点。

让邻人、客人、外地人、外国人来玩的新逻辑，随着旅游业的大发展相伴而生。

博彩业和旅游业，借助于世界技术爆炸的强大动力，实现了经济上的"并轨"。

一些传统赌城开始致力于发展常规旅游业，以期引来更多的游客兼赌客（如拉斯韦加斯、澳门）；一些传统的旅游目的地开始设法增加博彩元素，以期对其旅游业注入更大的活力（如新加坡、中国海南省）①。

跨国旅游与跨国博彩，从国际贸易意义上看，都构成"接客地"的服务出口和客源地的服务进口，然而，二者却又有着本质的区别。当一个国家的游客到另一个国家去旅游时，他们在目的地花掉的是钱，买来的是消费性服务，这与国际上一般的消费品进口的性质是一样的。并且，常规国际旅游往往是互有往来、互通有无。任何一个国家或地区，无论其旅游条件如何，对于从未去过的人都有一定的旅游吸引力，故而世界上从未见过任何一个国家，在国际旅游上只进不出或只出不进②。而"国际博彩贸易"则大不相同。当一个国家或地区已经实现了赌场合法化而另一个国家仍在禁赌时，这两个国家间是不可能有公平的国际博彩贸易的。更重要的是，客源地的赌客到设赌地的赌场去赌博时，他扔在那里的是钱，"买"回来的是各种"社会成本"。国际博彩贸易的交易平台天然是不平坦的。

具有讽刺意味的是，交易平台的这种不平坦状态，恰恰为世界博彩业的发展提供了势能，使其沿着这倾斜平台的斜坡一路加速度地狂奔。当一国或一州或一城为了一己之利而开赌时，它会使其邻居的经济利益和社会利益遭受其害。受害地为了保护自己的利益做出因应而开赌，由此引起连锁反应，使开赌的地方越来越多。而开赌的地方越多，坚持不开赌的地方便受害越甚，其被迫开赌的压力便越来越大。由此形成了一种多米诺骨牌效应。

于是，伴随着地球的变小和旅游业的世界大发展，一场赌博合法化的浪潮于20世纪70年代萌生，80年代成势，90年代达到高潮。

以1978年大西洋城开赌为导火索，以20世纪80年代美国联邦政府通过印

---

① 更有一些既非旅游胜地，更无其他任何经济资源条件的地区，正在做着80年前内华达的梦，把赌场看做是经济万金油，以为它"涂在哪里哪里爽"，那逻辑似乎是说：如果在戈壁滩上建一间赌场，那里登时就会变成经济绿洲。

② 除非存在着非经济性管制。

第安人赌场合法化的法律为引信，以 20 世纪 90 年代密西西比地区几个州的几乎同时开赌为正式标志，美国发生"赌博爆炸"①。

澳洲的赌博爆炸几乎与美国同步。20 世纪 70 年代以塔斯马尼亚州和北方领地两个州区开赌为第一冲击波；20 世纪 80 年代昆士兰州、西澳大利亚与南澳大利亚三个州开赌为第二冲击波。到 21 世纪初，剩下的三个州地也先后开设了赌场。至今，澳大利亚已实现了州州有赌场。

亚洲地区的"赌博爆炸"，与美国和澳大利亚非常相似，也是从 20 世纪 70 年代开始的。20 世纪 70 年代初，马来西亚、菲律宾与韩国先后开赌，为亚洲赌博爆炸第一波；20 世纪 90 年代初，越南、老挝、柬埔寨、朝鲜、缅甸等国先后开赌，是为第二波。进入 21 世纪，传统赌城澳门"赌权开放"，"澳门博彩博爆炸"把亚洲赌博爆炸推向高潮。

二 亚洲博彩业大势

博彩业与任何产业一样，都有"同行是冤家"一说，然而，由于与旅游业的特殊关系以及由此派生出的"市场半径"的概念，博彩业还存在一个特殊的"近邻是冤家"的法则。当两个经济体的赌场的市场半径存在着交叉时，二者就存在竞争关系。例如，台湾的赌客可以选择到澳门去玩，也可能选择到韩国去玩，澳门与韩国的博彩业的市场半径于是就存在着交叉，两个市场就存在竞争关系。显然，博彩市场（或博彩法域）之间离得越近，其竞争关系就越强烈。从这个道理出发，一地之博彩业的命运，须从其周边的竞争环境来理解。澳门博彩业的经济绩效，不仅取决于它自身有多少赌场，更取决于它的邻居有多少赌场以及它有多少邻居有赌场——在同一个地区有多少竞争对手和"冤家"来争夺它的客流，摊薄它的市场。

世界近代合法赌业史，欧洲最复杂，亚洲最清晰。欧洲之所谓复杂者，是说其各国政府的开赌禁赌之政策多变，历史脉络杂乱难寻；与之相比，亚洲各国政府的赌业政策取向，以及由此决定的亚洲近代赌业史的沿革脉络，则明朗得多——

---

① Robert Goodman. *The luck Business*: *The Devastating Consequences and Broken Promises of America's Gambling Explosion*, New York: Free Press Paperbacks, 1996.

一个国家或地区要么不开赌，一旦开赌则开弓没有回头箭①。据权威博彩业网站
Casino City 提供的数据，不包括海上赌船，亚洲地区陆地上经营的各类博彩企业
迄今已有 183 家②。目前，亚洲地区尚未有合法赌场的只剩下中国内地、日本、
泰国、中国台湾、中国香港、印度尼西亚等少数几个国家和地区，而完全没有任
何形式的合法博彩业的可能只有印度尼西亚一国。而在这些尚未开设赌场的国家
和地区中，许多正在酝酿或准备开赌。

在亚洲地区博彩业大发展的浪潮中，新加坡的开赌具有划时代的意义。

2010 年 2 月与 6 月，新加坡的两间大型豪华赌场——"圣淘沙名胜世界"
与"金沙综合度假村"先后开张。这无疑在澳门东南方向 4 小时飞行的半径内，
树立了一个强有力的竞争对手。虽然从产业底盘和市场规模来看，新加坡眼下还
不能与澳门相比，但从两间赌场开业以来的经济效益看，则已超过澳门。"圣淘
沙名胜世界"开张后的第二个季度，日均博彩毛收入已达约 1000 万新加坡元，
约合 5780 万港币，这已远远超过了澳门任何一间赌场的创收水平。而同期"金
沙综合度假村"的日均博彩毛收入也在 400 万~500 万美元的水平（合港币 2340
万元至 2890 万元之间）。两间赌场加起来的日创收在 8000 万港币的水平，已接
近澳门的 1/4③。澳门赌权开放所产生的"金沙效应"，曾经使得澳门赌业在世界
赌林中以经济效益高而著名，现在，很明显，新加坡已超过了澳门而成为世界博
彩业中经济效益最高的地区。新加坡已经进入营运的赌台数量是 1200 张，相当
于澳门正在运营之 4828 张赌台的 1/4。其赌台的法定上限数量是 1560 张，相当
于澳门法定赌台数量 5500 张的 1/3④。在现有高效益的基础上，再加上如此之

① 赌业合法化半个世纪后的 1896 年，澳葡政府宣布禁赌，从而使得澳门合法赌业在法律上经历
了 60 多年的灰色历史，直到 1961 年。由于在这 60 多年里澳门赌业照常运作，其非法性从未
受到当局严肃的定性与追究，故而一般研究澳门赌业史的学者，都把澳门的合法赌业史认作
是自 1847 年以来至今的一个连续 160 多年的历史。

② http://www.casinocity.com/.

③ "联昌国际估计，圣淘沙名胜世界的赌场在第二季日均营收约为 1000 万美元，比第一季的
700~800 万美元还高。若包括竞争对手金沙综合度假村（MBS）的赌场的日均 400 万~500 万
美元营收，新加坡的赌博市场在第二季每日创收 1400~1500 万美元，比第一季高出 70%~
80%。如果按此营收表现直线推算，新加坡的赌博市场一年的规模高达 55 亿美元。两家赌场
所分得的市场，圣淘沙名胜世界看来是稳占上风，估计有 65%~67% 的市占率。"——9 月 2
日《新加坡联合早报》财经头版，王阳发。

④ 周锦辉：《莫等闲，澳须提升国际竞争力——综析新加坡与澳门赌业博弈》，2010 年 8 月 18 日
《澳门日报》"莲花广场" F2。

"产能"条件，新加坡博彩业的发展潜力和国际竞争力可以想见。另外，博彩业的启动与快速发展，必定带动其旅游业有一个明显的快速发展，从而从周边其他国家或地区"挖来"更多游客。与 2009 年同期相比，2010 年头 7 个月，赴新加坡游客人数增加了 20% 以上，约达 650 万人；7 月份酒店入住率达 90%，比 2009 年同期增加了 10% 多①。

毫无疑问，新加坡的开赌会对亚洲地区博彩业的市场生态产生重要影响，也会对澳门博彩业产生一定程度的竞争压力和威胁。所以，从新加坡开赌的准备阶段到正式进入运营，它一直受到国际赌界的关注，尤其是澳门。人们普遍担心的是新加坡的赌业竞争力以及对澳门的威胁②。这种担心当然是有道理的。从一般游客流意义上说，作为两个单一城市型经济体（city economy），4 小时的飞行距离，显然存在着一定程度的市场半径重合，因而存在着互相引客的竞争关系。而更重要的竞争关系，很可能存在于贵宾客层次上。澳门现在对贵宾厅的税率接近40%，而新加坡对贵宾厅实行的税率是 5%，低税率使得它的贵宾厅能够开出比澳门高得多的码佣率，从而促使一些迭码仔为了追求高利润而把客人往新加坡带。我们用下面的数理分析来说明这个道理。

澳门贵宾百家乐的转码收益率是 2.9%，即理论上，赌场每销售 100 元泥码，就会为赌场在赌台上创造出 2.9 元的赢钱额（casino win）。缴掉 40% 的税后，还剩 $2.9\% \times (1 - 40\%) = 1.74\%$，供中介人与赌场分配。按照由何鸿燊首倡、政府加以背书的 1.25% 的码佣上限，付掉码佣后，留给赌场用以支付其成本开支和分红的比例是 $1.74\% - 1.25\% = 0.49\%$。$0.49\% \div 2.9\% \approx 17\%$，即赌场实际上从贵宾厅经营中分得的博彩毛收入是 17%。考虑到 1.25% 的码佣上限是由博彩公司在 40% 的税率水平下提出来的，因而有理由把这个 17% 看做赌场在贵宾厅经营中所能承受的最低收入分配比例。以此为标杆，我们来看一下，在新加坡 5% 的贵宾厅税率水平下，它的赌场最高能开出多大的码佣率。

设新加坡的码佣率为 X，$1 - 5\% - X/2.9\% = 17\%$，解出 X 为 2.26%，即，如果新加坡的赌场也接受 17% 的收入分配比例，它的贵宾厅最高便可开出

① Oriental Morning Post, A24, 财智周刊·品味, 黄敏乔颖, 2010 年 9 月 3 日。
② 周锦辉：《莫等闲，澳须提升国际竞争力——综析新加坡与澳门赌业博弈》, 2010 年 8 月 18 日《澳门日报》, 莲花广场 F2。

2. 26%的码佣率，比澳门高出整整 1 个百分点。把百分比概念换算成实际数额，其差异更加明显。假如有一位迭码仔，手头上有一个百万预算的客人，他在决定把客人往澳门带还是往新加坡带时，会算这样一笔账：

$$1000000 \times (1.25\% / 2.9\%) = 430000（带到澳门）$$

$$1000000 \times (2.26\% / 2.9\%) = 780000（带到新加坡）$$

把客人带到澳门，如果这位客人把一百万输光，理论上这位迭码仔会赚 43 万元；带到新加坡，他则能赚 78 万元，多赚 35 万元。试想，他会把客人往哪儿带？

并且，除了"挖客效应"或"市场摊薄效应"之外，新加坡的开赌对亚洲博彩市场格局的影响以及对澳门的竞争威胁还包括另外一层更为深远的含义。亚洲各国传统上对博彩业的态度及博彩政策，多少与其文化背景有关。泰国坚持不开赌，与其佛教文化背景有关；印度尼西亚坚持不开赌与其穆斯林文化背景有关；而新加坡政府以前对开赌持明确的反对态度①，与其儒家文化背景有关。现在，当初反赌最坚决的新加坡来了个 180°大转弯，带头开了赌，而且，开门大吉，尝到了大甜头，这不能不对整个东亚地区各国的博彩政策产生深刻的暗示，对各国政治圈与商业圈里早已存在着的开赌压力集团形成有力的刺激，从而对其决策层形成更大的压力。很有可能，以新加坡开赌为契机，亚洲赌博爆炸的第三次冲击波会接踵而至。

果然，在新加坡决定开赌的强烈刺激下，另一个华人社会——中国台湾，坐不住了。2009 年初，台湾通过了《离岛博弈条款》，规定在本地居民公投过半数通过的基础上，各离岛可以选择建设并经营赌场。澎湖县首先响应，积极组织公投，试图尽快取得在澎湖岛开设赌场，发展博彩业的权利。不幸，由于各种原因，2009 年 9 月 26 日的公投结果，出乎意料地否决了澎湖开赌的动议②。然而

---

① 新加坡独立之父李光耀曾经明确宣布，"要在新加坡开赌场，除非从我的尸体上跨过"。

② 在公投之前，澎湖及全台湾的媒体，在有权投票的澎湖居民中，就是否同意在澎湖建赌场，做过几次民意摸底，结果都是 YES 大于 NO。然而，待到临门一脚时，却出乎意料地翻了盘。就笔者对这件事的了解程度而言，笔者认为翻盘的原因有二：一是，台湾行政当局对博彩业本身了解不多，因而对台湾百姓特别是澎湖的百姓说不出多少实质性内容；投票时，澎湖百姓既不了解自己会从赌场业的发展中受多大益，也不了会受多大害。二是，投票时间很短，只有一天，且只能在澎湖本岛投票，致使几十万居住在台湾本岛、有澎湖居民身份因而有资格投票的居民无法参加投票，结果只有居住在澎湖的几万人参加了投票；而实际居住在澎湖的居民当然是趋于保守的。可以想见，如果台湾当局在沿台湾高铁在线的任何一个城市设个投票点，投票结果断不会如此。

公投的失败并没有降低各个利益集团已经燃烧起来的热情。公投失败一周后的10月初，原意为配合公投通过而举行的一个国际博彩研讨会，在台北101边上的一个五星级酒店Grandhyatt继续举行。虽然，与会的每一个发言者都必须或多或少地修改一下发言稿，但所有的人都相信，台湾的开赌已是大势所趋，不可逆转，只是时间和地点问题。在新加坡圣淘沙赌场于2010年春节开幕后的第9天，"台湾交通部"于2月23日开标了国际度假村发展规划方案的设计项目；3月2日开标了博弈管理专法草案的委外研究。"台湾交通部"官员表示，相关法令建制工作，已紧锣密鼓进行，希望在景气回春之际，顺势推动博彩事业。可以想见，2012年澎湖的再次公投获得通过之时，就是台湾博彩业发展的正式启动之日。

澎湖与澳门间只有一个半小时的飞行距离，对澳门的竞争压力无疑会大于新加坡。现在，每年来澳的台湾游客有一百多万人次，占来澳游客总数的6%左右，有理由把这个比例也看做澳门赌场中的台湾赌客的比重。可以想见，这些赌客中的大部分会被未来澎湖的赌场所截留。另外，闽浙沪一带的部分内地赌客也可能转场到澎湖。

据台湾博彩学界的人士估计，澎湖开赌后，税率当在15%左右。那么，按以上分析新加坡贵宾厅业务的方法计算，澎湖赌场将可以开出2%左右的码佣率，一个百万预算之赌客给其选码仔带来的收益将达68万，比澳门的水平高出25万。可见，从贵宾业务的竞争来看，台湾对澳门竞争压力也不可小视。

就在台湾紧锣密鼓地张罗开赌之际，受新加坡开赌的刺激，亚洲老资格的开赌国菲律宾也有新动作。在原有18家赌场的基础上，菲律宾的国营"娱乐和博彩公司"（Pagcor）于2010年8月宣布，将在马尼拉建造一个新的赌场和娱乐胜地，计划能在2014年开张。其战略目的非常清楚：与澳门和新加坡竞争，以打造另一个亚洲博彩与娱乐中心。该公司主席纳古亚特说："以收入来说，菲律宾赌场业的潜能非常大。……我们现在所争取到的，或许连潜在市场的0.01%都没有。"他还披露，菲律宾政府希望在菲律宾其他地区打造更多的综合赌场和娱乐胜地，包括巴拉望岛和菲律宾第二城市宿雾[1]。

---

[1] 《打造下一个亚洲博彩中心菲拟建赌场向新澳下战书》，2010年8月12日《澳门日报》A11—经济。

在制订雄心勃勃的赌业硬件建设计划的同时，菲律宾政府还在积极筹划对赌业的"软件"条件即制度条件进行改革，其中最突出的就是赌业私有化计划。菲律宾总统阿基诺最近表示，要在自己6年任职期间，将垄断的国营娱乐和博彩公司以及其他一些国营企业私有化。2010年8月初，当地"大亨生力集团"的副主席蔡启文表示，欲与马来西亚的商业巨头联手，以约100亿美元的价格收购国营娱乐和博彩公司。阿基诺8月9日回应："这是一个非常有趣的提议，但我们得考虑一番，确保……卖个好价钱。"①

菲律宾原本就是亚洲的博彩大国。它于20世纪70年代实现赌场合法化，至今，年博彩收入已达30亿美元。可以想见，随着其赌业私有化的推行以及新型博彩娱乐胜地的建成，菲律宾的博彩产业基础以及其国际竞争力将会有显著提高，建亚洲第三个博彩娱乐中心，当然不是夸口。新加坡与中国台湾赌业的国际竞争力及其对澳门的竞争威胁，主要是由于其地理位置和税率优势，但两地较之澳门，也有竞争劣势，那就是其赌业监管（将）相当严苛。我们知道，赌客及其选码仔，是不太喜欢过于严苛的赌业监管环境的。而与新加坡、中国台湾两地不同，菲律宾赌业的监管环境相对较为宽松，这可能会赋予它较强的国际竞争力。

除新加坡、中国台湾、菲律宾在博彩业发展上的大动作之外，2010年初，从中国内地竟也传出了一个震动世界舆论的消息：海南在考虑开赌。事情的缘起是，2010年1月，国务院发布了《关于推进海南国际旅游岛建设发展的若干意见》，为海南未来发展明确了方向。《意见》指出，"将在海南试办一些国际通行的旅游体育娱乐项目，探索发展竞猜型体育彩票和大型国际赛事即开彩票"。本来，话已说得很清楚，海南在开赌上的所谓"突破"，仅限于这两类"彩票"。海南省政府及其政策研究机构也反复澄清、申明，绝无开赌场之可能；海南再特，也不会特到超然于中国的法律之外。然而，中国人对于中国政府"摸着石头过河"的施政传统已经形成了自己独特的猜测和推理模式。一些媒体就风说雨，"这意味着海南岛可试办博彩业。这个中国最大的经济特区还有望成为赌博胜地"②。甚至网上还出现了海南将"拉斯韦加斯化"的更大胆的推测。

从围绕着海南开赌所形成的各种舆论迹象中，可以得出这样的印象：至少在

① 《菲律宾大亨欲购国营赌场政府正在考虑这桩交易》，2010年8月10日《汕头日报》08—国际。
② 2010年8月2日《公益时报》。

短期内，海南不可能在现在公布的两类彩票的基础上，再去"摸"更多、更大的"石头"。只要海南不搞赌场，则它就不会在整个亚洲博彩市场上掀起太大的风浪，当然也不会加入亚洲赌业市场的有实质意义的竞争中从而对澳门的博彩业形成威胁。然而，海南的这个小动作之所以会在全国乃至全世界掀起舆论上这么大的动静，至少说明了一点：世界赌林对中国内地的博彩政策是极为关注的。中国内地虽然没有（合法的）赌场产业，但它是一个巨大的博彩市场。回归祖国后澳门博彩业的大发展无疑与这个巨大市场的支持有着直接关联，而新加坡、菲律宾、中国台湾、缅甸、老挝、越南、泰国乃至俄罗斯等国（地）的博彩政策的制定或调整，这个大市场无疑都是重要的考虑因素之一。中国自身博彩政策的任何变动，都会对整个亚太地区的博彩产业结构和市场结构产生敏感的影响。

三 新格局下的澳门赌业

10 年前澳门回归祖国的时候，新的特区政府做出了以"赌权开放"为核心的对传统赌业进行体制改革的决策，并进而提出了"以旅游博彩业为龙头"的新产业政策。促使澳门政府做出这一施政决策有诸多因素，如中央政府在政策上的慷慨支持、澳娱公司的赌约到期等，但最重要的，还是当时世界博彩市场特别是亚洲博彩市场的竞争态势。

40 年前的 1961 年，澳娱公司从泰兴公司手中夺得博彩专营权时，澳门是当时亚太地区唯一一个有合法赌业的地区，市场肥沃，开赌即赚[1]。然而 40 年后的 2001 年澳娱公司的博彩专营合约到期时，整个地球上已经布满了 3000 多家各式博彩机构[2]，亚太地区的许多国家或地区已实现了赌博合法化。澳门赌业的市场条件已完全今非昔比。2001 年的澳门面对着与亚洲博彩市场的一场博弈：如果继续保持彼时之 11 家赌场 300 多张赌台的产业规模和见缝插针式的混乱布局，那么它很快就将沦为亚洲赌林中的"普通一兵"。而普通一兵是养不活澳门的。要么，走拉斯韦加斯"逆市场形势而动"的道路：市场越瘦，产业做得越大；需求越小，供应做得越大，以此来继续保持自己在亚洲赌林中的老大地位和市场

---

① 刘品良：《澳门博彩业纵横》，三联书店（香港）有限公司，2002。

② http://www.worldcasinodirectory.com.

优势。澳门选择了后者。

10年下来，证明了澳门政府当初决策的正确（见表1）。试想，如果没有赌权开放后的赌业大发展，如果澳门博彩业的产业规模一如10年前的水平，那么，今天面对来自新加坡、菲律宾、中国台湾、韩国、缅甸、越南、俄罗斯等周边国家和地区的竞争压力，澳门在亚洲博彩市场上很可能已经"普通一兵"化或边缘化，澳门在亚洲博彩业中的一哥地位可能已经被取而代之了。而如今，作为一个老牌赌城，今天的澳门不但保持了亚洲一哥的地位，而且已然成为世界赌林的一哥。

表1 回归后澳门博彩经济大发展一览

年份 \ 指标	博彩毛收入（百万澳门元）	总GDP（百万澳门元）	博彩业占GDP的比重（%）	博彩税收（百万澳门元）	财政收入（百万澳门元）
1999	12003	47287	25.38	3817	19540.3
2000	17076	48972	34.87	5646.5	16111.8
2001	19541	49704	39.31	6292.8	15258.4
2002	22843	54819	41.67	7765.8	14079.8
2003	30315	63566	47.69	10579	15577.9
2004	43511	82966	52.44	15236.6	23863.5
2005	47314	92951	50.90	17318.5	28200.8
2006	57521	115282	49.89	20747.5	37188.5
2007	83847	153608	54.59	30948	40694.1
2008	109826	173547	63.28	41896.5	62259.3
2009	111734	169343	65.98	44309.2	69870.8

年份 \ 指标	博彩税收占财政收入的比重（%）	博彩就业人数（千人）	总就业人数（千人）	博彩就业占总就业的比例（%）	外地劳工人数（千人）
1999	19.53	19.3	209.4	9.22	32
2000	35.05	21.5	209.5	10.26	27
2001	41.24	22.4	219	10.23	26
2002	55.16	23.5	218.6	10.75	23
2003	67.91	23.9	218.5	10.94	25
2004	63.85	31.3	230.3	13.59	28
2005	61.41	40.8	247.7	16.47	39
2006	55.79	52.5	275.5	19.06	65
2007	76.10	69.1	309.8	22.30	85
2008	67.29	43.8	326.3	13.42	92
2009	63.42	44.0	312.4	14.08	75

资料来源：澳门统计暨调查局、澳门博彩监察暨协调局。

由表 1 的数据可以看到，以回归前的 1999 年为基数，到 2009 年，博彩总收入 10 年间增长了 8.3 倍，博彩税增长了 10.6 倍，博彩税收占财政收入的比重由 1999 年的 19.53% 提高至 2009 年的 63.42%，博彩业就业人数增长了 1.28 倍，博彩业的经济比重由 1999 年的 25.38% 增加到 65.98%。图 1、图 2 分别为这些数据提供了形象化描述。

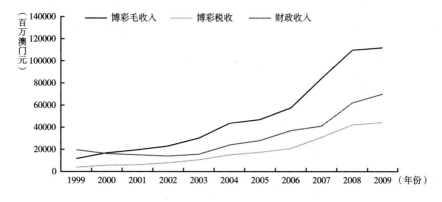

图 1　回归后澳门博彩业发展速度

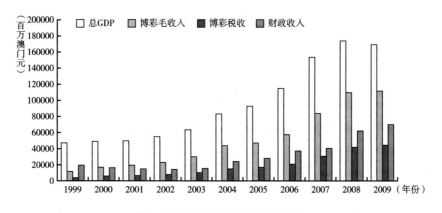

图 2　博彩业的经济比重大大提高

看好亚洲博彩市场潜力的金沙集团主席艾德森，于 2010 年 6 月 23 日新加坡海湾赌场正式开张典礼上说，亚洲人赌性强，即便把 5 座拉斯韦加斯搬到亚洲也不足以应付该区的赌客需求①。他的说法可能是有道理的。亚洲地区巨大的市场

---

① 吴慧珍：中国台湾 2010 年 07 月 11 日《商业时报》C9 "国际舞台"。

潜力，使得澳门有着较强的抵御国（区）际竞争的能力，也就是说，即使有新的竞争对手不断出现，即使亚洲地区博彩业正在经历新一轮的发展浪潮，在短期内，还不至于对澳门赌业形成致命的竞争威胁，在肥沃的市场面前，大家还是会都有饭吃。然而，从长远来看，其他竞争对手做大做强从而对澳门赌业的生存构成实质性威胁的潜在可能，还是存在的。澳门虽然是亚洲赌林的"大哥大"，但这个"大哥大"并没有资格喝令其他小兄弟不得超过自己①。澳门赌业需要做的，是抓住有利时机（市场仍然肥沃而竞争对手有限），利用自己的先发优势，强化内功，把自己以下几个方面的事情办好，以巩固自己的"大哥大"地位。

（一）加速完成既定的建设计划

在博彩业应适度发展以及澳门经济要适度产业化的理念下，2008 年 4 月，澳门特区行政长官何厚铧宣布，不再增发新的博彩执照及增批新赌场建设项目。尽管如此，就现有的既定项目的建设而言，澳门赌业还有着相当大的发展潜能。要完成目前所有已定的博彩业建设项目，尚需要 3 ~ 5 年时间，以及近千亿澳门元的投资。澳门的博彩业集中地主要有两个：一个是澳门半岛跨着友谊大马路的赌场集中区，一个是路氹填海区的金光大道。目前，澳门半岛博彩区的建设已近完成，发展空间基本填满，建设缺口主要是在路氹填海区。尽快完成路氹填海区既定项目的建设，使澳门的金光大道尽快成形、完善，是夯实打牢澳门博彩业产业基础的核心任务。

（二）在区域经济合作的理念下发展博彩外围产业

如果把赌场业看做博彩业的核心部类，则它有以下两类外围产业：一类是以市场需求联系为纽带的，如典当、餐饮、酒店，以及其他各种旅游娱乐服务业；一类是以投入—产出联系为纽带的，如赌台赌机的制造销售与维修、赌场设计、博彩培训、赌业咨询等。澳门在大力发展赌场业的同时，对于其外围产业，特别是以投入—产出联系为纽带的外围产业的同步协调发展，没有给予足够的重视。当然，这可能与澳门的土地资源紧缺有着密切的关系——澳门没有充裕的土地来支撑有关产业的建设。老虎机、赌台、扑克牌及其他赌业用品的大量进口，意味

---

① 他至多可以求告自己"父亲"家里不要开赌。

着澳门在经济发展中没有抓住这部分重要的商机而流失掉一部分产业。最近在中央政府的主持下制定的横琴岛开发与粤澳合作战略,应当看做抢回这部分产业的机会,那就是,把原来澳门因为土地不足而做不起来的这些博彩外围产业,在横琴岛开发和粤澳合作的概念下做起来。例如,澳门特区政府可以出面牵线搭桥,请内华达的 IGT 一类的博彩设备生产商到横琴岛或珠海或珠三角其他地方投资建厂,就近为澳门和亚洲其他地区生产博彩设备。虽然这种在区域合作概念下形成的博彩外围产业不一定能直接形成澳门本土的 GDP 要素,但至少它可以降低澳门赌业的采购成本,使澳门经济间接受益。更重要的是,这会使邻近地区感觉到,这是它们从澳门博彩业的发展中所受之益,从而在粤澳间平等互利的合作中为澳门增加一个砝码。

(三) 努力推动博彩业客源结构的多元化、国际化

说到澳门的经济安全,澳门社会近年来比较担心的是产业单一化,即博彩业一业独大。其实,还有一个较之产业单一化同样值得担忧的问题,那就是博彩业的客源结构单一化。在决定博彩业发展的诸多因素中,客源无疑是最重要的因素(否则,社会也不会接受由中介人阶层拿去贵宾赌业收入近一半的分配关系)。澳门在酝酿赌权开放时,其着眼点主要是博彩业自身的产业组织调整,即打破垄断引入竞争。至于开放后的客源结构会发生哪些变化,并无清晰的预测和论证,更无明确的新客源开发计划。2004 年在 CEPA 概念基础上的个人自由行政策的出台,从根本上改变了澳门赌业以港客为主的传统客源结构,并革命性地扩张了澳门赌业的市场规模。内地客迅速取代了香港客而成为澳门博彩业的主客源。自由行的飞来横福,对澳门赌业的发展起到了巨大的刺激作用。获颁赌牌的各博彩公司因此而兴奋不已,赌场建设规划调高再调高。在博彩一业独大所形成的产业风险的基础上,博彩业本身又生成了内地客"一源独大"的客源结构所形成的另一层风险。

产业结构单一化与博彩业客源结构单一化所形成的双重风险结构,不但构成了整个澳门经济的一个脆弱的软肋,而且也形成了澳门与内地之间的一个利益冲突点。有关内地赌资流向澳门,流进美国人腰包的民间抱怨之声不断见诸内地的媒体和网络,由此所产生的政治压力终于演变成了官方的行动。2006 年 5 月,内地几个省第一次采取收紧自由行的尝试,引起了澳门社会的首次震动。2008

年5月，中央政府再次实施力度更大的收紧自由行措施。博彩业"一源独大"的风险在收紧自由行政策的作用下开始显现。

其实，内地政府收紧自由行的措施，未必就是完全消极地仅为抑制澳门博彩业的过度膨胀或卡住赌资的过度外流，它可能还有积极促使澳门追求产业多元化的意思。然而，澳门的历史反复证明，产业多元化在小小的澳门并不是件容易事。文化创意、离岸金融、物流储运、信息科技、中药基地、大学城等，人们出了许多点子，想了许多主意，有些已经试验过甚至正在试验，但迄今为止尚无成功经验。由澳门的特殊资源条件和地域条件所决定的经济宿命力，一再把它拉回到它固有的以赌立城的轨道上。较之产业多元化的设想，博彩客源结构多元化的可行性可能更大一些。在这一点上，澳门关键的优势是，有一个独特的贵宾赌业体系和一支庞大的迭码仔队伍。把这支队伍组织好、运用好，他们就可能走向国际，把中东、欧洲、南亚一带的客人拉来。可以预见，随着澳门博彩业客源结构之国际化程度的提高，澳门的经济安全问题将逐渐优化。

（四）理顺与健全博彩监管体制

博彩业是一个需要加以特殊监管的产业，这不仅是因为如果监管不好它可能做坏事、走邪路，更重要的是，一个疏于监管的博彩业，其自身是很难有效运转和顺利发展的。赌权开放必然给博彩监管制度的建设提出新要求，起初并没有得到足够的理解和重视。

赌权开放前，澳门的博彩监管实际上是一种"二级监管"制。第一级，是政府与博彩专营公司间的监管与被监管关系；第二级，政府将部分监管职能，委托给了博彩专营公司，由它们来充当澳门博彩业的"二掌柜"，进一步监管属下的各家赌场和各色人等。这种"委托监管"关系，为澳门今天的博彩监管体制留下了具有深远影响的制度遗产。

例如，一家一照，而不是国际上通行的"一间一照"的博彩营业执照制度，就是由专营时期的专营合约演变而来的。再例如，国际上普遍实行的由博彩监管当局直接对赌业经理阶层实施个人执照管理的制度，多年来在澳门一直没有得到实施，根源也是由于旧的"二掌柜"制度。又例如，当时的贵宾厅体系，从厅主到迭码仔，也一律由博彩专营公司监管，政府对此并不过问。而博彩公司由1家变6家以后，委托监管关系显然已不可能继续下去。在原来的专营公司由"二掌柜"的角色变为一个普通的被监管者的角色以后，原来由它来行使的一些监管职能，必然会形成一些监管真空。

另外，与博彩专营制度相联系的一些传统体制，也与新的博彩市场环境发生冲突。澳门的旧博彩体制留下的"公私共有"的赌场财产权制度，就是一例。用于在其上建设赌场的土地由政府批给，所有权归政府；由承批公司全资投资建设赌场综合大楼后，其用于经营赌场的部分，所有权也归政府，承批公司保有其余（酒店、餐馆、会展等）部分的所有权；政府将大楼中的赌场部分"委托"给承批公司去经营；合同期满后，土地的所有权和大楼中赌场部分的所有权，再一并"抠"出来交还政府。

在独家专营制度下，市场肥沃且没有竞争，只要手握专营权，就有大笔钱赚，合约期满后所有权如何处置，与博彩公司无关紧要，故而此体制于彼时运作起来无大问题。然而，赌权开放使澳门赌业成为一个充分竞争的自由市场以后，问题就大了。在一个激烈竞争的市场上，必然存在这样两种典型的市场行为：用大楼作抵押以融资；竞争失败时卖掉大楼以瘦身自保。而在澳门的现行赌业财产权体制下，此两项举措皆无法用。故而几年前当澳门有的博彩公司出现财务困难时，政府不得不选此下策：接管经营。

一个博彩市场，实际上是由两个层次组成的：一个层次是它作为服务业，以赌客为顾客，以赌场为服务产品供货商，而形成的服务市场；另一个层次，是赌商之间就赌场大楼财产的买卖交易而形成的市场（当然也包括以其虚拟形式即证券所进行的交易）。一间赌场大楼，今天属于这个公司，明天又被另一个博彩公司买了去，这在一个健全的博彩市场上是经常发生的事情。有些赌业大亨，甚至专门靠建赌场，建成后再卖掉赚钱。一个没有财产权自由交易的博彩市场，如同一个胜利者不能取得战利品、失败者不能缴械投降的战场。而这样一个畸形的市场，显然是由专营时代留下的赌场财产权制度与现代博彩产业组织之间的矛盾铸成的。

总之，澳门赌权开放后所显现出的博彩业体制的扭曲，只能由政府来矫正；赌权开放后所形成的监管真空，只能由政府来填补。若此填补工作和矫正工作不能及时跟上，便可能会产生一种"行政瓶颈"。此一"软瓶颈"将会像其他客观条件所形成的"硬瓶颈"一样，形成对澳门博彩业健康运转与发展的障碍。

（五）把贵宾厅的事情办好

澳门博彩业中有一个独特的贵宾厅体系，澳门博彩收入的 2/3 左右来自这个体系。这是一个集拉客（recruiting）、服务（serving）及借贷（financing）于一身的贵宾赌客经营体制。此一体制于 30 年前在澳门的产生，与彼时澳门之独特的文化、地理和经济条件密切相关。在专营制度下，由于专营公司可以有效地控制整个体系，包括有效地控制码佣率的水平和泥码借贷的风险，此一体系健康地运转了近 30 年①。

赌权开放后，博彩公司间为争夺贵宾客而展开的竞争，很快演化成为所谓的"码佣战"。码佣率在竞争的推动下迅速翻了一番，达到博彩公司乃至赌厅承包人所能承受的极限。在迭码仔的收入水平随着码佣率的上涨而上涨的同时，博彩公司的贵宾业务的利润水平以及赌厅承包人的收入，却被码佣率的上涨挤得越来越小。与此同时，在竞争的巨大压力下，为了拉住客人，博彩公司及赌厅承包人在泥码借贷的风险控制上越来越放手，从而使得贵宾赌业的风险链也在绷紧。一方面是收益的减少，另一方面是风险的加大，澳门传统的贵宾赌业在自由竞争的新市场环境下陷入了困境②。

自 2008 年以来，从码佣率的管制到借贷风险的控制，澳门的 6 家持牌公司及澳门特区政府，一直都在探寻解决问题的出路，迄今尚未见明显成效。可喜的是，目前赌厅承包人及迭码仔们正在酝酿组织起来，通过行业自律，也许能收到由外力管制所收不到的成效。无论如何，要想把贵宾赌业的事情办好，政府的积极干预是必不可少的。

四　结束语

博彩业是一个政策依赖性极强的产业；一个经济体是否可以有合法的博彩业，其博彩业有多大规模，经营什么，赌场设在哪儿，概决于政府的政策③。而

① Wang W. and Eadington, W., "The VIP-Room Contractual System and Macao's Traditional Casino Industry," *China: An International Journal*, 2008, 6 (2): 1 - 24.

② Wang, W., "VIP system Facing Challenge," *IPM Journal*, 2006 4th issue.

③ 在美国或在任何多少算是自由市场经济的国家，没有哪个产业像博彩业这样，其企业的经济效益完全取决于法律的规定，而不是取决于公众的需求。

且，博彩业所依赖之政策，不仅是设赌地政府的政策，也包括客源地政府的政策。客源地政府的禁赌政策，比设赌地政府的开赌政策，对于一地赌业之命运，往往更具决定意义。亚洲新一轮赌博爆炸的现实，无疑对澳门博彩业的发展构成了实质性威胁。毕竟，澳门不像拉斯韦加斯那样地域辽阔且身处美国这样一个巨大无比的市场。20 世纪 80 年代的拉斯韦加斯，面对美国赌博爆炸的新形势，逆市而动，市场被竞争者摊得越薄，产业摊子就做得越大，以此在日益激烈的竞争市场上保住一哥地位。而澳门地域狭小且封闭，亚洲地区的任何一个开赌国（地）和潜在的开赌国（地）的地理条件都比澳门优越。澳门不具备拉斯韦加斯那样的地理资本，把自己的城市由一个"赌都"（gambling capital）改造成一个"玩都"（entertainment capital）。要想保住自己亚洲博彩中心的一哥地位，在竞争日益激烈的亚洲博彩市场上立于不败之地，澳门赌业确实需要认真研究，找出自己的优势和特色。澳门博彩业将在区域竞争的风风雨雨中前进。

Macau Gaming during Bombing of Asia Gaming

Wang Wuyi

Abstract：Due to the inherent connection between tourism and gaming, tourist-flow is an important concept in comprehending gaming industry. Thus the regional competition structure among neighboring economies that have legalized casinos should be considered when analyzing a specific gaming market. Therefore, Macao's gaming industry's situation and prospect should be observed in view of the whole gaming market of the world, especially Asian gaming market. Lighted by Singapore opening two magnificent casinos, Asia's gaming market is experiencing a new round of "gambling explosion", which will certainly affect the fate of Macao's gaming industry. Macao needs to notice the situation and face the challenges in order to cope the regional competition.

Key Words：Macau Gaming；Asia Gaming；Gaming Competition

B.8
文化创意产业：澳门产业适度
多元发展的新举措

梁文慧*

摘　要：近年来随着澳门博彩业的高速发展，经济的整体快速增长，人民的生活也发生了翻天覆地的变化。然而，随着全球金融危机的爆发，也加速暴露了澳门经济多元化发展在资源、结构方面存在的安全隐患及矛盾。文化创意产业是推动澳门社会经济多元化的重要产业之一。本文从文化创意产业的内涵及发展出发，探讨了文化创意产业发展所需的环境。在此基础上研究了澳门社会经济与文化创意产业发展之间的契合度，并最终从文化创意产业发展的总体思路、发展定位、发展模式以及发展前景等角度探讨了发展文化创意产业的思维与举措。

关键词：澳门　文化创意产业　产业适度多元化

一　引言

凭借"一国两制"的优势以及独占鳌头的博彩业，近年来澳门经济快速增长，2007~2008年，澳门的本地生产总值（GDP）连续两年录得双位数字的增长，经济实质增长率分别为26%和12.9%①。尽管受到全球金融海啸的影响，2009年上半年澳门经济发展延续了2008年的跌势，首两个季度GDP实质变动率分别为-12.0%和-15.3%，但随着2009年下半年博彩业的复苏，国民经济又呈现出快速上扬的势头。2010年第一季度甚至出现了GDP增幅同比增长超过

---

* 梁文慧，博士，澳门科技大学国际旅游学院院长，教授，兼任持续教育学院总监。
① 澳门统计暨普查局（DSEC）、澳门主要统计指标，2010年第二季。

30%，第二季度的增幅更是高于 30%。

在澳门博彩业逐步复苏、快速发展的同时，社会经济发展的不平衡特征也日益明显。具体表现为博彩业一枝独秀，而其他产业则发展相对较缓。例如从 2005 年到 2010 年前两个季度，澳门各类博彩项目毛收入就从 47134 百万澳门元增长为86467 百万澳门元，仅 2010 年前两个季度的各类博彩项目毛收入就已经远远超过2005 年全年的毛收入。赌台数也从 2005 年的 1338 个发展到 2010 年第二季度的4828 个①。与之形成鲜明对比的是，澳门其他行业的发展面临严峻的挑战和冲击，例如商业、制造业以及餐饮等服务业在人力资源和投入等方面都显得严重不足。金融海啸中澳门社会经济的波动也表明澳门正面临着产业多元化发展的迫切需求。

从世界范围来看，创新思维的经济化、特色文化的产业化，已经成为新时期全球经济发展的趋势与主流。在知识经济时代下，澳门作为土地资源相对短缺、地域文化特色鲜明、资金实力雄厚的微型经济体，更应在产业拓展以及管理制度创新上下工夫——传统产业要增添创新的意识，新兴产业则要突出文化的内涵。澳门特区政府已经认识到文化与创意结合的重要性，为此，2010 年澳门特别行政区政府的《施政报告》就明确指出："文化创意产业将成为推动本澳经济多元化发展的重要一环。"相信只要充分借助澳门的文化与经济基础，大力推进文化创意产业的发展，澳门产业多元化的发展一定能拥有无穷的动力。

二 文化创意产业的缘起及其内涵

(一) 文化创意产业的缘起

20 世纪后期，以数字化和网络化为特征的资讯技术飞速发展，全球的经济增长方式也发生了根本性变化。一方面，知识在传统产业中的比重及贡献率逐步加大；另一方面，一批以知识为基础的新兴产业正迅速崛起，这些新兴产业在国民生产总值中所占的比重也迅速提升。随着科技与文化的不断融合，文化活动在社会生活中的作用正日渐产业化，即文化不仅是人们愉悦身心、陶冶情操、传承文明的重要载体，而且已经逐步成为一种产业，透过文化产品的生产、传播、消

---

① 澳门博彩检查协调局（DICJ），2010 年统计资料。

费能够带来就业机会、出口创汇、增加税收等多种效益。

从文化创意产业的发展历程来看，创意产业于 20 世纪 90 年代后期发源于英国伦敦。早在 1947 年英国创意产业的先行者便已成立"工业设计协会"扩展创意工业。后来，英国政府为了振兴经济，决定发展知识经济，并于 1998 年成立创意产业特别工作组，并首次正式界定创意产业："源自个人创意、技巧及才华，通过知识产权的开发和运用，具有创造财富和就业潜力的行业。"① 其中，创意产业的核心内容是文化和创意，它推崇创新和个人创造力，是强调文化艺术对经济支持与推动的新兴文化理念与经济实践②。据英国官方统计，1998～2006 年，英国创意产业每年的增长率都超过 6%，远高于整体经济增长率。目前，文化创意产业不但是英国仅次于金融服务业的第二大产业，更是英国雇佣就业人口最多的产业，使得英国的文化创意产业在国际上具有重要地位③。随着英国创意产业概念的提出，其他国家和地区也纷纷效仿。2002 年新加坡也成立了创意工作小组，并公布了"创意产业发展战略"。美国、德国、芬兰、瑞典、澳大利亚、韩国、中国香港、中国台湾等地也出现了众多创意产品、行销、服务，形成了一股巨大的创意经济浪潮。

（二）文化创意产业的界定

有关创意产业的内容和范围的界定尽管有不少学者研究，但目前尚未形成一致结论，争议的核心问题是创意产业的界定及其涉及的产业范围。作为一个新兴的独立产业，不同国家和地区对创意产业的内容和范围有着不同的理解和划分。笔者通过对相关阐述的分析和理解，认为目前对于文化创意产业的概念界定大体上可以分为以下四种类型或流派。

1. 文化经济结合说

所谓文化经济结合说是指在界定文化创意产业时，主要关注文化要素与经济行为的结合特征。如联合国教科文组织就认为文化创意产业是指按照工业标准生

---

① 王俊、汤茂林、黄飞飞：《创意产业的兴起及其理论研究探析》，《地理与地理资讯科学》2007 年第 5 期。
② 厉无畏、于雪梅：《中国和欧洲城市创意产业发展的比较研究》，《世界经济研究》2007 年第 2 期。
③ 宋文光、杜继男、许志平：《文化创意产业形成的市场基础与发展模式研究》，《北京工业职业技术学院学报》2010 年第 1 期。

产、再生产储存以及分配文化产品和服务的一系列活动。由此定义可知，诸如传媒、动漫、娱乐、教育、游戏、旅游、网络及资讯、音乐、绘画、舞蹈、戏剧等都属于文化创意产业的范畴。此外，芬兰也大体上沿用了此种定义方式，认为文化创意产业是文化与经济的结合。

2. 知识创意来源说

该学说认为文化创意产业的根源来自于某种特定的知识、技能、创造力等要素。在诸多文化创意产业的阐述中，新西兰、韩国、英国、中国香港以及中国台湾等国家和地区都较为偏向于认为，所谓的文化创意产业是指源于个人创造力或知识而产生的创造财富和就业机会的经济形态。如中国台湾地区认为所谓的文化创意产业是指源自创意或文化积累，通过智慧财产的形成与运用，形成具有创造财富与就业潜力并促进整体生活环境提升的行业[1]。

3. 文化内涵相关说

文化内涵相关说则是以是否属于文化的范畴作为划分文化创意产业的重要依据。如加拿大就是以与文化的相关性作为界定文化创意产业的原则，即艺术与文化活动均属于文化创意产业的范畴，包括实质的文化产品、虚拟的文化服务，亦包括著作权等。

4. 制度环境推进说

除了上述观点外，还有学者将文化创意产业的内涵直接指向了所处的社会环境。如有"创意产业之父"之称的经济学家霍金斯将创意产业定义为其产品在知识产权法保护范围内的经济形态，认为专利、版权、商标和设计4个部门共同构成了文化创意产业和文化创意经济[2]。

尽管上述论述的内容不完全一致，但从中可以归纳出文化创意产业涉及的相关系列要素，即工业化（或商业化）的运作、知识与创意、文化内涵与形态、相应的制度保障等。

（三）文化创意产业的内涵及范畴

与文化创意产业界定的多样性相对应，对文化创意产业的范畴的理解，不同

---

[1] 王俊、汤茂林、黄飞飞：《创意产业的兴起及其理论研究探析》，《地理与地理资讯科学》2007年第5期。

[2] 厉无畏：《创意产业导论》，学林出版社，2006。

的国家和地区也略有差异。有的国家偏重于传统文化型创意产品，有的则偏重于数位文化型与现代高科技密切相关的现代创意产品，还有的国家和地区偏重于版权型的知识产品。

如瑞士、德国以及法国等国家的文化创意产业包括电影制作、电视广播制作、表现艺术、音乐及图像市场、艺术和设计、图书出版业等传统文化形态的行业①。而中国香港、新加坡以及中国台湾等国家和地区则除了将视觉艺术及工艺、表演艺术、时尚设计、出版、电视、电影、广告、建筑、音乐、漫画产业等纳入文化创意产业的业态外，还将现代数字科技支援下的软体及电脑服务、数字休闲娱乐、创意生活等新兴行业纳入文化创意产业的范畴②。

面对如此众多的文化创意业态，国内学者厉无畏等做了一个总体的划分，他认为创意文化产业可以被视为包含三个部分的内容：一是通常所指的文化及相关产业；二是与通信和网络相关的软体、游戏、动漫等内容产业；三是与传统产业相关的各类设计、咨询策划等产业，包括工业设计创意、建筑设计创意和咨询策划创意等内容③。厉无畏的此种分类较为清晰地指明了文化创意产业的业界结构，有助于相关的管理部门更加具有针对性和系统性地对文化创意产业的发展实施规划和管理。

三　文化创意产业发展所需的环境基础

在文化创意产业的发展方面，提供相应的环境和资源支援十分重要。结合相关学者的研究和分析，可以将文化创意产业的发展要素归纳为以下五个方面的内容：

1. 一定规模的创意人力资源

按照人们对创意产业的理解，创意产业首先是一种人才组合，即在自由创造的氛围中，由科技与艺术、创新与管理、艺术家和工程师、创意精英和能工巧匠

---

① 厉无畏、于雪梅：《中国和欧洲城市创意产业发展的比较研究》，《世界经济研究》2007 年第 2 期。

② 王俊、汤茂林、黄飞飞：《创意产业的兴起及其理论研究探析》，《地理与地理资讯科学》2007 年第 5 期。

③ 厉无畏、于雪梅：《中国和欧洲城市创意产业发展的比较研究》，《世界经济研究》2007 年第 2 期。

所形成的丰富人才组合。刘艳飞[1]认为文化创意产业所需的人才可分为三类，分别是创意型人才、技术型人才和管理型人才。其中，创意型人才是文化创意产业的核心和灵魂，技术型人才则主要为协助创意型人才将创意外显化或产品化，管理型人才主要负责对创意产品的包装、宣传，并最终获得消费者的广泛接受。此外，刘强等[2]关注了创意产业人才的积聚问题，并认为文化创意产业是创意阶层及知识的集聚，创意城市只有在创意阶层集聚达到一定的量之后才能形成生命力。

2. 完备的创意基础设施

创意基础设施既包括为创意产业产品的生产提供的设施与环境，同时也包括创意产业消费者所需的设施。如为创意阶层提供一个较为理想的居住和生活环境。从整个社会来看，应该具备良好的交通、通信、网络宽频以及创意产业相关的专业配套设备。此外，还需要有众多的艺术中心、博物馆、会展中心、电影院和图书馆等基础设施以渲染出浓厚的创意产品的生产和消费氛围。除了环境要素外，文化创意产业内较为成功的品牌企业对于创意产业的成长也具有至关重要的作用。

3. 人文历史的底蕴及积淀

丰厚的人文底蕴和优势传统产业是培植文化创意产业必不可少的条件。文化创意产业能够较为充分地利用旧城的产业建筑并赋予其新的生命，如英国的泰晤士河南岸、柏林的哈克欣区、温哥华的哥兰桂岛、北京的 798 艺术区以及位于澳门望德堂区疯堂 10 号的疯堂十号创意园等都是将旧式建筑改造成各具特色的创意产业园区。城市甚至还可以借助文化创意产业的发展，实现启动和保护历史文化遗产的目标[3]。历史上的著名创意城市，如鼎盛时期的雅典，文艺复兴时期的佛罗伦萨，15 世纪的威尼斯，18 世纪的巴黎、伦敦、维也纳，20 世纪的纽约等都是文化交汇中心，来自不同文化传统的资讯在这里交流融合。

4. 较为发达的经济水准

创意产业是以经济的高度发达为前提的。随着社会生产的不断发展，恩格尔

---

① 刘艳飞：《发展文化创意产业的关键影响因素分析》，《现代商业》2009 年第 36 期。
② 刘强、李文雅：《创意产业的城市基础》，《同济大学学报》2008 年第 4 期。
③ 阮仪三：《论文化创意产业的城市基础》，《同济大学学报》2005 年第 2 期。

系数的下降，人们可用于购买文化产品和服务的开支比重增多，对文化娱乐的需求越来越大。但是，文化娱乐消费的重要前提是消费者要有足够的闲暇①。如文艺表演服务、艺术展览服务、旅游服务、书籍、报刊、唱片、光盘、录影带，其消费需要占用大量闲暇时间。因此，从文化创意产业消费市场的发展来看，经济发展和社会进步是创意产业发展的重要前提。

5. 阳光型的政府及政策

较为公正透明的政府服务，如规划、许可和公共服务，会增强城市对创意产业资源的吸引力。企业注册的便捷程度、行政审批手续是否简便以及政府服务态度的好坏等也都是影响创意产业发展的重要因素。另外，由于创意产业往往也伴随着较多的风险，为此，政府还应该抽出相应的资金和资源为创意产业的发展提供业务辅助以推动其发展②。

6. 知识产权的保护制度

与传统的、以物质消耗为基础的"肢体产业"不同，创意产业被称为"头脑产业"。因此，对创意产业的发展来说，保护创意，即保护创意者的知识产权，具有性命攸关的意义③。为此，文化创意产业的发展还有赖于营造一个较为严格的知识产权的保护与管理体系。

四 文化创意产业与澳门经济发展环境的契合度分析

未来文化创意产业将扮演促进澳门社会经济多元化发展的重要角色，为此，需要对比分析澳门社会经济与文化创意产业之间的契合度，以便为文化创意产业在澳门的发展提供决策和管理的依据。

（一）澳门文化创意产业的发展历程

目前澳门的文化创意产业仍然处于不断发展中，澳门文化创意产业意识的萌

---

① 厉无畏、于雪梅：《中国和欧洲城市创意产业发展的比较研究》，《世界经济研究》2007 年第 2 期。
② 刘强、李文雅：《创意产业的城市基础》，《同济大学学报》2008 年第 4 期。
③ 厉无畏、于雪梅：《中国和欧洲城市创意产业发展的比较研究》，《世界经济研究》2007 年第 2 期。

发早在 2000 年就已经出现。当时崔世平就提出了将疯堂区改造为创意产业区的设想。2001 年澳门成立婆仔屋艺术空间。2003 年 8 月澳门成立了澳门创意产业中心（CCI）和澳门创意空间，以进一步推动澳门创意社团的工作和联络。在创意产业中心与澳门欧洲研究学会的联合推动下，摄影、电视制作、瓷器、时装、绘画等类型的创意产业活动不断开展，丰富了澳门创意产业的内涵①。2008 年在澳门特区政府的关注以及望德堂区创意产业促进会的努力下，疯堂十号创意园成立并陆续有创意工作者进驻。而澳门特区政府也从 2007 年就已经逐步在公开场合将文化创意产业作为澳门未来社会与经济发展的重要产业进行定位。

2010 年可以说是澳门文化创意产业发展的强势启动之年，一系列促进澳门文化创意产业发展的举措不断推出。

如 2010 年特区政府施政报告中就明确提出要先在文化局组织架构内增设职能部门——文化创意产业促进厅，并成立文化产业委员会以制订文化创意产业的发展计划和具体措施。同时还计划设立文化创意产业专项基金以促进澳门文化产业的孵化和发展。

2010 年 5 月澳门特别行政区文化局率领澳门文化创意产业单位参与了以"澳门设计、澳门创意"为题的第六届中国深圳国际文化产业博览交易会"澳门馆"，向外界推广和宣传澳门现有的文化创意产业基础。

2010 年 8 月，澳门文化局相关人士透露澳门将重新规划辖下设施，计划将塔石广场大楼、"C-Shop"及大三巴旅游文化活动中心改造成为文化创意产业发展的平台。其中塔石广场大楼将被打造成"塔石创意中心"，其会成为未来澳门文创产业的旗舰店及地标。

2010 年 9 月澳门文化产业委员会召开首次平常全体会议，标志着澳门文化创意产业的发展正式启动。与此同时，澳门特别行政区政府文化局也公布了澳门文化创意产业发展的蓝图及短、中、长期目标，并定下视觉艺术、设计、电影录像、流行音乐、表演艺术、出版、服装及动漫八大发展项目，力推视觉艺术、设计先行先试，冀为澳门文创产业杀出血路，打造世界休闲旅游城市。

2010 年 10 月举行的第 15 届澳门国际贸易投资展览会（MIF）更是首次增加了文化创意产业展区。该展区由 4 个专题组成，包括设计、音像和出版产业区，

---

① 麦健智：《文化创意产业及其在澳门的发展》，《行政》2006 年第 4 期。

视觉艺术产业区，表演艺术产业区以及展示舞台。该展区内参与展示的有 22 个本地团体或机构，包括澳门佳作有限公司、猫空间、穷空间等澳门知名文化创意团体。

到目前为止，在澳门政府以及文化创意产业界的共同努力下，澳门本土的文化创意产业发展已初见成效，涌现出一批具有一定影响力的文化创意企业，同时也形成了以澳门疯堂十号创意园及婆仔屋为中心的文化创意平台。这些都为正式扬帆远航的澳门文化创意产业打下了坚实的基础。

（二）澳门文化创意产业的发展环境分析

以文化创意产业所需的环境要素为基础对澳门发展文化创意产业的环境进行分析，有助于更为深入地探寻澳门文化创意产业发展的战略途径和策略。结合相关资讯，可以将澳门文化创意产业发展的环境归纳出以下特点。

1. 文化创意产业人才初具规模，层次亟待提升

由于文化创意产业所涉及的行业相对广泛，因此，澳门现有的文化创意产业人力资源规模并不算薄弱。麦健智[1]曾于 2005 年进行过一次有关文化创意产业从业人员的访谈。当时接受访谈的部分从业人员数量就已经达到 273 人，涉及广告、设计、视觉艺术三个领域[2]。相对澳门的人口数量，2005 年上述文化创意产业的从业人员人数可谓初具规模。近年来澳门经济的飞速发展，相关行业的从业人员也会随之有一定幅度的增长。但是，澳门文化创意产业的从业者中还较为缺乏大师级的领军人物。为此，提升从业人员的专业水准与层次将是未来澳门文化创意产业发展的重点内容之一。目前，澳门已经有不少高等教育机构开设了与文化创意产业相关的学科与课程，如澳门大学以及澳门科技大学等都开办有人文艺术类学院，澳门国际公开大学也设有文化创意 MBA 课程并针对中国内地及海外招生。澳门高等院校的积极配合和参与将大大优化人才培养环境。

2. 人文历史底蕴积淀较为深厚，设施相对不足

长达 500 年之久的东西文化相互交融，使得澳门具有"以中为主，中葡结合"的特色。从城市历史发展的角度上来看，澳门是一座典型的多文化交融的

---

① 麦健智：《文化创意产业及其在澳门的发展》，《行政》2006 年第 4 期。
② 麦健智：《文化创意产业及其在澳门的发展》，《行政》2006 年第 4 期。

城市。城市中有着明显殖民城市的社会印记与景观特征，从建筑空间到生活习俗，中西合璧、远近交融，都在同一空间内共生共存。在澳门这座弹丸之地上，有近 130 处受保护建筑物或地点的遗存，有一座记载东西方小城市发展历程的历史建筑博物馆，而小尺度的街巷空间更拉近了人与人之间的距离①。深厚的文化特色底蕴，也为澳门发展"文化创意产业"提供了良好的文化发展环境，成为文化创意产业发展的绝佳地点。随着未来澳门文化创意产业成果展示的平台日渐完善，澳门的创意产业形态会更为鲜明和亮丽地展现在世人面前。

3. 本地社会经济发展水准较高，市场容量有限

2002 年博彩经营牌照的发放为澳门经济的发展注入了活力，澳门的博彩税总收入从 2002 年的 77.6 亿澳门元激增至 2008 年的 419 亿澳门元。与博彩业迅速发展相应的经济增长也迅速攀升，2007 年澳门的人均 GDP 达到 29.2 万澳门元，超越新加坡、日本，成为亚洲最富有的地区。与此同时，澳门特区政府财政累计盈余也大量增加，并荣登中国乃至世界同等规模城市之首。经济的发展为文化创意产业的发展提供了良好的条件，但是，受到澳门本地人口数量的限制，文化创意产业的本地市场规模较为有限，如何借助旅游者的消费需求以及对外积极推广是澳门发展中的问题。

4. 智慧财产权保护意识制度完善，倾斜政策偏少

在智慧财产权保护方面，澳门一直都十分重视，无论是在立法还是在执法上都较为严格。如澳门以单行法规的形式对智慧财产权的保护进行了全面规范。2010 年 8 月 19 日，澳门特区行政会完成了对《修改著作权及有关权利的法律制度》法律草案的讨论，将传统著作权及相关权利的保护延伸至互联网以及数码领域，使其更适合新时期文化创意产业发展的需要。尽管澳门特区政府在智慧财产权保护方面制定了较为完善的法律体系，但是，针对文化创意产业发展而制定的倾斜性扶持性政策还相对较少。

通过上述分析可知，澳门的社会经济环境较适宜文化创意产业的发展，且经过近些年的积累，文化创意产业的发展基础已基本具备。在未来的发展中，澳门特区政府应着力进一步优化文化创意产业的发展环境，利用新思维和战略发展观念推进其发展。

---

① 崔世平、兰小梅、罗赤：《澳门创意产业区的规划研究与实践》，《城市规划》2004 年第 8 期。

五 澳门文化创意产业的发展路向探讨

结合澳门现时的产业发展态势以及文化创意产业发展的环境条件，笔者认为应该从战略管理的角度对文化创意产业发展的总体思路、发展定位、发展模式以及发展前景等进行探讨。

首先，在发展的总体思路方面，除了制定发展目标还应关注产业链的拓展。

政府的前期推动是必不可少的重要条件。特区政府应注重对文化创意产业的整体规划和系统推进。目前特区政府已经初步制定了澳门文化创意产业的发展框架，这非常有利于整合社会创意产业资源向既定的发展目标共同努力。但是，需要注意的是，在发展文化创意产业的过程中，不仅要关注产业元素本身，同时，还应该促进文化创意产业链条上游以及下游的行业配合其同步发展。如处于文化创意产业链条上端的创意设计之原材料、基础设施、仪器设备、人才教育，以及处于产业链条下端的市场推广与产品销售渠道等。这些都应该被整体性地纳入澳门文化创意产业的发展中去。此外，文化创意发展所需的社会氛围与环境也需要得到政府的支援，例如政府需要采取措施不断提升文化创意工作者的社会及经济地位，从而将文化创意产业打造成一个具有光明前景，能吸引大量青年人士加入的朝阳产业。再如针对文化创意产业发展的政策与法规，这些要素都是文化创意产业链条上不可或缺的有机要素。

其次，在发展定位方面，应注重文化创意产品及功能取向与社会发展一致。

从文化创意产业在澳门社会经济中的定位来看，应关注如何将创意元素与大众生活及社会经济紧密结合。在创意类产品的发展取向上可以艺术设计等元素为核心，注重实用性的开发方向，如大力发展演艺类产品和创新性的旅游商品类产品。在具体路径上可以考虑与澳门现有的产业进行配合发展，例如结合文化创意产业与旅游业，将很好地促进文化遗产旅游与旅游的和谐发展[1]。又如为博彩业提供更多创新性的非博彩娱乐项目，为本地中小企业提供品牌元素的创意设计等。而在文化创意产业发展的功能定位上，则可以借鉴国内外不少城市的成功发

---

① 梁文慧，马勇：《澳门文化遗产旅游与城市互动发展研究》，北京：科学出版社，2010，第85页。

展经验，利用文化创意产业集群成行成市的特点，吸引游客观赏与消费，从而实现活化澳门历史文化城区的效果。

再次，在发展模式方面，应从优势产业进行延伸，并依托会展节庆提升品牌。

博彩业是澳门社会经济发展中绝对的主力，其与创意产业发展之间也有共同的利益关系。近年来澳门新建娱乐场中的特色非博彩项目都是典型的文化创意的产物，如威尼斯人的太阳剧团、新濠天地的水舞间、龙腾，永利的吉祥树、音乐喷泉等。这些令人耳目一新，具有视觉震撼效果的专案在吸引游客的同时，也体现了文化创意产业对其他产业发展的巨大推动作用。可见，除了特区政府在资源上的支持外，澳门文化创意产业的发展完全可以借助与其他产业间的互利关系，借助优势产业的资源来实现跨越式发展。与此同时，同样作为澳门未来重要发展产业的会展业及文化节庆也可以为文化创意产业提供展示舞台和品牌推广的空间。

最后，在发展前景方面，用活澳门平台优势，推进文化创意产业区域合作。

较高的经济开放度，与葡语系国家之间经贸文化合作交流，背靠经济发达的中国珠三角区域，都是澳门经济发展中的特色与优势。不同文化间的碰撞、海内外人才的会聚将有助于澳门文化创意产业的蓬勃发展。为此，在文化创意产业发展过程中澳门需要与海内外国家和地区开展广泛的交流与合作，学习和借鉴其他地区在文化创意产业管理、服务、教育、推广、提升等方面的经验，为澳门文化创意产业的培植与发展找到最佳路径。

Culture Innovation Industry: New Measures for the Moderate Diversification Development of Macau Industry

Aliana Man Wai Leong

Abstract: In recent years, witnessing the rapidly-developing gaming industry alongside the growth of the entire economy, Macau residents' lives have undergone enormous challenges. However, apprehension about the impacts of the global financial

crisis, security issues and contradictions within Macau economy has accelerated where diversification of resources and structures is concerned. The culture innovation industry is one of the most important industries that promote Macau economic diversification. From the perspectives of the connotation and development of culture innovation industry, this paper explores the required environment for its growth, studies the conjunction between the Macau economy and culture innovation industry development and ultimately discusses the thinking and initiatives on the culture innovation industry development from the general frameworks, development positioning, progressive mode and the perspective of the development prospects.

Key Words: Macau; Culture Innovation Industry; Moderate Diversification of Industry

B.9

珠澳合作新进展

姜姗姗*

摘 要：在近两年珠三角地区新一轮整合发展的推动下，珠澳合作势头大致良好，两地政府直接沟通机制初步形成，重大跨境项目建设已渐启动。本文从经贸关系、珠澳合作专责小组、横琴岛开发尤其是澳门大学横琴校区建设三个方面，回顾了过去两年珠澳合作情况，并认为，珠澳合作有望在区域整合的大趋势中继续稳步前进。本文还针对珠澳未来合作方向，简要提出了两点建议。

关键词：经贸关系 珠澳合作专责小组 澳大横琴校区 文化资源联结

一 经贸关系

历史上，珠澳本是同城，拥有共同的香山文化。鸦片战争后，葡人开始在澳门实施管治，并于 1887 年设立拱北关口。一关之隔，使珠澳自此沦为双城①。不过，两地地理邻近、资源互补且人文相通，民间交往和经济联系从未间断。1980 年，中央政府把珠海定位为经济特区，希望珠海在承接澳门回归的同时，也通过澳门的辐射实现自身的快速发展②。改革开放初期，珠澳合作走在全国前列，曾共创中国涉外合作投资的"六个第一"③。

---

* 姜姗姗，澳门大学社会科学及人文学院比较政治学专业博士候选人。

① 2009 年 6 月 13 日，吴志良博士做客"珠海文化大讲堂"，发表演讲《双城共源，同城有期——珠澳历史、现在与未来》。相关内容参见 http://www.cnr.cn/zhfw/whdjt/xgbd/200906/t20090614_505366175.html。

② 关于珠澳合作关系的评述，参见郝雨凡、姜姗姗《澳门多元经济与珠澳整合》，《广东社会科学》2009 年第 4 期，第 86 页。

③ "六个第一"的具体内容，参见吴传明、杨少华《珠澳同城化的战略选择与思考》，《澳门研究》总第 57 期，第 110 页。

回归初期，珠澳经贸合作势头良好，帮助扭转了当时澳门连续多年的经济滑坡。然而好景不长，2003 年澳门受到"非典"影响，经济面临回归以来最严峻的挑战。中央适时与澳门签订了《内地与澳门关于建立更紧密经贸关系的安排》（简称 CEPA），并每年签署后续补充协议。珠澳充分利用 CEPA 框架下各种政策优势，加速两地经贸关系发展。2007 年前，两地在进出口贸易、项目投资、资本利用等方面的合作均呈上升趋势，如表 1 所示。

表 1　珠海对澳门经贸合作情况（1990～2010）

单位：万美元，个

年份	出口额	进口额	直接利用外资情况		外商投资企业工商登记情况				
			批准项目	合同利用外资额	实际利用外资额	年末企业数	投资总额	注册资本
1990	—	—	138	4829	1565	—	—	—
1991	—	—	174	9047	4658	—	—	—
1992	—	—	256	35882	6226	—	—	—
1993	—	—	319	43920	13708	—	—	—
1994	—	—	174	21477	4432	—	—	—
1995	—	—	116	13310	5375	—	—	—
1996	—	—	62	4954	6022	—	—	—
1997	—	—	49	−198	3356	—	—	—
1998	23269	—	55	−1078	880	—	—	—
1999	22410	—	78	626	6010	—	—	—
2000	27212	—	257	8242	9154	—	—	—
2001	23042	4431	268	8288	3923	—	—	—
2002	26267	5091	250	22650	12707	—	—	—
2003	34892	5274	128	17344	12622	—	—	—
2004	43108	4658	160	28568	9045	—	—	—
2005	40934	4038	253	46216	11413	—	—	—
2006	54316	4588	432	52479	18891	1468	196070	143884
2007	65407	4809	471	29504	18352	1830	202971	149516
2008	66431	4279	152	9957	11146	1924	216789	162372
2009	55675	1064	64	5400	9022	1910	208299	163197
2010 (1～6 月)	34700	600	26	1227	9038	—	—	—

注：划横线处表示《珠海统计年鉴》中暂无记录。

资料来源：珠海市统计局编《珠海统计年鉴》（1990～2010），中国统计出版社。2010 年数据来源于珠海市外事局主办的《外事港澳工作动态》2010 年第 3 期。

然而，受到 2008 年以来美国金融危机的影响，珠澳经贸合作受到较大冲击，相关数据出现不同程度滑坡。2009 年，珠澳进出口贸易总额从 2008 年的 70710 万美元降至 56739 万美元，其中珠海进口澳门贸易额降幅高达 75%；珠海吸收澳门直接投资项目 64 个，创 10 年来新低；珠海合同利用澳资及实际利用澳资，亦从 2006 年最高峰的 52479 万美元和 18891 万美元，分别降至 5400 万美元和 9022 万美元，降幅超过一半以上。截至 2009 年底，珠海工商登记注册的澳资企业有 1910 家，投资总额为 208299 万美元，注册资本为 163197 万美元，仅保持了相对平稳的发展态势。

二　珠澳合作专责小组

尽管近两年来，珠澳传统经贸关系活力渐弱，但得益于 2008 年 12 月国家出台的《珠江三角洲地区改革发展规划纲要（2008～2020）》（下称《纲要》）的推动，珠澳两地获得了比以往更具前瞻性的合作动力，并于 2008 年底在粤澳合作联席会议框架下成立了珠澳合作专责小组，初步形成了两地政府直接沟通机制。

至今，珠澳合作专责小组已召开两次会议。首次会议于 2009 年 4 月 28 日在珠海召开，决定下设珠澳跨境工业区转型升级、珠澳城市规划与跨境交通研究、珠澳口岸通关合作 3 个工作小组，此后各工作小组相继开展多次交流与合作。第二次会议于 2010 年 10 月 20 日在澳门召开，会议不仅回顾了过去两年珠澳合作情况，且决定探索成立环境保护合作工作小组。

（一）口岸合作

珠澳之间共有 4 个出入境口岸，即拱北—关闸口岸、横琴—莲花口岸、湾仔—内港口岸及珠澳跨境工业区专用口岸，通关时间各异[①]。其中，客流量最多的是拱北—关闸口岸，2009 年该口岸通关人次达 8100 万[②]，远超出 1999 年 3000 万人次（日均通关 15 万人次）的设计。为了解决日益严重的通关负荷，拱北口

[①] 目前各口岸的通关时间分别是，拱北—关闸口岸 7：00～24：00；横琴—莲花口岸的旅客及客车 9：00～20：00，货车 8：00～20：00；湾仔—内港口岸上午 8：15～11：30 和下午 1：30～4：30；珠澳跨境工业区专用口岸 24 小时开放，但普通旅客及车辆不获使用。参见珠海出入境边防检查总站网站：http：//www.zhbj.gov.cn/Client/PortInfo.aspx？ID=417。

[②] 数据来源于新闻《拱北口岸改扩建工程开工》，2010 年 3 月 30 日《正报》第一版。

岸改扩建一期工程于 2010 年 3 月 29 日动工,预计 2012 年完成。届时,其通关能力将增至日均 35 万人次,并预留了 15 万人次的增幅空间,自助过关通道也将在目前 70 条①基础上新增 80 条。而与该口岸陆路相连的澳门关闸口岸扩建任务已于 2009 年底完成,目前通关能力达日均 50 万人次,自助过关通道有 80 条②。值得提及的是,澳门自 2010 年下半年起,将自助过关服务拓展至部分内地居民(珠海已于 2007 年 12 月 1 日起提供此服务),即获得特区政府批准逗留许可的非本地劳工、劳工家属、非本地学生及中资机构人员,大大方便了在澳门工作求学且经常往来珠澳的非本地居民。

随着《纲要》及 2009 年 8 月 14 日《横琴总体发展规划》(下称《规划》),陆续实施后横琴开发的正式启动,连接珠澳的另一条陆路口岸——横琴—莲花口岸,也必将越来越重要和繁忙。该口岸出入境年客流量从 2000 年启动时的 21 万人次升至 2008 年的 275 万人次,同期年车流量从 1.5 万辆次升至 63.8 万辆次,增幅明显③。同时,该口岸也是连接澳门的最大陆路货运口岸,承担了绝大部分珠澳进出口货运业务,货物主要是供澳民生物资,以及澳门 CEPA 货物、粤澳空陆联运货物、集中申报货物和澳门过境货物④。在应对日益增长的货物通关需求方面,业已实施的两大措施意义重大。一是自 2009 年 12 月 9 日起,珠澳海关全面启动陆路口岸货物查验结果参考互认制度,从而减少双方对同一通关货物的重复查验。二是横琴口岸 22 条客货车信道重建工程仅耗时 8 个月,于 2009 年 12 月 13 日投入使用,通道数量与澳门方面保持一致,车辆通关能力由原来日均 4000 辆次增至 10000 辆次。其中,有 8 条通道自 2010 年 9 月 6 日起开通了客车“一站式”电子验放系统,使其成为继拱北口岸 2005 年 3 月 15 日起提供此服务的第二个口岸⑤。目前,珠澳双方共同向中央政府提出了在该口岸“先行先试”,实现 24 小

---

① 2010 年 9 月 28 日及 10 月 28 日,珠海拱北口岸分别新增 10 条自助过关通道,使其总数达到目前的 70 条。参见新闻《拱北新增十自助通道》,载于 2010 年 10 月 29 日《澳门日报》,E03 版。
② 参见 2010 年 10 月 20 日召开的珠澳合作专责小组第二次会议澳方会议材料,会议地点:澳门旅游塔。
③ 数据来源于新闻《横琴口岸十大变化》,载于 2010 年 3 月 29 日《珠海特区报》,A3 版。
④ 参见 2010 年 10 月 20 日召开的珠澳合作专责小组第二次会议澳方会议材料,会议地点:澳门旅游塔。
⑤ 数据来源于新闻《横琴口岸客车通关现在平均只需 20 余秒》,参见珠海出入境检验检疫局网http://www.zhciq.gov.cn/showNews.do? infoId=11927&colId=1&threadId=101。

时通关及两地一检或单边验放的请求，据悉最快 2011 年初获批①。

另外，珠澳两地均有意向推出适当措施，以最大限度发挥湾仔—内港（水路）口岸和珠澳跨境工业区专用口岸的作用。目前，湾仔—内港口岸只在每天上午 8：15～11：30 和下午 1：30～4：30 期间开放，旅客需搭乘每半小时一班的小渡轮通关往返珠澳。这一方式，是导致该口岸使用率低（2009 年客流量为 63 万人次）、难以分流邻近超负荷工作的拱北口岸客流的一个主要原因②。就此，双方正在推进湾仔—澳门海底人行隧道建设的可行性研究，希望打造一种持续的通关验放方式以充分发挥湾仔口岸的功能。对于主要受理往来珠澳双方工业园区人员和车辆的珠澳跨境工业区专用口岸，珠海方面于 2009 年向国务院请示增加其附属功能，包括承接一直经由拱北—关闸口岸的内地供澳鲜活产品通关、适度验放普通旅客及车辆等。该请示至今待批③。

（二）跨境交通对接及城市规划合作

实现跨境交通网络等基础设施对接，是促进珠澳紧密合作、实现深度整合的重要前提条件，亦是双方最关心、最希望加强合作的课题之一④。2005 年 12 月动工的广州—珠海城际快速轨道，全长约 116 公里，已完成起点站广州南站至（珠海金鼎）珠海北站的建设，并于 2010 年 12 月 15 日试行通车。然而，由于拱北口岸风险闸内的用地问题还未解决导致施工延滞，至终点（珠海拱北）珠海站的全线通车预计至少一年后才能实现。届时，全线运行仅约 1 小时，是目前乘坐巴士从广州至珠海拱北所需时间的一半⑤。而均在规划中的广珠城轨延长线和澳门轻轨系统⑥，也计划在横琴口岸以无缝换乘方式对接。澳门方面建议，这一

---

① 《横琴拟明年 24 小时通关》，2010 年 11 月 10 日《澳门日报》A1 版。
② 数据来源于新闻《珠海湾仔口岸 2009 年客流量再次突破 60 万》，参见珠海视听网：http：//www. zhtv. com/news/ShowArticle. asp？ ArticleID =82966。
③ 《澳区部分全国人代访珠边检总站》，2010 年 5 月 29 日《澳门日报》B01 版。
④ 参见 2010 年 10 月 20 日召开的珠澳合作专责小组第二次会议澳方会议材料，会议地点：澳门旅游塔。
⑤ 《广珠城轨月底前通车》，2010 年 12 月 11 日《澳门日报》A01 版。
⑥ 澳门轻轨系统是澳门特别行政区为舒缓交通拥堵及改善环境污染问题，而引入的全新集体运输系统。根据 2009 年 10 月 17 日运输基建办公室公布的《轻轨系统第一期 2009 兴建方案》，第一期轻轨路线将往来关闸和氹仔客运码头，全长二十一公里。维修厂工程现已动工兴建，主线工程将于 2011 年第二季度动工，预计 2014 年或 2015 年落成通车。具体内容可参见澳门特别行政区运输基建办公室网站：http：//www. git. gov. mo/lrt1_ 2009/index. html。

项目应争取在 2012 年前立项并启动兴建。可以预期，这一跨境交通系统建成以后，不仅能为往来珠澳两地的区域旅客带来便利，更有助于连接澳门与珠三角轨道交通网络，促进区域整合①。

与珠澳相关的重大跨境交通建设，还包括港珠澳大桥②。大桥于 2009 年 12 月 15 日在珠海举行动工仪式，距 1983 年香港商人胡应湘首次提出该设想已 20 年有余。大桥全长 49.968 公里，共耗资约 730 亿元，资金主要由粤港澳三地政府按比例承担，预计 2016 年全线开通，通车后三地口岸采取"三地三检"模式。兴建中的港珠澳大桥有两大特征：第一，主体工程——"海中桥隧"长 35.578 公里，将成为世界桥隧工程最长的跨海大桥；第二，大桥设计使用寿命为 120 年，相比"中国桥史之最"杭州湾跨海大桥，多出 20 年使用寿命③。对于珠澳来说，则可以通过该大桥珠澳人工联检岛口岸功能布局的双方配合，促进珠海拱北和澳门明珠地段的联动发展。

另外，因应《纲要》及《规划》实施后粤港澳更紧密合作的历史机遇，如何协同规划城市发展，成为珠澳合作中新的关注点。在与 2010 年 10 月 20 日珠澳合作专责小组第二次会议同步举行的珠澳城市规划与跨境交通研究工作小组第三次工作会议上，珠方建议两地共同启动《珠澳协同发展空间规划》，在未来的城市规划过程中加强沟通，借资源互补优势相互借力发展，进而从整体上提高珠澳区域竞争力。这一研究工作，也将为实现《纲要》提出的把珠海建成"国际商务休闲旅游度假区"和把澳门发展为"世界旅游休闲中心"的目标，奠定更科学有效的城市分工。

（三）珠澳跨境工业区升级转型

珠澳跨境工业区是 2002 年国务院批准成立的中国首个跨境工业区，2006 年 12 月 8 日正式运作④。当时成立跨境工业区的主要目的，是希望通过与珠海的合

---

① 参见 2010 年 10 月 20 日召开的珠澳合作专责小组第二次会议澳方会议材料，会议地点：澳门旅游塔。
② 有关 2008 年底之前港珠澳大桥的进展情况，参见姜姗姗《回归以来的粤澳合作关系》，收录于《澳门经济社会发展报告 2008～2009》，社会科学文献出版社，2009，第 444 页。
③ 喜崇彬：《"全寿命"理念与制度优势——访工程设计大师孟凡超》，《交通建设与管理》2010 年第 2 期，第 40～43 页。
④ 有关珠澳跨境工业区的历史回顾，参见姜姗姗《回归以来的粤澳合作关系》，收录于《澳门经济社会发展报告 2008～2009》，社会科学文献出版社，2009，第 442 页。

作，承接澳门出口加工业尤其是制衣业的发展，同时以此为载体，探索珠澳产业合作的新方式。然而，随着近几年澳门的出口加工业式微，经济进一步向服务业转型，跨境工业区也面临着重新定位和转型升级的任务①。事实上，《纲要》已明确提出了跨境合作区这一说法。

为了推动跨境工业区的转型发展，确保其对珠澳产业合作尤其是对澳门经济适度多元化的配合作用，珠澳跨境工业区转型升级工作小组于 2009 年 4 月成立，并于同年 7 月召开了工作会议。双方达成共识，推动跨境工业区从过去以加工制造业为主导向以服务业为核心升级转型，将其建设成为高端物流商务园区及对接港澳服务业平台。目前，工作小组开展的一项重要工作是，研究园区监管方式从以货物为监管单位向以企业为监管单位转变，同时推动珠澳两地联检部门"信息互动，查验结果互认"，提高通关便利化程度②。

（四）以整治鸭涌河为切入点的环保合作

作为一个旅游城市，环境保护对于澳门来说十分重要。早在 1989 年澳葡政府时期，澳门就有了第一部环境保护法——《环境纲要法》，同时产生了政府咨询机构——环境委员会③。回归后，政府持续加大城市环保投入，完善污水和垃圾处理硬件设施，使其技术标准保持世界领先水平。2009 年 6 月 29 日，环境委员会升格为环境保护局，更凸显出环保工作对于澳门的重要意义。2008～2010年，澳门连续举办三届"澳门国际环保合作发展论坛及展览"，影响渐大。

不过，虽然澳门在本土范围内积极开展环保工作，却甚少将此放在一个区域环境中去考虑，尤其是与邻居城市——珠海的环保合作并未深入。因应《纲要》提出的"共建优质生活圈"的契机，珠澳环保合作开始有了新的发展。

鸭涌河，是位于珠海拱北与澳门关闸之间的一条跨境人工水道。多年来，两地附近居民一直受患于河水污染，使其首先成为强化两地环保合作的工作重心。

---

① 普遍认为，跨境工业区未能发挥预期作用，原因分析可参见《澳门研究》编辑部《"澳珠发展论坛"第四次会议纪要》，载于《澳门研究》总第 50 期，第 179～183 页；《"'一国两制'下澳珠合作与发展"圆桌会议纪要》，载于《澳门研究》总第 51 期，第 155～162 页。
② 参见 2010 年 10 月 20 日召开的珠澳合作专责小组第二次会议珠方会议材料，会议地点：澳门旅游塔。
③ 王志石：《澳门生态环保事业发展》，收录于《澳门经济社会发展报告 2008～2009》，社会科学文献出版社，2009，第 245～257 页。

珠海方面的珠澳跨部门鸭涌河治理工作小组与澳门环境保护局，已于 2009 年 10 月 23 日及 2010 年 7 月 15 日召开了两次会议，共同磋商河流整治的相关问题。目前，双方正在落实在鸭涌河河口设置防污网的前期准备工作。在 2010 年 10 月 20 日举行的珠澳合作专责小组第二次会议上，双方就探索成立环境保护合作工作小组达成共识。可以预期，隶属于珠澳合作专责小组的第四个工作小组即将成形。

三 澳门大学横琴校区

近两年的珠澳合作，除了体现在珠澳合作专责小组领导下的各项工作进展以外，也尤其需要谈及澳门大学横琴校区建设这一事件。《纲要》曾提出，要重点引进 3~5 所国外知名大学到广州、深圳、珠海等城市合作举办高等教育机构。紧接着 2009 年初，中央政府明确表示把横琴岛上的 5 平方公里土地列为粤澳合作项目用地。后继《规划》更提出了横琴岛的发展定位、发展目标、空间规划、重点产业①，明确表明国家拟以横琴岛开发为切入点，支持珠三角地区深化改革、扩大开放。自此，过去长期处于"小打小闹"慢步发展状态②的横琴岛，开始被真正摆上了开发议程。

正是在这一大背景下，全国人大常委会于 2009 年 6 月 27 日正式批准了澳门

---

① 根据《规划》，横琴岛的发展定位是"建设成为带动珠三角、服务港澳、率先发展的粤港澳紧密合作示范区"；发展目标是"经过 10~15 年的努力，把横琴建设成为连通港澳、区域共建的'开放岛'，经济繁荣、宜居宜业的'活力岛'，知识密集、信息发达的'智能岛'，资源节约、环境友好的'生态岛'。到 2015 年，总人口为 12 万人，人均 GDP 达 12 万元；到 2020 年，总人口为 28 万人，人均 GDP 为 20 万元"；空间规划分为"三片、十区"，即商务服务片（包括口岸服务区、中心商务区、国际居住社区）、休闲旅游片（包括休闲度假区、生态景观区）和科教研发片（包括教学区、综合服务区、文化创意区、科技研发区、高新技术产业区）"；重点产业则包括"商务服务、休闲旅游、科教研发和高新技术四大产业"。
② 有学者把横琴岛开发历程划分为四个阶段，分别是：（1）1992 年前围海造地，稳步发展；（2）1992~2003 年完善设施，迅速发展，其间基本完成了岛内的基础设施建设，实现"六通一平"（即水、电、路、邮、桥、口岸、土地平整）；（3）2004~2007 年规划定位，停滞发展，其间广东省曾提出将横琴岛定位为"泛珠三角横琴经济合作区"，也向国家有关部门上报了自行编制的《横琴岛开发建设总体规划纲要》；（4）2008 年至今明确目标，科学发展，其间国务院批准实施了《珠江三角洲地区改革发展规划纲要（2008~2020）》和《横琴总体发展规划》，标志着横琴开发问题有了实质性突破。参见李清、俞友康《关于横琴开发涉及法律问题探讨》，《澳门研究》第 57 期，第 103~109 页。

大学在横琴岛建设新校区的请求，授权澳门特别行政区以租赁方式取得横琴校区的土地使用权，租赁期由校区启用之日至 2049 年 12 月 19 日止共 40 年，租赁期限届满，经批准可以续期。同年 7 月 9 日，粤澳双方签署了《关于贯彻落实全国人大常委会决定，推进横琴岛澳门大学新校区项目的合作协议》。同年 12 月 20 日，借澳门回归 10 年之际，国家主席胡锦涛亲临横琴岛为新校区主持奠基仪式。规划中的澳大横琴校区占地约 1 平方公里（现时为 5.4 公顷），拟设置 8 个学院（现时为 5 个学院），容纳 1 万名学生（现时约 6900 名），预计 3 年内建成①。届时，横琴校区与澳门之间由一条 24 小时全天候运作的河底隧道连接，从澳门进出校区无须办理边检手续。同时，校区与横琴岛其他区域隔开，实行隔离式管理，即完全按照澳门的法律和行政体系实施管辖②。

澳门大学横琴校区建设作为《规划》通过后的首个落实项目，社会赋予其的期望和意义，远不止于办好一所大学。有学者表示，这对珠澳乃至珠三角区域经济发展整盘棋而言，都是一次具备实质内容的试水③。尤其从澳门方面来看，由于 2002 年开放赌权以后澳门博彩业急速发展，经济结构单一的隐患日益凸显，经济适度多元发展的任务逐渐迫切，这对整个社会的教育文化水平，尤其是作为高层次人才培养摇篮的高等教育提出了新的发展要求。作为澳门的一所主要综合性大学，澳门大学能够借地横琴扩大发展，将有利于从整体上提升城市人才水平，进而给澳门经济适度多元化提供更扎实的智力支撑。不过值得提及的是，围绕澳大横琴校区建设，珠澳社会各界曾就两大问题存在分歧。第一，澳大横琴校区应该适用何种法律，是实行属地原则，还是属人原则？④ 第二，若澳大横琴校区实行隔离式管理，能否达到通过校区的建设和管理，为后续横琴开发及珠澳合

---

① 参见澳门大学网站：http://www.umac.mo/new_ campus_ project/chi/foreword. html。

② 《澳门大学横琴校园的设计构想》，参见澳门大学网站：http://www.umac.mo/new_ campus_ project/docs/Thoughts_ on_ Hengqin_ Campus_ Design_ chi_ 20091106. pdf。

③ 横琴岛：《澳门经济发展新引擎》，《时代经贸》总第 168 期，2010 年 5 月，第 32~35 页。

④ 概括而言，有一种观点认为如果依据澳门法律管辖横琴校区，则违反了澳门《基本法》；另一种观点则认为，这一做法是合理的，且有先例可循。例如 2001 年国家批准澳门租用珠海土地兴建边检大楼并在有关地段享有行政管理权和司法权，2003 年设立珠澳跨境工业区，以及 2006 年全国人大常委会授权香港对深圳湾口岸港方口岸区实施管辖，都为澳大横琴校区可以适用澳门法律提供了论据。相关讨论可参见郭天武、陈迪《澳门大学横琴校区使用法律研究》，《澳门研究》总第 53 期，第 32~38 页；李清、俞友康：《关于横琴开发涉及法律问题探讨》，《澳门研究》总第 57 期，第 103~109 页。

作积累经验的目的?①

目前，在横琴岛5平方公里粤澳合作项目用地内，除了澳大横琴校区已启动兴建以外，占地0.5平方公里的中医药科技产业园是另一个已经确立的与珠澳两地直接相关的合作项目。这一园区将由澳门出资、广东出地，分别占股51%和49%，筹组合资公司加以营运和管理。另外，2009年4月由珠海市国资委出资成立的珠海大横琴投资有限公司，亦将与澳门特区政府计划成立的一家公营企业一起，配合未来该园区的管理运作。该园区的动工兴建，有望于近期《粤澳合作框架协议》获中央批准后开始，建成需3~4年②。中医药科技产业园项目，相信会在加强粤澳合作尤其是在探索珠澳合作新模式方面，将发挥积极作用。

值得注意的是，随着近两年《纲要》及《规划》等一系列政策趋势日益明显，澳门一些学者及社会人士开始意识到主动参与横琴岛开发对于澳门经济适度多元化以及防止在新一轮珠三角区域整合中被边缘化的意义。他们普遍认为，澳门特区政府应该在参与横琴岛开发过程中发挥更主导、更积极的作用，只不过在如何具体参与上，观点各异。有的认为，特区政府应该牵头筹组类似新加坡的国家开发公司，并成立专责机构，以"项目带土地"的形式，带动澳门中小企业参与开发③。有的则提出了混合合作开发模式，即由珠海出地（折价成股份）、澳门出资，在横琴岛划出5~10平方公里发展非博彩

① 概括而言，围绕"隔离式管理"模式出现过两种观点。一种认为，隔离式管理如同使新校区形成一个"孤岛"，不利于发挥探索珠澳合作创新模式的意义。因此，这种模式只能是一个非常时期的非常特例，不能成为今后珠澳合作引为先例的一种固化模式。参见李清、俞友康《关于横琴开发涉及法律问题探讨》，《澳门研究》总第57期，第103~109页。另一种观点则认为，澳大横琴校区建设扮演着先行先试的角色，但是考虑到澳大的学生、家长及教职员工对迁校的感受和意见，如一系列在工作、学习、生活习惯等方面带来的不适，以及澳大现有的行政管理体制和学术自由程度与内地存在一些差别，这种隔离式管理模式是目前能够适应社会接受程度和平衡各方意见的最佳方案。随着未来学校建设的完善以及与珠海磨合的深入，这一模式在时机相对成熟的时候才能逐步调整。参见《澳门研究》编辑部《横琴澳大新校区与澳珠共同合作发展》，《澳门研究》总第53期，第39~55页；吴渤：《澳大横琴校区"拉红线去篱笆"》，2009年7月17日《南方都市报》ZA01版；郝雨凡：《不应该误读"拆掉篱笆，推到围墙"的意义》（未刊稿）。
② 《粤澳合营横琴中医药园》，2010年9月4日《澳门日报》，A01版。
③ 具体内容可参见澳门发展战略研究中心区域合作课题报告：《横琴开发与澳门新机遇——〈横琴总体发展规划〉解读》，《科学发展先行先试科学共赢——澳门与区域合作研究系列》，澳门发展战略研究中心，2010，第40~43页。

业的休闲旅游产业①；并建议澳门居民应有资格进入横琴岛开发管理的人事系统内，通过双方的人事交流加强开发过程中的互动联系②。而中共中央党校在一份课题报告中，更大胆地提出未来在澳大横琴新区可建立珠澳双方公认的特殊居民身份制度，以此先行探索两地在社会福利、教育医疗、社会组织管理等领域如何对接③。这些探讨，均展示出人们在开垦一片新土地和迎接一个新时代时的热情和想象力。对于横琴岛开发而言，这未尝不是一件好事。

四　建议

从以上回顾中可以看到，尽管近两年珠澳传统经贸关系由于受到外围环境影响而受到冲击，但另一方面，在国家一系列支持珠三角地区深化改革和整合发展的政策洪流中，珠澳合作迎来了柳暗花明又一村的契机。这一契机，牵引着珠澳两地紧随区域变革的整体趋势，先行先试，积极探索新型合作模式，以实现两地的可持续发展，同时提升珠江口西岸的整体发展水平。

总体而言，过去两年珠澳合作势头大致良好，并体现出不同于以往的特征。第一，沟通层次往上移，机制建设渐完善。两地建立了以珠澳合作专责小组为载体的政府直接沟通机制，设立了隶属其下的 3 个工作小组，并定期召开专责小组和工作小组会议，使得两地政府高层的直接交流机会增多。第二，合作目标渐明确，重大项目渐落实。在《纲要》及《规划》的原则性指导下，以及在粤澳尤其是珠澳双方的努力下，诸多与珠澳直接相关的重大项目如横琴岛开发、港珠澳大桥建设、口岸合作、跨境交通基建、跨境工业区转型升级等，均迈出实质进展，后续工作规划也已见雏形。基本能够判断，在区域整合的大趋势中，珠澳合作有望继续往前走。

对于未来的合作，提出两点建议。

第一，面对横琴开发这个前所未有的机遇，澳门需开放思路，主动学习如何

---

① 澳门经济学会专题报告：《珠澳合作开发横琴专题研究——澳门如何参与》，澳门经济学会，2010 年 4 月，第 66 页。

② 澳门经济学会专题报告：《珠澳合作开发横琴专题研究——澳门如何参与》，澳门经济学会，2010 年 4 月，第 88 页。

③ 具体内容可参见中共中央党校课题组：《分层治理实现两种制度对接融合——关于建设横琴新区新型社会管理体制的调研报告》，《珠海市行政学院学报》2010 年第 2 期，第 36~40 页。

与珠海合作。但这种合作和参与，需全盘考虑区域大局利益。

第二，珠澳合作除要着力于一系列跨境硬件建设外，也不能忽视社会服务领域的软合作。社会服务内容广泛，包含医教文卫等方面，涉及问题也较为复杂。较可行的切入点是，两地联手打造公共文化服务体系，共建文化资讯服务网络，把各自举办的文化品牌活动做充分的资源联结。

A Progress Report on Zhuhai-Macau Relations

Jiang Shanshan

Abstract：Under the recent trend of Yangtze River Delta Region integration, Zhuhai-Macau relations have received big progress on their direct government communication and cross-border projects construction.

This article will report the progress from three key aspects, including economic and trade relations, the Zhuhai-Macau Specialized Cooperation Task Force and UM Hengqin Campus building. Meanwhile, this article will give two brief pieces of suggestions for Zhuhai-Macau future cooperation.

Key Words：Economic and Trade Relations; the Zhuhai-Macau Specialized Cooperation Task Force; UM Hengqin Campus; Culture Resource Joint

B.10
澳门参与横琴岛开发的现状与政策建议

柳智毅 *

摘　要：横琴岛与澳门仅一河之隔，最近的距离估计只有几十米。随着《珠江三角洲地区改革发展规划纲要（2008～2020）》和《横琴总体发展规划》的公布和实施，横琴岛的开发将为澳门经济产业适度多元化发展，以及世界旅游休闲中心的建设提供土地资源。这也是国家十二五规划中粤澳合作的重点区域和最佳载体。澳门目前正积极参与横琴岛开发，粤澳两地共同研究起草及制定《粤澳合作框架协议》，并已送交国务院修订和审批中。本文对目前澳门参与横琴岛开发的现状及其问题进行分析，并提出了相关政策建议，包括：创新通关模式，让澳门人士直接参与横琴开发和管理，实行旅游一体化措施，建立真正的世界级旅游休闲中心等等。

关键词：澳门　横琴岛开发　区域合作

一　前言：开发横琴的背景和意义

澳门与珠海同处珠三角西岸，横琴更是与澳门仅一河之隔，与澳门最近的距离估计只有几十米。由于澳门的地域太小，发展空间存在颇大的资源约束，而横琴岛与澳门隔河相望，就在咫尺之间，澳门坊间一直期待着拥有比澳门大3倍的横琴岛开发，可以有效弥补澳门土地资源紧缺的问题，为澳门的产业适度多元化提供土地资源的空间。横琴更是粤澳合作的重点区域和最佳载体。

随着《珠江三角洲地区改革发展规划纲要（2008～2020）》（简称《纲要》）

---

* 柳智毅，博士，澳门经济学会理事长。

和《横琴总体发展规划》（简称《规划》）的公布、澳门大学横琴新校区的实质动工兴建，这是"一国两制"的一项创新尝试，更是澳门参与横琴开发的一个标志性"示范项目"，从而启动了澳门参与横琴开发的历史机遇。

国务院总理温家宝在 2010 年 11 月去澳参加中葡论坛并会见澳门各界人士代表时提出了四点希望，其中一点就是要求特区政府特别要充分利用中央政府一系列支持澳门发展的政策措施，抓住国家制定实施"十二五"规划、颁布实施《纲要》、《规划》的有利时机，加强同内地特别是广东省的合作，加快重大基础设施建设步伐，培育新的优势产业和经济增长点，提高澳门抵御经济风险的能力。澳门与珠海同处珠三角西岸，横琴更是与澳门仅一河之隔，这是加强粤澳合作的重点区域和最佳载体，澳门及早主动积极参与横琴开发，对促进两地的共同繁荣和发展具有重要的现实和长远意义。

二　横琴的地理区位资源状况

横琴岛位于中国广东省珠海市南部，珠江口之西侧，是珠海市 146 个海岛中最大的一个岛。北隔马骝洲水道与洪湾相望，并由横琴大桥相连，与澳门的氹仔、路氹城以及路环隔夹马口水道相望，横琴岛和路氹城之间由莲花大桥连接（见图 1）。横琴岛和路氹城之间为最近处，相距约有 200 米。横琴岛面积 106.46 平方公里（略大于香港岛，相当于澳门的 3.6 倍），截至 2008 年底，岛内人口为 7585 人（包括户籍人口 4203 人、暂住人口 3382 人)①。

横琴岛毗邻港澳，距澳门机场 3 公里；距香港 41 海里，距南海国际航线大西水道 10 公里，已分别有莲花大桥及横琴大桥与澳门和珠海市区连接。

横琴岛自然风光优美，是天然的旅游休闲度假胜地。岛上沙滩绵延、礁石嶙峋、植被茂盛、空气清新、环境优美、生态良好。横琴岛目前已建成的旅游项目有东方高尔夫、石博园、三迭泉、天湖风景区、海洋乐园、横琴生态蚝园等，但规模都较小。从成立开发区以来，横琴的经济社会逐步发展。虽然增长速度也不算低，但其人口规模小，经济起点低，况且其中有许多企业只是因为在横琴注册享有优惠税收政策，并未真正在横琴从事经济活动。相对于横琴 106 平方公里的

---

① 珠海横琴新区网站：http://www.hengqin.org/epitome5.asp。

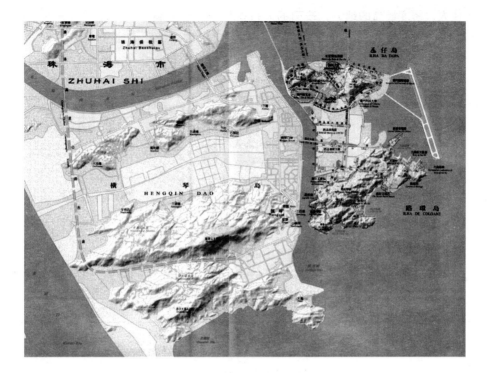

图 1　横琴地理位置图

土地，其土地产出率比较低，基本上仍然处于未开发状态。

目前横琴岛的产业结构主要以旅游业和商贸业为主，以海岛工业、渔业和养殖业为辅。由于当时成立横琴经济开发区时，所有农用地已经征用为建设用地（另外有 14 平方公里处于中心沟的土地是 20 世纪 70 年代顺德人在此投入和围垦的，经营权属于顺德人），当地的居民部分外出打工（有的凭当地居住证到澳门打短工），有的则继续使用未建设的农地从事农耕，部分从事养殖业和渔业，农业所占比例很低。

三　澳门为什么需要参与开发横琴

1. 缓解人口密度的压力，改善居住环境，打造世界级休闲度假中心

由于澳门的地域太小，根据维基百科国家人口密度列表的统计，澳门人口密度为每平方公里 18195 人（2006 年的资料），面积 28.6km²，是世界每平方公里

居住人口密度最高的地方，澳门的人口密度与香港和新加坡比较，约高出3倍（见表1）。

表1　国家人口密度排名列表（前10名）

排名	国家/特殊行政地位的地区	人口	面积（平方公里）	密度（每平方公里人口）
1	澳门特别行政区（中国）	520400	28.6	18195
2	摩纳哥	32409	1.95	16620
3	新加坡	4425720	692.7	6389
4	香港特别行政区（中国）	6898686	1092	6317
5	直布罗陀（英国）	27884	6.5	4289
6	加沙地带	1376289	360	3823
7	梵蒂冈	921	0.44	2093
8	马耳他	398534	316	1261
9	百慕大（英国）	65365	53.3	1226
10	马尔代夫	349106	300	1163
	全世界（仅计算土地）	6525170264	148940000	43.8

资料来源：维基百科，国家人口密度列表，http://zh.wikipedia.org/。

而面积106平方公里的横琴岛，仅占珠海市面积的1/9，在广东省的概念来说更是弹丸之地。但对澳门来说，面积却是澳门的3倍。澳门经济产业转型/升级，经济适度多元化发展，需要中央的帮助和扶持。如果有了邻接地区横琴作为发展的缓冲空间，澳门就可以改变现在这种商民杂居的城市布局，改善居住环境，提升居民的生活素质①。有了横琴，澳门便可以突破地理的局限，共同努力开发横琴，实现优势互补、资源共享，澳门的经济适度多元化发展、世界级休闲度假建设就有了更大的想象空间，如休闲度假区、饮食购物区、文化观光区等都可以考虑了。

2. 突破发展空间的"瓶颈"，实现产业适度多元化

早在回归之初，特区政府就制定了"以博彩旅游业为龙头，以服务业为主体，其他行业协调发展"的澳门经济发展方针。然而，从回归10年的经济数据分析，澳门博彩业这个"龙头"确实已做大做强，但其他非博彩业，甚至是与博彩相关行业（包括酒店娱乐业、餐饮业、批发零售业，运输仓储及通信业等）

---

① 《澳门为什么需要横琴》，2005年3月6日《澳门日报》。

的发展情况相对差强人意:它们在澳门本地生产总值中的比例呈逐年下降的趋势。当中除了批发及零售业和酒店业有轻微的升幅之外,其余相关产业均有不同程度的跌幅,其中降幅最大的是运输、仓储及通信业,由1999年的7.58%降至2008年的3.13%。这反映除了酒店、批发及零售业稍微好些外,其余相关行业均有被博彩业"挤占"的情况。也就是说,它们未能与博彩业的发展同步,甚至落后于博彩业的发展。可以说,"澳门经济适度多元化"在很大程度上实质性进展不大。造成澳门经济多元化进展缓慢的原因是多方面的,其中澳门地方小、人力资源欠缺是客观现实。故此,澳门要实现产业适度多元化,就需要突破土地和人力等资源"瓶颈",这就需要较广阔的经济腹地和市场的支撑。澳门目前是全世界人口密度最高的地区,土地开发已经达到极限,仅靠澳门29.2平方公里的面积与54万的人口规模,澳门的发展存在颇大的风险和资源约束,也无法将其他产业做大做强,澳门需要拓展经济腹地,为澳门的产业发展提供市场、资源和人才,在一个狭小的市场里产业是难以做大做好的。而澳门要拓展经济腹地,就需要积极与广东省合作,共同开发横琴现已成为全澳门社会的共识,这也是澳门城市扩张和产业发展最好的前沿地带。

图2 1912年的横琴与澳门地图

四 横琴岛的历史及其发展历程

横琴岛原本分为大横琴岛和小横琴岛。根据有关历史记载,葡萄牙人曾在 1887 年踏足横琴,并与清朝政府签署《中葡和好通商条约》,内容包括中国允许葡萄牙"永居、管理澳门"①。葡萄牙人曾不顾清朝政府反对占领大小横琴岛,但受到横琴岛上居民反抗并引发激战,葡萄牙军队最终撤走。最终未能成事②。

20 世纪 70 年代开始,大、小横琴岛由顺德派出人员以围垦的填海方式造地,围垦之地成为今日中心沟的部分,大、小横琴两岛被填成一岛,即今横琴岛。1992 年邓小平南方讲话后,广东省将横琴定为扩大对外开发的四个重点开发区之一,并开始兴建横琴大桥,于 1999 年落成启用,是珠海第一座独塔双面斜拉桥。横琴的开发正式被提升到议事日程上,同年,设立了"珠海横琴经济技术开发区管理委员会",负责横琴的招商引资、开发建设。1998 年,被确定为珠海市五大经济功能区之一,并建议把横琴开辟为旅游开发协作区,但建议迟迟未能落实。1999 年 12 月 10 日,莲花大桥的落成启用成为澳门来往中国内地的第二个陆路通道。

澳门回归祖国后,曾有不少澳门舆论憧憬澳门政府向中央人民政府申请横琴列入澳门管治范围。不过,在 2005 年,为配合建设泛珠三角经济合作区的战略目标,广东省设想将横琴岛建设成为"泛珠三角横琴经济合作区",使泛珠三角的经济合作有一个平台。当时并在粤澳合作联席会议上达成共识,把横琴岛建设成携手港澳、服务泛珠、区域共享、示范全国、与国际接轨的复合型、生态化创新之岛。2005 年 9 月,温家宝总理视察了横琴,指示横琴开发要"谋定而后动"。2007 年底,广东省提出建立粤港澳特别合作区的设想。为推进粤港澳紧密合作,加快横琴开发,支持澳门经济适度多元化发展,广东省政府又组织编制了《横琴总体发展规划》,《规划》几经易稿后于 2008 年 12 月上报国务院。

2009 年初,按照国务院及有关部门意见,并结合《珠江三角洲地区改革发

① 签订中葡《和好通商条约》,http://aomen.d0086.com/SKM/bskk/lssj/lssj_76.shtml。

② 人民网,《1850~1911 年的澳门》,http://www.people.com.cn/BIG5/42272/42280/43266/43270/3149143.html。

展规划纲要（2008~2020）》，又对《规划》进行了修编。8月14日，国务院批准通过《横琴总体发展规划》，同时，将横琴纳入珠海经济特区范围，横琴成为继上海浦东、天津滨海新区之后第三个改革开放的新区，至此，横琴的发展纳入了国家发展战略的层次，久谋未动的横琴终于迎来了大发展的机遇。

五　澳门参与横琴岛开发的现状

澳门经济产业能否适度多元化发展的关键在于抓住国家制定实施"十二五"规划、颁布实施《纲要》、《规划》的有利契机，加强同内地特别是广东省的合作。而与广东省的合作关键在如何参与横琴岛的开发，这是澳门多元化发展的关键。过去一年，澳门特区政府也积极参与共同推进落实《纲要》，重点推进重大基础设施对接、加强服务业合作、推动横琴新区开发等几个方面的工作。2010年在广州举行共同推进《纲要》第三次联络协调会议，对共同推进工作进行了总结和展望，提出了下一步工作的重点。在澳门举行了第三届珠江论坛，围绕深化落实《纲要》主题，探讨三地合作和发展的策略和举措。当前粤澳合作、澳门参与横琴岛开发正站在新的历史起点上，面临前所未有的发展机遇。目前澳门参与横琴岛开发主要体现在以下5个方面。

1. 横琴岛澳门大学新校区的建设

澳门大学横琴校区是粤澳两地在横琴的首个合作项目，并于2009年12月20日奠基，预计3年后建成，届时按照澳门特别行政区法律实施封闭式管理，使用权将至2049年。

澳门大学横琴岛新校区的建设得以落实启动，是珠澳合作的一次崭新创举，也是中央政府重视和支持澳门特区发展教育、培养人才的一项重要举措，更是在"一国两制"下创新粤澳合作模式和探索粤澳更紧密合作的重点示范项目。澳大新校区建设分三期，有关地基巩固工程及建筑物、绿化、交通网等设计及施工预计2011年陆续完成，而第二、第三期单体建筑物地段现正进行软基础处理施工，预计2011年3月完成。在隧道方面，隧道围堰的施工将与主体工程同步展开，并已完成相关的勘探、初步设计工作及环境评估，同时亦通过了通航论证、防洪论证等专项工作；而土建工程计划分三阶段进行，横琴出入口段及海中段部分将于2010年底动工，澳门出入口段则须待管道迁改后预计于2011年第二季度开

展，以确保隧道建设如期完成。新校区在建设期间按照内地法律对新校区实施管理，建设期为 3 年。建成后，将为澳门大学提供广阔的发展空间，对促进澳门文化事业和澳门产业适度多元化的发展起到重要作用，有利于澳门长期繁荣稳定与可持续发展。

2. 珠澳政府首次为横琴投资项目合编投资指南

2010 年 10 月在澳门举办的第 15 届澳门国际贸易投资展览会（MIF）上，珠海首次以整体展馆的形式向外展出，并首次以一些效果图展出了珠海—横琴投资项目，展区以"生态特区，西岸核心"为主题，设置横琴新区与十字门中央商务区展区、高新技术企业展区、珠海经济园区展区、珠海文化创意展区、珠海改革开放 30 年展区、第八届中国国际航空航天博览会展区六大分展区，总面积共648 平方米。

另外，珠海政府、澳门特区政府还首次合编投资指南。希望利用 MIF 这个经贸合作平台协助横琴开展招商引资工作。MIF 组委会还表示，从目前接到的商业配对分析，横琴开发项目将成为国际投资者的焦点所在。

3. 全力推动《粤澳合作框架协议》的起草签署工作

继 2010 年 4 月 7 日广东与香港签署《粤港合作框架协议》之后，《粤澳合作框架协议》也正在酝酿中。为制定《粤澳合作框架协议》，粤澳两地相关部门组成 8 个专题研究小组，共同研究起草《粤澳合作框架协议》。起草过程中坚持三大政策着力点：一是全面拓展经贸投资、文化、旅游、科技、教育、中医药、民生等领域的合作；二是坚持科学发展、先行先试，在共同推进横琴开发建设方面，研究探索"分线管理"等新通关模式，推动通关制度、土地管理、财税优惠等方面的政策突破；三是在"一国两制"方针下探索推进体制机制衔接的创新模式。广东省省长黄华华表示，经过双方共同努力，2010 年 5 月初起草了《粤澳合作框架协议（征求意见稿）》，总体上已基本成熟，将进一步修改完善后尽快上报国务院审批，争取 2010 年底前签署实施，并与澳门共同争取将协议有关内容纳入国家"十二五"规划。

据了解，《粤澳合作框架协议》已送交国务院修订中，若一切顺利，粤澳双方可在 2010 年底签订。待《粤澳合作框架协议》正式签署后，中医药科技产业园的筹备工作亦将全面加快推进，并争取尽早动工兴建，预计 3~4 年完成建设工作。另外，横琴总面积 5 平方公里的粤澳合作产业园将有望上马。

4. 中医药科技产业园

为推进粤澳更紧密合作，加快澳门经济适度多元化的步伐，根据粤澳高层领导共识和粤澳合作联席会议的决定，澳门特区政府与广东省政府（以珠海横琴新区管理委员会为主要代表），正积极筹备在珠海横琴岛建设粤澳合作中医药科技产业园。筹建中的中医药科技产业园将以中医药质量检测和认证、中医药健康精品和药品研发等为切入点，建设符合国际市场标准的中医药产业发展基地，推动粤澳两地中医药产业的共同发展。粤澳双方一直为中医药科技产业园项目保持良好沟通，筹备工作进展顺利。澳门特区政府方面成立了中医药科技产业园筹备办公室，珠海横琴新区管理委员会也已设立推进粤澳合作产业园区开发专责小组，粤澳双方已就园区选址、合作方式等方面达成初步共识。经粤澳双方商定，中医药科技产业园初步选址在小横琴的西北部，面积为 0.5 平方公里，相当于半个澳门大学横琴新校区的面积。并确定了以广东出地、澳门出资、合作开发、共同发展、利益共享为合作原则。澳门特区政府将为此注入 6 亿元人民币，在该园区开发公司的股权分配方面，初步协商以澳门特区政府为主导，占 51% 股权，粤方占 49% 股权。同时，特区政府正在积极推进筹设相关公营企业的安排，争取尽快完成相关准备工作，及时配合中医药科技产业园的管理运作。澳门方正着手委托专家为中医药科技产业园作规划和可行性研究。行政长官办公室主任谭俊荣表示，特区政府希望制造条件，吸引更多的厂商进入产业园区投资，包括集中国内外中医药专家进驻园区，将来以开发健康产品为导向，集中医医疗、养生保健、科技转化，以及会展物流于一体，将园区打造成地道的中医中药、国际级健康精品交易平台。现时澳门在中医药研究方面已取得成果，日后科技部将对澳门给予国家重点性质的中医药实验室，澳门将有能力提供中医药认证工作，只要澳门对中医药有自己的认证能力，更可将研究成果打造成国际品牌。

5. 粤澳合作产业园

国家副主席习近平在 2009 年初视察澳门时表示，中央政府支持澳门经济适度多元发展，将横琴岛靠近莲花大桥附近一块与氹仔岛大小相若的 5 平方公里土地列为粤澳合作项目用地。有关横琴岛上粤澳合作 5 平方公里用地已被写入粤澳合作框架协议，并已呈交中央政府审批。根据《粤澳合作框架协定》的共识，广东省计划在珠海横琴岛划出约 5 平方公里的土地，供两地产业合作使用，当中包括面积约 0.5 平方公里的中医药科技产业园，作为粤澳产业合作的切入点，旅

游、会展、文化创意和教育培训等产业合作项目也会在未来陆续开展。具体计划是广东省提供土地，澳门特区政府负责资金。

六 澳门参与横琴岛开发的问题分析

澳门如何参与横琴岛开发与合作是澳门经济产业适度多元发展的关键，没有横琴的配合，仅靠澳门自身的条件和能力是很难实现经济产业适度多元的，更难实现成为"世界旅游休闲中心"的目标，澳门长期繁荣稳定发展亦难实现。

横琴岛与澳门一水之隔，最近处相距仅有几十米，有莲花大桥与澳门相接，处于"一国两制"的交汇点，历来就具有天然的紧密联系，澳门参与横琴岛的开发理应具有独特的互补优势。但由于澳门面积、经济体量小，对珠海辐射的能量有限，长期以来双方各自单独发展居多，使珠澳双方的资源未能有效整合和互补，影响了共同的发展。目前，虽然澳门在参与横琴岛开发方面面临前所未有的机遇，但过程中也面临一定的困难和问题，具体体现在以下几方面。

1. 粤澳双方的不同立足点问题

过去横琴岛的开发一直议而不决，关键在粤澳双方的立足点不同，视角不一样，利益的差异也不能协调。从珠澳合作的历史和现状分析，珠澳两地居民在心理上也存在着隔离。由于澳门特区政府和珠海市政府的地方利益不同，因此在基础设施建设、城市规划以及项目的立项上，经常从自身的利益出发，各行其是，难以协调。这样不但造成了两地政府部分部门之间单向利益思维式日趋严重的局面，更令珠海居民在一定程度上存在一种比较普遍的心理：在珠澳合作上，澳门往往是诸多方面的受益者，而珠海则是奉献者。实际上这不利于珠澳两地区域合作所需要的"双赢"局面的形成。而事实上，国务院通过《横琴总体发展规划》时并赋予其政治使命，帮助澳门经济产业适度多元化发展，而不是横琴自我开发。

2. 横琴岛开发的主体与许可授权问题

2009 年 6 月 24 日，国务院召开常务会议，讨论并原则上通过《横琴总体发展规划》。会议决定，将横琴岛纳入珠海经济特区范围，对口岸设置和通关制度实行分线管理。要逐步把横琴建设成为"一国两制"下探索粤港澳合作新模式的示范区。然而，在 2009 年 7 月 1 日珠海市召开的金融危机与促经济保增长专题新闻发布会上，珠海政府经贸部门负责人在横琴规划通过后首次就"横琴开发"表态并现场谈论开发措施，却表明"横琴将不会为澳门和香港开辟单独的区域"以及"澳门大学横琴校区仅仅是个案"①。虽然目前横琴开发已上升至国家规划层面，但在横琴开发的主体和许可授权问题上仍然存在着需要进一步明晰确定的问题。如果有关问题得不到有效解决，势必增加横琴开发前景存在不确定的变量。

3. 横琴岛开发与管理关系问题

《横琴总体发展规划》通过后，广东省政府成立了规格为副厅级的"横琴开发区管理委员会②；珠海和澳门也成立了"珠澳城市规划与跨境交通研究工作小组"等两地政府间的合作组织。显然，两地之间合作前景已经得到澳珠政府的共识，澳珠政府也已经加大了对横琴合作开发和管理的力度。不过，从目前公布的情况来看，两地政府间的合作主要仍在重形式、重研讨方面，不少设想还停留在较为简单的思考层面上，缺乏具体的、可操作的、实实在在的政策、措施和手段，以及具前瞻性、规划性、针对性的合作切入点，更谈不上在资源、基础设施、客源市场等方面的共享。到目前为止，我们仍未能看到两地政府推出配合横琴开发战略发展的前瞻性政策措施，也就是说，两地政府目前仍较为倾向施政程序的稳定性，并没有将较大的精力投入两地区域合作的战略区域规划上。因此，以往的两地之间缺乏信任、没有向心力和融合性，以及未有实质一体化发展规划等老问题仍需要尽快解决。

4. 粤澳合作产业园区的问题

在参与横琴开发合作上，除了动工的澳大横琴校区外，中医药科技产业园区的选址初定在横琴的西北部，离澳门较远。而剩下来的 4.5 平方公里粤澳合作产业园区更有可能分散在横琴不同的区域，在管理上对澳门可能产生很多不方便，届时不同的产业园区可能有不同的制度、不同的政策，澳门有可能要有不同的管理团队。

七 政策建议

《珠江三角洲地区改革发展规划纲要（2008～2020）》和《横琴总体发展规

---

① 《珠海表态横琴不会为港澳留专座》，2009 年 7 月 2 日《南方都市报》。
② 该机构为广东省人民政府派出机构并委托珠海市人民政府管理，规格为副厅级。

划》的先后公布实施，确定了澳门特区作为"世界级旅游休闲中心"的定位。随着《纲要》的落实，粤澳合作步入了新的历史阶段，为推进澳门经济适度多元创造了有利条件，但关键在澳门如何参与横琴岛的开发。正在制定的"十二五"规划，不但对国家未来发展极为重要，而且对澳门特区的长远发展定位也十分重要。特区政府必须紧紧把握中央将新时期粤港澳合作提升为国家战略、深入实施《纲要》和《规划》的契机，促进澳门经济的适度多元化发展，实现"世界级休闲旅游中心"的定位。在这方面，笔者提出以下一些建议。

1. 创新通关模式

横琴开发要想有突破，首先是制度创新。通关便利化可作为横琴开发制度创新的切入口。这个创新的着重点在于：（1）实施分线管理制度。横琴与澳门之间为"一线"，横琴大桥与湾仔交界处为"二线"。（2）实施"一地两检"制度。（3）对澳门居民实施便利措施。

《规划》提出，以"分线管理，模式创新"设置横琴口岸，比照海关特殊监管区域进行管理。据了解，自 2009 年 6 月 24 日国务院常务会议原则通过了《横琴总体发展规划》后，为推进横琴大开发，珠海在横琴总体发展规划领导小组框架下，设立创新通关制度工作专责小组，专责小组正加快制定和完善《实施横琴总体发展规划创新通关制度工作方案》。据了解，横琴与澳门之间的口岸设定为"一线管理"（现横琴口岸），对出入境人员查验，保持目前查验模式不变。而横琴岛与内地之间设定为"二线管理"（新设立通道），主要承担出入境货物的报关、报检等查验监管功能，将原在一线口岸对出入境货物监管查验功能移到二线，在二线完成监管查验。

笔者认为，创新通关制度是实施横琴整体发展规划的最重要组成部分，特别是人员通关方面也需要创新，方便人、财、物的自由往来，是实施开发横琴岛的核心和关键之一。为此建议，除了上述措施以外，还可以考虑在横琴应当允许所有持港澳与内地身份证的人员自由进入，而国际旅客/外籍人士通过澳门进入横琴也应不需签证。澳门居民出境查验功能一起移到二线，让澳门居民及其车辆可以自由进入横琴岛，而"一线管理"（现横琴口岸），只对入境（进入澳门）人员进行单向查验（即实行验进不验出的管理制度）。实施两地口岸对物、人要素的单向检验，两地查验部门"只管进不管出"，在货物监管上，简化统一通关单证、互认查验结果。简单来说，澳门人进入横琴岛，只要不进入珠海，就不必查任何证件；珠海人进入横琴岛，只要不进入澳门，也应该是自由的，不需要任何证件。加快口岸设施建设，改善通关环境。尽快动工完成拱北口岸的改扩建工程，尽早完成横琴口岸客货车通道重建和一站式电子验放系统建设。根据区域经济一体化的趋势，最终撤出两地口岸查验部门，实现两地人员自由流动。要大力推进珠澳通关便利化，延长通关时间，简化查验手续，实现陆路口岸电子验放通关，大幅度提高通关效率。

2010 年 11 月 9 日，行政长官办公室主任陪同立法会议员考察横琴时表示，横琴口岸 24 小时通关及分线管理措施最快在 2010 年底会获中央批准。同时，便捷通关希望率先在横琴"先行先试"，做到两地一检或单边验放，日后持澳门驾驶执照的居民，可望直接驾车往返澳门与横琴①。这种创新通关模式是横琴岛开发的关键所在，是粤澳合作"先行先试"的示范，有利于粤澳多方面的合作与发展，也有助于加快和加强区域性的合作，将促进澳门的长远发展，特别是使澳门走向产业适度多元化。

以后横琴岛开发若能完全采用澳门社会的制度优势时，我们也可以考虑将"一线管理"的功能全部移到二线，取消一线管理，甚至可以将 4203 人的户籍人口纳入澳门特区人口。

2. 让澳门人士直接参与横琴开发和管理

横琴新区的开发与澳门的发展可谓唇齿相依，共生共荣，澳门必须要积极主动切入和融入规划，积极参与其中。为解决当前珠海和澳门之间沟通的困难，以及加强在横琴开发过程中充分考虑并接纳澳门方的意见/民情作为决策参考，必须建立直接的沟通机制。我们认为最直接、最主动融入和参与是让澳门居民有资格进入横琴开发和管理的人事系统内，直接参与横琴新区的开发。在法理上，根据中国人大常委会对《国籍法》在港澳实施作出的解释，港澳永久居民中的中国居民自回归日起，已属中国公民；宪法第 33 条规定，公民在法律面前一律平等。因此，特区的中国公民应享有与内地公民相同的基本权利，包括政治权利和自由、人身权、精神自由权、社会经济权和文化教育权。此外，《基本法》规定，这些中国公民除享有该法规定的各种权利及自由外，还依法享有参与国家管理的权利。

---

① 《横琴拟明年 24 小时通关》，2010 年 11 月 9 日《澳门日报》（头条）。

港澳永久居民中的中国居民自回归日起，已属中国公民，可以依法享有参与国家管理的权利，我们建议：（1）横琴新开发区政府可设立发展咨询委员会，并邀请澳门专业人士担任委员，为横琴的发展出谋献策。（2）甚至也可以考虑委任澳门特区人士出任横琴新区政府副职的官员。（3）两地政府也可以互相邀请/派出官员到对方的相关部门挂职锻炼一段时间，彼此加强认识和理解，进一步加强与珠海横琴的互动联系。互相派员挂职锻炼，一方面可以建立更紧密的关系，加强互信，另一方面使双方官员们彼此更加深入地认识对方，也可以提高治澳人才的水平。

3. 横琴岛开发以促进澳门经济的适度多元化为目标

国务院批准和颁布的《横琴总体发展规划》中对横琴开发的要求密切配合当前粤港澳紧密合作、日趋融合的客观需要，特别是对澳门经济的适度多元化发展。因此，促进和支持澳门经济实力多元化发展应该是横琴岛开发的重要目标之一。

有些学者提出横琴岛的开发是要澳门的经济产业错位发展①，笔者认为这在某种程度上是对的、正确的。例如，澳门要发展博彩业，横琴岛的开发就不应该发展博彩业与之竞争，这肯定是正确的。但如果所有行业/产业都要与澳门的经济产业错位发展，又例如澳门正要发展成为世界级的休闲度假事业，当中包括度假村酒店、旅游相关产业，那么按错位发展的原则，横琴岛的开发是不是不能发展这些产业呢？再举例分析，刚刚过了的国庆黄金周，澳门酒店入住率几乎是100%，一般的房价都在1000澳门元以上，还不一定能订到房间，一些旅客被迫转到拱北的酒店或缩短留在澳门的时间。《珠江三角洲地区改革发展规划纲要（2008~2020）》，将澳门定位为"世界旅游休闲中心"。如果旅客连住宿的地方都不能满足，更莫说建设休闲娱乐中心，而且还要是世界级的。由于澳门土地面积极其有限，要把澳门建设成为"世界旅游休闲中心"，就必须要有较大土地空间来做支撑。因此，要发展旅游服务业，实现旅游休闲中心，以促进经济适度多元化发展，横琴岛的产业规划及发展必须要给予配合和支持。横琴开发在平等、互利、双赢的原则下为澳门的产业多元化提供一定条件，并成为后方基地，突破

---

① 错位发展的思想源于家喻户晓的"田忌赛马"童话故事。田忌采取"下上错位"、"上中错位"、"中下错位"的比赛策略取胜。

经济发展的空间局限，为"一国两制"的发展和保持澳门地区长期繁荣稳定作出应有贡献。

为此，笔者认为，横琴岛的开发，在经济产业规划上应该与澳门的旅游博彩业有差别，避免直接竞争，但又要优势互补，协调发展。针对澳门土地狭小和以博彩业为主的特点，横琴应侧重发展土地密集型的旅游休闲项目，以度假、休闲为主。

4. 实行旅游一体化措施，建立真正的世界级旅游休闲中心

如横琴岛的开发应紧密配合澳门经济适度多元化发展，配合澳门长远的发展定位，建成真正的世界级旅游休闲中心，横琴岛的开发应重点发展与休闲旅游相关的配套产业，与澳门的旅游产业发展优势互补，共享客源，协同发展，共同繁荣。

旅游业是一个开放性、关联性程度极高的新型产业，旅游资源存在明显的组合效应。因此，旅游业的发展客观上需要进行区域协作和联合。横琴与澳门一桥相通，为两地旅游业的对接提供了地利。况且澳门作为世界上著名的旅游、会展中心，却受地域狭小、自然旅游资源贫乏等因素制约。横琴自然条件优越，适宜发展娱乐休闲、海岛休闲度假、田园山水特色别墅群等休闲旅游业。因此，两地应加强旅游业一体化概念，联手打造澳门—横琴休闲度假区，使游客在澳门和横琴两地既能饱览风光，又能享受悠然自得的生活情趣，同时也能加快珠海横琴开发区旅游业发展，促进两地旅游业向多元化发展，从而进一步推进珠澳合作。

据规划设想，横琴旅游开发将充分利用港澳对国际高端游客的吸引力，结合横琴海岛型生态景观的资源优势发展休闲度假产业，通过建设高质量度假旅游项目，把粤港澳特色旅游资源串联成"一程多站"的旅游线路，开辟旅游共同市场，增强澳门旅游业对珠江口西岸地区的辐射力。为此，笔者建议珠海加大对横琴旅游业的政策扶持力度，结合横琴海岛型生态景观资源优势，整合资源，充分挖掘潜力，务求与澳门旅游定位实现互补，形成合理、完善的旅游产业链，提升澳门、横琴的旅游产业水平。但由于澳门与内地经济社会体制上存在差异，横琴开发区的发展需要一个宽松的政策环境和有力的支持政策配合。

例如，以两地政府为主导，共同从旅游产品开发、旅游市场推广、旅游政策措施、旅游行业管理四个方面实现一体化合作，共同打造两地精品旅游线路。特

别是在市场营销实行一体化方面，应当有效整合区域内丰富的旅游资源，对旅游景点进行优化组合，积极推进捆绑营销。通过共同举办旅游推介会，共同制作旅游宣传画册、光盘、网站，共同组织旅游线路等手段，建立紧密的联合市场促销关系，树立一体化的旅游形象，创建一体化的旅游品牌，实现资源互补、营销互动、合作共赢的目标。把横琴岛全面开发成为世界级的旅游休闲胜地，为世界各地及粤澳两地人民提供一个世界级的休闲度假区。

5. 优化澳门居民居住环境和生活质量

横琴岛开发的错位发展的关键是要考虑和照顾澳门实际需要，在错位发展与集体的长远利益问题上，要以集体的长远利益和根本利益为依归，不能为了个别人士或小集体的短期利益，而放弃集体的长远利益和根本利益，这才是横琴开发的重要意义所在，既造福当代又造福后代的发展。澳门回归祖国 10 年，澳门的楼价以倍数速度上涨，根据澳门特区政府统计数据显示，过去几年，澳门的楼价已普遍上升了 3 倍，有部分楼宇价格更是上升 5 ~ 6 倍，澳门居民的居住环境和生活质量每况愈下，澳门地区地少人多，土地资源稀缺，是一个无法回避的客观事实，高昂的楼价和挤压的居住环境使澳门人难以达到安居乐业的生活目标。因此，笔者认为横琴开发时可适当考虑和照顾澳门实际需要，从某种程度上解决居民的安居乐业问题，就显得格外重要，这也是横琴开发的重要意义所在。

Macau's Involvement in Hengqin Island Development and It's Related Issues

Liu Zhiyi

Abstract：Hengqin Island and Macau are very close to each other, and just within a stone's throw. Following the announcement and implementation of "The Outline of the Plan for the Reform and Development of the Pearl River Delta. (2008 –2020)" and "Hengqin Island Overall Development Planning", The development of Hengqin Island will help the diversification of Macau economy and establishment of "World Leisure Travelling Centre" by providing more available land resources. Hengqin Island will be best place for Macau/ Guangdong Cooperation during The National 12th Five-Year Plan (2011 - 15) period. Macau is now actively involving itself in the Hengqin Island development. This paper studies and analyzes the status quote of Macau's involvement in Hengqin Island development and it's related issues, then bring up few suggestions and countermeasures, including Innovative entering/leaving control management, Allowing Macau residents directly involve in Hengqin Island's development and management, Implement "Common Tourism Market" policy to integrate resources and create synergy effect. And jointly build up "World Leisure Travelling Zone" in Macau and Hengqin Island.

Key Words: Macau; Hengqin Island Development; Regional Cooperation

B.11
远交促近融：澳门区域经济合作的特点

叶桂平*

摘　要： 随着经济全球化的发展，跨区域经济合作方兴未艾。本文对跨区域经济合作的概念进行了梳理，回顾了近年来中国与葡语国家在经贸方面取得的进展，提出了"中国—葡语国家经贸合作论坛（澳门）"是澳门实现以跨区域合作带动区域合作的重要切入点，透过"远交促近融"这一模式，对澳门提高城市形象、促进经济适度多元、扩大与周边地区的区域合作都有莫大裨益。同时，随着中葡论坛第三届部长级会议的召开，进一步巩固了澳门在中国—葡语国家经贸合作中的地位。因应此一新形势的发展，本文提出了若干有益于澳门平台发展的政策建议。

关键词： 区域合作　葡语国家　论坛　平台

一　前言

澳门正经历着开埠以来最快速的经济增长期，但随着经济的发展，也面临着经济过于依赖博彩业的问题，经济适度多元已经迫在眉睫。作为一个微型经济体，透过区域合作达至经济适度多元已经成为一个非常重要的方向，随着《珠江三角洲地区改革发展规划纲要（2008～2020）》、《横琴总体发展规划》的出台及即将签署的《粤澳合作框架协议》，着实为澳门特区带来了新的发展机遇和动力。

---

* 叶桂平，经济学博士，中国外交学院特约研究员，中国拉美学会理事，澳门区域公共管理研究学会副理事长，澳门亚太拉美交流协会理事，澳门科技大学助理教授，主要研究中国与葡语国家关系、国际政治经济学、国际旅游业合作等问题。

澳门要融入与周边地区的区域合作，最大的问题是找出合作的基础，以及了解自身进行区域合作的深切内涵。当前跨区域合作已经成为国际上一种重要的合作模式，中国也非常重视，并在加以推进，澳门与葡语国家的渊源成为中国开展跨区域合作的一个切入点，在澳门成立"中国—葡语国家经贸合作论坛（澳门）"，使澳门成为中国与葡语国家开展跨区域合作的重要平台，并可透过平台服务创造价值，扩大与周边地区的区域合作，形成"远交促近融"的新模式。

二　跨区域合作方兴未艾

全球化的观念也已经逐步被国际社会认同并付诸实施[①]。经济全球化和区域一体化趋势使各国经济相互依存不断加深，也加剧了发展的不平衡。因为经济全球化背景下新一轮国际产业分工为发达和发展中国家的经济发展提供了难得的机遇，同时也将使一部分国家面临被边缘化的危险。

为了不断获得竞争优势，全球化的经济需要全球性的合作，产业分工和转移过程将以区域性和跨区域要素资源的竞争优势为依据而展开。对于各个处于同一区域或不同区域的经济体而言，难得的机会更是转瞬即逝，只有在把握竞争的同时加强区域以及跨区域经济主体联动发展的自觉意识，实质加快推进区域经济联动发展的步伐，将不同区域内各种要素、资源整合而成为竞争优势，才能更好地把握未来发展的先机。也只有通过合作，才能逐步解决全球发展失衡问题，有效防范经济风险；才能帮助各国抓住全球化带来的机遇，促进资源的自由流动与组合，最终实现共同发展。

近年来，跨区域经济合作迅速兴起，成为当代世界经济和国际经济关系发展的新潮流。按照国内著名国际问题专家李琼研究员的阐释，所谓跨区域经济合作，从广义上说可以把世界不同地域国家之间通常的经济贸易、技术交流都包括在内。如果这样看，则跨区域经济合作是早已有之的现象。但现在所说的跨区域经济合作主要是指，不同地区（包括跨越大洲或同一大洲内不同大区域、次区域）的国家或经济组织之间建立的经济合作。建立这种合作关系的各方，有的是国家对国家，有的是国家对区域经济组织，有的是区域经济组织对另一区域经

---

① 李肇星：《和平发展合作——新时期中国外交的旗帜》，载于 2005 年 8 月 23 日《经济日报》。

济组织。建立这种合作关系的各方所达成的契约通常是一体化程度较低的自由贸易协定①。

改革开放以来，中国经济增长迅速，综合国力、国际地位和在世界经济发展中的作用均不断增强。自从中国加入 WTO 后，经济全球化潮流更是势不可当，如何进行国内资源整合，加强区域与跨区域的合作已成为应对国际竞争的重要手段之一。为了保障国内经济快速、持续地发展，中国也需要有更广阔的产品出口市场以及能源和其他资源的供应来源，因而需要在加强区域经济合作的同时，在全球范围内寻求更多的合作伙伴，寻求在资源、技术、资金、市场及人力上的互补。

三　跨区域合作的兴起为澳门参与区域合作带来优势

虽然发展跨区域合作，对中国来说具有相当多的优势，但也面临一些困难，特别是对中国这样的东方国家来说，不利之处也相当明显，主要在于合作各方语言、文化不同，相互了解不够。为了加深与那些相距遥远的国家的相互理解和友谊，中国正在继续采取各种可行的方式和举措②。澳门凭借独特的历史、人脉及语言，与葡语国家③素有渊源，自然可以在中国开拓与葡语国家跨区域合作中扮演重要的角色，成为中国实施跨区域合作的一个切入点。

作为地球村的一个小成员④，澳门特区在"一国两制"下，需要深入认识自身的作用，继续深化"远交近融"的区域与跨区域合作的战略目标。其中，在中央政府的支持下，澳门具有担当中国与葡语国家经贸合作平台的功能。2003年在中央政府发起主办、澳门特区政府承办下成功召开了"中国—葡语国家经贸合作论坛（澳门）"第一届部长级会议，随后在澳门正式设立"中国—葡语国家经贸合作论坛（澳门）"秘书处来跟进落实后续的工作。

正因为有了"中国—葡语国家经贸合作论坛（澳门）"这一多边组织，使得

---

① 大吕：《跨区域经济合作是世界发展的新潮流》，中国社会科学院网站，2006 年 11 月 1 日，http://www.cass.net.cn/file/2006110182274.html。

② 李肇星：《和平发展合作——新时期中国外交的旗帜》，载于 2005 年 8 月 23 日《经济日报》。

③ 目前主要的葡语国家共有 8 个，包括葡萄牙、巴西、安哥拉、佛得角、几内亚比绍、莫桑比克、东帝汶、圣多美和普林西比。

④ 行政长官崔世安：《中华人民共和国澳门特别行政区政府二零一零年财政年度施政报告》，中华人民共和国澳门特别行政区，2010 年 3 月 16 日，第 18 页。

中国内地、澳门与葡语国家的经贸可以实行优势互补，互利共赢，促进共同发展。此外，参与跨区域经济合作也促使澳门自身在参与区域经济一体化中具备新的优势，从而可以充当起周边地区与葡语国家交流及合作的桥梁和平台。例如，在新一轮的区域经济合作中，包括：泛珠、粤港澳、珠澳、闽澳、澳台以及与内地其他地区的合作等，无不可利用澳门与葡语国家的跨区域经济合作的优势，作为进一步加强合作的新契机。

四 中国与葡语国家间的跨区域合作发展迅速

（一） 经贸合作方面

1. 中国与葡语国家在贸易上取得了较大的发展

自"中国—葡语国家经贸合作论坛（澳门）"组织在澳门设立以来，中国与葡语国家的贸易合作取得了较大的增长，2008 年的增长率甚至接近 200%。尽管金融危机为国际市场带来巨大冲击，2009 年中国与葡语国家双边贸易额虽呈现滑坡，但 2009 年 1～12 月双边贸易额 624.68 亿美元还是超过了 2006 年第二届部长级会议所确定的：到 2009 年底实现双边贸易额达到 450 亿～500 亿美元的目标①。正如"中国—葡语国家经贸合作论坛（澳门）"的报告所指：尽管 2009 年中国与葡语国家双边贸易额同比下降约 19%，但仍低于国际贸易的平均降幅水平，这表明中国与葡语国家虽然受到全球金融危机的波及，但不影响双方经贸合作的发展②。

总的来说，政府间的努力，全球化浪潮的推动，以及中国与葡语国家间巨大的贸易互补性，决定其在未来还将具有进一步增长的态势。2010 年 1～9 月中国与葡语国家相互贸易额数据表明（见下表 1），中国与葡语国家进出口商品总值为 682.21 亿美元，比 2009 年同期的 435.37 亿美元增加 246.84 亿美元，同比增

---

① 《中国—葡语国家经贸合作论坛（澳门）2009 年工作回顾》，中国—葡语国家经贸合作论坛（澳门）网站，2010 年 3 月 10 日，http：//www. forumchinaplp. org. mo/zh/notice. asp？a = 20100310_09。

② 《中国—葡语国家经贸合作论坛（澳门）2009 年工作回顾》，中国—葡语国家经贸合作论坛（澳门）网站，2010 年 3 月 10 日，http：//www. forumchinaplp. org. mo/zh/notice. asp？a = 20100310_09。

长 57%。其中：中国自葡语国家进口 466.99 亿美元，同比增长 52%；对葡语国家出口 215.22 亿美元，同比增长 68%。

表1　2010 年 1~9 月中国与葡语国家进出口商品总值

单位：万美元，%

国　家	进出口额	出口额	进口额	同　比			进出口额
				进出口	出口	进口	
安哥拉	1982161.17	145674.85	1836486.32	80.8	-21	101.3	1096478.04
巴西	4542736.69	1777000.51	2765736.18	48.8	89.9	30.6	3048524.84
佛得角	2354.56	2353.36	1.2	52	52	7078.60	1548.63
几内亚比绍	1118.49	760.64	357.85	29.2	7.5	126.9	865.41
莫桑比克	50942.35	38363.19	12579.16	48.3	59.4	22.3	34356.18
葡萄牙	240227.46	185535.06	54692.40	40.7	35.6	61.4	170359.64
东帝汶	2415.37	2393.14	22.23	70.7	69.3	1513.60	1414.76
圣多美和普林西比	158.25	157.21	1.04	45.1	44.7	142.9	109.09
中国对葡语国家进出口合计	6822114.34	2152237.96	4669876.38	56.7	67.6	52.15	4353656.59

资料来源：中国海关总署统计资料。转引自中国—葡语国家经贸合作论坛（澳门）网站，2010 年 10 月 29 日，http：//www. forumchinaplp. org. mo/zh/notice. asp？a = 20101029_ 01。

2010 年 9 月中国与葡语国家进出口商品总值为 96.35 亿美元，环比 8 月的 89.57 亿美元增加 6.78 亿美元，环比增长 8%；其中中国自葡语国家进口 67.07 亿美元，环比增长 10%；对葡语国家出口 29.28 亿美元，环比增长 3%[①]。

2. 全球金融危机下中国与葡语国家的双向投资不降反升

根据 2006 年的中葡经贸论坛第二次部长级会议上的决议，与会者一致同意采取积极措施推动中国与葡语国家之间的相互贸易及直接投资，力争于 2007 ~ 2009 年三年内促使中国和葡语国家双向投资额至少翻一番[②]。虽然 2009 年国际金融危机对所有国家经济均造成负面影响，特别是全球外国直接投资减少了约

---

① 《2010 年 1~9 月中国与葡语国家进出口总额 682.21 亿美元，同比增长 57%》，中国—葡语国家经贸合作论坛（澳门）网站，2010 年 10 月 29 日，http：//www. forumchinaplp. org. mo/zh/notice. asp？a = 20101029_ 01。

② 《澳门：中国与葡语国家的经贸合作服务平台》，澳门贸易投资促进局网站，2010 年 5 月 8 日，http：//www. ipim. gov. mo/worldwide_ partner_ detail. php？tid = 3156。

30%，但是通过与会国的共同努力，中国与葡语国家的相互投资不降反升①。据最新的资料显示，截至 2009 年底，葡语国家已在华设立 700 多家企业，对华投资累计金额超过 5 亿美元。中国对葡语国家投资方兴未艾，累计金额超过 10 亿美元。双方投资的增加，带来了各自需要的适用技术，支持了对方的经济建设，改善了当地居民的生活②。

此外，根据笔者多年来的研究总结，中国与葡语国家未来在能源、金融、钢铁、轻工机电、纺织、农业合作等领域存在很大的投资合作空间。例如，在中国与安哥拉政府互利互惠的合作下，安哥拉已成中国最大的供油国③。中国和巴西将合资 50 亿美元在巴西里约热内卢州阿苏港（Acu）工业区共同建设一家钢铁厂，中国武汉钢铁股份有限公司将持股 70%④。

3. 中国与葡语国家的多边贸促及合作活动渐趋增加

自"中国—葡语国家经贸合作论坛（澳门）"确立以来，在秘书处、澳门经贸部门的共同协调下，着实为中国与葡语国家的企业家提供了更多的"引进来，走出去"的机遇，这可能也是澳门所具有之"服务平台"的最大作用及优势。多年来，由相关部门主办的"葡语国家推介会"、"经贸合作洽谈会"、"投资环境介绍会"，签订的"企业合作协议"数量不少。例如，在现时粤澳合作的框架下，通过组织葡语国家企业家参与"广交会"，邀请广东省企业家亲赴葡语国家考察，有助广东省企业"走出去"及寻求能够将业务辐射到其他新兴市场的商机。2009 年粤澳共同组团参加了在巴西里约热内卢举行的"第五届中国与葡语国家企业经贸合作洽谈会—巴西年会"和在圣保罗举办的"2009 粤澳—巴西经贸合作暨服务业推介会"，无疑加强了广东省和葡语国家企业家的相互了解。

2010 年 11 月 6~7 日，胡锦涛主席对葡萄牙进行国事访问期间，商务部和葡

---

① 《中国—葡语国家经贸合作论坛（澳门）2009 年工作回顾》，中国—葡语国家经贸合作论坛（澳门）网站，2010 年 3 月 10 日，http://www.forumchinaplp.org.mo/zh/notice.asp? a = 20100310_09。

② 温家宝总理：《坚持多元合作推动共同发展在中葡论坛第三届部长级会议开幕式上的致辞》，2010 年 11 月 14 日《澳门日报》。

③ 《安哥拉成中国最大供油国》，大公网，2010 年 5 月 10 日，http://www.takungpao.com/news/10/05/10/ZM - 1255446.htm。

④ 《武钢 50 亿美元投资巴西建中国海外最大规模钢厂》，新华网湖北频道，2010 年 4 月 20 日，http://www.hb.xinhuanet.com/newscenter/2010 - 04/20/content_ 19565655.htm。

萄牙经济创新与发展部亦在葡国首都里斯本联合举办"中国—葡萄牙企业商务合作洽谈会"①。此外，11 月 13 ~ 14 日，随同温家宝总理访问澳门的商务部部长陈德铭，更与中国企业家代表团共同参加中葡论坛第三届部长级会议，以及企业家、金融家大会。上述有关活动进一步加强了中国内地、澳门与葡语国家企业的交流及合作。

（二）政治合作方面

由于世界上 8 个葡语国家除葡萄牙以外，皆为发展中国家，澳门作为中国与葡语国家关系的平台，具有促进"南南合作"和"南北对话"的重要意义和作用。此外，作为和仍未与中国建交的非洲葡语国家圣多美与普林西比交往的一个重要渠道，以"中国—葡语国家经贸合作论坛（澳门）"的多边论坛组织来进行协调及联系，显然在国际关系意义上具有很好的效果。

自澳门提出打造"中国与葡语国家经贸合作服务平台"以来，中国与葡语国家的高层互访更为频密。2009 年，中国与葡语国家高层互访逾 110 次，其中国家领导人访问及多双边会见多达 16 次，是 2006 年中葡论坛第二届部长级会议以来高层互访最为频繁的一年②。2010 年 4 月，胡锦涛主席代表中国访问了巴西，并与巴西签订《中华人民共和国政府与巴西联邦共和国政府 2010 ~ 2014 年共同行动计划》，计划中的"第五条经贸领域"的第四款中特别指明了未来中国与巴西两国将继续"鼓励在中国与葡语国家经贸合作论坛（澳门）下的对话，加强中国与葡语国家之间的合作"③。2010 年 11 月，胡锦涛主席在对葡萄牙展开国事访问期间，以及温家宝总理访问澳门时与葡语国家领导人进行的双边会晤等多个场合，无不体现对近年来中国与葡语国家经贸发展的肯定。由此可见，中国与葡语国家政府都已高度重视双边和多边关系，努力加深各国的相互了解，促使澳门作为联系中国与葡语国家的平台作用的进一步发挥。

---

① 《胡锦涛抵葡访问推战略伙伴关系深入发展》，2010 年 11 月 7 日《澳门日报》。
② 《中国—葡语国家经贸合作论坛（澳门）2009 年工作回顾》，中国—葡语国家经贸合作论坛（澳门）网站，2010 年 3 月 10 日，http：//www. forumchinaplp. org. mo/zh/notice. asp？a = 20100310_ 09。
③ 《中华人民共和国政府与巴西联邦共和国政府 2010 ~ 2014 年共同行动计划》，中华人民共和国外交部网站，2010 年 4 月 22 日，http：//www. mfa. gov. cn/chn/gxh/tyb/zyxw/t684715. htm。

（三）文化、教育交流方面

先后在 2003 年及 2006 年举办的两届"中国—葡语国家经贸合作论坛（澳门）"部长级会议都有制定有关决议，其中在中国与葡语国家人才培训上，双方已经有了一定的进展。据相关报告资料表明，中葡论坛自 2003 年创办以来，由中国商务部主办、中葡论坛常设秘书处参与协办 200 余期各类研修班、研讨会或培训班，共有来自葡语国家逾 2100 人次参加了上述活动，2007～2009 年三年共培训 1400 多人，已经提前完成并超过了中国—葡语国家第二届部长级会议确定的到 2009 年底培训 900 人的目标。其中，就 2009 年全年，中国中央政府及澳门特区政府共为葡语国家培训 276 名官员和技术人员，培训领域涵盖港口物流、经济、通信、卫生护理、畜禽饲养和杂交水稻种植等领域①。

至今，中国已先后在葡萄牙、巴西等葡语国家设立了"孔子学院"。作为中外合作建立的非营利性教育机构，孔子学院致力于适应葡语国家人民对汉语学习的需要，增进葡语国家人民对中国语言文化的了解，加强中国与葡语国家教育文化交流合作，发展双方的友好关系，促进世界多元文化发展，构建和谐世界②。

此外，积极支持中国与葡语国家文化交流的若干活动，亦成为近几年澳门特别行政区"节事庆典活动"的主要内容之一。例如，在葡韵嘉年华期间，参与主办莫桑比克现代艺术家作品展；为佛得角驻华使馆在澳门举行独立 34 周年纪念活动及中国、澳门和佛得角最新合作成果图片展提供支持；为几内亚比绍、莫桑比克和东帝汶三国驻澳社团独立日纪念活动提供支持；为第一届澳门土生葡人青少年活动日提供支持③。

另外，有关葡语国家的研究机构数目略有增加。截至目前，北京大学民营经济研究院已经设置了中非与葡语国家民间贸易投资研究所；澳门理工学院、澳门

---

① 《中国—葡语国家经贸合作论坛（澳门）2009 年工作回顾》，中国—葡语国家经贸合作论坛（澳门）网站，2010 年 3 月 10 日，http：//www. forumchinaplp. org. mo/zh/notice. asp？a = 20100310_ 09。

② 《关于孔子学院/课堂》，国家汉办/孔子学院总部网站，2010 年 11 月 16 日，http：//www. hanban. org/confuciousinstitutes/node_ 10961. htm。

③ 《中国—葡语国家经贸合作论坛（澳门）2009 年工作回顾》，中国—葡语国家经贸合作论坛（澳门）网站，2010 年 3 月 10 日，http：//www. forumchinaplp. org. mo/zh/notice. asp？a = 20100310_ 09。

圣若瑟大学等学术机构已经设置葡语国家研究所或中心；其他民间组织，如澳门亚太拉美交流促进会等亦积极推动有关问题的研究；澳门基金会、"中国—葡语国家经贸合作论坛（澳门）"秘书处、中国社会科学院、澳门国际研究所等机构亦曾先后组织多场相关议题的研讨会。其中，特别是澳门有关政府部门亦有支持学术机构，或者直接参与主办有利于中国与葡语国家学术交流的会议及论坛等活动，如参与主办"澳门国际环保合作发展论坛及展览"中的"再生能源—生物燃料研发专题论坛"等。

五　澳门是促进中国与葡语国家间跨区域合作的重要平台

由商务部主办、澳门特区政府承办的"中国—葡语国家经贸合作论坛第三届部长会议"于 2010 年 11 月 13～14 日在澳门成功举行。此次会议在中国内地、澳门与葡语国家跨区域合作方面取得了一些实质性的新进展，主要包括以下内容。

1. 消除外界对第三届部长级会议延迟所产生的疑虑

由于按照过去两届"中国—葡语国家经贸合作论坛（澳门）"部长级会议的会期安排，第三届部长级会议应该在 2009 年举办。然而，2009 年正处于中华人民共和国成立 60 周年、澳门特区成立 10 周年、澳门特区立法会选举及行政长官选举等多项大型活动密集举办期间，论坛最终延迟至 2010 年举行。

由于会议最终被延迟，这难免引起外界的一些疑虑。此次第三届部长级会议的召开，除温家宝总理出席及作主旨演讲外，东帝汶、葡萄牙、几内亚比绍、莫桑比克等葡语国家均分别由总统及总理亲自挂帅，带领政府代表团及企业家、金融家代表团到澳门参会，这足显此届会议的层次及各界的关心程度。各方显示的关注与重视，无疑将消除外界许多疑虑及误解。

2. 中国政府提出了 6 项加强与葡语国家经贸合作的新举措

此次部长级会议得到中央政府的高度重视，国务院总理温家宝出席会议并发表了主旨演讲。除在演讲中高度赞扬了中国与葡语国家之间卓有成效的合作外，温总理还代表中国政府宣布了 2010～2013 年中国为加强与葡语国家经贸合作将采取的 6 项新举措，包括：（1）向亚非与会国提供 16 亿元人民币的优惠贷款；（2）设立 10 亿美元规模的中葡合作发展基金；（3）帮助亚非与会国培训 1500 名官员和技术人员；（4）为亚非与会国 1 个双向农业合作项目提供物资设备和技术人才支持；（5）向亚非与会国提供为期一年的 1000 个来华留学生政府奖学金名额；（6）向亚非与会国各提供价值 1000 万元人民币的医疗设备及器械①。

3. 签订了合作领域更加多元的《经贸合作行动纲领》

在本届部长级会议上，中国和 7 个葡语与会国代表围绕多元合作、推动和谐发展坦诚交换了意见，并就合作领域、发展思路和具体措施等问题达成了多方面共识。与会各方共同签署了 2010～2013 年《经贸合作行动纲领》（简称《纲领》），与 2006 年相比，合作领域更加多元，发展目标更加明确，澳门作用更加突出，中方措施更加务实。主要内容包括：在合作领域上，《纲领》增加了教育、金融、旅游、运输、通信、文化、广播影视、体育、卫生、科技、土地规划等领域合作。在贸易领域上，《纲领》提出到 2013 年，中国与葡语国家间贸易额达 1000 亿美元，并且更注重优化贸易结构。在投资领域上，《纲领》提出抓紧完善双向投资的法律法规，尽快推动双向投资取得实质性增长②。

4. 进一步肯定了澳门作为合作平台的角色

在澳门的合作平台作用上，《经贸合作行动纲领》特别强调要发挥澳门独特优势，使澳门成为中国内地与葡语国家经贸往来和友好合作的桥梁。正如澳门经济财政司谭伯源司长所表示：这次会议签署的《纲领》为中国与葡语国家的经贸合作、友好交往进行了方向性的指引和规划。澳门将会继续发挥自身优势，体现平台作用。为中葡论坛做好服务，使论坛成为中国与葡语国家经贸合作、友好往来的桥梁。

此外，澳门将积极配合论坛常设秘书处开展工作；全力协助中国内地与葡语国家在澳门开展各种形式的合作及交流活动，为中国企业进入葡语国家和葡语国家企业进入中国发挥桥梁作用；继续深化拓展澳门与葡语国家的经贸合作交流；切实办好中葡论坛培训中心，使之达到预期目标；鼓励、推动澳门工商界等各界参与促进中葡往来和友好合作的活动③。

六　未来展望

成为跨区域的经济合作平台或桥梁，无疑是澳门进一步参与区域经济一体化

---

① 《中葡论坛第三届部长会议圆满落幕陈德铭出席新闻发布会并回答记者提问》，中国商务部网站，2010 年 11 月 14 日，http://www.mofcom.gov.cn/aarticle/ae/ai/201011/20101107243618.html。

② 《中葡论坛完满闭幕与会国签署行动纲领》，2010 年 11 月 15 日《大众报》。

③ 《中葡论坛完满闭幕与会国签署〈纲领〉及启动培训中心》，2010 年 11 月 15 日《濠江日报》。

的基础。近几年来，我们不难发现，自从"中国—葡语国家经贸合作论坛"设立后，澳门的政府部门、民间组织及学术机构举办的相关会议和展览活动增多了，这跟澳门特区政府支持会展业发展的理念正好相互配合，形成良性的促进作用，有利于促进本地经济产业适度多元。此间，澳门的城市品牌正日渐知名，不断吸引着世界各地的关注。"中葡论坛"的设立，以及相关会议展览活动的举办，吸引了大量人流、物流及资金流，会展经济效应明显，会展活动的上游产业及下游产业分别被直接或间接地拉动起来。澳门作为区域及跨区域经贸合作服务平台，无疑对吸引国际游客来澳具有很大的帮助，有助于澳门未来的"世界旅游休闲中心"定位目标的实现。

此外，由于会展与产业基础之间存在互动关系，会展依托于产业基础，反过来则也促进产业基础的发展。有鉴于此，原本缺乏产业基础的澳门会展业，则借着"中国与葡语国家"的概念，将使得许多会议展览活动增添了特色，并且具有产业基础。例如：一年一度举办的"澳门国际环保合作发展论坛及展览"，均有来自巴西、葡萄牙等拉美及欧洲地区的国家参会和参展；每年10月份举办的"澳门国际贸易投资展览会"均特别设立葡语国家市场推介会，以及专设"葡语国家馆"、"葡萄牙展区"及以巴西为首的"拉美国家馆"等；各年不定时地由"中葡论坛"秘书处和澳门特区政府相关经贸部门，陆续在中国内地、葡语国家与其他国家及地区举办的经贸合作及推介活动①。

展望未来，笔者建议可在如下工作领域继续进行强化落实。

1. 加大落实新领域的合作

虽然过去几年里，澳门作为中国与葡语国家的经贸合作服务平台取得了阶段性的成果，但是在新领域合作方面，特别是在能源、环保及科技等方面，中国与葡语国家依然存有较大的发展空间。此外，在中医药产业合作方面，未来粤澳筹建的中医药科技产业园在招商引资时亦可积极考虑邀请葡语国家参与，以使三方取得更好的合作进展。

2. 深化澳门作为中国与葡语国家的平台推广工作

过往"论坛"及澳门特区政府相关经贸部门由于在开展有关活动过程中尚

---

① 叶桂平：《再认识中葡论坛作用——写在第三届部长级会议前夕》，2010年11月10日《澳门日报》莲花广场。

存在一些推广误区，从而导致了宣传效果出现若干不足的现象。

（1）宣传推广力度不足。事实上，过往虽然在有关经贸活动中邀请了来自中国内地、葡语国家的企业家来澳门开展活动，但是其中尽管挂着"企业家"的身份，实际上都属于官员及政客身份，真正希望来澳门找到商机的企业家，特别是民营企业家非常少。由于官员与政客在参会时具有不同的需求，因此势必影响经贸合作的成果。

（2）过往的论坛活动信息的传递机制现时需要被重新考虑。合作机构是否有认真及尽义务地将有关信息准确传达到真正的"企业家"手中，还需要认真审核。

有鉴于此，对于这些不足，还需特区政府有关经贸部门、论坛秘书处等机构引起重视，继续加大宣传、有效推广。

3. 继续强化中葡双语人才的培养

对于中葡双语人才缺乏、需要共同进行语言培训等问题，虽然澳门东方葡萄牙学会、澳门大学、澳门理工学院、澳门生产力暨科技转移中心及其他民间培训机构已经逐步加大对中葡双语人才的培训，但还需要政府继续支持及扶持，相信未来这方面的人才将越来越多，并进一步得以强化。

最后，笔者亦认为，无论是"中国与葡语国家经贸合作论坛（澳门）"秘书处，还是澳门特区政府经贸部门，还可考虑在如下方面做更多的工作，例如，可继续加强市场调研，做好商情传递和流通。透过秘书处与中国商务部的紧密联系，要求驻葡语国家商务参赞展开数据收集，定期通过秘书处网页进行发布。切实有效的宣传推广工作的不断强化始终是重中之重。

Using Linking Places far away to Integrate with Neighboring Regions: A Discussion on the Features of Regional Cooperation for Macau SAR

Ye Guiping

Abstract: Currently, with the development of economic globalization, the trans-

regional cooperation has just been unfolding. This article has sorted out the definition of the trans-regional cooperation, reviewed the new development progress of the economic and trade situation between China and Portuguese Speaking Countries, and pointed out that China and Portuguese-Speaking Countries Economic Cooperation Forum (Macau) is the key starting point for Macau to promote regional cooperation by the trans-regional cooperation. Through the model of " Using linking places far away to integrate with neighboring regions ", it is very helpful for Macau to improve the city image, promoting the development of moderate economic diversification, and expanding the regional cooperation with the surrounding areas. At the same time, with the convening of the third ministerial conference of the Forum for Economic and Trade Cooperation between China and Portuguese-speaking Countries, it will reinforce to the Macau Platform Role between China and Portuguese Speaking Countries. For the new development situation, this article also presents some policy recommendations for the development of Macau Platform.

Key Words: Regional Cooperation; Portuguese-Speaking Countries; Forum; Platform

B.12
澳门中医药产业发展研究

叶桂林 *

摘 要：本文对回归以来澳门中医药的相关法律、医疗、药物、教育、科研和产业等方面的进展情况进行了比较系统的描述与分析。这段时间里，澳门在上述方面都有了快速的发展，尤其是在中医药科研方面，呈现出良好的发展势头。在发展过程中，澳门的中医药产业面临着人力资源供需矛盾突出、中医药法规和政策滞后、中医药事务主管机构缺位、企业规模小且创新能力弱及配套设施与技术基础不完善等问题。结合对现状和存在问题的探讨，本文在最后提出了若干政策建议。

关键词：中医药 产业 适度多元 研发 检测

一 前言

澳门正经历着有史以来经济发展最迅速的阶段，2009 年澳门的本地生产总值已经达到 1693.4 亿澳门元，人均本地生产总值 31.1 万澳门元，位居亚洲前列。但是，2008 年博彩总收益占本地生产总值超过一半，达到 1111.7 亿澳门元①，博彩业已经成为澳门经济发展最主要的动力。产业结构过于单一也使澳门经济的持续发展存在变数，澳门产业结构升级及多元化的压力很大。

近年来，由于西药的开发成本越来越高，并且在长期使用中被发现具有不同程度的副作用，因此，世界各国又开始将目光转向从天然药物和传统药物中筛选

---

* 叶桂林，先后从清华大学、中国科学院研究生院和中国社会科学院研究生院取得工学学士、管理学硕士和经济学博士学位。研究方向：科技政策与技术经济。

① 数据来源：澳门统计暨普查局，http：//www.dsec.gov.mo/index.asp？src =/chinese/indicator/c_piem_ indicator. html。

新药，作为以天然药物为主的中医药产业具有美好的前景。

中医药在澳门具有悠久的历史，本地市民对中医药比较信赖。自回归以来，澳门特区政府考虑到自身在中医药产业上具有一定的基础，再加上区域合作、澳门对外联系密切以及依托"一国两制"产生的一系列优惠政策（如 CEPA、自由行、跨境工业区、横琴开发）等因素，能为澳门提供发展中医药所需的原材料、技术、资金、人才、市场以及经验等必须的投入。因此，特区政府有意集合这些优势，发展中医药产业。前任行政长官何厚铧先生提出"我们要充分利用目前的发展优势，努力打造国际中医药建设平台"[①]。现任行政长官崔世安先生在其参选政纲中也提出"把握促进区域合作发展的机遇，加快中医药产业和教育产业的发展步伐，注重中医药产业的研发创新和教育产业的对外合作"[②]。

现代中医药产业从研发到生产再到营销链条很长，所需投入的资源也非常巨大，以澳门的力量只能从产业链中选择若干环节重点发展，那么，澳门应该如何发展？围绕这个问题，本文系统梳理澳门中医药产业发展的现状和存在的问题，提出若干的建议。

二　澳门中医药产业发展现状分析

（一）与中医药相关的规定[③]

中医药在澳门地区有着广泛的群众基础，但在葡萄牙人统治时期长期处于自生自灭的状态[④]。直到 1994 年，澳葡政府才颁布了第 53/94/M 号法令，对从事中药配制及贸易的场所进行规范。

回归以后，特区政府逐步规范对中医药的管理，设立中药事务技术委员会，编制澳门特区所用的中药材表，并对中成药及传统药物中重金属含量标准、微生

① 《国际中医药学术会议揭幕何厚铧吁澳利用目前优势打造国际中医药建设平台》，2005 年 4 月 2 日《华侨报》13 版。
② 崔世安先生在 2009 年 7 月 11 日发表的题为《传承创新共建和谐》的参选政纲。
③ 澳门卫生局主页，http：//www.ssm.gov.mo/design/services/c_area_farm_fs（4.4.1）.htm。
④ 王海南：《澳门特区中药安全监管的现状与面临的挑战》，载于《中国药事》第 22 卷第 8 期，2008，第 631 页。

物限度标准以及包装的标签等进行了规定（见表 1）。政府对进口中成药实施简便的注册程序（替代性注册）①，规定所有中成药的进口，必须获得澳门卫生局的预先许可，要求所有进口到澳门的药物必须已在原产国/地区或出口国/地区注册及获准自由销售，能够基本保障进口澳门的中医药产品的安全性。

表 1　与中医药事务相关的法规

法规编号	法规标题
第 53/94/M 号法令	从事中药配制及贸易之场所
批示第 2/SS/2000 号	中药事务技术委员会
批示第 6/SS/2004 号	禁止马兜铃科中药材关木通,广防己和青木香以及其制造,进口和销售
批示第 7/SS/2004 号	澳门特区所用的中药材表
技术性指示第 02/2000 号	批准药品入口前必须呈交之文件
技术性指示第 02/2003 号	内服及外用中成药及传统药物重金属含量标准
技术性指示第 01/2004 号	中成药及传统药物微生物限度标准
技术性指示第 02/2005 号	含有中药材及/或天然药用成分而施用于人体之产品分类标准
技术性指示第 04/2005 号	中成药及传统药物包装的标签规定

资料来源：笔者根据澳门卫生局公布的"药物范畴：药物事务"整理而成。http：//www. ssm. gov. mo/design/services/2010/csrv_ menu. htm.

特区政府亦编制了《澳门特区中成药及传统药物名录》、《澳门普通中药材的质量控制及应用常识》、《澳门毒性中药材》及《澳门普通中药材的质量控制及应用》，组织编写了《澳门有毒中药的质量控制及应用常识》参考书，建立了《澳门特区传统药品数据查询》，支持澳门大学中华医药研究院参与编制《中药国际化标准规范研究》以及《中华医药丛书》。并在 2004 年完成《传统药物注册法律》草案文本的起草工作。

此外，特区政府亦能发出"药物优质制造管理规范证书"（GMP 证书）。目前，特区政府虽然没有自己制定 GMP 规范，但是卫生局参照国际卫生组织（WHO）所定的 GMP 指引作审核标准（*Technical Report* 823）。按申请者要求审核，符合 GMP 条件后，卫生局会签发 GMP 证书。

对中药材、中成药及传统药物进口、生产、加工等方面的规范化管理保证了这些药物的安全性，加强了市民使用的信心，有利于澳门中医药事业长远健康的发展。

---

① 赵慧娜等：《澳门中药的管理》，载于《中国中医药信息杂志》1997 年第 4 卷第 8 期，第 37 页。

（二） 中医及治疗服务

特区政府对取得中医资格的要求相对邻近地区来说比较简单，不要求考试。回归以前，跟随中医师当学徒满5年后便可向政府卫生局申请办理注册手续，审核获通过即可领取中医师牌照，就可以应诊开业，因此，中医诊室与中药房设立在一起的小型门诊在澳门大街小巷比比皆是。回归以后，澳门居民在中医药大学或学院毕业即可向澳门卫生局申请中医生执照，待卫生局检查通过后，便发中医生执照，即可营业①。

回归以来，澳门的中医及治疗服务有了长足的发展。主要体现在从事中医及治疗服务的人数显著增加，市民对中医及治疗服务的需求也不断上升。

1. 从事中医及治疗服务的人数显著增加

2009年，澳门有228家提供中医及治疗服务的医疗机构，主要有：公立的筷子基卫生中心及黑沙环卫生中心的中医医疗中心，塔石卫生中心也提供穴位推拿按摩服务；私立的镜湖医院中医科、科大医院、街坊福利会中医诊所、同善堂中医诊所以及各类私人中医诊所及有中医坐堂诊病的中药房。

回归后，澳门正规中医院校毕业生数量增长迅速。2009年共有639名人士在澳门从事中医及治疗服务，较2000年增加166.3%，其中中医生增长最迅速，从2000年的12名猛增到2009年的182名（见表2）。目前，澳门的中医绝大多数分散于民间基层卫生护理服务的人员之中。

表2　从事中医及治疗服务的人数

单位：人

年份	2000	2001	2002	2003	2004	2005	2006	2007	2008	2009
中医生	12	14	13	29	44	67	119	160	187	182
中医师	138	176	179	185	185	181	166	163	167	160
按摩师	15	14	15	16	16	16	16	18	18	16
针灸师/治疗师	3	5	4	4	4	6	6	5	6	7
中药配剂员	37	55	43	79	66	112	116	144	138	136
其他	35	41	40	44	59	65	80	107	134	138
总　数	240	305	294	357	374	447	503	597	650	639

资料来源：笔者根据澳门统计暨普查局公布的2000～2009年医疗统计整理而成。

---

① 赵永华、项平：《探讨澳门特区中医药教育体系的构建与发展模式》，《中医教育》2007年第二期第26卷第5期，第65页。

2. 市民对中医及治疗服务需求增长明显

2009 年，澳门中医生、中医师①、按摩师及针灸师共提供 92.3 万人次中医及治疗服务，以澳门人口 54.2 万人来算，平均每位澳门人接受 1.7 次中医及治疗服务，对比 2000 年的 1.0 次有了大幅增长（见表 3）。

表 3　接受中医及治疗服务的情况

单位：万人次，次

指　标 ＼ 年　份	2000	2001	2002	2003	2004	2005	2006	2007	2008	2009
接受中医及治疗服务人数	43.8	55.2	47.6	59.7	62.1	61.9	66.9	75.3	82.8	92.3
平均每位居民接受中医及治疗服务次数	1.0	1.3	1.1	1.3	1.3	1.3	1.3	1.4	1.5	1.7

资料来源：笔者根据澳门统计暨普查局公布的 2000 ~ 2009 年医疗统计整理而成。

（三）中医药产业

1. 现代化中药厂有所增加

澳门的中药制造产业在回归后也有了较好的发展，多家现代化的中药制造企业在澳门设立厂房，生产中药。根据澳门卫生局的统计，截至 2010 年 9 月底，澳门有中药厂 14 家，中西药厂 2 家，其中有 5 家药厂已取得卫生局发出的"药物优质制造管理规范证书"（GMP 证书）。这些药厂中除德国大药厂、美利加药厂及中央大药厂的规模较大外，其他药厂的规模都较小，而且大多以生产传统药油及药膏等为主（见表 4）。

表 4　澳门中药企业及其生产剂型

中药企业名称	生产剂型	备注
美利加药厂（澳门）有限公司	中、西药：胶囊、锭剂、软膏、乳膏、凝胶	
狮子药厂	中成药：油、酒（外用）	
澳门海伦制药厂一人有限公司	中成药：锭剂、局部用溶液、阴道用溶液、软膏	
张权破痛油中药厂	中成药：油剂	

---

① 中医生与中医师的差别在于，中医生必须完成中医学高等课程，而中医师必须经过中医师资格认可评审委员会认可，并且必须参加从事中医师职业之适当培训。

续表4

中药企业名称	生产剂型	备注
信愈制药厂	中成药：外用喷雾剂	
少山正堂药业一人有限公司	中成药：胶囊	
德国大药厂（澳门）有限公司	中、西药：颗粒、胶囊、锭剂	GMP
泳江制药厂有限公司	中成药：锭剂、粉剂、胶囊	
橘仁堂制药（澳门）有限公司	中成药：硬胶囊	GMP
澳门第一大药厂有限公司	中成药：软膏、栓剂	GMP
康怡科技药业制造厂	中成药：颗粒、胶囊、油剂、蜜丸剂、"加味当归补血汤浓缩丸"	
迈克药业（澳门）有限公司	中、西药：胶囊、锭剂、颗粒	GMP
汉林（澳门）制药	中成药：胶囊	
澳门金海制药厂	中成药：硬胶囊（固体填充、液体填充）	
澳邦药厂有限公司	中成药：霜剂、软膏、油剂	
澳门中央大药厂有限公司	中成药：胶囊、锭剂、颗粒、膜剂	GMP

资料来源：笔者根据澳门卫生局公布的"领有卫生局药物工业生产准照制药厂清单"整理而成。http：//www. ssm. gov. mo/design/services/register/MIR1. pdf.

2. 中药出口有一定增长

随着本地制药企业数量的增加，本地生产的中药出口额也有了显著增长（见表5）。2009年，本地生产的中药及传统药物（不包括中药酒、片仔癀、白药及清凉油等产品）出口值为420.4万澳门元，是2000年的3倍（见表5）。

表5 本地中药产品出口值

单位：万澳门元

指标＼年份	2000	2001	2002	2003	2004	2005	2006	2007	2008	2009
本地中药产品出口值	143.6	175.9	164.5	408.4	340.8	382.5	421.0	321.7	434.5	420.4

注：其他中药及传统药物，已配定剂量（包括制成皮肤摄入形式的）或作零售形状或包装。

3. 中药检测渐成发展重点

随着中医药的现代化及国际化程度越来越高，澳门中医药界提出澳门可以抓住这个机会，充分利用澳门对外合作紧密、制药业刚起步负担少的优势，重点开展中药质量和标准的研究，建立中药检测中心，将中药检测这一新兴产业作为澳门中医药产业发展的突破口。

目前澳门的药品检测，除日常的快速鉴定由澳门卫生局公共卫生化验所初步筛选检测外，其余大部分的药检工作由广州市药品检验所协助。卫生局公共卫生化验所是一个官方机构，并不会接受私人机构委托进行检测。目前，该化验所有关临床样本、粪便、食品、化妆品、中成药、水、沉积物、环境构成中的残留物、粮食等 160 项检测项目已取得 CNAS 颁发的 ISO/IEC 17025 的认可证书。在卫生局已取得认可的 160 项检测项目中，与药品有关的有 8 项①，主要集中在对微生物限度的检测，暂无法在符合 ISO/IEC 17025 的标准下对药品进行含量、重金属及农药残留等的检测。

根据卫生局的统计，在 2008 年，公共卫生化验所对 100 个中成药样本进行了 351 项的检验②；另外，澳门每年均委托广州市药检所进行有关中成药重金属、微生物检验、中药显微鉴别及中成药原料检验。

由于公共卫生化验所没有向业界提供药品检测服务，本地药厂一般在澳门科技大学药物及健康应用研究所或到邻近地区的检测中心对其产品进行检测。澳门药物及健康应用研究所面向业界提供中药质量及安全的检测服务，协助业界产品达到中药注册的质量水平以及在澳出售的检验标准，其检验报告为香港及澳门卫生当局承认。研究所提供中药中农药残留、微生物、重金属、天然毒素等项目的检测。该研究所下设的中药及食物安全实验室是现时澳门唯一拥有澳洲国家检验认证署（NATA）ISO/IEC 17025 实验室认可资格的非政府独立机构，而且已申请中国合格评定国家认可委员会（CNAS）实验室认可，可签发国际认可的检测证明文件③。

4. 粤澳中医药产业科技园即将启动

中医药产业合作是粤澳两地政府的重点合作项目，双方分别在 2007 年和2008 年签订了《粤澳中医药产业合作框架协议》和《粤澳双方共同推进中医药产业合作项目协议》，积极开展和深化在药物监管、人员培训等方面的合作④。粤澳双方在 2010 年 5 月 31 日举行的"粤澳合作联席会议"达成共识，为结合广东省中医药医疗、教育、科研、产业的优势，以及澳门在中医药方面具有国际水平的科技研究能力、人才及财政的资源，双方决定在优势互补、互惠互利、科学

---

① 卫生局，http：//www. ssm. gov. mo/design/NEWS/LSP/LSPMain_ Chn. htm。
② 卫生局，"2008 统计年刊"，http：//www. ssm. gov. mo/design/statistic/c_ statistic_ fs. htm。
③ 周海燕、王希富：《为澳门健康把关——专访澳门科技大学澳门药物及健康应用研究所》，2009 年 3 月 17 日《新华澳报》02 版。
④ 《粤澳合作发展中医药产业及人员培训等》，2010 年 9 月 16 日《澳门日报》C07 版。

决策、先行先试的原则下，共建中医药科技产业园，并签署了《关于探讨粤澳双方共建中医药科技产业园的备忘录》①。

在此基础上，澳门进一步在7月5日设立中医药科技产业园筹备办公室，粤澳双方明确在横琴西部约0.5平方公里的土地上共同建设中医药科技产业园。根据特区政府公开的资料，粤澳合作在横琴共建中医药科技产业园，长远目标是争取将产业园建设成为以健康精品开发为导向的，集中医医疗、养生保健、科技转化、会展物流于一体的，功能相对完善的国际中医药科技产业基地。打造绿色地道中药和名优健康精品的国际中医药交易平台，将中医药产品推向世界。

为了推动粤澳中医药科技产业园的建设，特区政府和广东省政府将组成合资公司，澳方占主导地位（51％的股权），广东省出地，澳门投资6亿澳门元用于基础设施建设。按照规划，1年时间填海平整土地；2~3年进行项目规划，建立厂房，初具模型；3~5年进行中医药合作园区发展；再过3~5年使产业园进入一个良性成长阶段②。

建设粤澳中医药科技产业园是发展澳门中医药事业的一个千载难逢的机会，将使澳门的中医药事业提升到新的台阶，并将进一步推动澳门产业适度多元化。

（四）中医药教育与科研

1. 中医药教育

回归以前，澳门中医师的学术渊源大多来自祖传和以师带徒，正规中医院校毕业生较少③。回归以后，澳门科技大学和澳门大学都开办了中医药方面的课程，其中澳门科技大学的中医药学院提供五年制的中医本科课程，还有研究生课程，已形成教医研协调发展，本科生、硕士生、博士生培养齐全的中医药高等教育体系。中医药学院的成立，标志着澳门中医药教育开始走向正规化、系统化、规模化的发展道路④。在培养中医药人才方面，中医药学院注重学生综合素质的

---

① 《粤澳合作建中医药产业园》，2010年7月9日《澳门日报》A01版。
② 《两岸四地中医药科合中心访筹备办介绍四个专题研究内容》，2010年8月22日《华侨报》澳闻24版。
③ 李宗友、孙国华：《澳门中医药发展概况》，载于《中国中医药信息杂志》2000年第7卷第1期，第77页。
④ 赵永华、项平：《探讨澳门特区中医药教育体系的构建与发展模式》，《中医教育》2007年第二期第26卷第5期，第66页。

培养，专业与通识并重，中医与西医互补。截至 2009 年 3 月，中医药学院已毕业本科生 300 余名，毕业硕士生、博士生 30 余名①。

澳门大学的中华医药研究院提供中医药研究生课程。以生物医药领域研究生教育和科学研究为主要任务，设生物医药学、中医药学和医药管理学三项博硕士专业。截至 2010 年 5 月，在读博硕士研究生 100 余名，多毕业于境内外著名大学。自 2004 年澳门首批生物医药研究生毕业以来，该院至今已培养了 155 位博士和硕士，先后接收了来自海内外著名大学的 13 位博士后研究人员②。

此外，澳门理工学院的卫生高等学校也开设一些中医药课。澳门三所高等院校为社会输送了大批不同层次的中医药人才。这些高素质的中医药科研人才和临床骨干，以及由澳门辐射到世界各地的学术和研究高端网络，均为澳门中医药产业化、标准化和国际化提供了稳固的基础。

2. 中医药科研

中药为世界各国所接受，然而大部分国家和地区往往需要药物有明确的科学数据。因此，建立一套完善的中药材 GAP 生产体系、标准炮制加工技术，进而利用分子生物、精密化学分析等工具，以发展出快速精确的检测、鉴定及控制方法，这些是现代中药科研的重点，也是推进中药国际化的关键。

回归以前，澳门也缺少进行现代中药研究的机构。回归以后，澳门科技大学中医药学院、澳门大学中华医药研究院以及澳门科技大学药物及健康应用研究所相继成立，为在澳门从事现代中医药科研奠定了基础。随着这些研究机构的成立，澳门在现代中医药方面的研发逐渐增加，其中，中华医药研究院和药物及健康应用研究所的研究方向都是定位于以现代化的科技手段来进行中药研究，并且重点开展中药质量研究，此外，它们也开展中药材有效成分的筛选及提取、新药开发等。

特区政府非常重视对中医药科研的支持。澳门科学技术发展基金从成立至2010 年 3 月共收到 56 个中医药项目申请，批准 30 个，金额 4380 多万澳门元。其中，澳门科技大学占 16 个，金额 2170 多万澳门元；澳门大学占 10 个，金额1980 多万澳门元③。经过科学技术发展基金一段时期以来的资助，在澳门已经形

① 《培育中医药人才服务澳门社会》，2009 年 3 月 27 日《澳门日报》B04 版。
② 《社会扎根政府扶持澳中医药产业具发展潜力》，2010 年 5 月 28 日《澳门日报》B06 版。
③ 《澳科研项目报告会今续举行》，2010 年 3 月 30 日《澳门日报》B06 版。

成了一条尚算完整的现代化中药新药的研发链，也在澳门汇聚了现代中药研发的力量，积累了一定的研究经验，为澳门未来在现代中药研发方面的进一步发展奠定了基础①。

为了进一步推动澳门中医药研究机构水平和研发能力实现质的飞跃，使澳门在此领域取得突破成为可能，科学技术发展基金透过"内地与澳门科技合作委员会"的机制与科技部进行了多次协商，推出了建设国家重点实验室澳门伙伴实验室计划。经过科技基金的协调，澳门大学与澳门科技大学提出联合申报"天然药物及中药国家重点实验室伙伴实验室"，其伙伴为北京大学天然药物及仿生药物国家重点实验室。有关的申请即将通过科技部的审批，中医药国家重点实验室的成立有利于推动澳门中医药的研究，也有助于推进粤澳合作及中医药科技产业园的建设和发展②。

（五）中医药社团

澳门的中医药民间团体主要有国际中医药学会、两岸四地中医药科技合作中心、中医学会、中医药学会、中药业公会、国际中医药科技协会、中医药联合会、世界中医药学会澳门分会、中医药保健康复学会等。这些中医药社团肩负起推广中医药技术和产品，培训中医药从业人员，积极推动与海内外中医药组织机构的学术交流。它们为澳门中医药事业的发展作出了贡献，也为中医药的国际化贡献了力量。

其中，国际中医药学会于 2006 年 12 月创办了以英文出版、具有世界一流专家学者评审的网上免费开放阅览的中医药学报 Chinese Medicine，学报被美国国立图书馆生物医学文献库（PubMed），德国 Potsdam 大学、法国 INIST 及荷兰 e-Depot 文献库收录。据英国著名的网络生物医学期刊出版商 BioMed Central（BMC）非正式统计，该学报是全球中医药类学报中影响力最高的期刊，截止到 2010 年 11 月，其非官方统计的影响因子（unofficial impact factor）达到 1.79③。

---

① 叶桂林：《澳门科技与经济适度多元发展》，载于郝雨凡、吴志良主编的《澳门经济社会发展报告 2009~2010》，社会科学文献出版社，2010 年版第 166 页。
② 《崔世安晤曹健林商合作》，2010 年 11 月 4 日《澳门日报》A02 版。
③ Chinese Medicine 主页：http://www.cmjournal.org/info/about/。

三 澳门中医药产业发展存在的问题

虽然澳门在发展中医药产业时有"一国两制"的制度优势、与欧盟及葡语国家关系密切、药品制造的诚信度相对较高、中医药在本地接受程度较高、现代中药研发链条比较完整等方面的优势。但是，澳门同时也面临着地少、中药材资源匮乏、中医药的研发起步晚、人力资源供需矛盾突出、中医药法规和政策滞后、中医药事务主管机构缺位、企业规模小且创新能力弱以及配套设施与技术基础不完善等诸多问题。充分认识这些缺点和存在的不足，将有助于中医药产业更好地发展。

1. 人力资源供需矛盾突出

前文提到澳门注册中医师和中医生的数量增长迅速，在2008年达到最高值，有650人，2009年有所回落，为639人。这些数字从一个侧面反映了澳门的中医（尤其是中医生）需求已经接近饱和，随着今后每年都会有一定数量中医专业的学生毕业回澳，中医供过于求的现象将逐渐明显。新增的持中医专业学位的人士多是大学刚毕业，并没有多少行医经验及名声，澳门可供就业的中医医疗机构亦相当有限，因此他们将会面临较大的就业压力。

从中药制药业来看，现在澳门大部分这方面的专业人士也多是刚步出大学校门，缺少进行中医药研发和生产管理的经验，短期内无法成为中医药研发和生产管理的骨干力量，因此，对于澳门的中药生产企业来说，澳门本土缺乏高层次的中医药研发和生产管理人才的情况严重。另外，旅游博彩业的蓬勃发展吸引了大量的人力资源，导致从事中医药生产和实验等方面的基层工作人员亦非常缺乏。

2. 中医药法规和政策滞后

澳门现有的法律大部分是澳葡政府时代制定的，西医仍是现有医疗保健体系的主流，中成药仍未能进入政府的处方药物清单；在仁伯爵综合医院、镜湖医院、各区卫生中心，日常的医疗活动也都主要运用西医的诊疗措施，即使是科大医院强调"中西医互补"，但西医仍占主导地位。公立医院仁伯爵医院至今尚无中医专科、中医医师应诊和中药房建制，虽然镜湖医院设有中医科，筷子基和黑沙环的卫生中心设有中医门诊，但规模都比较小，市民在澳门要想获得中医药诊

疗服务主要求助一些私立中医药医疗机构和私人诊所①。

虽然特区政府在回归后相继出台了《内服及外用中成药及传统药物重金属含量标准》、《中成药及传统药物微生物限度标准》、《中成药及传统药物包装的标签规定》等，但是法规体系的完善与现实需要之间还存在距离。目前尚缺乏专门面向中成药上市许可的注册法规，中药生产、加工及中药质量等方面的法规仍不完善。这些因素有碍于澳门中药安全监管向更为科学、合理的方向迈进，其瓶颈效应已显端倪②。与此同时，本地研发的中成药新药无法在澳门注册，因而加大了本地产中药出口的难度，因为大部分国家和地区都要求入口的药品必须在生产地注册。

从 CEPA 的概念来说，澳门生产的药品应该能够免关税地输入内地市场；但实际上，根据内地《药品注册管理办法》，非在内地生产的中药、天然药物在进入内地市场前都须进行注册，在获得注册证书后才能进口内地。因此，有相当一部分内地药厂在澳门设厂后，要将澳门生产的中药销往内地市场时，面对重新注册的问题，致使这些药厂在澳门制药的效益大打折扣，他们都面临停产或订单不足的问题。除了重新注册外，目前，内地与澳门在科技成果的互认、研发过程中各种临床结果的互认和各种试验数据的互认等暂时都无法实现，制约了制药企业在澳门设点进行研发和生产的动力。

此外，要发展中药新药的开发，不可避免地需要进行一系列动物实验和临床试验，然而，目前特区政府尚没有制订这些方面的规范，而是由试验机构自己参照外地规范开展这些试验，这样的成果难以获得学术界、医药界及卫生界的认可。另外，由于还没有形成规模，在澳门进行动物实验和临床试验的成本仍相当高昂。

3. 中医药事务主管机构缺位

澳门缺乏一个统筹、协调和管理中医药事务的部门。中医药的医疗和药物的事务由卫生局管辖，属社会文化司职务范围；中医药的产业发展属经济财政司职务范围；中医药的科技事务则属运输工务司职务范围。这种方式在不大力推动中

---

① 赵永华：《加强中医医疗管理完善医疗保健体系》，《九鼎》2007 年第二期，第 37 页。
② 王海南：《澳门特区中药安全监管的现状与面临的挑战》，《中国药事》2008 年第 22 卷第 8 期，第 633 页。

医药事业发展、不需要太多的统筹和协调时，尚不会出现问题；但是，中医药的医疗、药物、产业及科技往往不能截然分开，在要将中医药事业推动成澳门产业适度多元的一个方向时，分散管理的方式将面临很大的统筹和协调压力，也难以形成合力。

4. 企业规模小且创新能力弱

澳门的中医药企业规模非常小，所产中药的市场较小。从出口额来看，根据前述 2009 年澳门中成药出口额 420.4 万澳门元的统计，以 16 家药厂进行计算，平均每家药厂中成药出口额只有不到 30 万澳门元，这说明本地中药产品在外地市场的接受程度不高或是本地药厂对其产品的营销能力不强。从营运情况来看，根据劳工局 2007 年 2 月份发布的新闻稿，在劳工局对中药及西药生产的制药厂进行职业安全健康巡查中，发现有部分登记的制药厂已暂停营业及结束营业，只有 11 家营运。大部分制药厂的生产工作视订单情况而定，所以常出现生产不定期的情况，甚至有的半个月或一个月才进行一次生产，且所需生产时间亦有长有短，短者可能半天或一天便完成①。

由于规模小，资金有限，大部分的制药企业选择在工业大厦设立药厂，但是工业大厦的厂房要改造到可以满足 GMP 标准，获得卫生局发出的 GMP 证书，需要投入大量的资金，只有少数的药企能达到这个标准，无 GMP 证书的厂房生产的产品又缺乏市场，限制了企业的发展。

此外，澳门现有中医药企业的研发能力较弱。现在本地的药企主要有两类，一类是利用祖传配方进行生产，在澳门有一定历史的药厂；另一类是内地中医药企业在澳门独资或合资设立的药厂，这些药厂的研发实力相对较强。但整体来说，澳门真正有研发能力，能够投入资源开展研发的中医药企业数目非常少。

由此可以看出，澳门的制药企业普遍规模小，研究能力和营销能力都很弱。这些制药企业大部分都缺少具有市场前景的现代化中药产品，它们的产品只能在少数落后地区或者新药上市审批比较宽松的国家和地区以药的名义出售，在大多数地区和国家也只能被当做保健品出售。另一类制药企业是利用澳门相对有利的出口条件，在澳门设立药厂进行生产，它们往往在澳门完成制药的最后几道工

---

① 《劳工局巡视本澳制药厂须改善工作环境者居多》，2007 年 2 月 8 日《澳门华侨报》澳闻第 23 版。

序，取得澳门的原产地证书，然后销往外地，澳门只做了制药产业链上附加值最低的加工和包装工序，不能掌握其中的核心技术。

5. 配套设施与技术基础不完善

中药研发是一项系统工程，发展此一事业尚需化学工程、生物工程、基因工程、分子生物工程、化学制药及药剂学等各方面的专业技术和设备配合。目前澳门这些方面人才很不够，高等院校仍没有开设这些课程，这些方面的知识基础薄弱。此外，澳门进行临床试验和动物实验的条件仍很不完备。

四 发展澳门中医药产业的建议

1. 制定中医药发展的整体规划

特区政府要对中医药产业的发展方向进行整体规划，结合粤澳中医药科技产业园的建设，推动澳门在中医医疗服务、制药业、现代中药的研发及中药检测等方面快速发展。短期来说，可面向澳门丰富的游客资源，在粤澳中医药科技产业园中引入一些稍具名气的中成药、天然药品及保健品生产企业和中医医疗机构，通过协助它们加大营销力度，塑造优质的形象，开拓市场。在此阶段，市场营销是关键，市场打开了，才能逐步提高澳门在中医药产业的知名度，形成良性循环。

长期来说，通过政策手段，推动产业园内企业提高研发投入，重点支持疗效确切、原创性强的中药的研发，鼓励企业采取新技术、新工艺及新设备，并与科研机构合作，逐步将研究成果推向市场，推出若干特有的、拥有专利的产品或服务。在此阶段，技术、研发是关键，只有拥有自主知识产权的产品或服务才能提高附加值，才可以塑造产业园的核心竞争力。

2. 完善现行法律并成立专责部门

深入研究现有的医药法规，广泛征询医护界的意见，尽快修改其中对发展中医药不利的条文，使中医中药与西医西药有相同的地位，加入能推动中医药发展的条文。尽快出台规范天然药物注册的法律制度，通过加强对药品的监管以及逐步完善法规，建立起中药质量标准评价体系，使药企、研发机构等在开发中药新药时有明确的方向，也使本地药企可以更好地开拓国际市场。

为了推动中医药产业快速发展，特区政府还应成立专门的中医药事务管理部门，综合统筹与中医药事务相关的医疗、药物、产业、科技和教育等事务，使澳门中医药能够得到全面的发展。

3. 推出有助于中医药人才梯队培养的政策

中医是一个重要的专业，政府应通过为中医提供培训，规定每年培训的时数，让他们继续进修，提高专业水平；完善澳门的中医注册制度，推出中医执业医师资格考试，要求注册者必须先通过考试，才能够注册，保证中医从业人员的基本素质能够达到一定的水平。中医水平的提高才能吸引更多市民光顾，从而根本改善中医的处境和提高中医的专业形象。此外，培养中医生的人数要仔细地计算，必须考虑新旧交替需要增加多少中医才能满足社会需要，控制数量，否则从业人员太多，过度竞争，会导致服务价值降低。

为适应澳门现代中医药发展的需要，应面向国内外引入相关领域的人才。与此同时，高等院校应开办与制药业及中药研发相关的生物、化学、药学等方面的学科，有计划地培养造就一批中医药学术和技术人才、高级生产管理和经营人才、法律人才等。

4. 针对本地特点开展一些中药产品的研发

从中药的理念来看，中药可以分为传统中药和中药现代化的研究，传统中药方面同仁堂是代表，讲究药材的地道性，以医带药，澳门现在基本不具备这方面的优势。

现代中药主要利用现代化的技术和现代工艺来研发和生产，主要又分为单方和复方。单方主要是从已知功效的中药材中提取有效成分，对有效成分进行研究；复方从古方中筛选出一些经过长期中医临床应用证明疗效确切、用药安全、市场前景好的传统方剂进行研究，并保证研发出来的药品仍具有复方的特色。

复方是发挥中药疗效的较佳方式，特区政府应重点支持复方的研发，可以针对抗疲劳、降低胆固醇、降低血脂、提高免疫力等目标，尝试对一些传统的名方以现代科技手段进行二次开发。与此同时，发挥中医药在"治未病"方面的优势，开展澳门民众亚健康状态的调查，推广推拿、针灸和康复治疗，同时从传统名方中筛选出一些药方进行深入研究，提出一些有助于改变亚健康状态的治疗手段，从而提高本地市民的健康水平。

5. 重点支持中药质量和检测的研究

要结合澳门中药质量研究国家重点实验室建设的契机，整合澳门现有的中药

检测资源，建立中药检测中心，并严格按照国际规范开展检测业务，逐步发展成一个公正、客观和具知名度的检测机构，将中药检测发展成为澳门其中一项主要产业。

从短期来看，澳门的中药检测中心对中药以药的身份走向国际的作用有限，对中药以保健品的身份走向国际所起的作用亦难以超过邻近地区的检测中心。所以，检测中心在成立初期应以积累经验、获得更多认可、争取通过提供检测服务达到收支平衡为目标，首先面向产业园内、澳门及邻近地区的企业提供服务，待知名度提高后，逐步扩大客户对象。

从长期来看，检测中心要开展检测技术的研究，关心中药标准和检测的进展，并积极参与科技部、卫生部等部委开展的"国家中药系列标准规范的研究"、"中医药国际标准与规范研究"、"中药质量标准研究"。重点研究提高澳门在中成药里重金属、微生物、农药残留和掺杂西药等方面的检测能力。

6. 扩大中医药国内国际的交流与合作

加强与内地、世界各国和地区在传统医药政策、法规方面的交流，加强传统药物有关标准和规范管理方面的沟通与协作。特区政府应与内地政府做好沟通，逐渐实现中药产品的互认、科技成果的互认、研发过程中各种临床结果的互认、各种试验实验数据的互认。

加强中医药的文化宣传，展示中医药发展成就和科学研究成果；鼓励和支持澳门的中医和中药机构在国外开展正规中医药教育和医疗活动，促进中医药更广泛地走向世界。

发掘澳门在推广中医药方面的平台作用，支持本地医药企业将本地和内地的药品打入葡语国家市场，与内地相关部门合作，加强以下四方面的推广：（1）加强在葡语国家宣传中医药；（2）鼓励和支持本地及内地中医到这些国家开设中医医疗机构；（3）加强与葡语国家在中医药方面的交流与合作；（4）多举办中医药的研讨会，邀请葡语国家的医药机构参加，在开会期间向与会者发放宣传品，推介中医药。

五 结语

中医药源远流长，至今仍被广泛应用。随着中国综合国力的提升，中医药将逐步受到国际的认可，因此，中医药是一个充满前景的产业，特区政府将中医药产业作为未来的发展重点非常明智。在未来，特区政府需要进一步整合本地的中医药科研资源，发挥澳门的独特优势，在推进粤澳中医药科技产业园建设的同时，加大研发投入，争取在中医药质量、标准和检测方面取得更大的突破，并在中国中医药事业发展中占一席之地。

Analysis of Traditional Chinese Medicine Industry Development in Macau

Ye Guilin

Abstract：This report examines the development of the Traditional Chinese Medicine（TCM）in Macau from the viewpoint of the related regulations, health care, medicine, education, research and development（R&D）and industry. Macau's TCM industry experienced rapid growth after its return to China and showed a good momentum of development, especially the R&D of TCM. Inevitably, in the course of the development of TCM industry, Macau faces a lot of problems: human resource supply and demand imbalance, lag of laws and regulations, lack of administrative authorities, small scale and low innovative capability of the enterprises, inadequate facilities and technical infrastructure. Through thorough analysis of the status quo and problems, this report concludes with a number of policy recommendations.

Key Words：Traditional Chinese Medicine; Industry; Diversification; R&D; Testing

社会事业

Social Development

B.13

效率与公平：澳门劳动报酬问题研究

曾忠禄*

摘　要：澳门回归以来，经济发展取得令人瞩目的成就，人均 GDP 显示的劳动生产率大幅提高，但劳动报酬占 GDP 的比重与世界其他国家比较仍处于比较低的位置。这种情况从回归时就存在，回归后一直没有得到改善，并有进一步下降的趋势。导致澳门劳动报酬占 GDP 比重过低有政府税收比重的原因，产业特征的原因，也有外地雇员比重的原因。解决澳门劳动报酬偏低的问题有助于澳门居民更多地分享经济发展的成果，增加社会公平和社会和谐。政府可选择的政策工具包括制定最低工资标准、平衡外地雇员的数量，以及全民分红等。

关键词：澳门　社会公平　劳动报酬　全民分红

---

* 曾忠禄，澳门理工学院社会经济与公共政策研究所教授。

一 引言

效率与公平，是现代社会的两难问题，同时又是世界上任何国家、任何政府都必须应对的问题。处理好这两者之间的关系，是构建和谐社会的核心问题。效率主要指经济层面以最小投入获得最大产出，关注的重点是创造财富，把蛋糕做大。而公平关注的重点则是财富的分配，关注分配的合理性。

澳门自回归以来，在效率方面取得了令人瞩目的成就。1999 年澳门的 GDP 规模仅 470 多亿澳门元，2009 年已达到近 1700 亿澳门元，是 1999 年的 3.6 倍，年均复合增长高达 14%。经济的高速增长使澳门人均 GDP 迅速提高。1999 年澳门人均 GDP 仅为 13830 美元，到 2009 年，澳门的人均 GDP 已达 38891 美元[①]。根据联合国统计处的资料（United Nations Statistics Division，2009），2008 年澳门已成为亚洲人均 GDP 最高的地区（国家），2008 年，澳门的人均 GDP 为 41426 美元，香港为 30872 美元，日本为 38578 美元，韩国为 12926 美元，新加坡为 39423 美元[②]。按中国台湾统计年鉴，当年台湾的人均 GDP 为 17507 美元[③]。从人均 GDP 看，澳门早已进入了发达经济体的行列。

但经济的高速增长并没有使居民的满意度同步提高。根据可持续发展策略研究中心多次公布的"澳门居民综合生活素质调查"结果，澳门居民的整体生活满意度并不高[④][⑤]，"澳门整体经济虽然表现突出，但为数不少的市民仍未能真正获益"[⑥]。澳门过去几年在经济高速增长的时候出现"五一游行"，在某种程度上也是澳门居民对整体生活不满意的表达。

导致澳门居民生活满意度不高的原因可能是多方面的，但最重要的一个原因

---

① 澳门统计暨普查局，本地生产总值，2010。

② 联合国统计处（United Nations Statistics Division），Indicators on income and economic activity，http：//unstats. un. org/unsd/demographic/products/socind/inc-eco. htm。

③ "台湾行政院"主计处：《国民所得统计年报 2008》，2010。

④ 尹宝珊等：《主观福祉》一章，收录于黄绍伦等编《澳门社会实录——从指标研究看生活质素》，香港中文大学香港亚太研究所，2007，第 1 页。

⑤ 2010 年 5 月 6 日《华侨报》。

⑥ 郭宏泰、黄绍伦：《贫穷问题》，收录于黄绍伦等编《澳门社会实录——从指标研究看生活质素》，香港中文大学香港亚太研究所，2007，第 247 页。

可能与经济成长之后的分配不均衡有关。过去11年来，澳门的经济蛋糕做大了。但在蛋糕的分配方面，居民得到的份额偏低。也就是说，澳门在经济效率方面取得了成功，但在社会公平方面还有较大的改进空间。

二　澳门劳动报酬比重与国际比较

一般而言，考察一个国家或地区社会公平的方法之一就是看经济成果的分配情况。要看经济成果的分配情况一个最直接的方法就是看一看劳动报酬在国民收入（GDP）中所占的比重。从国民收入的角度看，一个国家或地区的GDP由三大块构成：雇员报酬、资本报酬和政府税收（在统计文献里，包括了政府税收的GDP被称为"按市场价格估算的本地生产总值"，没有包括政府税收的GDP被称为"按基本价格估算的本地生产总值"或"按要素价格估算的本地生产总值"）。如果把每年的GDP规模视为居民每年创造的财富规模，GDP增长速度代表财富创造的速度，那么雇员报酬、资本报酬和政府税收这三大块在GDP中的比重则代表财富的分配情况。在总比重不变的情况下，三大块中任何一块过高或者过低，都会影响其他两块能分配的份额。根据这三者的比重，可以判断一个国家或地区的劳动者、投资者和政府从总经济成果中分享的利益大小以及社会的公平程度。

从全球范围看，劳动报酬占GDP的比重一般在40%～60%。美国、欧洲等发达国家和地区，劳动报酬一般占60%左右；拉丁美洲、中东和北非都在40%左右[1][2]。内地学者[3]根据联合国的资料，整理了122个国家1960～2005年45年间平均劳动报酬占GDP的比重，将其中比较有代表性的24个国家的数据列表（见表1）。从表1可以看出，45年的平均水平，最高的为美国，劳动报酬比重为58%，最低的为泰国，为25%；内地倒数第三，为33%。而澳门的劳动报酬占

① Robert Kyloh and Catherine Saget, "A common economic crisis but contradictory responses: The European experience 2008 – 09," Working Paper No. 93, Policy Integration Department International Labour Office Geneva, May 2009.

② Diwan, I., "Debt as sweat: Labor, financial crises, and the globalization of capital," Mimeo, The World Bank, 2001.

③ 李稻葵等：《GDP中劳动份额演变的U型规律》，《经济研究》2009年第1期。

GDP 的比重 2008 年（能得到的最新资料）仅为 28.8%。与表 1 统计的 24 个国家 45 年的平均水平比较，澳门的比重仅仅高于泰国，低于其他 23 个国家（见表 1）。而泰国的劳动报酬比重低，是因为泰国是农业为主的国家，从事农业生产的自雇劳动者的比重比较大。自雇劳动者的收入有一部分是劳动收入（自雇劳动者自己充当了劳动者的角色），有一部分是资本报酬（自雇劳动者也是投资者），而在统计 GDP 构成时，国际通行惯例是把他们的所有报酬都划入资本报酬（经营盈余）。结果是资本报酬被高估，劳动收入被低估。澳门是没有农业人口的经济体，因此没有泰国类似的问题。泰国如果没有将资本报酬高估，其劳动报酬的比重也许会高过澳门。

表 1　世界各国劳动者平均收入比重（1960～2005）

单位：%

国　　家	劳动收入比重	国　　家	劳动收入比重
澳大利亚	50	新西兰	48
玻利维亚	35	俄罗斯	46
喀麦隆	31	美国	58
加拿大	54	拉脱维亚	43
中国	33	波兰	43
智利	37	罗马尼亚	38
西班牙	48	南非	52
捷克	42	泰国	25
丹麦	54	瑞典	58
洪都拉斯	43	瑞士	53
日本	53	马来西亚	37
韩国	40	突尼斯	37

＊内地的统计中将自我雇用者的收入计入了劳动报酬，其他地方的则计入了营业盈余。

资料来源：李稻葵等《GDP 中劳动份额演变的 U 型规律》，《经济研究》2009 年第 1 期。

与表 1 列的 24 个国家 1960～2005 年 45 年的平均数据比较，澳门的劳动报酬在 GDP 中所占比重偏低。如果拿澳门的数据同亚洲邻居 2008 年的数据（能得到的最新数据）比较，情况是否会好一些呢？2008 年香港的 GDP 中劳动报酬占的比重为 49.7%，中国台湾为 54.7%，新加坡为 45.2%，日本为 66.3%[①]。广

① 这些国家（地区）统计年鉴。

东（2007 年数据）① 为 45.4%。显然与亚洲的邻居同一年的数据相比，澳门劳动者报酬的比重也是偏低的。澳门的比重仅相当于台湾地区的 52.7%，新加坡和广东的 63.7%，日本的 43.4%，香港的 58%（见表 2）。

表 2　部分亚洲国家（地区）国民收入的构成比较（2008）

单位：%

	中国澳门	中国香港	中国台湾	中国广东*	新加坡	日本
劳动报酬	28.8	49.7	54.7	45.4	45.2	66.3
经营盈余	45.1	45.1	39.0	38.0	46.7	23.6
产品税	26.0	5.1	6.3	16.6	8.1	10.1

*广东的数据为 2007 年数据。
资料来源：由作者根据上述地区（国家）的统计年鉴资料整理。

三　与卢森堡比较

澳门劳动报酬的比重偏低是否是因为澳门是微型经济体，微型经济体情况比较特殊所导致的呢？笔者选择人口等各方面同澳门比较接近的卢森堡来比较。卢森堡同澳门有很多相似之处。首先，同澳门一样，卢森堡的人口比较少。2009年人口仅为 49.4 万。其次，同澳门一样，就业人口中外地雇员占的比重比较大。2008 年总就业人口为 35 万（澳门为 33.3 万），其中外劳约 13.5 万人（澳门为 9.2 万人）。再次，人均 GDP 都比较高。澳门的人均 GDP 亚洲第一。卢森堡的人均 GDP 在欧盟 27 个国家中排名第一，2008 年人均 GDP 为 7.5 万欧元（11.63 万美元）②。卢森堡的劳动报酬占 GDP 的比重为 44% ~ 47%。2008 年为 47.1%（见表 3）。特别需要注意的是，4 年的比较数据中，除 2006 年以外，卢森堡其他 3 年劳动报酬的比重都高于经营盈余（资本报酬）的比重。因此，微型经济体特征的假设也不成立。

从以上比较可以看出，不管与不同国家的历史平均数据相比，还是同亚洲邻

① 《中国统计年鉴 2009》。
② Luxembourg in figures，STATEC，2009.

表3　卢森堡劳动报酬与经营盈余的比重

单位：%

指标　　年份	2000	2006	2007	2008
劳动报酬	46.4	44.0	44.5	47.1
经营盈余	41.4	45.1	44.0	42.0
生产与进口税	12.3	11.2	11.3	10.9

资料来源：卢森堡统计年鉴2009。

居最新资料比，或与同样是微型经济体的卢森堡比，澳门的劳动报酬比重都偏低。澳门劳动报酬的低比重与澳门亚洲第一的人均GDP地位不相称。

四　澳门劳动报酬占GDP比重的纵向比较

将澳门过去劳动报酬所占比重的历史数据进行比较，可以发现澳门过去10年劳动报酬的发展趋势。从1999年澳门回归这一年到2008年，澳门劳动报酬占GDP的比重随着经济增长而呈下降趋势。1999年，澳门GDP中劳动报酬所占的比重为37.7%，2008年仅为28.8%。2008年比1999年下降了9个百分点。与澳门具有可比性的香港，1997年香港回归的时候，劳动报酬占GDP的比重为47.4%，而到2008年则为49.7%，显示香港的劳动报酬占的比重在平稳的基础上略有上升（见图1）。

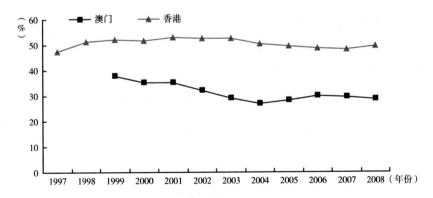

图1　澳门与香港劳动报酬占GDP比重的变化趋势

资料来源：澳门统计暨普查局《澳门统计年鉴》，2009。

五 劳动效率与劳动报酬

一般而言，劳动报酬的高低由劳动生产率的水平决定，因此劳动报酬的增长通常都同劳动生产率的增长同步。在西方发达国家、中国香港和新加坡的数据都显示了这种趋势。如果劳动生产率的增长速度高于劳动报酬的增长速度，就意味着资本侵占了劳动的利益，如果劳动报酬增长的速度高于劳动生产率增长的速度，则意味着劳动侵占了资本的利益。显示劳动生产率的一个重要指标是人均GDP。人均GDP越高说明劳动生产率越高。澳门的人均GDP从1999年到2008年年均按12.7%的速度增长，这意味着劳动生产率年均增长了12.7%；但同期澳门人均工资中位数年均增长仅为5.8%。不同的增长速度使劳动生产率同劳动报酬的增长差距呈加大趋势。从图2可以看出，1999~2008年，除2005年澳门的工资中位数增长率高于人均GDP的增长率外，其他8年都大幅低于人均GDP的增长水平。这显示，澳门劳动报酬没有同劳动生产率的增长同步增长，这是长期以来的问题。

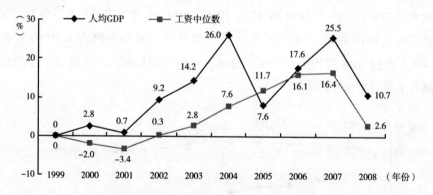

图2 澳门人均 GDP 与工资中位数增长趋势

资料来源：澳门统计暨普查局《统计年鉴》，2009。

六 导因分析

不同方式的比较，都显示澳门的劳动报酬占 GDP 比重偏低，并且从回归以来呈进一步下降的趋势。那么，导致这种情况的原因是什么？仔细分析有关数据，可以发现三个方面的原因。

1. 政府税收的影响

导致澳门劳动者报酬占 GDP 比重偏低的一个重要原因是政府的税收的影响。澳门特区政府的税收占 GDP 的比重比其他国家或地区都高。从表 2 可以看出，2008 年，澳门的产品税高达 26%，而比较的几个地方中最高的广东也才 16.6%，最低的香港才 5.1%。澳门的产品税高主要是博彩税高所致。由于博彩产业的特殊性，澳门的博彩税占企业博彩毛收入的 35%。而博彩产业占 GDP 的比重又比较高，2008 年博彩产业的增加值占 GDP 的比重高达 37.18%。由于博彩税的原因，澳门的产品税相对其他国家或地区都更高。由于 GDP 分配中，政府的税收拿走了比较大的一块，这使劳动和资本可以分配的份额降低。这是影响澳门劳动报酬比较低的原因之一。

2. 资本报酬的影响

澳门特区政府的税收仅仅是影响澳门劳动报酬偏低的因素之一。影响澳门劳动报酬偏低的另外一个原因是部分产业的资本报酬比较高。为方便比较，下面采用基本价格的方式来计算 GDP，即采用只考虑劳动报酬和资本报酬的 GDP，把政府税收排除在外。表 4 为根据 2008 年的统计资料（广东为 2007 年的统计数据）按要素价格计算的 GDP 中劳动和资本所占的比重。从表 4 可以看出，排除政府税收的影响之后，澳门的劳动报酬占 GDP 的比重仍然比较低。比邻近的新加坡低 10 个百分点，比香港低 13 个百分点，比中国台湾低近 20 个百分点，比日本低 35 个百分点。与欧洲的卢森堡相比低 14 个百分点。所比较的 7 个国家或地区，除新加坡外，所有的劳动报酬所占 GDP 的比重都超过资本报酬所占的比重，其中中国台湾甚至达17 个百分点。新加坡虽然资本报酬超过劳动报酬，但超过的比重不到 2 个百分点。

表 4　劳动与资本在按基本价格计算的 GDP 中的比重（2008）

单位：%

指标　　国家或地区	中国澳门	中国香港	中国台湾	新加坡	中国广东*	日本	卢森堡
劳　动	39.0	52.4	58.4	49.2	54.5	73.7	52.9
经营盈余	61.0	47.6	41.6	50.8	45.5	26.3	47.1

＊广东的数据是根据广东 2007 年的资料计算的。

资料来源：由作者根据上述地区（国家）的统计年鉴资料整理。

虽然澳门总体劳动报酬的比重低于资本报酬的比重，但并不是所有的行业都有这种情况。影响澳门 GDP 结构的主要产业有四大类，它们是"建筑"、"批发零售、维修、酒店及饮食"、"银行、保险及退休基金、不动产业务、租赁及企业服务"、"公共行政、社会及个人服务（包括博彩业）"。四大类别行业的增加值就占澳门按基本价格计算的 GDP 的 98%（由于四舍五入，所有行业的百分比为 104%）。这四大类行业中，劳动报酬比重过低的行业主要有三个（见表 5）。其中最大的两类行业——"银行、保险及退休基金、不动产业务、租赁及企业服务"和"公共行政、社会及个人服务（包括博彩业）"，劳动报酬占 GDP 的比重都非常低。"银行、保险及退休基金、不动产业务、租赁及企业服务"部门的劳动报酬占 GDP 比重的 17.1%，"公共行政、社会及个人服务（包括博彩业）"仅为 38.2%。"建筑"虽然比较高，为 44.7%，但与香港比较仍然是偏低的。香港的"银行、保险及退休基金、不动产业务、租赁及向企业提供的服务"业劳动报酬比重为 56.2%，建筑业为 82.0%。"公共行政、社会及个人服务（包括博彩业）"因为香港没有可比的博彩业，所以不能进行比较。

表 5 四大类行业劳动报酬占 GDP 比重

单位：%

	建筑	批发零售、维修、酒店及饮食	银行、保险及退休基金、不动产业务、租赁及企业服务	公共行政、社会及个人服务（包括博彩业）
增加值占 GDP 比重	12.60	12.14	23.02	50.01
劳动报酬占 GDP 比重 *	44.7	55.7	17.1	38.2

* 按基本价格计算的 GDP。

资料来源：澳门统计暨普查局，本地生产总值，2010。

3. 外劳的影响

前面分析发现三大类行业的劳动报酬比重都比较低（尤其是同香港比较），那么影响这些行业劳动报酬比重低的因素又是什么？分析这三类行业，发现外地雇员比重高可能是一个重要因素。上述劳动报酬比重偏低的行业，大都是外地雇员比重比较大的行业，具体包括建筑业、不动产业务、租赁及企业服务、个人服务等。由于外地雇员的人工相对比较便宜，因此压低了澳门劳动报酬的总体比重。

七　结论及建议

根据上面的横向比较和纵向比较，我们可以肯定澳门的劳动报酬占 GDP 的比重在世界上属于比较低的。导致的原因一方面是政府税收占的比重比较大（主要由于博彩产业的缘故），另一方面是部分行业资本报酬占的比重高。而资本报酬占的比重高，部分原因是外地雇员比重高。

劳动报酬在 GDP 中的比重，直接关系社会公平和社会和谐问题，因此是世界各国政府都十分关注的问题。最近几年来，内地的 GDP 中劳动报酬的比重偏低问题已引起中央政府的高度关注。2010 年春节前后，国家多位领导人频繁在公开场合表态，强调调整国民收入分配结构的重要性。2 月 3 日，中共中央总书记、国家主席胡锦涛在谈到转变经济发展方式时，把"加快调整国民收入分配结构"放在了首位。国务院总理温家宝在 3 月 5 日的《政府工作报告》中特别强调"要抓紧制定调整国民收入分配格局的政策措施，逐步提高居民收入在国民收入分配中的比重，提高劳动报酬在初次分配中的比重"。10 月通过的中共中央"关于制定国民经济和社会发展第十二个五年规划的建议"也把保障和改善民生放在非常重要的位置，并把"努力实现居民收入增长和经济发展同步、劳动报酬增长和劳动生产率提高同步"作为今后五年经济社会发展的主要目标，"建议"还指出，"初次分配和再分配都要处理好效率和公平的关系，再分配更加注重公平。努力提高居民收入在国民收入分配中的比重，提高劳动报酬在初次分配中的比重"。上面提到的"初次分配中的比重"，指的就是 GDP 中劳动报酬的比重。这显示内地对劳动报酬占 GDP 的适当比重的关注。劳动报酬的比重比澳门高很多的内地尚如此关注劳动报酬比重问题，澳门更应该关注该问题。

澳门的劳动报酬比重过低的问题，从回归以前就存在，回归以后一直没有得到调整。如果说澳门回归后的前 10 年特区政府的注意力重在经济效率，重在如何以尽可能小的成本创造尽可能大的财富，那么，在回归进入第二个 10 年的今天，特区政府理所当然应该花更多的精力关注公平，即保证财富的分配更加合理，让居民更多地分享经济发展的成果。其实特区政府也已经采取了一些措施来解决该问题，比如目前实施的中央公积金制度，现金分享安排等都是通过二次分配来调整初次分配缺陷的一种尝试。但考虑到澳门同其他地方的差距，以及政府

从高比重的税收得到的财政收入，政府还可以采取更多、更积极的措施。政府可以选择的政策工具包括制定最低工资标准、适当控制外地雇员的数量、鼓励劳工集体谈判薪酬水平，以及每年根据财政盈余情况给居民分红。制定最低工资标准和控制外地雇员数量对劳动报酬的比重影响有一些，但不能根本解决问题，因为过高的工资标准或过紧地控制外地雇员的数量可能会影响有关产业的竞争力。而集体谈判薪酬的方式要得到劳动者和投资者双方的认可需要较长时间的培育和磨合过程，因此在目前的情况下，全民分红可能是更好的选择。全民分红是政府通过二次分配的手段调整初次分配中缺陷的一个立竿见影的方法。政府从初次分配中拿到的高比重收入使政府有能力实施这种安排。另外从投资理财的角度看，将更多的经济成果转移到居民手里也是合理的，因为由居民自己来投资理财的效率比由政府来替大家投资理财的效率更高。

Efficience and Justice:
Research on the Wage Share in Macau

Zeng Zhonglu

Abstract: Since her return to China, Macau has achieved great success in economic development. Her labor productivity reflected in the GDP per capita has increased substantially, however, the wage share in Macau's GDP still remains at very low position. The situation existed before her return to China, but has not made improvement after the return. On contrary, the wage share has shown a tendency of further declining. The main causes of the low wage share in Macau's GDP include high government tax, high share of capital income in GDP and relatively large percentage of non-Macau employees. Improvement of low wage share of the employees can help Macau residents enjoy more results of economic development, increase social justice and harmony. The SAR government has several policy tools to choose from, which include setting up minimum wage law, control the number of non-Macau resident employees and dividend sharing for all citizens.

Key Words: Macau; Social Justice; Wage Share; Dividends for All Citizens

澳门财政透明度研究

——基于 IMF 守则的描述性分析

连信森*

摘 要： 本文利用国际货币基金组织订定的《财政透明度良好做法守则》对澳门财政透明度进行描述性的评估，研究发现：澳门财政预算制度的公开性及透明度符合国际标准，澳门公共财政拥有较高的透明度。但是，澳门财政信息的可阅读性有待加强，公共预算过程缺乏公众的参与。本文的政策含义是：1）增加澳门财政信息的可阅读性；2）制定《公共财政数据公开指引》，建立机制让市民合法取得财政信息；3）推动"参与式预算"，多渠道向市民咨询公共支出需求；4）定期公布大型支出项目的财政信息；5）加强媒体宣传，加大公共财政信息的发放力度。

关键词： 澳门 财政透明度 预算 信息

一 前言

自 1999 年澳门特区成立以来，澳门政府致力提升施政透明度，提出了多项公共行政改革的有力措施，并取得了一定的成效。踏入第三届特区政府，打造"阳光政府"成为澳门公共行政改革的突破口之一。要真正落实"阳光政府"，财政透明化（fiscal transparency）是不可避免的重要环节。财政透明具有丰富的含义，目前尚未形成统一的定义。当前被广泛引用的是 Kopits 和 Craig[1] 提出的

---

* 连信森，武汉大学公共财政学博士，澳门经济学会副秘书长，主要研究方向为公共部门效率评估、澳门财政政策效应分析。

[1] Kopits, G. , and Craig, J. , "Transparency in Government Operations," IMF Occasional Paper, 1998, No. 158.

财政透明度定义。按照 Kopits 和 Craig[①] 的研究，财政透明是指政府向市民最大限度地公开关于政府结构和职能、财政政策意图、公共部门账户和财政预测的信息，而这些信息必须是可靠的、全面详细的、及时的、便于理解和进行国际比较的，让市民和金融市场正确地评估政府财政现状和政府活动的真实成本和收益，以及让市民了解政府活动目前和未来所产生的经济和社会影响。

从国际的经验来看，财政透明度的提升，可以防止或减少财政资源的无效运用或降低贪腐的可能性，把政府财政管理摊在阳光下，为公众对政府施政问题进行讨论创造了前提条件，也有助于国家治理能力的再提升[②]。事实上，澳门特区政府早在回归初期就意识到财政信息透明的重要性，以加强传媒沟通、公民互动、完善法律法规为着力点，按部就班地推动澳门公共财政透明化。2000 年财政年度施政报告提到："政府将加强合并后的基金会的运作透明度，透过社会的监督，进一步发挥其应有功能。"2002 年财政年度施政报告强调："明年将有更多公共投资项目展开，政府将增加招标等过程的透明度，加强监察，确保公平和质量。"2006 年财政年度施政报告表明："要进一步扩大政府工作具核心性、细节性和持续性的透明度，鼓励传媒和议政人士做政府的诤友，将公共行政置于市民和舆论更加有力、更具实效的监督之下。"2009 年财政年度施政报告提出："完善公共工程的承揽制度，扩大公共工程项目运作透明度。"

踏入澳门的第二个 10 年，第三届特区政府深化阳光政府建设，全方位提高公共部门运作的透明度。2010 年财政年度施政报告强调："特区政府加强信息沟通，推广政务公开，打造新时代的阳光政府。"2010 年经济财政范畴施政方针也提出："透过优化公共会计系统的各项功能，加强对各公共实体包括自治机构的财政监管，提高公共资源运用的透明度，保障公共财政资源得到有效的管理和运用。不断完善公物管理，提高政府采购的透明度和效率。"同时，澳门特区政府宣布为逾千亿澳门元的财政储备建立管理和投资制度，财政储备结余及投资收益等资料须定期公布，让公众知悉及监察。10 年多以来，特区政府在推动财政公开的方针和政策方面愈加明确和制度化。

① Kopits, G., and Craig, J., "Transparency in Government Operations," IMF Occasional Paper, 1998, No. 158.

② 苏彩足：《政府透明化分析架构建立之研究》，行政院研究考核发展委员会委托研究，2008。

诚然，财政透明并不是一步到位，特区政府对财政透明度建设作了多次改革探索，取得了许多宝贵的经验。经过 10 年的发展，澳门积累了逾千亿的财政储备，多项大型工程、填海计划、澳门大学新校区、粤澳合作产业园等项目涉及大量资金的运用。如何在新时期下，进一步提升澳门财政透明度是值得关注的问题。为此，本文按照国际货币基金组织（IMF）订定的《财政透明度良好做法守则》所提出的标准评估澳门财政透明度的现状，并提出待改进之意见。

二 澳门公共财政信息的供求主体

作为一种特殊的公共品，公共财政信息存在需求和供给的关系。一般而言，公共财政信息的供给者是掌握公共资源的机关和实体（主体为政府部门）。公共财政信息的需求方是纳税人及对公共财政信息有特殊信息需求的群体或个人。公共财政的透明化绝非是政府单方面行使权力的过程，更多是政府与纳税人、利益团体、传媒乃至全社会的互动过程。

（一）公共财政信息的需求者

1. 纳税人

作为公共财产的共同所有人，每位纳税公民对政府资源的运用均拥有平等的知情权。公民一方面为政府提供税收收入，另一方面享用政府提供的公共服务。在公众监督的过程中，每位市民都是澳门政府财政信息的需求者。但是，究竟有多大比例的公民真正关心政府财政信息，则取决于公民素质和公民社会的发展水平。不可否认，澳门社会的公民意识正在提高，但真正关心财政资源运用的市民依然不多，尚未形成一支强大的监督力量。

2. 立法会

澳门实行典型的立法监督体制模式。澳门立法会负责审核并通过政府的财政预算案；审议政府提出的预算执行情况报告。全体立法会议员代表广大市民的共同利益，对政府预算部门和资金的使用实行监督与制衡，在此过程中，立法机构对政府财政信息具有强烈需求。

3. 社团

澳门是一个社团文化高度发达的地区，在不到 30 平方公里的土地上就存在

3000 多个社团，常被称为"社团社会"。澳门社团发挥监督政府和约束政府的功能，也逐步成为民众参政议政的平台。我们也看到，不少社团领导和代表已进入各类政府成立的咨询性委员会，直接向政府部门反映意见。要发挥监督功能，社团对政府财政信息存在需求。

4. 媒体

澳门媒体与特区政府保持着密切的合作关系，一直发挥着舆论监督的作用，向社会公众及时传达公共信息。近年来，特区高层领导定期和各大媒体会面，第三届特区政府更是设立了政府发言人制度，加强与传媒的双向沟通。财政透明不能只靠政府自身的信息公开，还需借助媒体的传播渠道，把相关信息深入到市民日常生活中。随着澳门公民社会的进步，媒体对公共财政的信息需求将越来越大。

5. 廉政公署、审计署

廉政公署和审计署是两大重要监督力量，前者负责打击贪污及维护公共行政之合法性，后者负责审计监督政府预算执行情况及履行职务时所达到的节省程度、效率和效益。两大独立的监督机构在履行职务过程中对政府部门财政活动和信息产生巨大的信息需求。

（二）公共财政信息的供给者

1. 特区政府

特区政府受市民委托管理和运用公共财富，并向市民提供公共品和公共服务。在治理的过程中，公共财产的各种运用信息集中在政府手中，因此，澳门特区政府是公共财政信息的主要供给主体。特区政府财税部门承担着澳门公共财政信息发放的统筹职能。

2. 公营企业

近年来，特区政府先后成立过数家公营企业。这些公营企业以商业运作的形式完成特区政府交办的公共任务。例如，第二届亚洲室内运动会澳门组织委员会股份有限公司完成了第二届亚洲室内运动会的设计、筹备、推广和组织活动。又如，澳门将成立一家公营企业，与粤方衔接，配合粤澳中医药科技产业园的管理运作。由于公营企业的资本大部分来自于公共财富，企业的运作很大程度上反映政府资源的调配和运用，其运作信息可视为公共财政信息，应适当予以公开。由此看来，公营企业也是公共财政信息的供给者之一。

3. 社团

澳门拥有超过 3000 个社团。多年来，社团充当政府和市民之间的沟通桥梁，提供部分的公共服务。有一种趋势是，政府投放在社团身上的公共资源日益广泛。在社团资源份额中，来自政府的资助占有日益重要的地位①。由此可见，社团有关公共资源的运用情况也算是另一类的公共财政信息。

三 澳门财政透明度的描述性评估

近年来，多个国际组织拟定了若干提高财政透明度的制度框架或行动计划，包括：IMF 订定的《财政透明度良好做法守则》、经济合作与发展组织（OECD）的《预算透明度最佳做法》、世界海关组织（WCO）的《阿鲁沙宣言》、《预算公开行动计划》和《采掘业透明度行动计划》等。相比较而言，由 IMF 公布的《财政透明度良好做法守则》最为明确和具体。成熟的市场经济国家和地区大多参照 IMF 的相关规定构建高透明度的公共财政体系。近年的经济快速发展，使澳门已进入了高人均收入的地区行列，因此，本节以 IMF 的《财政透明度良好做法守则》对澳门财政透明度的实践作出描述性的评估。

IMF 最早于 1998 年公布《财政透明度良好做法守则》（*The Code of Good Practices on Fiscal Transparency*），并在 2001 年对其进行了修订。2007 年，IMF 力图推行一些切实可行的、可适用于各种经济发展水平的良好做法，再次推出新版的《财政透明度良好做法守则（2007 年）》（简称《守则》）。

（一）《守则》的四大核心原则

《守则》为财政透明度提供了一个综合框架②，核心原则包括：明确职责、公开预算程序、方便公众获得信息和确保真实性。分述如下。

1. 明确职责

明确职责（Clarity of roles and responsibilities）是《守则》的第一个核心原

---

① 娄胜华：《澳门社团组织的法律制度分析：历史与现实》，《行政》2006 年第 2 期。
② 国际货币基金组织：《财政透明度手册》，2007。

则，这表明政府与其他公共部门之间清晰的作用和责任划分是财政透明度的主要内容，也是财政政策设计和实施的责任基础[1]。明确职责的原则包括两个核心的做法：一个是明确政府与商业活动的界限，另一个是明确财政管理的法律框架。可以看到，对公共部门和政府职责以法律形式进行界定，有助于政府按照不同职能进行公共资金的收支，而这些收入要受到预算法律和行政管理的制约。

2. 公开预算程序

公开预算程序（Open budget preparation，execution and reporting）是《守则》的第二个核心原则，包括确保预算准备、实施和监督过程透明等核心做法。《守则》要求政府适当的公开其预算编制和执行过程向公众说明财政政策的目标、宏观经济的框架、预算政策和主要财政风险等公共信息[2]。

3. 方便公众获得信息

《守则》的第三个核心原则是方便公众获得信息（public availability of information）。按此理解，政府应当向公众提供全面的财政信息，所提供的财政信息至少应当包括预算信息、资产及负债信息以及各级政府的合并财务状况等[3]，并为预算立法留出充分时间，以便广泛征求意见。

4. 确保真实性

确保真实性（Assurances of integrity）是《守则》的第四个核心原则。这原则强调财政信息要确保质量，并且建立具备向立法机构和公众确保数据真实性的机制，公共财政信息需要有独立的审查机构进行监督和实施。

（二）澳门财政透明度的定性评估

表1是IMF《守则》对财政透明良好实践的基本要求一览。以下分别从明确职责、公开预算程序、方便公众获得信息、确保真实性四个原则逐一评判澳门财政透明度实践的现状。

---

① 杜方、邵冰：《中国财政透明度的度量及改进对策》，《西北大学学报（哲学社会科学版）》2009年第3期。
② 杜方、邵冰：《中国财政透明度的度量及改进对策》，《西北大学学报（哲学社会科学版）》2009年第3期。
③ 杜方、邵冰：《中国财政透明度的度量及改进对策》，《西北大学学报（哲学社会科学版）》2009年第3期。

表1　关于财政透明度问题的各项原则和基本要求的一览

原　则	基本要求	澳门现状
明确职责		
应将政府部门与其他公共部门以及经济体的其他部门区分开来,应明确公共部门内部的政策和管理职能,同时予以公开披露	公布的机构表能够明确显示公共部门的结构,并按照政府和公共法人机构的级别列出所有政府实体	符合
	对所有准财政活动的范畴与目的进行解释	部分符合
	明确界定各政府部门的收入与支出责任	符合
财政管理应有明确和公开的法律、法规和行政框架	如果没有关于立法机关拨款的公开证据,不得使用公共基金	符合
	有关税收的法律法规应明确,并且能够方便公众获得相关信息	符合
公开预算程序		
在编制预算时,应按确定的时间表进行,并以明确的宏观经济和财政政策目标为指导	根据规定日程向立法机关提交切实可行的预算提案	符合
	明确解释新收支措施的影响及其可能发生的成本	不符合
	根据切实可行的经济假设,提供统一的多年财政框架	不符合
预算执行、监督和报告应有明确的程序	有效跟踪收入、承诺、支付和欠账	符合
	向立法机关提交经过审计的决算账户和审计报告,并在一年以内予以公布	部分符合
方便公众获得信息		
应就过去、现在和未来的财政活动以及主要的财政风险,向公众提供全面的信息	预算文件能够纳入中央政府的所有预算和预算外活动、地方政府的财政状况以及公共法人机构的财务状况	部分符合
	财政部门公布的信息应详细说明其债务、重要金融和自然资源资产、非债务责任和或有负债	不符合
提供的财政信息应有利于政策分析和加强问责制	向公众明确解释预算的主要提议和经济背景	部分符合
	收入、支出和融资按总额列出,并按经济、职能和行政类别对支出进行分类	符合
	向立法机关报告政府计划的执行结果	符合
应确保财政信息公布的及时性	将及时公布财政信息作为一项法律义务	部分符合
确保真实性		
财政数据应符合公认的数据质量标准	会计政策符合公认的会计准则	部分符合
	将决算账户与预算拨款数据进行全面对照,并将财政总结果与以前的预测进行对照	符合
	各国如果不能遵守"数据公布特殊标准",应签署"数据公布通用系统"	符合
应对财政活动进行有效的内部监督和保护	采购、公共部门金融交易、公务员道德行为方面的标准不仅明确、公开,而且能够得以遵守	符合
	内部审计程序明确且能够得到遵守	符合
财政信息应接受外部检查	独立于行政机构以外的国家审计机构应及时就政府账户的财务真实性,向立法机关和公众报告(至少一年一次)	符合

资料来源:国际货币基金组织,2007,http://www.imf.org/external/np/fad/trans/chi/manualc.pdf。

1. 应将政府部门与其他公共部门以及经济体的其他部门区分开来，应明确公共部门内部的政策和管理职能，同时予以公开披露

（1）公布的机构表能够明确显示公共部门的结构，并按照政府和公共法人机构的级别列出所有政府实体。

评析：按照澳门《基本法》规定，澳门特区政府设司、局、厅、处四个行政级别。澳门市民可以在特区政府门户网站内随时查阅由司局级单位、行政长官直接领导的行政单位组成的行政架构图和部门职能的相关法例，在此基础上在部门网站了解厅处级单位的行政设置和职能、主管人员名单、联络地址和联络电话，等等。澳门政府对任何的行政机构的变动会及时向社会做出通报和解释。政府公布的机构表还包括独立运作的廉政公署和审计署。但是，仍存在一些自治组织和公营企业未有专门网站披露其部门结构和职能信息。

（2）对所有准财政活动的范畴与目的进行解释。

评析：对所有形式的公共财政活动进行解释是高透明政府的标志之一。事实上，世界上只有少数国家和地区做到了这一点。更常见的是，政府选取大型建设和与民生相关程度较高的支出项目向市民进行专场的解释。目前，澳门对财政活动范围与目的的解释在政府内部已建立了规范。但对公众而言，特区政府选取了大型公共支出项目（例如轻轨项目）或与民生相关程度高（例如现金分享计划、中央储蓄制度）的支出项目，通过媒体、政府发言人、专场讲解会、巡回展览向公众介绍财政活动的内容和目的，集中向公众发放信息和吸纳公众意见。全面透露澳门特区政府财政活动的范畴和目的将是打造"阳光政府"的重要努力方向，政府在这方面的工作仍有待加强。

（3）明确界定各政府部门的收入与支出责任。

评析：特区政府部门均是依法履行职责。澳门政府部门的组织法例列明了各公共组织在其法定的范围内所享有的收入和支出责任，相关条例在特区政府印务局网站供市民统一查阅。也有一些公共部门把其收入和支出责任上载至部门网站当中。例如，民政总署网站刊载了该署的成立法律（第17/2001号法律）以及自该机构成立以来法例修改的历史进程；行政暨公职局也在部门网站上列明了战略目标和工作范围。一些部门的良好做法是值得推广的，当中，民政总署在部门网站上载了民政总署年度工作大纲及预算，并列明了机构总体工作目标、各属下部门的工作目标、预算背景说明、机构收入表和支出表。然而，并不是所有的澳门政府部门都能详细说明其收支责任，以及相对应的收支预算和账目，相信未来各个政府机构公布收支信息的做法需有统一的规范。

2. 财政管理应有明确和公开的法律、法规和行政框架

评析：澳门公共财政管理具有明确和公开的法律依据，公共财政管理过程接受多方面的监督。澳门主要的财政管理法律有澳门《基本法》、《预算纲要法》（第41/83/M号法令）、公共财政管理制度（第6/2006号行政法规）和年度预算法律。《预算纲要法》旨在规范本地区总预算之编制及执行、本地区公共会计、管理账目及营业年度账目之编制，以及澳门公共行政领域之财政活动之监察。公共财政管理制度则是在原有的法律基础上规范澳门特别行政区所有公共行政部门（包括享有行政或财政自治权的部门及机构）的财政活动的管理、监察及责任。此外，第324/2009号行政长官批示在《预算纲要法》和《公共财政管理制度》设定的原则下，对澳门特别行政区财政预算的组成、内容和编制规则作出细则性的规范、说明和指引。

（1）如果没有关于立法机关拨款的公开证据，不得使用公共基金。

评析：在每个财政年度里，澳门的公共基金（例如文化基金、工商业发展基金）的收支会列入特区预算案送交澳门立法会审议，相关行政部门需按照预算案所通过的拨款额度依法使用公共基金。但在一些情况下，是可以不需要重复送交立法会审议的，例如拨款的增加可以通过减少另一项开支的形式进行，即保持总开支不变，这样，按照法律规定则无须再重新交立法会审议。又例如，给予自治基金的拨款不变，但自治基金因为其他来源的收入增加而增加本身开支时，可以无须送交立法会审议，理由在于自治基金有权运用本身的收入。

（2）有关税收的法律法规应明确，并且能够方便公众获得相关信息。

评析：澳门税制简单，主要税种包括营业税、所得补充税、职业税、房屋税、旅游税、机动车辆税、印花税等。所有税收的法规均是通过法律法规形式公布并刊载于《政府公报》（市民可于澳门印务局网站查阅）。同时，财政局从多个方向让公众深入了解现行的税收法规，包括：①设立了专题栏目介绍相关的法律法规；②透过单张或小册子向公众宣传税收义务；③设立税务咨询热线解答公众问题；④针对常见税项（职业税、所得补充税、印花税）在财政局网站提供

模拟计算器；⑤财政局辖下的辅助纳税人办公室接受市民提出有关其税务档案进程的投诉和陈述。

3. 在编制预算时，应按确定的时间表进行，并以明确的宏观经济和财政政策目标为指导

（1）根据规定日程向立法机关提交切实可行的预算提案。

评析：澳门特区政府每年以法律草案的形式提交需经立法会审议的年度预算提案。为公共预算编制过程订定公开、具执行力的日程有助提升政府财政预算的透明度。在每一个财政年度里，澳门行政长官做出批示对澳门特区预算的准备（包括行政当局投资与发展开支计划的拟定）订定行政机关须遵守的时间表。每年的预算编制日程均会预留充分时间让立法会详细审议政府的预算案。

（2）明确解释新收支措施的影响及其可能发生的成本。

评析：因应社会经济发展和民生诉求的变化，地方政府收支结构需要不断优化和调整，并针对新的问题推出新的财政收支措施。财政透明要求地方政府对这些新措施在资源要求和支出责任方面对公共财政的影响作出充分的说明。因应社情民愿的变化，澳门特区政府就轻轨建设、现金分享、医疗券等新的财政支出措施向社会进行了总体情况的介绍（包括总支出、支出计划等）。然而，相关的公共部门并没有进一步对这些措施如何影响澳门公共财政给定更为具体和长远的分析。

（3）根据切实可行的经济假设，提供统一的多年财政框架。

评析：世界上已有不少的发达经济体（如英国和澳大利亚），以及发展中和新兴的市场国家（如智利和巴西）成功引入了中期预算框架。邻近的香港特区政府早在回归初期就在财政预算中根据可行的经济假设和预算准则，提供中期财政预算（一般为4年），向市民解释年度预算用的假设与财政预算准则、中期的预算总额、中期预算中政府开支和公共开支与本地生产总值的关系以及或有负债的估计。在这方面，澳门特区政府已基本建立了统一的财政预算框架，相关的背景也在行政长官年度施政报告和经济财政司的施政方针中有所说明，但是，在现时有关财政预算的法律中，并没有要求特区政府编制未来数年的预算趋势，因此，预算案仍没有做到按照中期预算框架的要求向市民提供中期宏观经济和财政预测、对预算年度后2~4年各部门的收支估计和行政部门或有负债的估计。诚然，澳门经济容易受外围影响，澳门博彩业发展波动性较大，令准确预测澳门财政收支存在一定的困难。

4. 预算执行、监督和报告应有明确的程序

（1）有效跟踪收入、承诺、支付和欠账。

评析：为了执行透明的预算政策，地方政府应有一个全面包括各种财政交易的有效会计制度，以及一个有效的内部控制系统。澳门特区政府设立了外部和内部机制对年度的预算执行情况（包括收入、承诺、支付和欠账）进行跟踪。按照组织法例规定，财政局在其法定的职权范围内，对部门及机构作出内部审计及开支结算的监督，以便预防及纠正异常状况。就组织内部而言，第 6/2006 号行政法规订明了行政部门预算的内部监控机制，部门内部的审计报告书须送交经济财政司司长及审计所针对的部门或机构的监督实体。预算执行也设定了罚则，任何违反预算编制及执行的规定者可课最高澳门币壹万元的罚款，甚至构成刑事责任。

（2）向立法机关提交经过审计的决算账户和审计报告，并在一年以内予以公布。

评析：澳门特区政府每年要编制年度政府财政总账目，并提交立法会审议。按照《预算纲要法》的规定，澳门财政局须在每一经济年度完结后的五个月内，或行政长官决定的较长时间内，向审计署送交公共财政账表。审计署也须在每一财政年度完结后的九个月内完成账目审计工作并发表审计报告。这里，审计署的主要工作是对政府账目是否按照法定的公共会计制度编制、会计政策是否贯彻执行，以及综合财务报表是否在所有重大方面反映特区政府在公共会计制度下的财务状况和该财政年度的预算执行结果发表审计意见。一般而言，年度政府账目基本上是在一年后才作公布，澳门政府总账目刊载于《政府公报》并可在各大公共图书馆查阅。

5. 应就过去、现在和未来的财政活动以及主要的财政风险，向公众提供全面的信息

（1）预算文件能够纳入中央政府的所有预算和预算外活动、地方政府的财政状况以及公共法人机构的财务状况。

评析：按照第 324/2009 号行政长官批示，澳门特别行政区财政预算应包括特区的所有预计收入和预计开支。这些预算单位包括非自治部门、行政自

治部门和自治机构三大类别；特区政府的预算文件包括总收入预算表和总开支预算表（包括非自治部门、行政自治部门及除特定机构以外的其他自治机构的开支和收入预算），综合反映了澳门特别行政区的整体预算收支情况。财政局负责制定有关预算筹组的各项格式、要求和指引，并监控各个行政部门遵守法律规定的格式。但是，公营企业并没有把相关的财政信息列入政府预算文件中。要顺便一提的是，公共部门有一些款项的收付（例如：暂收保证金）并不属于预算收入或开支，这些项目的性质与内地的预算外收支并不相同。

（2）财政部门公布的信息应详细说明其债务、重要金融和自然资源资产、非债务责任和或有负债。

评析：《澳门特别行政区财政预算》和《澳门特区政府总账目》详细刊载了当年财政年度不同职能、不同经济活动和不同行政部门的收入、开支信息。由于政府一般部门现时仍然采用现金收付制的公共会计制度，这些行政部门的资产负债表只是反映现金资产，以及一些短期的债权和债务。但是，一些从事金融投资活动的机构自2010年度起采用了权责发生制会计制度编制账目，因此，这些机构的账目能够反映其金融资产以及其他资产和负债信息。

6. 提供的财政信息应有利于政策分析和加强问责制

（1）向公众明确解释预算的主要提议和经济背景。

评析：在每年11月份，澳门行政长官列席立法会介绍下一财政年度的施政报告，当中论及下一财政年度的主要规划和经济发展背景。此后，不同施政范畴的主管官员也会列席立法会介绍施政方针和具体工作方向。当中，经济财政司司长在施政方针中会说明未来一年的施政主要提议和经济背景，较多集中在宏观性的论述。但是，澳门仍没有结合政府预算案说明公共收入如何征收、支出如何分配以及相关的经济预测数据。

（2）收入、支出和融资按总额列出，并按经济、职能和行政类别对支出进行分类。

评析：《澳门特别行政区总预算》和《澳门特区政府总账目》把财政收入、财政支出按经济、职能和行政类别分类进行列示。这里，经济分类可划分为经常开支和资本开支两种，前者包括资产及劳务、利息、经常转移、其他经常开支等预算项目，后者则为投资、资本转移、财务活动、其他资本开支等预算项目。职能分类可细分为公共财政之一般部门、公共治安、教育、卫生、社会保障、房屋、其他集体及社会服务、经济服务和其他职能等类别。行政部门类别可再细分为非自治部门、行政自治部门和自治机构三个类别。在特区预算文件和账目文件中，公共支出按经济、职能和行政类别划分并列出总额，公共收入则只是以经济分类列出总额。特区政府现时并没有以融资方式获得资金，所以并没有融资总额的列示。

（3）向立法机关报告政府计划的执行结果。

评析：第 324/2009 号法规订明，预算执行情况报告是反映澳门特别行政区每一财政年度预算执行情况的书面报告，由澳门特别行政区总账目和预算执行情况分析两部分组成。澳门《基本法》第 71 条规定立法机关负责审核、通过政府提出的财政预算案和审议政府提出的预算执行情况报告。在立法会审核政府预算执行报告期间，市民可于立法会网站上下载相关的政府预算执行报告和审计报告。同时，特区政府财政范畴和审计部门的主管官员每年列席立法会解释年度的《预算执行情况报告》和《澳门特区政府总账目》。目前，2005～2007 财政年度的政府总账目可以在印务局网站上查阅下载。

7. 应确保财政信息公布的及时性

将及时公布财政信息作为一项法律义务。

评析：财政透明度的基础是及时向公众提供广泛的可预测信息。为确保这种良好做法的实施，应对政府公布财政信息的法律义务做出明确规定①。根据《预算纲要法》和《公共财政管理制度》的规定，澳门特区政府预算执行的结果应按法律规定的会计制度进行适当的记录和汇报。目前，政府的预算案和年度预算执行情况都刊载在政府公报中（在网上公布）。此外，财政局定期在网页上公布政府收支资料（不包括自治机构）。

8. 财政数据应符合公认的数据质量标准

（1）会计政策符合公认的会计准则。

评析：澳门现行的公共会计制度属现金收付制，主要参考葡萄牙的制度。第 41/83/M 号法令和第 6/2006 号行政法规订定了有关澳门总预算及公共会计之编制及执行、管理及业务账目之编制。这两部法律都适用于一般机构、行政自治机

---

① 国际货币基金组织：《财政透明度手册》，2007。

构及自治机构①。财政局负责对特区政府的"公共会计系统"及"澳门特别行政区预算",促进并指导其运作及执行,以及确保澳门特别行政区财政之正常管理。可以说,世界上政府会计并非如企业会计有统一的国际标准,各国政府按各自国情有不同的制度,而国际上亦仍在探索研究之中,澳门亦与其他国家/地区一样,也在进行有关公共会计制度改革的探索和尝试。

(2)将决算账户与预算拨款数据进行全面对照,并将财政总结果与以前的预测进行对照。

评析:由财政局编制的澳门特区政府总账目所披露的财政信息日渐细致和详尽,符合IMF财政透明度的基本要求。以《二零零七年澳门特区政府总账目》为例,特区政府把公共部门细分为非自治部门、享有行政自治权的部门及机构、自治机构三类,并按此三类不同的公共组织把财政决算与本年度和上一年财政年度预算进行列示和对比分析。总账目也按不同经济分类(如直接税、间接税)对澳门公共收入的预计值和实际征收值进行比较。在公共支出方面,总账目按照三种不同分类方式(职能、经济和行政类别)对公共支出的预测值、实际支出值和执行率等指标进行列示和对比。除此以外,总账目还按组织分类对公共收入和公共支出的预测值与实际支出进行列示和比较。可以说,澳门政府总账目较为全面地披露了每个年度的公共预算执行总体结果、经常项目差额、贷款回收、历年财政滚存等财政指标的预算值和实际值。

(3)各国如果不能遵守"数据公布特殊标准",应签署"数据公布通用系统"。

评析:澳门特别行政区已于2007年8月10日正式加入国际货币基金组织的数据公布通用系统(General Data Dissemination System)。在IMF的技术支持下,澳门金融管理局连同统计暨普查局和财政局,完成一系列的数据诠释及年度改善计划、协调发布数据的时间、研究编制其他欠缺的数据等,帮助澳门建立国际标准的统计体系,能够定期地向公众及时发布可靠的数据,有助加强经济财政及金融市场运作的效率及透明度。

9. 应对财政活动进行有效的内部监督和保护

(1)采购、公共部门金融交易、公务员道德行为方面的标准不仅明确、公

---

① 关冠雄:《预算公开的法律基础和现实意义》,国家预防腐败局网站,2010。

开，而且能够得以遵守。

评析：廉政公署的《公务人员廉洁操守指引》和《公务采购程序指引》、第11/2003 号法律财产申报等分别对公务员道德行为、澳门特区公务人员采购和财产申报义务做了明确的可遵守的标准，而且信息都能够在法务网站和廉政公署网站中下载查阅。于 2004 年 12 月公布的《公务人员廉洁操守指引》是针对公务人员的廉洁操守指引，涵盖了公职义务、利益冲突、收受利益的处理等主题，以及订明违法的法律后果。《公务采购程序指引》是在现行主要公务采购法例（第122/84/M 号法令、第 63/85/M 号法令及第 74/99/M 号法令）的基础上，对现实中公务采购程序中的某些盲点或模糊点订出可操作的规范。财产申报法律制度订明了公共职位据位人（如行政长官及主要官员、立法会议员等）和公共行政人员（如确定性委任或定期委任的公务员、编制外合同人员、个人劳务合同人员、海关人员等）提交财产申报表的义务。此外，公共部门的金融交易只有特定的机构可以进行，而有关金融交易如何进行在有关部门内部也有明确规范。可以说，以上指引所订明的标准清晰明确，并能让公众公开获得。而且，廉政公署对公务员的贪污行为和欺诈行为随时进行监察和调查，确保澳门公共财富得到有效的保障。

（2）内部审计程序明确且能够得到遵守。

评析：澳门财政局一项重要的工作就是负责引导和监督行政部门的内部审计。其辖下的公共财政稽核处出台了《内部审计手册》（可于财政局网站公开下载）。《手册》为行政部门内部审计员提供指引，在诸领域之内部审计工作给出定义及制订标准；并对审计程序、适用准则、审计规划、审计手段作出了具体的建议。《手册》适用于信息科技、作业（或运作）、行政、会计、财务及税务等领域之内部审计工作，让政府部门的内部审计得到明确指引和应遵照的行为标准。

10. 财政信息应接受外部检查

（1）独立于行政机构以外的国家审计机构应及时就政府账户的财务真实性，向立法机关和公众报告（至少一年一次）。

评析：澳门公共财政信息是主要接受澳门审计署的外部检查。审计署是一个独立的机关，直接向行政长官负责，确保审计工作的客观性。根据澳门特别行政区第 11/1999 号法律及第 12/2007 号行政法规的规定，审计署对澳门特别行政区

政府预算执行情况、决算，以及预算外资金的管理进行审计监督，对澳门特别行政区总账目及年度资产负债表进行审计，并撰写审计报告送交立法会。以《二零零九年度政府账目审计报告》为例，审计工作包括以抽查方式查核财务报表所载数额的凭证，并评估所厘定的会计政策是否符合公共会计制度及有否贯彻运用并足够体现该等会计政策，对"综合收支表"、"综合资产负债表"及"备注"组成的"综合财务报表"给予审计意见①。相关的政府帐目审计报告可在澳门审计署网站中免费下载。

基于上述有关澳门财政透明度实践的评析，表1报告了按照IMF《守则》对澳门财政透明度的整体评估。

四 结论及政策建议

配合"阳光政府"的施政方向，本文基于IMF《财政透明度良好做法守则》的标准对澳门财政透明度进行描述性评估。本文形成一个总体的判断：澳门财政预算制度的公开性及透明度符合国际的标准，拥有较高的财政透明度。在澳门，多数IMF《守则》规范的事项已有法律规定可依遵。这体现在：（1）澳门政府对属下行政部门的职能、收支责任有了明确的界定；（2）澳门公共财政信息具有很高的真实性，多数的财政信息都能在网上让公众轻易获得；（3）立法会和审计署对公共财政具有强有力的监督。然而，澳门财政信息的可阅读性较低，预算程序缺乏与公众的互动。为此，本文在参考香港和新加坡实践经验的基础上提出五个方面的政策建议，借此提升澳门财政透明度。

（一）增加公共财政信息的可阅读性

目前，澳门特区政府的财政信息文件主要有年度财政预算案、年度预算执行情况报告、特定支出项目的预算法律、公共基金的年度报告和政府总账目等，还有一些非常规性的项目信息是通过立法会议员与政府官员的互动中得到。这些预算信息除了可以在政府刊物获得外，也能在印务局、公共基金网站中下载。但

---

① 澳门审计署：《二零零九年度政府账目审计报告》，澳门审计署网站，2010。

是，公众接触的澳门财政数据仍不够通俗吸引，部分数据细化程度不足，不利于公众更深入了解澳门政府财政的现状。因此，明确和通俗易懂的税收条例与财政数据信息有助增加澳门财政透明度。本文建议澳门财政部门推出政府预算导读手册或精简版的总账目，透过解说文字、数据配合大量图表，甚至漫画，表述特区财政预算的执行情况和绩效。另可考虑为不同年龄和教育程度的公众设计出深浅难易有别的预算过程及预算政策的解说内容。另外，以"一站式"网站主动公布相关财政信息，包括特区成立以后的公共账目、专项支出项目，以及历年的预算案，还附上中长期财政收支预测。这样才能让大众以更低成本全面了解当前澳门政府财政的状况及发展趋势。

（二）制定《公共财政数据公开指引》，建立机制让市民取得财政信息

纳税人对政府资源的运用拥有监察权和知情权。事实上，既有公开的澳门公共财政信息文件不可能涵盖市民想知悉的所有财政信息。当遇到找不到的财政资料时，市民通常发送电子邮件、信件等方式向相关行政部门索取资料，但不同部门却是反应不一。对于行政部门而言，公开和不能公开的内容也没有任何指引能够遵循，令财政信息公开带有保守性和随意性。参考香港经验，本文建议特区政府拟定《公共财政数据公开指引》，对财政数据提供的范围、市民索取财政数据的程序、行政部门回应市民数据索取的方式、行政部门作出响应的预定时间、财政信息公开的程序，以及市民作出的信息答复或投诉机制等多方面作出规定。当然，《指引》也需订明市民索取政府财政信息的收费政策，防止机制被滥用。《指引》要对豁免公开的数据范畴进行界定。在人员配套方面，政府需指派专职人员负责财政数据公开事务，并对各部门的专责同事作出相关培训，确保《指引》得到有效执行。

（三）推动"参与式预算"，多渠道向市民咨询公共支出需求

澳门特区政府每年在制定施政报告和预算计划以前，会主动向本地专业团体、专家学者和工商界人士咨询意见，但仍然没有形成一套模式鼓励广大市民参与预算制定。参考香港和新加坡推动"参与式预算"的经验，澳门财政主管部门可以作为统筹单位，在制定年度预算案之前，透过开设专题网站、热线电话、

举办民意调查、发布电视广告、开通专用信箱、举办征文比赛、抽奖等方式，了解各阶层的市民对澳门财政预算的看法，带动公民（尤其是中产阶级）参与政府预算制定。此外，年青人是社会的未来领袖，我们应积极培养他们参与政府预算的兴趣，并逐渐形成一种传统。在实践中，政府要预留充足时间让社会对预算案充分发表意见。

（四）定期公布大型支出项目的财政信息

近年来，特区政府推出及计划多项大型支出项目，包括兴建捷运、新城区填海规划、兴建公屋、粤澳产业园区合作、跨境基建、道路整修工程等，这些项目涉及大量政府财富的运用。为了提升市民对这些支出行为的认同感，以及防止预算的不合理追加，本文建议相关政府部门向立法会及公众定期公布预算的执行情况，让社会更好地做好事前、事中、事后的财政监督。

（五）加强媒体宣传，加大公共财政信息的发布力度

媒体是政府向市民传播信息的重要渠道，传统上，澳门行政部门和各大媒体保持密切的合作关系。本文建议除了在政府主管部门网站上公布财政信息外，还应进一步透过新闻报纸、时事节目、财经杂志等方式，以深入社区的方式加大财政信息的发放力度，增加地方政府财务信息透明度。

The Study of Macau's Fiscal Transparency

—A Descriptive Analysis Based on IMF's Manual on Fiscal Transparency

Lian Xinsen

Abstract：This paper employs the rules from IMF's manual on fiscal transparency to analyze the status of Macau's fiscal transparency. The research conclusion is that Macau's fiscal transparency is high and in line with international standards. However, the readability of Macau's fiscal information needs to be strengthened and the budget process of Macau government is still relatively closed because of the lack of interaction with the public. This paper presents five policy implications：1）to increase the readability of

Macau's public finance information; 2) to develop "public finance data disclosure guidelines" to establish a mechanism for public to access to the fiscal information; 3) to promote "participatory budgeting" and exploit more channels to encourage citizens expressing their demand on public expenditure packages; 4) regularly publish enough fiscal information of large-scale public expenditure items; 5) to reinforce the provision of fiscal information through local media channels.

Key Words: Macau; Fiscal Transparency; Budgeting; Information

B.15
澳门医疗服务体系及其发展改革

卞鹰 王一涛*

摘 要：本节分为三个部分，一是澳门卫生服务体系发展及改革；二是澳门离岛的医院建设；三是粤澳中医药产业园建设的规划及进展。秉承妥善医疗，预防优先的政策，澳门医疗体系正不断完善，医疗水平不断提升。针对国际金融危机的扩散与蔓延，澳门政府积极采取措施，促进经济适度多元化，为未来发展打下坚实基础。本文首先回顾了在金融危机下澳门医疗改革呈现出的新举措，并系统和深入探讨了澳门医疗体系。其次对澳门建设离岛医院的必要性和可行性进行了分析，给出了未来离岛医院建设的政策建议。最后从背景、选址、合作模式、合作基础、发展规划与目标等方面概要介绍了粤澳中医药科技产业园的规划和进展，探讨了产业园在促进澳门经济适度多元化、"产学研"结合与科学技术创新以及区域经济协调发展等方面的意义。

关键词：澳门 医疗改革 中医药科技 产业园

一 澳门卫生服务体系发展及改革

(一) 基本概念

医疗体系受法律、经济、文化背景与政府政策等因素的影响，不同国家和地区的医疗体系常有所不同。基本的医疗流程分为三个阶段：预防医学、疾病治疗、复健医学。预防医学以疾病预防为主，疾病治疗即为临床医学，康复医学则

---

* 卞鹰，澳门大学中华医药研究院副教授，研究方向为卫生管理与政策；王一涛，澳门大学中华医药研究院教授兼院长，博士生导师，研究方向为药理学、医药管理。

以结合药物、物理治疗、心理治疗等方式，协助病患恢复身体技能。一般医院注重疾病治疗，但随着医疗技术的发展与社会健康的变化，医院经营也逐步向两端推进。以提供的医疗服务区分，医疗流程又可分为医疗保健服务和护理照护服务。前者以医疗技术为主，对象为患者，由医院、诊所、保健服务等组成；后者则以护理照护为主，对象为需要此项服务者（并不一定是患者），由护理照护服务机构、心理障碍与药物滥用者照护、老人照护机构等组成。

基本的医疗照护系统分为三级：基层医疗、二级医疗和三级医疗。世界卫生组织（WHO）将基层医疗定义为：以实用、健全的科学基础，以社会可接受的方法和技术为主的基本医疗。基层医疗是国家医疗体系的核心，基本可以解决90%的病患问题。二级医疗服务于由基层医疗转诊来的病患，一般由专科医师提供短期诊疗，提供基层医疗医师无法执行的诊疗服务。三级医疗是由拥有精密设备的专门医院对病情不寻常的病患提供复杂的医疗照护。

（二）澳门卫生服务体系简介

在澳门医疗系统及其工作人员的共同努力下，澳门市民的健康指数正不断提升，婴儿死亡率以及一般死亡率有所下降，预期寿命不断增长，这些指数均达到先进国家水平（见表1）。就澳门的医疗保障制度而言，可以简要概括为全民免费、由公共机构提供的初级保健和部分人士享有的免费医疗（包括专科以及住院治疗）。

表1 医疗统计主要指标

项 目	单位	1998 年	2007 年	2008 年
医院数目	间	2	3	3
初级卫生护理场所	间	367	477	492
中医及治疗服务场所	间	—	233	226
每千人口对应的医生	人	2	2.3	2.3
每千人口对应的护士	人	2.1	2.5	2.5
每千人口对应的中医	人	—	0.8	0.8
每千人口对应的病床	张	2	1.9	1.9
每千人口对应的必须申报疾病	宗	1.6	4.3	5.9
病床使用率	百分率	71.1	76.9	78.4
疫苗注射	剂	136262	112114	170415

续表 1

项　　目	单位	1998 年	2007 年	2008 年
初级卫生护理服务求诊人数	人次	1484341	1604785	1937851
医院门诊求诊人数	人次	149705	1093216	1140367
住院病人	人次	26947	42375	43874
接受手术人次	人次	9458	12833	14123
急诊求诊人次	人次	220258	300580	300915
捐血者数目	人	7287	9088	9166

数据来源：澳门统计暨普查局，《统计年鉴 2008》，2009，第 135 页。

　　澳门的医疗卫生服务总体可分为政府和非政府两大类。政府方面有提供专科医疗服务的仁伯爵综合医院，以及提供初级保健的 7 间卫生中心。非政府方面可分为接受政府和团体资助的医疗单位，如镜湖医院、工人医疗所等，以及各类私人诊所和化验所提供的医疗服务（见表 2）。

表 2　澳门各类型医疗机构的数量　　　　　　　　单位：间

地点及性质	1998 年	2007 年	2008 年
总数	369	713	721
特级卫生护理服务	2	3	3
初级卫生护理服务	367	477	492
中医及治疗服务	—	233	226
澳门半岛	359	666	683
特级卫生护理服务	2	2	2
医院	2	2	2
初级卫生护理服务	357	440	459
卫生中心	7	5	5
私家诊所	319	360	367
辅助诊断检查服务	5	8	7
其他提供卫生护理服务场所	26	67	80
中医及治疗服务	—	224	222
氹仔	6	41	31
特级卫生护理服务	—	1	1
医院	—	1	1
初级卫生护理服务	6	31	26
卫生中心	1	1	1
私家诊所	2	16	11

地点及性质	1998 年	2007 年	2008 年
其他提供卫生护理服务场所	3	14	14
中医及治疗服务	—	9	4
路环	4	6	7
初级卫生护理服务	4	6	7
卫生中心	1	1	1
私家诊所	1	1	1
其他提供卫生护理服务场所	2	4	5

数据来源：澳门统计暨普查局，《统计年鉴 2008》，2009，第 136 页。

为使医疗体系更加符合民众需求，澳门医疗体系也在逐步改变与革新。事实上，影响人们使用医疗资源的因素很多，如健康保险、就诊场所的便利性、医疗服务价格等。因此，运用切实可行的方法沿着医疗体系的流程与系统逐级改革对于澳门医疗体系的发展至关重要。

（三）近一年澳门卫生服务体系的改进举措

1. 医疗券计划

为让居民更好地分享经济社会发展成果，2009 年澳门特区政府首次推行了"医疗补贴计划"。方法是政府向永久性居民发放医疗券，居民可使用医疗券支付在私营医疗单位的诊疗费用。该计划的目的是：提高政府财政卫生支出效用，补贴居民医疗开支，鼓励居民重视个人医疗保健；充分发挥社区医疗资源作用，推广家庭医学制度；加强公私医疗机构的市场合作，推进卫生服务多元化，提升澳门行政区医疗服务综合水平及社会保障水平。

特区政府规定，凡于 2011 年 7 月 31 日以前持有有效或可续期澳门永久性居民身份证的居民，可发 10 张医疗券，每张面值澳门币 50 元。每位受惠居民可凭智能身份证在设有医疗券自助打印机的地点印取医疗券。医疗券不可兑换现金，也不设找补，市民有权选择每次使用一张或多张医疗券。医疗券只可适用于本地区的私营基础医疗服务，不可用于公营或受特区政府资助的医疗服务单位，不可用于药房购买药物、参茸海味或购买其他医疗用品（如器材、义肢），也不可用

于美容性质的整形服务。医疗补贴计划设有移转权限，居民可决定自用或转移予持有有效永久性居民身份证的配偶、父母、子女使用，每张医疗券只能转让一次。

从 2009 年 7 月推行医疗补贴计划至今，基本达到预期目的。截至 2010 年 4 月底，已使用并进行结算的医疗券总量为 2446990 张，接近已印取医疗券的 56.27%，累计曾使用医疗券的居民为 320741 人次，使用率为 63.47%。

从居民使用习惯来看，使用医疗券做一次性医疗消费的居民并不多，尤其是西医类别，分次使用 10 张医疗券的比例达 95.17%。这反映出医疗补贴计划对每位受惠居民所提供的补贴，能起到分担医疗开支的作用。另外，居民因获得医疗补贴，到社区私人卫生单位求诊增多，从而逐渐养成家庭医学制度的观念。

在医疗补贴计划实施过程中，私人卫生单位对于计划执行也表现得十分积极，参与度超过八成。自医疗补贴计划推出后，私人卫生单位的经营环境有所改善。除个别违规事件影响计划执行秩序外，大部分私人卫生单位均配合当局的指引，积极优化服务及管理。可见计划对社会既有短期效益，也有提升社会整体医疗水平及促进卫生医疗服务多元化发展的前瞻性深层意义。

2. 优化医疗服务

为应对澳门流动人口的持续高速增长，市民对医疗服务需求不断提高等问题，澳门卫生部门积极发展扩建工程，完善医院的配套设施，促进住院和病床的使用效益（见表 3）。2009 年新建成的镜湖医院霍英东博士专科医疗大楼，拥有全澳门地区第一部肿瘤筛选正电子及电脑双融扫瞄机（PET/CT）、血管造影机等，新医院还设有住宅式病房，各种家电、厨房、家属留宿房等，其房间分为高级病房、VIP 套房（约 80 平方米）、VVIP 套房（约 120 平方米）。

表 3　澳门人口相关健康指标

年　　份	自然增长率（‰）	出生率（‰）	新生婴儿出生性别比（女性＝100）	婴儿死亡率（‰）
1998	7.3	10.5	105.8	6.1
2007	5.7	8.6	106.7	2.4
2008	5.4	8.5	110.4	3.2

数据来源：澳门统计暨普查局，《统计年鉴 2008》，2009，第 60 页。

此外，澳门医疗卫生机构不断提升自身的医疗水平，完善专科医疗卫生服务和初级卫生保健网络。卫生部门将进一步研究和考虑首先在离岛设立急症医院，并将现有的仁伯爵综合医院的一些非重心医疗项目转移到离岛，继而最终将其扩展成为一间具有一定规模的综合医院。

澳门卫生局实施电子化办公，向澳门地区持有私人医务活动专业执照、卫生护理服务场所准照的人士、私立医院、药房、药物产品出入口及批发商号分别推出医务活动专业执照续期、受管制药物流通季度表申报及强制申报疾病的网上服务等。同时，卫生局还设立了《营养及食品卫生》专栏，在各卫生中心、医院、医疗团体及诊所供大众免费索取。同时还将进一步实施"在卫生中心增设营养保健门诊"的计划，在学校开展健康饮食文化等活动。

3. 医药卫生教育与人才培养

澳门本地医药高等教育机构主要有澳门大学中华医药研究院、澳门理工学院高等卫生学校、澳门科技大学中医药学院及镜湖慈善会下属的镜湖护理学院等。

2009 年 6 月十一届全国人大常委会第九次会议表决通过决定，授权澳门特别行政区对设在横琴岛的澳门大学新校区实施管辖。这意味着，横琴岛一部分将成为实施"一国两制"的新区域。此举迈出了扩大一国两制内涵的一大步，是粤澳合作开发横琴的标志性事件，开启了一国两制的新模式。

横琴岛面积 86 平方公里，岛内有近 5 平方公里的土地将作为粤澳合作项目地。澳大新校区位于横琴岛东部，初步计划占地 1～1.4 平方公里，将设置 6～9个学院，规划校园容纳约 1.5 万人，拟采用封闭式管理。澳门大学拟在现有的中华医药研究院基础上，扩建生命科学与健康学院，拟定 3 年内完成各项筹备工作，此院将成为澳门为培养具有国际视野与国际发展能力的高级医药人才而服务的综合性院系，将有利于缓解澳门高等医药卫生人才培养相对缺乏的问题，将有利于推进澳门卫生医药事业的发展，使澳门医疗体系更趋于完善。

4. 区域医疗合作

澳门特别行政区政府利用地理上的便利条件，积极与周边地区高水平的医疗机构合作。2009 年 2 月 11 日澳门特别行政区政府卫生局与香港特别行政区医院管理局签署了"意外及急救科专科医生培训计划"。2009 年 6 月 26 日澳门镜湖医院与中山大学附属第一医院在新落成的镜湖医院霍英东博士专科医疗大楼签署了"加强友好合作协议"。中山大学附属第一医院将为镜湖医院提供有力的技术

及人才支持,同时通过双方沟通交流与友好合作,为澳门的经济社会繁荣稳定作出贡献。此外,国际中医药学会也为改善澳门医疗环境作出了一定贡献。国际中医药学会集合了亚洲、欧洲、北美洲及澳洲从事中医药研究的著名大学、研究机构为团体会员,联合了世界各地中医药研究力量,推动了中医药现代化和国际化的发展,也为进一步将澳门发展成为国际中医药建设平台作出了一定贡献。

5. 传染病防控

2009 年 4 月甲型 H1N1 流感开始在澳门特区爆发,社会服务设施出现了群集性感染案例,学校也相继出现小范围的群集性爆发现象。针对此,社会工作局为各类社会服务设施举办应对甲型 H1N1 流感个案工作坊,加强各机构处理相关危机的应变能力,同时与政府部门紧密配合,切实执行传染病通报机制以缓减新型流感的传播速度,确保疫情爆发时相关设施有能力作出处理及跟进。

在过去的数年间澳门特区政府十分重视对流感大流行的准备工作,不断完善传染病防控工作。成立流感大流行预防应变统筹小组,制订和修订应变计划,储备了超过人口 30% 的抗病毒药物,并大力加强了季节性疫苗的接种。从 2009 年12 月开始,澳门先后实施三期甲型 H1N1 流感的疫苗接种,以期覆盖全体市民。

(四) 近年澳门医疗改革及发展

回归 10 年来,澳门医疗技术和服务水平得到迅猛发展,但日益提高的居民生活水平也对其提出了更高要求。具体而言,澳门当前还存在如下改革和发展的空间:医疗法律法规改革相对滞后;医务人员晋升和考核制度尚欠规范;专科医疗人员职称制度尚不完善;公立医疗机构就诊轮候时间过长;医疗资源分配和公私立医院协调运作机制有待提升等。

(1) 改革和完善澳门居民的健保形式,健全医疗保险体制,逐步建立公立的、政府运作的全民健保的医疗保险体制。

(2) 提高医疗服务筹资的效率和可操作性。医疗融资包括两方面:一方面是利用政府财政支付免费或者减低费用的医疗服务;一方面是充分调动社会面(包括官方和民间资源)共同进行医疗服务。

(3) 改革和完善医务人员的资格认证、发牌和续牌制度,完善医务人员的业务培训、考核和注册制度。澳门卫生局正针对以上情况,帮助医务人员获得持续培训的机会,提升其专业水平。

（4）建立合理有效的法律机制以处理医疗纠纷，理清医疗事故责任和无过失责任的分界和赔付形式，协助营造安心的工作氛围，让澳门的医生能全心全意地工作，发挥以"病人为本"的精神为澳门市民服务。

2009 年是澳门特别行政区回归祖国十周年。在这十年中，澳门在经济、民生、文化等各领域都取得了较大成就。2009 年也是澳门新一届特区政府成立的一年，新一届特区政府全力落实医疗设施、教育等领域的资源投放，以努力提升澳门居民的生活素质。同时，在 2009 年国务院颁布的《珠江三角洲地区改革发展规划纲要（2008～2020）》中，澳门作为"世界旅游休闲中心"的城市定位也被正式确定。

在以上积极因素的影响下，我们坚信未来澳门的医药卫生事业将会有长足发展。首先，随着医疗设施资源投放的进一步加大，澳门公共卫生保健水平以及公私立医疗机构的医疗服务水平将会逐步提高；其次，澳门医疗法律法规将进一步深化改革和发展完善。再次，随着教育资源投放的进一步加大和横琴岛开发的进一步落实，澳门医药教育将会不断得到完善和改进。最后，随着澳门经济适度多元化发展，澳门医药产业迎来了前所未有的发展契机。特别是随着来澳旅游人口的增加和澳门旅游休闲业的发展，在澳门发展旅游体检、保健休闲和康复医疗等也会有广阔空间。

二　澳门离岛的医院建设

建立离岛医院是澳门特别行政区最新公布的 2010 年度卫生领域施政方针的重要目标之一，如果得以顺利实施，将是对正在完善中的澳门医疗卫生体系的一个重要补充，将会为澳门居民的卫生服务带来更大的福音。

（一）建立离岛医院之必要性

1. 离岛开发致使人口增加

澳门离岛系指位于澳门半岛以南的氹仔岛与路环岛的合称，由于过去交通不便，离岛居民甚少。而近年来，政府加大了对离岛的开发，带动了经济的迅猛发展，有效加快了人口迁移和流动的速度，据最新统计，2009 年离岛人口已由 1996 的 2 万余人上升至约 7.5 万，占澳门总人口之比约 14%。由于澳门半岛的人口密度已近饱和，极具发展前景的离岛将吸引越来越多的住户，当局预期至 2013 年离岛常住人口将达10万人。未来离岛人口的激增，将会导致医疗服务的需求随之上升。另外除常住人口，由于兴建以威尼斯人为主的博彩中心将会吸引更多的外来游客，位于离岛的大学招生比例的扩大，特别是澳门大学的横琴校区的兴建，亦会使学生数量激增，这部分特殊人群在澳期间同样拥有医疗服务需求，如此一来，由于人口增加势必导致医疗卫生服务可及性降低，亦即反映出建立离岛医院的必要性。

2. 离岛现有医疗服务不足需求

根据澳门工会联合总会联合相关部门于2008年进行的问卷调查显示，在离岛区目前最困扰居民的问题中，医疗问题紧随交通问题位居第二。离岛居民普遍反映，虽然离岛现在拥有科大医院、镜湖医院氹仔医疗中心和卫生中心等（见表4），且该两所医院在不同程度上可以增加设施和医护人员以满足居民需要（如镜湖医院氹仔医疗中心已于2008年8月25日增设内、外七个专科门诊服务，9月又增设小儿专科门诊服务），但是，居民认为前者作为私立医院收费相对昂贵，而后者虽是公立，却仅仅以一般保健为主，可见兴建公立医院是有需要的。

表4　澳门半岛与离岛各类型医疗机构数量比较

单位：间

地点及性质	1999 年	2004 年	2007 年	2008 年	2009 年
澳门半岛	377	599	666	683	674
特级卫生护理服务	2	2	2	2	2
医院	2	2	2	2	2
初级卫生护理服务	375	392	440	459	450
卫生中心	7	6	5	5	5
私家诊所	340	324	360	367	359
辅助诊断检查服务	6	9	8	7	6
其他提供卫生护理服务的场所	22	53	67	80	80
中医及治疗服务	—	205	224	222	222
离岛(氹仔＋路环)	9	21	47	38	52
特级卫生护理服务	—	—	1	1	1
医院	—	—	1	1	1
初级卫生护理服务	9	17	37	33	45
卫生中心	2	2	2	2	2
私家诊所	2	8	17	12	24
其他提供卫生护理服务的场所	5	7	18	19	19
中医及治疗服务	—	4	9	4	6

数据来源：澳门统计暨普查局：《统计年鉴2009》，2010，第138～139页。

3. 气候因素客观制约远行就医

澳门位于亚热带地区，属海洋性季风气候，平均每年都受到多次热带气旋、强烈季候风、暴雨及雷暴等各种恶劣天气的袭击。与此同时，澳门还常遭受不同程度台风的侵袭，而且近几年来最高悬挂信号都达到 8 号。天气原因会造成交通拥堵，公共交通工具辆次减少，使得患者抵达医院时间延长影响急症的抢救。另外根据澳门法务局规定，台风 8 号风球悬挂期间，连接澳门与氹仔的桥梁（西环大桥下层除外）以及莲花大桥将全部关闭，并且所有巴士停止服务，的士司机可自行决定是否提供服务，基本上切断了氹仔与澳门的交通，路氹地区居民在此时需要就医只能依赖于科大医院以及氹仔镜湖医院门诊部，但依照目前的卫生条件来看，这两家医护中心只能提供有限的卫生服务，因此，在离岛修建一间大型综合医院十分必要。

（二）建立离岛医院之可行性

1. 政府规划合理

（1）选址恰当。综合土地、交通、环境及照顾社群等多方面因素，离岛医院选在氹仔、路环及横琴澳大校园的中心位置，建成后将向离岛居民及横琴岛澳门大学师生提供便捷的医疗服务。其服务半径覆盖民居、旅游设施、酒店及横琴澳大校院。轻轨一期路线于莲花口岸及澳门蛋均设有站点，两站距医院约七百米，未来可透过合适的交通工具接驳，进一步提高离岛医院的服务范围。

（2）工程分期。首阶段将优先兴建 100 张病床的离岛急症和住院大楼，并计划兴建正电子断层扫描及放疗中心、应急中心、药检所、护士学校等设施、培训及研究基地等，另外还有供员工和公众使用的大型停车场，直升机升降场以及将现时仁伯爵综合医院部分非重心项目一并迁至离岛；第二阶段则拟完成在离岛医院毗邻兴建包括离岛康复大楼、司法及羁留病房、培训中心、医疗研究中心、公务员体检中心，以及卫生局服务部门等医疗单位和行政辅助部门的离岛医疗卫生综合设施。另外，离岛医疗卫生综合设施选址旁边预留了两幅各四万平方米的地段，整个规划用地可满足未来 20 年的发展需要，继而最终将其扩展成为一间具有一定规模的综合医院。首阶段争取于第三届特区政府任期内完工。

2. 卫生资金可供

澳门政府始终视医疗卫生事业为造福民众的重要公共事业之一，近年来政府在该项事业上的投入比例（卫生实际开支占当年 GDP 的百分比）有轻微下降趋势，说明政府在医疗卫生领域的支出有可提升空间；同时，近年本地区卫生投资发展计划的完成率也有较大幅度的下降，说明政府预算并未得到充分有效的利用，可利用资金闲置（见表 5）。另外，建立离岛医院是一项大型工程，不可能在短期内对资金有过量的需求，并且政府已经决定分期进行该工程，所以认为，建立离岛医院在资金供应方面是在政府的可承担范围内的。

表 5　澳门卫生局卫生预算与投资发展计划概况

项　目	2004 年	2005 年	2006 年	2007 年	2008 年
卫生预算					
预算开支（百万澳门元）	1306.83	1561.8	1758.94	1984.37	2136
实际开支（百万澳门元）	1303.5	1556.71	1697.92	1901.75	2121.37
完成率（%）	99.75	99.67	96.53	95.84	99.32
当年 GDP（百万澳门元）	82234	92951	114364	150210	173550
实际占当年 GDP（%）	1.59	1.67	1.48	1.27	1.22
本地区卫生投资发展计划					
预算开支（百万澳门元）	69.68	111.59	113.14	100	120.58
实际开支（百万澳门元）	49.43	56.11	73.38	64.02	52.69
完成率（%）	70.94	50.29	64.86	64.02	43.7

注：暂无 2009 年统计数字，实际占当年 GDP（%）为依据原始数据计算所得。

数据来源：澳门政府卫生局：《2008 统计年刊》，2009，第 167 页。

澳门统计暨普查局：《统计年鉴 2009》，2010，第 449 页。

澳门统计暨普查局：《统计年鉴 2006》，2007，第 423 页。

3. 人力资源充足

由于医疗卫生行业在就业领域中具有技术壁垒高、可替代性小等特点，因此该专业在本澳也广受欢迎和关注。根据对澳门医疗卫生相关专业修读人数的统计，近年来，在高等教育中，医疗卫生相关专业的修读率维持在 5% ~ 6%；成人教育中，该修读率维持在 2% ~ 3%。这些专业的学生在毕业后大部分会从事于医疗服务。稳定的修读率对于卫生人力资源是一个有效保障。现有医疗机构对人力资源的需求基本已达饱和，未来的医疗从业人员即可与建立离岛医院所需的大量人力资源相匹配。

（三）关于建立离岛医院的政策建议

1. 采用私有化经营模式

科斯在其经典论文《经济学上的灯塔》中的研究表明，由政府经营的公共产品是可以由私人提供和经营的。这种公共产品需具备以下条件：首先，私人供给的公共产品应是准公共产品。准公共产品（Quasi public good）是指具有有限的非竞争性或有限的非排他性的产品，如教育、政府兴建的公园、高速公路等都属于准公共产品。其次，公共产品的消费必须存在排他性。再次，需要有制度作保障。理论和实际操作过程均表明：公共医疗卫生属于公共产品的范畴。在离岛建立的综合性医院同时具备了准公共产品的两大特性，因此，在科斯相关理论的支撑下，离岛医院的私人化经营具备可行性。

2. 建立经营者与政府间合作关系（PPP）

在公立医疗机构引入私立部门形成公私合作伙伴关系已成为国际上医疗改革的新趋势之一，如新加坡 1985 年实行的医院重组，将医院的管理权由政府转交于有限公司自行管理。将离岛医院的经营权转给私立部门，旨在提高医疗服务的可及性、改善医疗质量和公平性，把政府面临的财政和服务提供负担转移给能够支付或承担的私立机构。这种伙伴关系的形式非常灵活，可通过正式或非正式协议特许经营、医院重组、合同承包、督导培训和监管或提供政府补贴等方式来实现。政府对其采取政策上管理，一方面给予监督制约，另一方面提供较为灵活的发展空间，满足居民的医疗卫生服务需求，同时也减轻了政府的负担。

3. 改善医疗服务报销机制

在澳门目前的医疗保障体系下，政府对居民医疗费用的承担仅限于在公立医院及相应的医疗机构的服务，居民在私立医疗机构就医仍需自行承担相关费用。如离岛医院采用私有化经营，则将会对居民在公立或私立医院的选择上造成影响。部分居民会由于医疗费用自付的问题仍会前往本岛就医，这将与离岛医院建立的初衷背道而驰。因此，政府可以针对前往离岛医院就医的居民采取相应的优惠政策，启动报销部分医疗费用的机制；或者采取转移支付的方式，给予离岛居民一定的医疗补贴，如以现阶段所发放的医疗券等方式，可适当调整前往离岛医院就医的使用额度，放宽使用限制，激励居民前往离岛医院就医，保证医院的正常运营。

4. 改革现有保险筹资机制

改革医疗保险的筹资机制也是解决在离岛私立医院的一个重要手段。新加坡"三保体系"可作为澳门政府的指导方案。"三保体系"即指组成新加坡医疗体系的三项医疗保健制度。"Medisave"将员工每月的部分收入按 6% ~ 8% 的比例储存起来，用来支付户主或其直系亲属的某些医疗费用。重病保险"Medishield"用来弥补"Medisave"的不足，确保投保人在患重病或长期疾病时庞大的开销。具有"兜底"性质的"Medifund"是通过政府"买单"为贫病者提供"安全网"。"三保体系"的费用由个人和政府共同承担，涵盖了更多的受保人群，增加了医疗服务的公平性。澳门在建立自己的医疗保障体系时应借鉴"三保体系"的成功经验，建立一个严格的医疗保险运营机制，明确保险的覆盖人群、受益对象、筹资方式、支付范围和比例。

三 粤澳中医药产业园建设的规划及进展

（一）粤澳中医药科技产业园概述

1. 背景

2009 年 8 月 14 日，国务院正式批准实施《横琴总体发展规划》，根据《规划》，横琴以"面向港澳，自主开发"为发展模式；定位于"一国两制"下探索粤港澳合作新模式的示范区，深化改革开放和科技创新的先行区，以及促进珠江口西岸地区产业升级的新平台。横琴新区将加快转变产业发展方式，优化产业结构，发展以高端服务业为主导的现代产业，重点发展商务服务、休闲旅游、科教研发和高新技术产业。

随着《规划》的实施，粤港澳尤其是珠澳将在接下来的 5 ~ 10 年展开一系列的经济合作，建设与开发横琴岛，发展中医药科技、旅游、会展、文化创意和教育培训等合作项目。其中，中医药产业的合作发展将是粤澳双方产业合作的一个重要起点。

2010 年 5 月 31 日，粤澳高层联席会议上双方经过一段长时间的研究和讨论之后，就加强中医药产业合作取得共识，双方同意共同发展中医药产业，并签署《关于探讨粤澳双方共建中医药科技产业园的备忘录》。2010 年 7 月 5 日，经澳门特区行政长官崔世安批示，"中医药科技产业园筹备办公室"设立，其主要职责是在粤澳合作范畴内，负责组织、协调及监督横琴新区中医药科技产业园的建设。2010 年 9 月，粤澳双方基于互惠共赢原则达成一致共识，确定了中医药科技产业园"珠海出地、澳门投资"的合资经营模式。目前，《粤澳合作框架协议》已草拟完成共识文本，并送交国务院修订，预计将在年底获得批准，粤澳双方在签署该协议后，中医药科技产业园便可动工兴建，预计三年内竣工。

2. 选址

粤澳中医药科技产业园选址于横琴高新技术产业区。高新区位于横琴西北角的大小芒州，面积约 3 平方公里，东北面隔马骝洲水道与珠海保税区相望，西面横跨磨刀门水道与珠海航空产业园相连（见图1）。按照规划，高新区东侧将兴建横琴与湾仔相连的第二条通道——横琴二桥，横琴西边将建设横跨磨刀门水道的金海大桥。借此交通之便利，粤澳中医药科技产业园将与珠海其他产业园区连

图 1　横琴高新技术产业区示意图

资料来源：中广网珠海分网。

接，相互融合，相互补充，并有利于辐射珠江口西岸乃至整个珠三角地区。

3. 合作模式

粤澳中医药科技产业园将以粤澳双方筹组合资公司的形式建设，以澳方作为主导，占股权51%，粤方占股权49%，共同推动开发及管理。珠海横琴将提供位于高新技术产业区内约半平方公里的土地，澳门特别行政区负责投放资金。粤方已于较早前成立珠海大横琴投资有限公司，而澳方亦将于日后成立一间公营企业，与粤方相互衔接，采用国际通行的合作模式进行中医药科技产业园的管理运作。中医药科技产业园将同时促进澳门与珠海的产业多元化发展与经济增长。

4. 合作基础

广东省是我国中医药大省，既有丰富的中药材资源，也有林林总总的中医药企业，还有众多的中医药科研机构与院校。而澳门自回归以来，在卫生部、中医药管理局、科技部和广东省的大力支持下，设立实验室开展研发工作，培训中医药人才，奠定了澳门中医药研发的基础。澳门大学中华医药研究院和澳门科技大学药物与健康应用研究所是澳门最重要的两家中医药研究机构，它们都着力以现代化科技手段对中药成分分离和优化、中药质量分析、中药药效筛选与评价、中药代谢动力学等方面开展系统研究，目前已在澳门形成了一条趋于完整的现代化中药新药研发链。澳门大学中华医药研究院还开设有医药管理专业的硕士学位和博士学位课程，培养出了一批具有医药科技和经济管理复合能力的医药管理高级人才。澳门科技大学还组建了以中西医结合特色的科大医院。澳门大学中华医药研究院和澳门科技大学药物与健康应用研究所，在澳门科技发展基金委员会的扶持和指导下，还向国家科技部申报筹建中药质量研究国家重点实验室，最近，科技部已经正式批准两校联合申报的国家重点实验室的设立。

5. 发展规划与目标

粤澳中医药科技产业园以发展现代中医药科技产业为主。现代中医药科技产业是以现代科学技术手段结合传统中医药理论基础开发中医药的一门新兴产业，不同于传统的中药材产业，更多地体现为精深加工，链条长，附加值高。据此，粤澳双方经多番研究协商，确定以开发现代中医药科技制成产品为首个合作要点。粤澳中医药科技产业园区将以引入"高起点、高科技"，以中医药制成品为主要发展方向的企业作为招商引资准则，并订立一般指引及操作措施，使园区成为理想的营运场地。在此基础上，粤澳中医药科技产业园也会注重多元化发展，长期来看，园区期望能够建设成为以健康精品开发为导向，集中医医疗、养生保健、科技转化、会展物流于一体，功能相对完善的国际中医药科技产业基地。

（二）建设粤澳中医药科技产业园具有长远意义

1. 促进澳门经济适度多元化与产业发展

澳门回归后，随着赌权开放，依托内地13亿人口的庞大市场，博彩业规模超常规膨胀；而制造业却因为比较成本优势丧失北移内地，同时过热的房地产市场于回归前泡沫破裂。由此，澳门的整个经济结构逐步变成了博彩一业独大。经济结构的过分单一，无疑将会给澳门经济乃至整个社会带来巨大风险。2005年，国家"十一五"规划中就对澳门提出了"促进经济适度多元发展"的路向。随着国际金融危机的爆发，澳门特区政府对澳门的经济与社会风险保持高度警惕性，再一次提出推进经济多元与产业发展，增强澳门的综合竞争力。

粤澳中医药科技产业园以发展高科技、高附加值的现代中医药科技产业为主。现代中医药科技产业是实体经济，通过科学、技术与生产的一体化，可以实现自主创新与独立平稳发展，促进就业与经济增长，彻底摆脱了对博彩旅游业的过度依赖。另外，现代中医药科技产业还带有绿色环保、纯天然的特色，是新的绿色增长极，也有利于澳门经济社会与环境的协调发展。另外，在粤澳中医药科技产业园的长期规划中，现代中医药科技产业又可以与澳门的博彩旅游业结合，通过借助博彩旅游业的资源与优势，发展相关的旅游医疗保健、中医药会展、中医药物流等产业，促进园区产业的多元化。由此可见，粤澳中医药科技产业园是与澳门以博彩旅游业为主体的多元经济的规划充分吻合，将有力促进澳门经济的适度多元化，并给澳门发展其他多元产业与实体经济以示范带动作用。

2. 促进"产学研"结合与技术创新

粤澳中医药科技产业园是一个基于产业集群的区域创新系统，以园区内中医药企业为中心，组合内部与外围各种技术创新要素，包括高等院校、科研机构、社会部门和地方政府，有效地整合和利用资源，加强中医药产业与中医药研究的联结与沟通，增强企业的科技研发力量与创新能力，以保持与提高持续竞争优势。在粤澳中医药科技产业园的整个筹建过程中，澳门大学中华医药研究院作为将园区一个重要的技术创新要素参与到协助规划中，以后亦将成为园区重要的科

研基地，这将有助于中医药产业园区实现"产学研"的充分结合甚至"无缝对接"。

粤澳中医药科技产业园对于"产学研"各方都是有利的，它既可为粤澳中医药企业的技术创新提供保障，孵化出部分技术实力雄厚的企业，进而对新兴的现代中医药科技产业的发展发挥重要推动作用；又可为粤澳两地中医药高等院校与科研机构在研究方向上提供指导，有助于将研究成果向现实生产力转化，创造出可观的经济价值。

另外，粤澳中医药科技产业园作为横琴高新技术产业区中最先筹建的项目，其"产学研"结合的创新模式也将给产业区内其他产业的技术创新与发展提供样板与示范，从而带动横琴新区宏观产业结构的优化与产业与经济的持续发展。

3. 促进区域经济协调发展

澳门是在中国"一国两制"的特别行政区，是国际自由港、自由贸易区和特别关税区，具有优良的营商环境与广泛的国际市场联系，多年来一直发挥着区域经贸合作桥梁和纽带的作用。珠海作为我国的经济特区之一，是一个初具规模的现代化花园式海滨城市，电气机械制造、电子及通信设备制造、医药及医疗器械制造、石油化工、计算机软件等产业已形成稳定的格局。

但是，澳门产业结构单一，抗风险能力相对薄弱；对外经济环境的依赖性强，容易受外围经济环境影响自身发展。珠海经济发展在一定程度上也处于粗放型状态，经济外向度高，加工贸易比重较大，经济增速主要靠个别大中型企业拉动。

粤澳中医药产业科技园是两地在横琴新区开发背景下的一次探索性合作。一方面，澳门以中医药产业合作开发为突破口，突破体制障碍，促进经济适度多元化，推动澳门经济可持续发展。另一方面，珠海通过横琴新区的开发，依托澳门，面向国际市场，吸引海外投资，打开经济快速健康发展的新局面。珠海与澳门将以粤澳中医药产业科技园作为起点，通过优势互补，加强产业合作，实现全方位、宽领域、多层次的发展，缩小区域间经济发展的差距，并努力实现珠澳同城，进而推动珠江口西岸产业发展与经济增长，最终达到粤港澳区域经济协调发展。

（三）展望

珠江三角洲地区是改革开放的先行区，对全国的经济社会发展与改革开放具有带动作用，改革开放三十多年来，珠三角地区经济社会取得了跨越式的发展。随着国内外经济形势发生深刻变化，我国正经历着新一轮的经济结构转型与发展方式转变，而珠三角作为全国最具生机活力、经济增长最快的地区，也将成为新一轮改革的"试验田"。粤澳中医药科技产业园是在《珠江三角洲地区改革发展规划纲要（2008～2020）》及《横琴总体发展规划》指导下，对珠三角地区经济结构优化、产业布局调整以及粤港澳区域产业合作的探索与尝试，将对澳门、珠海以及整个珠三角地区今后的持续发展产生长远的经济意义与社会意义，并将在我国新一轮的经济改革中发挥一定的先行示范和辐射带动作用。

表6　澳门医疗卫生相关专业修读人数统计

单位：人

项目 \ 学年	2003/2004	2006/2007	2007/2008	2008/2009
高等教育修读医药卫生相关专业学生数	801	1021	939	1077
本学年高等教育入学学生总数	13680	17462	18743	20917
占比(%)	5.9	5.9	5	5
成人教育修读医药卫生相关专业学生数	3392	2641	3271	3005
本学年成人教育注册学生总数	96131	119350	130410	129146
占比(%)	3.5	2.2	2.5	2.3

数据来源：澳门统计暨普查局：《统计年鉴2009》，2010，第170、174页。

Healthcare Reform in Macau

Bian Ying, *Wang Yitao*

Abstract：Macau health authorities pursue all along the objectives to enhance the quality of medical services and to promote health for all. Macau's healthcare system and healthcare quality are gradually improved based on the policies of proper medical care and prevention priority. Meanwhile, Macau government takes a series of measurements for the spreading international financial crisis in order to build a strong basis for further development. This article reviews the new healthcare reform in Macau under the

background of financial crisis and further comprehensively explores healthcare system in Macau. Then it analyzes the necessity and importance to build a large scale general hospital in the island. At last, it introduces the basic situation of this Chinese Medical Sci-Tech Industrial Park and explores its significance in promoting the appropriate diversification of Macau economy and the harmonious development of regional economy.

Key Words: Macau; Healthcare Reform; Chinese Medical Sciences; Industrial Park

B.16
澳门交通运输发展

林瑞海[*]

摘　要： 随着澳门经济的快速复苏，2010 年内澳门在交通运输的需求重现较快增长势头。区域融合及交通基建一体化随着广珠城轨的正式开通，面临更大的机遇及更快的发展步伐。轻轨行车物料及系统的判给，标志着轻轨的工程项目将全面展开。同时，透过整体陆路交通运输政策的推进，巴士运作朝着新营运模式的准备，以及其他交通工程项目的落实，表征着一个多层次的交通运输发展及管理模式正在形成，以满足澳门未来新城旧区发展的需要。

关键词： 区域交通　公共交通　集体运输　轻轨　交通政策　研究

一　区域交通基建

广珠城轨在 2010 年 12 月 31 日开始试运行，并在 2011 年 1 月 7 日正式运营。线路开通后，从广州南站出发，向南经顺德、中山抵达珠海北站，只需 45 分钟，形成珠三角城际轨道网 "A" 字形骨架的脊梁之一。广珠城际轨道交通全线总长142.2 公里，经过广州、佛山、中山、珠海和江门 5 个珠三角城市，串联形成一小时交通圈。此次通车广珠城轨将开通主线广州南站至珠海北站段，以及支线的全线。广珠城轨开行列车分为两类：一类为从广州南直达珠海北，全程 39 分钟，另一类为中途停靠各站点，全程 45 ~ 50 分钟。广珠城轨正式开通后，运行的列

＊　林瑞海，运输学博士，现任澳门特别行政区政府运输基建办公室技术顾问、澳门交通运输协会顾问、国际 Transportmetrica 及 IET 智能交通等学术期刊的编辑委员、新加坡智能交通学会副会长及新加坡特许运输物流学会委员。长期致力于运输政策与规划、运输系统分析、物流研究、公共交通及智能交通系统的研究和工作。

车将达到 28 对，平均半小时一班车，票价最高为 44 元人民币。广珠城轨 97% 以上为高架线路，只在广州、珠海两地有少部分地面线路，包括起始和终点站的 23 个车站全部是高架车站。列车客室宽敞舒适，车外噪声被减低到环保声级，适用于人口密集地区的运输系统①②。

广珠城轨运行的是 CRH1A‐250 型时速 200 公里及以上动车组，全列 CRH1A‐250 型车共计 8 辆车，定员 631 人，每个列车单元都有其完整的牵引系统，列车组能重联运行，最多 16 辆。广珠城轨按照预测 2030 年的需求预测为每年 1741 万人次，而平均每日客流量为 4.77 万人次③。广珠城轨的开通意味着珠江口西岸从此进入轨道交通时代，珠西各市的交流会日益频繁，促进人才、物资、技术及资金等流通，对珠三角一小时生活圈的形成起着重要的作用。

广珠城轨在广州南站与已经开通的武广高铁换乘连接，下一步将和正在建设的贵广、南广等多条国家铁路干线相接，实现互联互通。届时，珠海等城市将可通过广珠城轨直达全国铁路沿线城市。澳门轻轨作为与区域融合的首要交通基建，规划上与广珠城轨及其延线进行便捷或无缝换乘对接④，也必须加紧进行步伐，方能同步构建成涵盖澳门的一小时生活圈。

二 轻轨

轻轨系统是澳门最大型的公共交通基建项目之一，不但是"公交优先"政策的重要组成部分，作为澳门内部主干公交系统，提供"便捷、环保、无障碍"的集体运输服务，更是国家"十二五规划"中，澳门与珠三角区域融合的重要交通基建项目。广珠城际轨道于 2010 年底通车至珠海金鼎，之后逐步延伸至拱北和横琴；港珠澳大桥主体工程亦已经正式动工，珠三角一小时交通圈已具雏

---

① 2011 年《澳门日报》。
② 2011 年《文汇报》。广珠城轨开通珠三角五市一城，http：//paper. wenweipo. com/2011/01/08/CH1101080001. htm。
③ 潘安、周鹤龙、贺崇明、王锋编著《城市交通之路——广州交通规划与实践》，中国建筑工业出版社，2006。
④ 林瑞海：《澳门的交通建设》，2010。郝雨凡与吴志良编著《澳门经济社会发展报告（2009～2010)》，第 82～96 页。

形。为优化澳门市内的交通，融入珠三角一小时交通圈，维持澳门在珠三角城市中的竞争力，确保澳门社会经济的可持续发展，全面推进澳门轻轨系统建设工作已经刻不容缓。目前，轻轨行车物料与系统的判给已有结果，而氹仔段之轻轨线段之设计工作已经展开①。

（一）行车物料及系统国际招标

"澳门轻轨系统第一期行车物料及系统"采购国际公开招标于 2010 年 4 月 13 日开标。运建办共收到三份标书，各标书提交的基本项目固定金额价格介乎 45 亿~62 亿澳门元。三份标书依次分别是：西门子—中土港澳建筑工程、三菱重工有限公司、庞巴迪运输—中国路桥工程。

这次招标是要甄选合适的供货商，为澳门轻轨系统第一期提供行车物料及系统，以及负责在西湾大桥内设置轻轨系统的"设计连建造"总承包工程。列车数量以满足基本载运量要求（约 7800pphpd）为标准，并透过"增量采购"配合每年实际运量递增的需求及有效控制增购列车的金额于合理水平。至于其他系统及设施则按系统最终载运量进行设计。

运输基建办公室于 12 月 30 日公布甄审结果，中标公司为三菱重工有限公司，其基本项目的判给金额为 46.88 亿澳门元。轻轨系统的车型是 Crystal Mover，宽度为 2.8 米，一列四节车厢长度为 47 米，最高可载超过 450 人。同类型的系统已在新加坡的榜鹅与盛港之轻轨系统中使用。两系统都是以高架轨道方式在较稠密的城市生活小区中提供高水平的公交服务。这次判给工作完成，标志着澳门轻轨系统第一期的主体土建工程将全面启动，政府将按照施工规划，有序地开展氹仔和澳门分段细部设计和土建工程。澳门轻轨可望在采购合同签署后 49 个月后完工并投入服务。

（二）交通枢纽

由运输基建办公室、交通事务局、土地工务运输局，及建设发展办公室组成氹仔柯维纳马路交通枢纽规划协调小组，于 9 月 4 日~10 月 3 日，就柯维纳马路交通枢纽建设方案展开了连串的推介活动，并已开始进行详细设计以配合 2010

---

① 运输基建办公室，http：//www.git.gov.mo。

年上半年进行招标的时程。

考虑了巴士、私人车辆、旅游巴及重型车辆、步行系统，以及与轻轨站连接的关系，及增加绿化设施的基础下，柯维纳马路交通枢纽规划协调方案在东侧设置一地下两层的轻型车辆停车场，在西侧设置一地下一层之旅游巴士停泊场，轻轨站西侧设置地面有盖巴士转换站，其上盖为绿化平台及步行廊道的综合交通枢纽布局设计，兼顾了建立绿化及开放空间，以提高小区的生活质素，公交优先的运输政策，支持无障碍及安全的公交出行环境下，充分达到以人为本的原则，提供更优化、更便捷的公交环境，鼓励更多居民使用公交出行，同时改善道路行车环境，人车分隔，促进道路安全。有关初步详细设计方案，如图 1 所示。

图 1　柯维纳马路交通枢纽概念设计

（三）轻轨首二期社会经济效益分析

运输基建办公室委托澳门科技大学研究首二期轻轨系统对澳门带来的社会及经济效益，对轻轨系统往后工作提供参考数据。分析结果显示，轻轨一期及二期营运总共产生的经济效益，以 2010 年 1 月 1 日的现值（澳门币）估算，2014～2025 年所产生的总价值为 158 亿～164 亿澳门元。其中，直接经济效益总价值为 53.56 亿～53.85 亿澳门元，间接经济效益则为 104.5 亿～110.4 亿澳门元。每年对于节约公交出行时间达 63%，节省能源消耗、减低尾气排放及温室气体排放达 20%。社会效益方面，轻轨系统能有效推动城市事业发展，增强城市对外吸引力，推进城市一体化及促进澳门与珠三角的一体化。另外亦可达到提升澳门城市形象、增强市民凝聚力等方面的正面成效。

（四）澳门与内地签轨道项目技术援助合作备忘录

运输基建办公室与内地住房和城乡建设部城市建设司于 5 月 26 日就澳门轻轨项目与内地建立技术援助签署合作备忘录，标志着澳门与内地在轨道交通建设、运营和政策、法制上的衔接等方面加强合作。运输基建办公室期望透过内地专家给予独立意见，并结合相关的技术力量，确保澳门轻轨项目工作能顺利推进。

根据《合作备忘录》的内容，运输基建办公室将委托住房和城乡建设部城市建设司协助甄选技术顾问，组织专家技术团队来澳门参与澳门轻轨项目，为澳门轻轨项目提供技术援助和给予独立专业意见，协助开展澳门轨道交通相关法规调研，还会为运输基建办公室开展轨道交通技术培训。运输基建办公室期望，透过这次合作安排，能够结合内地与澳门的专业人员共同参与澳门轻轨项目，强化轻轨建设工作的技术力量。

三　交通

根据统计暨普查局数据显示，截至 2010 年 11 月底，澳门的行驶车辆总数达 195812 辆，较 2009 年同期增加 3%；电单车（105998 辆）及轻型私家车（83471 辆）分别占总数的 54% 及 39%。2010 年首 11 个月新登记的车辆有 14590 辆，新登记车辆主要为电单车（占 58%）及轻型私家车（占 40%）。以 2010 年第三季度为止的总人口为 549500 人计算，平均约每 6.6 人有一辆汽车及 5.2 人有一辆电单车。如考虑到一般电单车在交通中所带来的影响约为一般小型汽车的 1/3，表 1 的车辆数目约等于超过 13 万辆的小型汽车，即平均每 4.2 人便有一辆车[1]。数据显示澳门的拥车量维持快速上升的趋势，进一步迫近 20 万辆的水平。表 1 为较详细的数据。

---

[1]　澳门统计暨普查局，http://www.dsec/gov.mo。

表1　澳门的机动车数量

车辆类型＼年份	2010	2009	2008	2010 增(%)	2009 增(%)
轻型汽车	83471	79699	78422	4.7	1.6
重型汽车	6343	6280	6270	1.0	-0
电单车	105998	101117	95832	4.8	5.5
车辆总数	195812	187096	181849	4.7	2.9

数据来源：http：//www.dsec.gov.mo/Statstic.asp。

（一）澳门陆路整体交通运输策略纲要

2010 年初，交通事务局①完成了"澳门陆路整体交通运输政策构想（2010～2020）"第一阶段的意见征集工作，为使政策更具科学性和更为贴近民生，交通事务局委托顾问公司开展《澳门陆路整体交通运输政策研究》工作，并协助构建科学性的交通分析模型与量化的评价体系。跨部门跟进小组除深入分析各界意见外，也联同研究团队进行了大量的交通调研，包括口岸周边的边界线（cordon line）调查、全澳主要路段的屏栅线（screen line）调查、主要道路的行车速度调查、居民和游客问卷调查、路边拦车调查等；此外，也透过地理信息系统（Geographic Information System，GIS）把澳门交通路网数码化，精确掌握不同分区的交通状况。本阶段已初步建立了陆路交通的需求预测模型和评价指针，为政策的完善工作提供必不可少的参考依据。

研究的中期报告已完成，并于 12 月 21 日顾问公司连同交通事务局举行说明会。报告也初步完成了交通分析模型的建模工作，并提出可与国际接轨的交通评价指标体系。并重点研究公共交通、慢行交通和车辆管理。针对公共交通、慢行交通和车辆管理，中期报告概括指出其主要问题是：（1）城市布局集中、道路功能重叠、地区性道路负荷大；（2）交通设施供应失衡、诱导车辆增长；部分地区公交班次不足、降低搭乘诱因；（3）地少、人多、车多，社会共同承担机动车辆外部成本。

按照交通分析模型推估，在没有任何措施的情况下，至 2020 年澳门车辆数

---

① 澳门交通事务局，http：//www.dsat.gov.mo。

将由现在的 19 万辆增至 31 万辆，公交分摊率将由现在的 33.6% 下降至 27%，澳门半岛的平均车速将由现时的每小时 15 公里下降至每小时 10 公里，部分繁忙道路的车速甚至只有每小时 5~6 公里，而澳门半岛居民的出行时间将增加一半；同时，陆上交通温室气体排放也将由 2005 年的 199 千吨增加到 407 千吨，对环境与居民的健康造成隐忧。就舒缓交通拥堵方面，公共交通导向发展（TOD）、快速公交（BRT）、公交专道、低底盘低污染的巴士，以及公交体系改造，已是世界公共交通发展的趋势；同时，配套的机动车辆使用管制与拥堵收费也是改善交通的主要思考方向，中期报告就此提出多项建议，包括公交无缝整合和泊车费率改革。从"信息无缝"、"空间无缝"、"服务无缝"、"时间无缝"等方面整合公交环境；行人环境改善可优先以大三巴及官也街作为中心，检讨周边的步行区环境，同时必须制定规范与管理机制来推动行人空间与步行区的设置；单车是可推广的短程工具，应推动单车道与公共单车系统；为创造公共交通、慢行交通更好的改善条件，必须透过法制、技术和经济等手段，正确引导和调节私人车辆需求的增长，从"推力"和"拉力"两个层面鼓励居民使用公交出行并匡正车辆使用的观念，考虑到澳门目前路外泊车费处于邻近亚洲城市中的较低水平，可将泊车费率改革作为私人车辆需求管理中的一个切入点。

中期报告也建议依据澳门旅游城市的特色，采用公交分摊率、旅客整体交通满意度和机动车辆使用降低比例，作为交通政策的评价指标。

下一阶段的工作，主要是配合"澳门陆路整体交通运输政策（2010~2020）"第二阶段意见征集，将因应收集到的意见作整理分析，并就居民的诉求和客观的条件，完善研究报告的内容，并配合澳门政府制定的交通政策提供科学参考。而为期 45 天的"澳门陆路整体交通运输政策（2010~2020）"第二阶段意见征集于 2010 年 12 月 29 日正式启动，咨询期至 2011 年 2 月 11 日。第二阶段意见征集文本中，根据公共交通、慢行交通、轨道交通、车辆管理、智能交通、历史城区、新旧城区、跨境交通 8 个治理交通问题的领域，提出以"公交优先"为政策的核心，完善的"交通建设"供给面和"交通服务"供给面，呼应"新城、旧区、历史核心区"三个与城市空间规划紧密关联的交通布局层圈，即"一核两面三圈"的工作理念，有序推进和实现打造宜行宜游绿色交通城市愿景。

根据轻重缓急的思路，文本就未来 10 年陆路交通政策订定近、中、远期三

个阶段性目标。近期目标为"重整公交，集中精力保障出行"；中期目标为"轻轨通车，全方位落实公交优先"；远期目标为"区域对接，实现宜行宜游绿色交通愿景"。因应不同时期的政策目标，文本同时订立共31项相对应的服务与建设项目和配套工作。

针对公共交通改善、慢行系统优化、车辆使用管理和车辆增长控制等议题，文本向居民提出"基础发展"、"渐进管理"和"总量控制"三个不同组合的关键方案，希望居民和社会各界就此再提出看法和改进意见，以支持政策的后续策略优化和措施推动工作。为使公众对三个关键方案有更清晰的掌握，文本以交通预测模型推演不同方案的预期效果，包括主要道路如新马路、高士德大马路、雅廉访大马路、美副将大马路和提督马路的高峰时段车速预测和私人车辆减排数据等，并对不同方案的效益进行比较。

（二）巴士专道

交通事务局于由5月16日开始试行在周日及公众假期早上11：00至晚上8：00，推行限时性的新马路公交专道，把由龙嵩正街至营地大街之间的一段新马路列为交通管制路段，仅允许巴士、的士及三轮车通行，以及特许车辆进入管制路段。推出有关措施是为了避免节假日时期出现严重的人车争路情况，同时亦鼓励市民和游客多利用公共交通工具前往新马路一带，选择更环保的出行方式。

交通事务局的评估数据显示，措施试行期间，新马路的平均车流量较实施前之假日减少超过20%，市民对新马路交通状况的评价亦较实施前正面，有40%的受访者支持长期实施公交专道，但亦有近30%的受访者表示不支持，原因主要认为措施成效不大或带来不便。为此，交通事务局将把试行措施延长半年，并因应市民之意见及建议推出多项改善安排。综合评估数据显示，措施实施期间，新马路平均车流量较实施前的节假日减少'21.9%，亦较平日车流量减少40%，当中电单车与私家车的流量大幅减少，巴士大致持平，的士则流量轻微增加。至于外围路段，在措施试行期间亦未见拥堵，车流量基本少于平时工作日。

此外，在措施实行后，市民对新马路交通状况的评价亦较实施前正面，其中在措施实施前，有48.7%的受访者认为新马路的交通状况混乱或非常混乱，实施后，认为混乱或非常混乱的受访者大幅减少至32.1%；另外，认为现时交通秩序较半年前好的受访者有42.8%，仅10%受访者认为较半年前差。调查显示，有 40.3% 的受访者表示支持新马路长期实施公交专道，但也有 27.9% 的受访者表示不支持，当中商户对实施措施的支持度及长远效益的预期均较一般市民为低，反映公交专道措施仍有进一步完善的空间。因此，交通事务局决定把试行措施延长多半年，并因应市民所反映之意见及建议，采取多项改善安排，以加强公交专道措施的成效。

（三）新巴士营运模式

于 2009 年 11 月开标的"澳门道路集体客运公共服务公开招标"由于涉及之司法诉讼，以致新巴士服务模式未能如期于 2010 年 10 月投入运作，为确保持续向公众提供巴士服务，交通事务局早前已和澳门新福利公共汽车有限公司及澳门公共汽车有限公司磋商，延长现行批给合同，并于 2010 年 12 月 27 日与澳门新福利公共汽车有限公司及澳门公共汽车有限公司签署了道路集体客运公共服务批给合同之附加合同，把原定于 2010 年 10 月 14 日届满的巴士服务限期，延长至 2011 年 7 月 31 日，以配合新的巴士营运模式投入运作。特区政府透过采用局部判给及直接磋商的安排，把巴士服务招标中，其中四个标段判给维澳莲运公共运输股份有限公司及澳门新福利公共汽车有限公司，至于剩余一个标段则以直接磋商的形式判给澳门公共汽车有限公司。

（四）高士德下水道工程

为更换已经老化的下水道管网而开展的"高士德大马路下水道重整工程"于 2010 年 12 月 8 日开展，工程采分段施工方式，分成 10 段施工，总施工期约 500 天，施工时间平日由早上 8:00 至晚上 9:30 半、节假日由早上 10:00 至晚上 9:30 半。首段施工范围由介乎提督马路至连胜马路之间的一段，靠红街市一边的马路。工程期间，除在工程涉及路段设置交通指示牌及巴士路线临时改道指示牌外，又透过工程围板、平面和电子传媒向公众介绍工程施工及交通安排，并借网页发布有关最新讯息。为配合工程开展，交通事务局实施了一系列临时交通安排。其中，施工路段封闭交通及禁止泊车，并禁止来自提督马路的车辆转入高士德大马路，以及临时准许来自提督马路的车辆右转入雅廉访大马路，并在雅廉访大马路与俾利喇街交界及连胜马路交界增设交通灯，以理顺有关路口的行车秩序。另外，部分巴士路线改经雅廉访大马路行驶。

另外，配合工程施工，雅廉访大马路的咪表泊车位及电单车泊车位已于2010 年 12 月 6 日下午 3∶00 起暂时取消。但亦保留了高士德大马路的夜间泊车区，并于雅廉访大马路增设了 11 段夜间泊车区，由晚上 9∶00 至翌日早上 7∶30 允许车辆停泊；而美副将大马路靠近东方丽都路段及靠近圣心中学路段的咪表泊车位亦已改为夜间泊车区，由晚上 7∶30 至早上 7∶30 允许车辆停泊，其中近圣心中学的夜间泊车区日间作为临时上落客货区。同时，政府争取尽快开放东方丽都大厦停车场及交通事务局大楼停车场的公共泊车位，以及于沙梨头南街设立临时电单车泊位。

（五）智能运输系统

1. 巴士到站时间系统

交通事务局并由 2010 年 5 月 12 日起进行首阶段公共巴士报站系统测试，含高士德大马路、新马路、殷皇子大马路、水坑尾街及提督马路 5 个巴士站报站系统，测试范围包括系统稳定度、准确度、软硬件融合、与巴士公司系统协调等。相关报站系统会显示指定的三条巴士路线的行驶状况。透过引入上述系统，让乘客能掌握更多公共巴士在道路上行驶的情况，以方便出行。

2. 车辆违泊侦测系统

多年来，澳门普遍存在不少车辆违泊现象。车辆违泊不仅造成交通拥挤，使车辆流量降低，还会增加发生交通事故的概率，为透过科学化手段整治有关情况，2009 年交通事务局与研究单位开展车辆违泊侦测系统的研发探讨工作；考虑到巴士站车辆违泊情况与个别巴士不能入站停车上落客等情况较为普遍，容易造成交通混乱，交通事务局分别于宋玉生广场两个巴士站、南湾大马路时代商业中心巴士站及罗理基博士大马路安装车辆违泊侦测系统，有关系统于 2010 年 12 月 6 日起展开为期三个月的对外测试。透过上述系统，有助于监管巴士站及主要交通干道的车辆胡乱停泊之现象，进一步提升交通流畅度及驾车安全。

3. 停车诱导系统

为节省驾驶者在停车场内寻找可泊车位的时间、减省油耗及减少排放，同时提高停车场的管理及讯息发布，交通事务局以亚马喇前地停车场为试点引入场内的泊车诱导系统，有关系统是利用停车场内每个车位上方的传感器，取得各车位的实时状况，再透过讯息显示屏及各车位上方的灯号，显示车位是被使用还是闲置中，从而诱导车辆到闲置的泊车位停泊，达至节省泊车时间、减少车辆油耗和尾气排放、提高停车场管理及讯息发布等目的。该系统更可通过每个泊车位置数据的收集，以科学的方法计算停车场的使用率及流动性；同时可利用实时数据，侦测公共停车场内车位的车辆超时停泊情况，以辅助停车场管理。

Transportation Development in Macau

Soi-Hoi Lam

Abstract：With the rapid recovery in economy, the demand for transportation in Macau returned to its rapid growing path. Regional integration and integrated transportation infrastructure is facing greater opportunities and accelerated development, along with the operations of the Guangzhou Zhuhai intercity railway. The awarding of the rolling stocks and system tender signifies the imminent start of the engineering works. In the mean time, the comprehensive land transportation policy is making headways, the new operating model of public buses has entered into preparation stage, and various other transportation projects are being implemented. All of these signify that a multi-throng transportation development and management model is formulating to fulfill the development needs of Macau's new town and old district into the future.

Key Words：Regional Transportation；Public Transportation；Mass Transit；light Rapid Transit；Transportation Policy；Research and Study

B.17
澳门房屋政策发展

陈建新　林辰乐　黄景尧*

摘　要： 金融海啸的蔓延，迫使不少国家推行量化宽松政策，这亦造成内地、香港、澳门三地房地产价格进一步攀升，三地政府相继推出相应的措施来缓解市民的住房压力。但是，澳门的住房问题却与内地及香港有所不同，例如：澳门土地稀缺，加上其他限制（包括房地产权不清、环保问题和文化遗产等），制约澳门土地发展；澳门经济的急速发展，带来结婚年轻化，提高整体住房的需求；建筑成本急升，过去澳门暂缓兴建公共房屋，而且缺乏有效的金融政策。这些因素都直接或间接刺激住房价格上升，以致超出澳门市民可承受水平。尽管澳门政府已就现在的住屋问题，从三方面（调整供给、需求和规范市场运作机制）推出不少政策，澳门市民仍觉得这些政策未能有效压抑房地产价格。另外，不少学者及市民也提出了不少方案（例如珠澳协同发展、香港公屋政策和新加坡合租屋政策），可是这些方案仍有待政府做进一步研究，并取得社会共识，方能有效在澳门推行。

关键词： 房屋政策　证券化　功绩财货　置业需求　金融政策　标签效应　旧区重整　协同发展

一　前言

房屋政策向来为各地市民所关注。房屋具有两种不同的特性：必需品

---

* 陈建新，澳门大学社会科学及人文学院政府与公共行政学系助理教授、澳门社会保障学会理事长，香港大学秀圃老人研究中心及香港大学香港赛马会预防及研究自杀中心荣誉研究院士；林辰乐，澳门大学社会科学及人文学院政府与公共行政学系本科生，澳门社会保障学会会员；黄景尧，澳门大学科技学院软件工程学系本科生。

（necessity）和投资工具（investment tool）。近年发生的金融海啸使房屋的这两种特性更为突出。金融海啸的触发点是来自美国的"次级按揭借贷"，次级按揭是由美国政府透过两所半政府机构〔房利美（Fannie Mae）和房贷美（Freddie Mac）〕，为经济能力不太理想，难以在私人市场上找到合适按揭安排的美国家庭，提供较市场便宜的楼宇按揭安排，从而让这些家庭购置自己的居所。然后，这些"次级按揭借贷"会被证券化（securitization）（当中亦包括美国政府及私营金融机构）。遗憾的是，私营金融机构再以这种被证券化的按揭产品打重其杠杆比例（Leveraged），而在处理这批高杠杆比例的金融资产时出现了不少问题，才造成这次的金融海啸①。为了解决因金融海啸所衍生的问题，西方国家不断推出大规模的量化宽松政策，让本来已颇受热钱所追捧的房地产（特别是新兴市场地区）一再升温。而作为一种生活必需品，房屋并非一般消费品，但是因近年楼价不断急升，且升幅远较当地工资升幅为高，住屋费用已成为一般家庭的主要开支。为舒缓当地居民的住屋压力，内地、香港、澳门三地政府过去都已推出一系列措施控制楼价升幅，特别是投机活动，但未见太大成效。在最近一次民意调查中，房屋问题已成为不少澳门市民最希望政府可以处理的问题之一。

房屋也可以看成是功绩财货（merit goods）的一种，功绩财货是指那些对社会整体有利或者有很强的正外部性（positive externality）的物品②。而这些外部性可简单从两方面论述：（1）社会资本（Social capital）。"安居乐业、落地生根"，中国人传统的观念正好表达了自置物业亦可增加居民对所居住地方的归属感。例如早期香港和新加坡的公屋政策都是为了安顿新移民，甚至让新移民可以把居住地成为其心灵归属，而这种归属感可让当地居民更团结，这样对社会发展来说有着正面的价值和意义；（2）个人发展方面（Self Development）。住屋可作为休憩或作息的地方，同时亦可看成提升个人的工作能力的地方，因此住屋可以为市场及社会带来再生产的动力。

但是，市场上交易的商品一般是私人财货（private goods），而消费多寡及价格升跌都是基于供求关系，这种关系只能反映个人的偏好和购买的能力，并不代

---

① 宁大芮：《房利美困境与表外项目》，《会计之友》2009 年第 26 期。

② Walsh, C. , " Individual Irrationality and Public Policy: In Search of Merit/Demerit Policies," *Journal of Public Policy*, 7（2）, 1987, pp. 103 - 134.

表其实际需要，而根据这种偏好选择所达至的供求均衡水平，不一定是社会最理想的水平。在市场机制中，其供应或消费经常存在不足的情况，换句话说，基于社会利益，政府有必要对人们的偏好选择进行一定程度的干预，使市场对功绩财货的供应或者居民对其消费的数量达至社会最佳的水平。所以，世界上不少政府都在不同程度地干预房屋市场，而干预措施多是针对弱势社群，让不同阶层都可以有合适的居住环境，从而释放更多的正外部性和提升社会资本，例如廉价出租房屋及出售廉价屋（affordable housing）。

随着赌权的开放，澳门经济得以进一步发展，更让澳门成为全世界数一数二的博彩娱乐中心。可是其民生生活质素及社会保障体系发展却未能跟随经济发展步伐而大幅改善。但以房屋政策而言仍可算是朝着正确方向发展，本文将从几方面详述澳门房屋政策发展，先从澳门经济发展及澳门房屋政策历史入手，再从澳门市民置业需求发展及澳门房屋市场发展，探讨澳门房屋市场的问题，最后总结澳门房屋政策未来发展。

二　背景

（一）澳门经济发展

澳门自回归以来，受"一国两制"、自由行及开放赌权等利好因素影响，经济取得一定成果，蜕变为世界最具规模的博彩娱乐中心之一，大部分澳门居民的经济状况得到明显改善。在中国及澳门政府的积极重视下，澳门成为中国10年来发展最为迅速的地区之一，单从今日澳门坐拥多个理想指标便可见一斑，这些指标包括：东南亚最高人均本地生产总值地区之一（2009年为38700美元）① 和世界人口最长寿地区之一（84.4岁）②。可是，由于澳门土地面积小，近年澳门人口亦不断上升，让澳门成为世界最高人口密度地区之一（每平方公里18600人）③。

---

① 澳门统计暨普查局数字为311131澳门元，经1.03澳门元兑1港元和7.8港元兑1美元折算，得出38727美元。

② US CIA，"Country Comparison：Life expectancy at birth，" *The World Fact Book*，2010.

③ 澳门统计暨普查局2010年第三季人口估计数字和2009年土地面积为549.5千人和29.5平方公里，经计算得出。

由此可见，这三个基本因素对澳门房屋市场都有推动作用。亦有部分学者认为社会发展未有同时跟上经济发展的步伐。例如，澳门居民收入差距拉阔、法制发展相对滞后、物价飞涨等。此外，澳门市民普遍认为楼价升幅惊人，而收入却未能得到相应的上调，青年恐怕无法自置物业。"安居乐业"、"落地生根"是传统中国人的固有思想，拥有舒适、安稳且长期的住房能提高市民对该区的归属感，并能为拥有者提供一定的保障，进而促进社会和谐，而澳门社会亦一向注重和谐发展，在这种情况下，房屋便成现在澳门社会最关注的问题。

尽管澳门的住房价格上升，但是新旧楼宇的发展速度并不相同：新区发展迅速，而且城市配套及规划亦较旧区完善，新楼宇价格亦较旧楼宇价格为高；相反，旧区由于可发展的地段有限，缺乏一手楼单位供应，发展速度较新区落后。根据澳门统计暨普查局私人建筑及不动产交易 2010 年第三季度 3 号刊显示，澳门 2010 年第三季度私人住宅单位每平方米平均成交价是 30347 澳门元。其中，按建成年份分类：2000 年及之后、1990～1999 年和 1990 年之前建成的私人住宅单位平均成交价分别为 42157 澳门元、26006 澳门元和 18814 澳门元。由此可见，新楼价格比旧楼价格贵一倍多。一些新填海或新区的楼宇每平方米成交价更是"一枝独秀"，例如外港新填海区及南湾湖填海区的楼宇每平方米成交价高达 58820 澳门元。除建筑成本上升外，这可能与澳门旧区配套设施不足让澳门居民渴望迁至新区有关。尽管澳门拥有极高的家庭自置物业拥有比率（约 80%）①，不过持有的大多是在旧区。在旧区缺乏前景等因素下，旧区居民无法搬离旧区导致新区愈富、旧区愈贫的大差距现象。这也是其中一部分澳门居民鼓吹兴建公共房屋的其中一个成因。

近年，澳门大部分的土地供应来源于填海②。不过，独特的历史及政治环境造就了澳门是一个没有"领海"的沿海城市，所有澳门的填海计划必须得到中央人民政府的首肯。再加上近年澳门社会越来越关注环保问题，而填海却对邻近澳门海域带来极大的损害。可见，澳门政府不能自主落实填海项目。而且，澳门的中心城区与世界文化遗产紧密相连，并不适合大规模的改建。此外，澳门国际

---

① 竺干威：《澳门政府住房政策的比较分析》，李向玉编《腾飞的澳门：回归十年的回顾与展望》，澳门理工学院，2009。

② 李国祁：《由澳门兴衰析商业殖民所需之地理与历史条件》，《师大地理研究报告》1999 年第 30 期。

机场邻近城区，楼宇亦不宜兴建得过高，因此在新填海土地规划中，大部分地区楼宇高度受到了限制。基于以上因素，澳门土地稀缺成为固有现象，如何合理分配土地成为澳门大众最为关心的议题之一。

住房作为人类生活的安乐窝，一直都是人类不能缺少的必需品。而且，住房也是长久以来的投资工具，可以保值、投资和投机。在满足市民基本住屋需求的同时，政府亦要为地产投资者维持良好的投资环境，保护地产市场。如何在两者之间取得平衡，成为未来澳门政府的重要任务。

（二）澳门房屋政策发展

在阐述澳门现时的住房情况前，有必要先简述澳门住房市场与公共房屋政策等一系列措施的发展历程来了解澳门房屋政策的发展背景及政府在其政策推行时的理念。

澳门公共房屋的建设起源于 1928 年 8 月的一场台山区破旧的贫民屋发生大火。居民流离失所，澳门政府基于社会救济及慈善，原址兴建一系列矮小的平房，成为澳门第一个公共房屋，直至 1949 年澳门政府建成了 23 座、合共 711 个单位[1]。以政府兴建并以便宜租金租与社会低收入或有特殊困难的家庭的房屋逐渐成形，澳门政府称之为社会房屋，有点类似于今日中国内地政府的廉租屋。从 20 世纪 60 ~ 70 年代开始，政府以租赁形式为他们提供了 5 ~ 7 层高的楼宇作为社会房屋。早在 20 世纪 60 年代，社会房屋之一的罗必信夫人大厦已改建为适合长者居住的社会房屋，直至近期才拆卸为新的公共房屋项目。

由于 20 世纪 80 年代初期，澳门踏入新移民的高峰期。大量新移民由内地涌入澳门，居住条件较为恶劣，多居住在由木和铁片简陋搭成的"铁皮屋"。那里卫生、消防及防盗设施尤其不足够，也酿成多次灾害及社会问题。澳门政府决定新建多个临时房屋中心，以容纳因政府清拆"铁皮屋"，而又未符合入住社会房屋或购买经济房屋条件的家庭暂时居住在临时房屋中心。时至今日，除了北区临时房屋中心已作为办公大楼外，全部皆已拆卸。

20 世纪 80 年代，市民要求置业的呼声甚高。政府参考邻近地区的一些类似经济适用房等政策后，推出《经济房屋法律》，法律使社会经济低下阶层的人士

---

① 澳门房屋局网页，公共房屋发展史（社会房屋）。

有机会购买价格受管制并低于自由市场的房屋，这些房屋的质量一般具有一定质素，小区设施亦较为齐备。政府协助置业增加了市民对澳门的归属感。其后，澳门政府于1984年推出《房屋发展合同》法例①。整体运作简单，政府借出地皮给发展商发展住宅项目，发展商得到一定数目的单位作建筑成本的报酬，但发展商不得以高于特定价位出售。这些房屋在澳门统称为经济房屋，有点类似于内地的经济适用住房。此举有助于缓解当时房屋缺乏的情况，特别是协助解决低下阶层对房屋之需求，同时辅助本地建筑业的发展，从而刺激增加房屋供应量，以符合本地区实际房屋需要和适应市民的购买能力。

直至20世纪90年代，澳葡政府为了解决大量非法居留的内地移民问题，而特赦这批内地非法居留者，并让他们取得澳门居民身份证，顿时，澳门居民人数大增；同时邻埠香港当时地产市道十分畅旺，这亦带旺澳门房屋市场。因此，这段时间亦成为澳门政府兴建公共房屋的高峰期。直至遇上1997的亚洲金融风暴，私人住屋需求急剧下降，楼价也跟着显著下跌，公共房屋不再是解决市民住屋难的问题，而是供应过剩的情况，情况犹如香港推行"八万五"房屋政策时，亚洲金融风暴前落实兴建的房屋在亚洲金融风暴期间卖不出去，即使大幅减价平售也无人问津。当时澳门楼市低迷，政府便推出利息补贴计划鼓励市民置业，以及引入投资移民政策，并且马上喊停大部分公共房屋的建设，希望可以令澳门楼价止跌。澳门房地产市场自那时起由私人地产商主导，导致近几年来公共房屋兴建所占的比例极低。2002年起，澳门在博彩业开放后经济得到明显改善。可是地产发展商较为主力推出中高档次的楼房来获取更佳回报，因而近年新建而适合基层市民的楼房比例较少，亦逼使近年基层市民不断诉求"买楼难"的苦况。政府在市民的诉求下承诺2012年有序兴建不少于九万公共房屋。此外，澳门政府亦开始关注非实物援助（即非公共房屋供应的援助）的发展，例如利息补助和信贷担保计划、住屋维修补助和鼓励成立业主立案法团等。

早期，澳门政府推行房屋政策的理念是基于社会救济及慈善（如安置火灾灾民及无家难民），随社会变迁渐演化为社会救济一群低经济收入的市民，让市民以低廉的价格租借居住的地方。直至20世纪80年代，公共房屋正式分拆为社会房屋和经济房屋。政府的角色不再只是救济而是协助市民置业。在方法上，澳

---

① 澳门房屋局网页，公共房屋发展史（经济房屋）。

门政府在调控楼市方面，已经不再只是从兴建公共房屋来增加供应入手，而是透过税收、市场规划和补助等政策多管齐下，以期得到更佳效果，并配合澳门实际情况。

三 澳门房屋市场现况

（一）澳门市民置业需求发展

据澳门特别行政区统计暨普查局的统计数据显示，在澳登记之结婚人数有明显的上升趋势。2009 年登记之新婚人士达 6070 人，较 1999 年高出 2.2 倍。20～24 岁之结婚登记人数比率显著增加，由 1999 年的 14.9% 增至 2009 年的 26.4%（见图 1）。可见澳门置业需求或已经有所改变，可能澳门年轻阶层普遍收入较以往有显著上升，而导致结婚年轻化的现象，这其中有两个主要原因：（1）在澳门多年来推行义务教育下（澳门已推行 15 年免费义务教育），澳门年青一代的知识水平远较上一代为高，而且澳门亦已步入知识型经济，所以拥有较高能力的年青一群便能享有较理想的薪酬；（2）开放赌权后，澳门博彩业急速发展，而博彩业中的荷官却只限聘用澳门居民，多间博彩企业大量高薪吸纳澳门青年，这亦令低学历的澳门青年都可享有理想薪酬（一般新入职荷官的月薪都超过 1.5 万

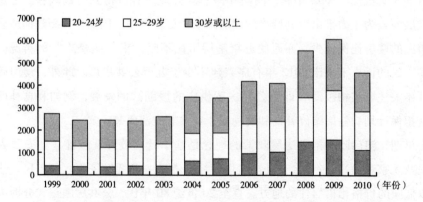

图 1 在澳门登记的结婚人数（1999～2010，2010 年数据截至第三季度）

资料来源：澳门统计暨普查局统计年鉴（1999～2009），人口估计 2010 第三季度。

澳门元）。因此，不难理解澳门结婚年龄有下降趋势，加上中国"成家立室"传统观念的影响，年轻人更渴望拥有自己的物业。因此，这一群澳门青年成为一股置业需求的新势力。但是，这群年轻人却因工作时间较短，未能累积足够现金来作为购买物业的首期，而且他们所储蓄的金钱回报也未能跟上近年楼价上升的幅度，因此澳门青年亦是澳门各年龄阶层中最为不满澳门房屋政策的一群。

（二）澳门楼市发展

澳门楼市之所以急速上升，其原因或可归纳于以下三方面：建筑成本、房屋政策及金融政策。

1. 建筑成本

在建筑物料成本上，占比例最重的莫过于水泥和钢材（见图2）。水泥是混凝土的主要材料，而建筑物则必须以钢材为骨架支撑。因此，这两项的消耗量和价格可以看出澳门总建筑的量和成本。由于2002年博彩开放，外资企业纷纷入资澳门大兴土木。新口岸一带已经有金沙、新葡京、永利、美高梅和凯旋门等多个综合酒店和娱乐场落户。这便不难理解，在需求激增情况下，建筑物料成本拉高。此外，澳门劳动力短缺，本地建筑工人薪金也随之上升，而澳门劳动人员有严格规范，聘请外地雇员有限制，随着劳动力需求不断上升，人力资源成本也随之上涨，这也直接提高了建筑成本。

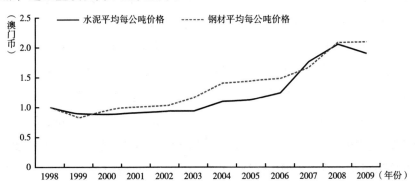

图2 澳门当年水泥和钢材每公吨价格比较图（以1998年为基准=1）

资料来源：统计暨普查局澳门统计年鉴（1998~2009）。

过去10多年，美元一直疲软，但是美元作为多种主要商品的交易货币，美元走弱变相让商品价格走高。此外，澳门元间接与美元挂钩。这也削弱了澳门元

对多种主要货币的购买力。自 2000 年起，水泥和钢材价格不断上升。2008 年升至最高，水泥和钢材每公吨价格平均为 404 澳门元和 3878 澳门元。对比 2000 年，上升了 2.1 倍和 2.2 倍。最近，美国多次施行量化宽松政策而导致美元泛滥，相信 2010 年的商品价格会走高一线。

2. 房屋政策

如前文所言，在亚太金融风暴及非典型流感肆虐期间，澳门房地产市场下滑，但不少澳门家庭都拥有自置物业，为了避免澳门房价持续下跌，所以澳门政府暂停兴建公共房屋及推出其他措施，来刺激当时澳门私人房屋市场发展。直至最近澳门政府积极响应居民置业难，2008 年澳门行政长官施政报告承诺 2012 年前兴建万九（1.9 万间）公共房屋，故近期的公共房屋总数有望再次得到上升。截至 2010 年第三季度，居住于社会房屋的住户总数为 5752 户，总居住人数为 15585 人。已建成的经济房屋单位总数为 27457 个，当中已售出的单位总数为 24205 个，其余则转为社会房屋用途。而且最近澳门获得中央政府批准，大幅度在澳门邻近海域进行填海，这计划称为"新城填海"，在这"新城填海"区域中，澳门政府已预留土地用来兴建高密度住宅，预计可以容纳 10 万澳门居民。

3. 金融政策及财政政策

澳门货币政策是推高楼价的其中一个诱因。澳门自 20 世纪 80 年代起与香港实行联系汇率制度，而且澳门和香港一样是自由港。回归后，澳门金融管理局继续保证澳门元对储备货币（港元）的完全兑换，由于港元钉住美元，所以澳门元间接与美元挂钩[①]。近年，中国内地经济一日千里。澳门是中国内地唯一具博彩业开发权的垄断城市，作为中国不可分割的领土，自然与中国内地有紧密的经济联系，"更紧密经济关系安排"（简称 CEPA）便是其中一例。CEPA 中的自由行政策更是对澳门旅游业起到非常重要的作用。由于人民币实行外汇管制，而澳门基本法则列明不实施外汇管制，还有澳门也是自由港，所以对手持美元的投机者和投资者既保证货币流通也保证无汇率风险（exchange rate risk）。与香港并不相同的是，澳门只有房地产作为主要投资工具，因此大部分外来资金便多数流向房地产。所以，近年澳门政府一个较为有效压抑楼价的措施便是取消"投资移

---

① 澳门金融管理局："Monetary and Financial Stability Review," *Macao Monetary Research Bulletin*，2010。

民"。作为一个自由港，澳门政府不能实施外汇管制等金融政策，而且澳门政府一直奉行积极不干预的经济政策，所以，尽管中国内地和香港近期不断推出行政措施打击投机活动（例如中国内地对一家庭拥有两套或以上楼房有严格限制、香港对短期内买卖的楼宇征收15%的税），澳门政府并没有跟随。这也许与澳门房屋市场发展仍不是很成熟有关，因为如果澳门政府引入一些较强烈的行政手段来控制楼价升跌，便可能增加澳门楼市的政策风险（policy risk），令澳门楼市更难于健康发展，所以近日澳门政府较为积极规范房屋市场运作机制的措施，特别看重房屋市场透明化方面。

四　澳门现行房屋政策

澳门政府非常重视现在的房屋市场问题，亦经常调整相关政策，其处理手法大致可分为三方面：调整供给、需求和规范市场运作机制。

（一）调整供给

与邻近地区一样，澳门公共房屋主要是廉价出租房屋和卖出经济适用房，只是称谓有所不同。廉价出租房屋在澳门称为"社会房屋"，经济适用住房则称为"经济房屋"。

社会房屋是指由政府兴建，以低廉的租金出租给经济状况薄弱或有特殊困难，且居住于澳门特别行政区的家团的房屋[1]。截至2010年第三季度，居住于社会房屋的住户总数为5752户，总居住人数为15585人。在社会房屋申请方面，轮候社会房屋的家团总数为10007户，当中1人家团占4009户，2人家团及3~5人家团分别占3066户及2869户，其余为5人以上的家团，占63户，申请总人数为20610人。

经济房屋类似发达地区的"居者有其屋"计划，是让家庭拥有或购置其居所的政策。澳门过往的经济房屋是由政府与本地建筑企业签订土地批给合同的方式，建筑企业利用批给的土地兴建价格较低的房屋，建成的房屋，部分单位归政府作为批地的补偿，其余的单位由承批企业按合同所定的条件及价格，透过房屋

---

[1]　澳门特别行政区房屋局网页，"社会房屋定义"。

局审核后出售。截至 2010 年第三季度，已建成的经济房屋单位总数为 27457 个，当中已售出的单位总数为 24205 个，其余则转为社会房屋用途。在经济房屋申请方面，参与经济房屋竞投的家团总数为 11961 户，当中 1 人家团占 5651 户，2 人家团及 3~5 人家团分别占 2559 户及 3630 户，其余为 5 人以上的家团，占 121 户，申请总人数为 24446 人。

但值得留意的是，经济房屋主要是公私合作，这样可以让经济房屋及私人房屋无论质素及外观都没有太大分别，这样便可以减少对经济房屋居民的标签效应（labeling effect），而且经济房屋、社会房屋及私人房屋都是混合建于同一区域，这便可以让社会不同阶层多些接触，从而建构一个较为和谐的社会。

（二）调整需求

除了供应方面外，澳门政府亦针对不同方面，推出不同政策，来舒缓澳门市民住屋压力。例如：年青家庭的置业问题主要是供款及首期两方面，政府针对这两方面相应推出"利息补贴制度"及"贷款担保计划"；而针对社会房屋轮候家庭在轮候社会房屋期间的住屋压力，澳门政府亦推出"社会房屋轮候家团住屋临时补助发放计划"；由于大部分澳门居民是住在旧区，为了直接改善澳门居民的生活质素，所以澳门政府也推行"旧区重整"和创建"楼宇维修基金"计划。

"自置居所贷款利息补贴制度"在 2009 年推出，这是一个楼宇贷款利息津贴计划。楼宇的银行估值须低于 260 万澳门元，相关按揭不超过上项所指金额的 90%，申请人必须为澳门永久居民，年满 21 岁和澳门居住年满 7 年或以上。根据这个计划，利息津贴有所限制，最高补助贷款额不高于 110 万澳万元，最高津贴利率为 4 厘，年期 10 年①。这计划鼓励市民增加对私人楼宇的需求而减少对公共房屋的需求。该计划已于 2010 年 6 月底届满，合共约批出 7200 宗，预算利息补助发放金额约为 9 亿澳门元。另外，政府亦同时为居民提供贷款担保，每一申请可获提供金额上限为信用机构评估的单位价值的 20%，且在任何情况下不超过 40 万澳门元的信用担保，该担保额不包括利息及其他应缴的负担②。此计划不仅减少银行的信贷风险，而且也减轻置业人士缴付"银行首期"的压力，让

---

① 澳门特别行政区房屋局网页，"自置居所贷款利息补贴制度"。
② 澳门特别行政区房屋局网页，"自置居所信用担保计划"。

银行提供较高成数的按揭贷款来协助澳门居民购买住房。其筛选条件与自置居所贷款利息补贴制度相同。计划亦已于 2010 年 6 月底届满，合共约批出 7200 宗，信用担保发放金额约为 7 亿澳门元。

为减轻社会房屋轮候家团的住屋负担，政府于 2008 年 9 月 1 日推出《社会房屋轮候家团住屋临时补助发放计划》，向社会房屋轮候家团发放住屋临时补助，该补助期为 1 年。最终在社会房屋租赁竞投轮候家团总名单中，有约 40% 的家团提出申请，有关计划于 2009 年获延长 1 年。自 2008 年实施该计划，至今共有 2500 个家庭受惠，合共发放补助金额达 4600 多万澳门元。而于 2010 年 9 月再延续发放相关补助后，租金门坎有所降低，补贴金额亦作较大幅度调升，1~2 人家团由每月 750 澳门元升至 1050 澳门元，3 人或以上家团由 1100 澳门元升至 1600 澳门元。同时受惠面亦扩大至新登记的社屋申请家团，从而帮助困难家团舒缓财政压力，预算资助金额约为 1.93 亿澳门元。

特区政府透过旧区重整来直接改善澳门市民居住环境，并于 2006 年成立澳门旧区重整咨询委员会来统筹相关工作。鉴于社会各界认同旧区重整需要法律先行，委员会草拟了《旧区重整法律制度》供市民讨论。根据目前已公布的方案，将来的法定旧区重整方案主要有四种模式，包括重建发展、保存维护、整建修复及街道美化。自 2007 年创设楼宇维修基金，提供多个不同的资助计划，致力协助业主提升楼宇居住环境质素，以及增加物业价值，截至 2010 年 12 月，政府在楼宇维修基金各项计划上所投放的金额约为 1.64 亿澳门元，受惠的大厦约有 1460 幢，单在低层楼宇共用设施维修临时资助计划方面已投放近 1.2 亿澳门元，受惠的大厦约为 1200 幢。回归 10 年，特区政府为协助居民解决住房问题及旧楼维修保养问题，在公共房屋及其他实物援助计划上共投放了超过 40 亿澳门元，以兴建社会房屋的开支最多，超过 43%，而兴建经济房屋的开支亦超过 30%。

（三）规范市场运作机制

由于澳门政府一向都是倾向奉行积极不干预政策，因此只是通过税收及监管楼宇买卖程序来规范市场运作。

澳门一直就土地、楼宇收取若干的税项，称为市区房屋税。现行的税制法律起源于 1964 年 5 月 9 日第 1630 号立法条例，是按市区房屋收益课税的法律制

度，首先按照房屋的出租情况来辨别收取的税项，出租的房屋会被征税收益的16%（减去保养及管理等成本开支），没有出租的房屋会被估计租值征收计租值的10%（减去保养及管理等成本开支）。政府一向不会调整基数，而是根据当时实际情况在计算税额后再给予宽减。以2010年为例，有关扣减税额定为3500澳门元。

在物业转移方面，澳门政府从中征收的税项主要为印花税。印花税以梯阶的征税手法。在价值200万澳门元内的楼宇转移会被征税楼宇价值的1%，而价值200万~400万澳门元的范围内会被征税楼宇价值的2%，最后价值多于400万澳门元部分会被征税楼宇价值的3%。在这前提下，俗称"上车盘"的低价楼盘被认为是人类的必需品，故给予较低的税率。相反，高档楼盘则被认为是奢侈品，而赋予较高的税项①。

回归前，澳葡政府未能清晰界定澳门房屋的产权问题，导致澳门有不少不同类型的地契存在，令不少澳门土地未能有效发展，所以澳门政府需要花很大力气去处理这些问题，但这不可能在短时期内完成，其中的原因包括澳门司法制度发展相对滞后。在楼市监管问题上，地产经纪监管问题及楼宇买卖信息披露亦被澳门政府列为首要处理事情，并就长远有效发展澳门房屋市场，而成立"公共房屋事务委员会"及跨部门的"促进房地产市场可持续发展工作小组"，编制《公共房屋发展策略（2010~2020）》，研究公共房屋未来的发展方向和定位，收集澳门住屋方面的数据，听取各方面意见，深化澳门长远房屋发展策略的研究基础。

五　总结

近年来，房屋问题成为澳门较为热门的话题，引起不少学者出谋献策。当中较为引起社会关注的方案有两个。

（一）珠澳协同发展

由于澳门地域狭小，自然资源和人力资源缺乏，区域合作便成为澳门可持

---

① 澳门特别行政区政府，第4/2009号法律，修改印花税缴税总表，2009。

续发展的主要方向。因此，有学者倡议在横琴发展公屋，参照澳门大学迁入横琴的模式，并安排特别出入境制度，吸引澳门居民迁入横琴公屋。① 但是，这一建议却受到不少澳门市民的反对。因为此措施对未来公屋居民带有标签效应，而且澳门市民的社群意识（sense of community）很强，澳门市民不太愿意搬离澳门。

（二）房屋资产证券化

有学者建议澳门政府可参考美国的房利美及房贷美的运作②，政府首先以抵押贷款保险解决大部分人的住屋问题后，将这部分政府资产进行证券化（securitization）（即变成房利美、房贷美半官方房贷债券，mortgage backed security，MBS），使政府可以从市场筹集资金，再转移为穷人提供住屋的补助，亦即转变成次按借贷。但是，其也指出过度的鼓励自住以销售为主会引起社会的动荡，例如 2006 年起的次级按揭债券爆发起源于美国政府的大量财政补贴并配以极低利率的货币政策让先前的楼宇价格急升。

除了上述的一些建议外，一些学者和专家都建议考虑借鉴外地成功的经验来作为澳门房屋发展的蓝本。

1. 香港的公屋计划

香港在内战年代大量移民涌入，香港政府推出大量的公共房屋计划改善移民寮屋问题，如公共房屋。后来随着经济发展，香港政府又推出"居者有其屋"计划，鼓励香港居民置业。由于当时的计划颇见成效，连新加坡都派官员到香港学习取经。后来香港政府再推出"夹心阶层住屋"计划，让既超过居屋入住要求但未能在私人市场的住户置业。截至 2010 年 3 月，香港有 113.5 万户公营房屋，占全部总屋户数 253.7 万户的 48%。

2. 新加坡组屋模式

新加坡在 20 世纪 60 年代独立时也面对大量移民住屋的问题，当时只有9% 的人住在政府的公营房屋。政府决定在参考香港的计划后兴建组屋解决当时的居住危机，今日占 84% 的新加坡居民住在政府的公营或公建房屋。新加坡

---

① 澳门经济学会：《珠澳合作开发横琴专题研究：澳门如何参与》，澳门经济学会，2010。
② 澳门经济学会：《珠澳合作开发横琴专题研究：澳门如何参与》，澳门经济学会，2010。

立法规定可以将其公积金的户口与组屋的购买联系，例如，公积金户口供楼宇欠款和首期。而组屋相当有规划，有大片草地和公共空间，环境不亚于私人屋苑。

香港的公屋计划具有全面性和针对性，能满足各个阶层的不同需求，而近日亦不断有港、澳市民指出新加坡组屋的好处，甚至有些声音要求特区政府把整个计划移植到澳门。但是，鉴于澳门自身独特的情况，并不可能完全照搬上述的成功范例。邻近地区（例如新加坡和香港）过去已取得一套较为稳定的体制来应付突如其来的挑战。但澳门经济规模远较邻近地区为小，很多政策在执行方面未能享受如邻近地区较高的规模效应，而且澳门的经济在短短几年内迅速发展，澳门政府仍需一段时间建立自身体制来适应未来急速变化的发展。因此，澳门政府还需要修正这些建议，取得社会共识，才能制定出符合澳门实际情况的有效的房屋政策。当然，澳门也有自身的优势，就是与邻近地区关系良好，且有不同层次的交流，相信这亦有助于澳门政府未来在吸纳外地相关政策时，可以恰当地调整这些政策，令这些政策可以发挥预期效用。

The Development of Macau Housing Policy

Chen Jianxin, *Lin Chenle and Huang Jingrao*

Abstract: In the midst of financial tsunami, many countries adopt quantitative easing monetary policy, besides, these unplanned but orchestrated actions further stimulating property price, especially in emerging economies, like Mainland China, Macau and Hong Kong. As a result, due to the fact that housing is a necessity, it is urgent and necessary for the affected regions to deliver various housing policies for relieving the rising housing burden of the public. However, Macau is just a mini and emerging economy, so the causes of the housing issue in Macau, including land restraints, special limitations of housing supply (unclear property rights, the right of land reclamation, environmental issue and historical heritage), downward trend of marriage age, the limited supply of public housing in recent years, and the limited choice of monetary policies in Macau, are distinguished from other developed or neighboring regions. Thus, the scope of Macau housing policy is shifting from supply side to demand side and the regulation of housing market. Moreover, based on other countries experience and "friendly" relationship with neighboring regions, Macau government can introduce or design some innovative and feasible housing policies for the ever-evolving housing market.

Key Words: Housing Policy; Securitization; Merit Goods; Housing Demand; Monetary Policy; Labeling Effect; Urban Renewal; Unifying Development of Zhuhai and Macau

B.18
从教育公平的视阈检视澳门
免费教育的现状和发展

黄素君*

摘　要：教育公平是体现、促进和落实社会公平的重要手段。澳门特别行政区为体现教育公平的原则，增加学生就学机会，特别于 2007 年起全面落实推行十五年免费教育，这在全球尚属少数。但基于过往的历史发展，澳门的教育如今呈现出一种相当独特的面貌，当中私立学校①占很大的比重，约提供了非高等教育 96% 的总学额。而近年"少子化"的问题对私立学校的收生和发展产生了一定的影响，一些本就招生困难的"弱势"②学校更是首当其冲。本文正是在这样的背景下，从教育公平的视阈检视澳门基础教育中，学生就学的公平性的问题。

关键词：澳门教育　基础教育　教育公平　教育政策

一　引言

澳门地处中国南海岸一隅，是一个土地面积约为 29 平方公里，人口约为 55 万人③，与周边地区乃至世界有着频繁互动的地区。虽然澳门开埠已有 400 多年

---

* 黄素君，英国诺丁汉大学哲学博士（教育社会学），澳门大学教育学院副教授兼教育研究中心主任，博士生导师，研究方向为教育政策、课程研究、教师教育等。

① 现时澳门的私立学校由两部分组成，即免费教育学校系统的私立学校和非免费教育学校系统的私立学校。

② 这里的"弱势"主要是指学生人数小、招生有困难的学校。

③ 澳门统计暨普查局：《2010 年第 3 季人口统计（10/11/2010）》，2010 年 11 月 26 日，取自 http://www.dsec.gov.mo/Statistic/Demographic/DemographicStatistics/DemographicStatistics2010Q3. aspx。

的历史，然教育的发展未能与之相称。以早先澳门葡国政府（Macao-Portuguese Administration，下称澳葡政府）统治时期而论，政府对教育的投入一边地倒地偏向葡人，对华人采取的是放任自流的不干预政策，当时华人教育主要由教会及民间机构承担①。1991 年，立法会通过了《澳门教育制度纲要法》，这条法律的颁布成为近代澳门教育发展的分水岭，将澳门教育带上普及化、公共化和法制化的道路②。但之后的澳门教育仍承袭了民间办学的传统，办学机构主要还是由教会、商会、同乡会、慈善团体等服务组织构成。在澳门，私立学校占到学校总数的约 86%③，各校学制由校方自行按需选择，大致涵盖了中国、港英、葡国、中葡四种。总体来看，澳门教育呈现出私校为主、办学多元的特色。但"多元"既折射出澳门中西融汇的特色，亦反映出教育体制缺乏有效管理和统一规范的事实。由于在地区具有最高法律效力的《基本法》第一百二十二条明确规定，"澳门原有各类学校均可继续开办。澳门特别行政区各类学校均有办学的自主性，依法享有教学自由和学术自由"，这也无形中从根本上肯定了各类学校"自主办学"和"自由教学"的形式。本文正是针对这种多元特色、"办学自主"、"教学自由"的教育背景，结合近年人口下降而产生的"少子化"入学困扰，探讨澳门教育公平。本文分为六部分：一是引言，概述社会和教育状况以及论文目的；二是回归前后的教育发展脉络，阐明教育发展的一些制约和条件；三是论述教育公平的概念和发展，作为本文的分析基础；四是从法律文本的层面检视澳门免费教育推行的概况；五是讨论；六是结语。

二　回归前后的教育改革脉络

受历史因素的影响，澳门与邻近华人地区的教育发展迥异，形成了今天以私立学校为主体的特殊格局。依 2009/2010 学年澳门教育暨青年局的统计数字显示，现非高等教育的学生人数为 73826 人，其中约 4% 的学生就读于免费教育学

① 贝磊、古鼎仪：《香港与澳门的教育与社会：从比较的角度看延续与变化》，师大书苑，2005。
② 黄素君、吴娟、孙旭花：《澳门校本课程改革的"双城记"》，《课程研究》（香港特刊），2010，第 1～28 页。
③ 澳门教育暨青年局：《2009/2010 学年学校基本资料》，2010 年 11 月 25 日取自 http：// 202.175.82.54/dsej/stati/2009/c/edu_ num09_ part3.pdf。

校系统的公立学校，80% 的学生就读于免费教育学校系统的私立学校，余下的 15% 就读于非免费教育学校系统的私立学校①，也就是说有约 96% 的学生在私立学校接受基础教育。这种"公私"学校数目的悬殊比例，既说明了澳门私立学校群组的"自助文化"（self-reliance）异常突出，也反映出学校制度与学校管理呈多样性（diversity）②。

（一）回归前的教育改革

现代澳门的教育发展，除了之前提到的 1991 年《澳门教育制度纲要法》的颁布，1999 年也是一个重要的分水岭，即回归前由澳葡政府管治，回归后由澳门特区政府主理。20 世纪 80 年代末的教育发展主要是一种应对面临 1999 年政权回归形势的产物③。1987 年的中葡联合声明的签署标志着澳门进入了回归前的过渡期：一方面，在行政运作上进入了"本地化"（localization）的程序，另一方面在教育事务上也进入了"立法期"④。有学者认为，澳葡政府在回归前对教育的"重视"或多或少是基于一种"对政权转交前的觉醒"和"离开前的一种补白与光荣的撤离"的含意⑤。无论原因为何，1991 年经当时立法会通过并颁布的《澳门教育制度法律》（第 11/91/M 号法律）⑥ 是澳门近代教育发展的一个里程碑。该法被誉为"澳门教育的母法"，是将澳门教育推向制度化、公共化和普及化的第一步，亦是首次以立法方式保障政府、教育者、受教者等各方权益和义务得以实现的重要文本⑦。概括而言，自中葡联合声明签署之后到回归之前的教育

① 澳门教育暨青年局：《2009/2010 学年学校基本资料》，2010 年 11 月 25 日取自 http：// 202. 175. 82. 54/dsej/stati/2009/c/edu_ num09_ part1. pdf。

② Adamson，B.，&Li，S. P. Primary and secondary schooling // In Bray，M. and Koo，R. （Eds.） Education and Society in Hong Kong and Macau：Comparative Perspectives on Continuity and Change. Hong Kong：Comparative Educational Research Centre，1999：35 - 60.

③ Vong，S. K. and Wong，M. W.，Made in Macao：How history，politics and teachers frame curriculum practice. Curriculum & Instruction Quarterly，13 （4）：61 - 109.

④ 黄素君、吴娟：《澳门教育改革之路——浅析澳门校本课程的发展》，《西南大学学报》（社会科学版）2010 年第 2 期，第 80 ~ 83 页。

⑤ Bray，M.，Packer，S.，Education in small states：Concepts，challenges and strategies. Oxford：Pergamon Press. 1993：15.

⑥ 澳门政府：《澳门教育制度法律》，法律 11/91/M 号，2010 年 10 月 5 日，取自 http：// bo. io. gov. mo/bo/i/91/34/lei11_ cn. asp。

⑦ 黄威：《教育法学》，广东高等教育出版社，2002。

发展是以构建制度为主线，包括了通过立法厘定政府与学校的关系①，初步介入课程和推进教师专业化三个方面。其中，在 1995 年拟定的倾向免费教育之七年发展计划（法令第 29/95/M 号）② 奠定了之后落实推行十五年免费教育的重要基础。其后，于 1999 年，政府又进一步推出《订定义务教育范围及有关制度》（法令第 42/99/M 号）③，明确建立了义务教育的制度。

（二）回归以后的教育革新

回归以后，澳门的教育发展主要是以每财政年度行政长官的施政报告为指导方针。依照历年（2000 年起）施政报告中关于"社会文化范畴"的论述，教育发展的重点依次涵盖：巩固教育制度、课程发展和终身教育等各方面。2006 年经立法会通过的《非高等教育制度纲要法》（第 9/2006 号法律）④ 对之前教育法案进行了较大的修订，取代了原来的第 11/91/M 号法律（除了第三十九条第二款、第三款及第五款的规定继续生效，直至该法律第三十二条第三款所指的订定不牟利私立教育机构的要件的法规生效为止；根据及补足 8 月 29 日第 11/91/M 号法律而订定的法例继续生效，只要与该法律规定没有抵触），正式宣布澳门进入了第二波的教育改革。新修订的法律显示出两条明显的指导思路：一是将教育服务的内涵扩大，打破过去教育只局限于学校系统的传统，采取学校、家庭与社会配合的"大教育观"，同时着眼于推进终身学习的"持续教育"；另一思路是调整学制，将原来的"小学教育预备班"改为"幼儿教育第三年"，为幼儿教育作出符合教育原理的定位，并将争议多年的高中学制确立为三年，构建完成澳门教育本土化前提下努力与国际化趋势相一致的教育系统⑤。

综观上述情况，澳门虽然在 20 世纪 90 年代才着手进入教育的立法和改革，

---

① 黄素君、单文经、黄逸恒：《澳门地区课程改革经验的论述分析》，"中华民国"教材研究发展学会主编《课程理论与课程改革》，"中华民国"教材研究发展学会，2007，第 246～273 页。

② 澳门政府：倾向免费教育（第 29/95/M 号法令），2010 年 11 月 26 日，取自 http：//www. safp. gov. mo/legismac-orgtxt/1995/S1/1995_ 26/DL29AA95M. pdf。

③ 澳门政府：《订定义务教育范围及有关制度》（法令第 42/99/M 号），2010 年 11 月 26 日，取自 http：//www. dsej. gov. mo/~webdsej/www/edulaw/basic/d4299mc. htm。

④ 澳门特别行政区政府：《非高等教育制度纲要法》（第 9/2006 号法律），2010 年 11 月 20 日，取自 http：//www. dsej. gov. mo/~webdsej/www/edulaw/basic/9_ 2006. htm。

⑤ 苏朝晖、郭晓明：《优质教育的制度保障：澳门教育制度变革的内在价值》，华人社会的教育发展学术研讨会：《澳门：澳门大学》2006 年第 4 期，第 22～35 页。

却大有"迎头赶上"并"后来者居上"的气魄，特别在回归以后，行政当局积极参与教育发展事务，参照各福利国的例子，对涵盖各教育领域的项目进行资助，上至十五年的免费教育，下至幼儿"牛奶计划"，大大增加了政府对教育事业的参与、承担和话语权。然而，面对私立学校为主体的"小政府大市场"的教育格局①，两者之间的权力博弈成了难以避免的不争事实。在"办学自由"和"教学自主"的语境下，多元的同时也就反映了差异和竞争。那么，基础教育如何体现教育公平呢？

三　教育公平的原则和发展

教育公平是现代教育发展的基本理念，也是构建、体现和落实社会公平的重要措施之一。公平（Equity，也有译作 fairness）作为一种存在于理想状态下的社会目标，其实很难有绝对意义上的真正实现，因此总是与民主（democracy）和公义（social justice）主题等紧紧扣在一起。易言之，教育的公平必须要有社会公义和民主作为后盾，如果单纯而片面追求所谓公平，教育公平是难以落实的。

对公平的理解众说纷纭，主要是承自一些传统的自由主义者，诸如：柏拉图（Plato）、苏格拉底（Socrates）、罗素（Rousseau）、洛克（Locke）、米尔（Mill）等。他们强调平等（equality）、团结（solidarity）、尊严（dignity）和人类的价值（human values）。1945 年 6 月 26 日订于旧金山的《联合国宪章》是关于公平最具影响力的文件之一，它提出了基本人权、人格尊严与价值的概念，以及男女与大小各国平等权利之信念②。值得一提的是，在此文件中特别指出需要在和平、尊严、宽容、自由、平等和团结的精神下，抚养孩子成长。随后 1948 年 12 月 10 日，联合国大会通过并颁布的《世界人权宣言》更是成为很多国家追求的理想。虽然这些宣言并没有强制性的法律效力，但却有其重要的意义，那就是他们明确指出了，"平等"乃人类基本的权利、尊严和价值，更是落实社会公平和谐的基石。随着公平和平等被民众所重视，联合国也逐步对儿童教育的公平给予了更多

① Vong, S. K. and Wong, M. W., Made in Macao: How history, politics and teachers frame curriculum practice. Curriculum & Instruction Quarterly, 13 (4): 61 – 109.

② 联合国：《联合国宪章》，2010 年 11 月 26 日，取自 http://www.un.org/zh/documents/charter/。

的关注，1959 年 11 月 20 日第 841 次全体会议通过的《儿童权利宣言》，指出了 10 项儿童权利的原则，当中原则七提出："儿童有受教育之权，至少在初等阶段应为免费强迫……"，九原则又提出"……儿童在未达最低适当年龄前不准雇用；无论如何，不得令其或许其从事任何妨碍公共健康或教育，或阻碍其身心或道德发展之职业或工作"①。在此项宣言的基础，联合国大会 1989 年 11 月 20 日第 44/25 号决议正式通过了《儿童权利公约》，将儿童的权利、家长和政府的义务作了更为细致化的规范，并明确提出儿童在机会均等的条件下有受保障和受教育的权利。首先，第一条规定了受保障的年龄范围，"儿童系指 18 岁以下的任何人，除非对其适用之法律规定成年年龄低于 18 岁"。并且在第二十八条第一款项中明确了儿童的受教权、政府有义务"为在机会均等的基础上逐步实现此项权利，缔约国尤应"②：a）实现全面的免费义务小学教育；b）鼓励发展不同形式的中学教育，包括普通和职业教育，使所有儿童均能享有和接受这种教育，并采取适当措施，诸如实行免费教育和对有需要的人提供津贴；c）根据能力以一切适当方式使所有人均有受高等教育的机会；d）使所有儿童均能得到教育和职业方面的数据和指导；e）采取措施鼓励学生按时出勤和降低辍学率。……

在"受教育权"思潮的推动下，引发了各地学者对学校制度和教育实践中"教育公平"的激烈讨论。有关此中公平原则的观点应首推罗尔斯（John Rawls），他在《正义论》（*A Theory of Social Justice*）中所论及的"正义即平等"（justice as fairness）和"配置正义"（distributive justice）③ 成为许多教育工作者的理论基础。而 1966 年由美国社会学家 Coleman 发表的《教育机会均等性》（*Equality of Educational Opportunity*）也引起了广泛的关注，这篇文章具体分析了机会不公或资源不公与学业成就的直接关系。除此，欧洲大陆在这方面也有类似的讨论，Pierre Bourdieu 首先采用"文化资本"（cultural capital）这一概念，专

---

① 联合国：《儿童权利宣言》（1959 年 11 月 20 日第 841 次全体会议），2010 年 11 月 26 日，取自 http：//daccess－dds－ny. un. org/doc/RESOLUTION/GEN/NR0/140/86/IMG/NR014086. pdf? OpenElement。

② 联合国：《儿童权利宣言》（1959 年 11 月 20 日第 841 次全体会议），2010 年 11 月 26 日，取自 http：//daccess－dds－ny. un. org/doc/RESOLUTION/GEN/NR0/140/86/IMG/NR014086. pdf? OpenElement。

③ Rawls, J. A. , Theory of Social Justice. Cambridge, Massachusetts：The Belknap Press of Harvard University Press. 1971.

文探讨孩子的起跑线不一（即有或没有文化资本），对孩子学业成就的直接影响①，也间接呼吁大家一起思考有关教育公平性的问题。国内对教育公平的研究现呈现出多元化的趋势，教育工作者们分别从教育经济学、教育法学、教育政策学及教育社会学等角度对教育公平进行探讨。其中对教育公平原则的讨论主要体现在机会均等（equal opportunity）的层次上，基本采用平等、差异和补偿的原则，包括了在起点、过程和结果上的公平等。从这里也可以看出我们对教育公平的关注重点，即探讨弱势群体是否在教育系统里拥有平等的机会。这也是本文所采用的教育公平的视阈，从如今的教育系统，特别是在"少子化"影响下的教育环境下，探讨免费教育的公平性，了解那些"新兴的弱势群体"以及他们可能面临的问题。

四　澳门基础（免费）教育的推进

从教育形态而论，虽然今天的澳门教育仍是以私立学校为主，但自1991年《澳门教育制度》颁布之后，澳门的教育已有了初步的规范，特别是厘清了行政机关对教育管治的范围和力度。而作为教育公平最核心的价值，基础教育的推展和落实也得到了特区政府的大力支持。回归后，政府更是投入了大量的资金物力对师资和学生予以支持，特别是对私立学校就读学生的学费资助，对落实"公共教育"以保障人民受教育的基本权利起到了重要作用。

（一）澳门基础教育的精神

对澳门基础教育规范的订立可以回溯至1991年的《澳门教育制度》。该法在第一章第二条开宗明义地指出了教育机会的原则："行政当局发展适当途径使入学及学业成功方面有实际均等机会"。同时在第六条说明了免费及普及的基础教育的内涵：一　基础教育包括小学预备班、小学及初中教育。二　基础教育系所有人应有的权利，并且逐渐实行免费。三　免费教育将确保于官立学校及受资

---

① Bourdieu, P., Cultural reproduction and social reproduction, Brown, R. (Ed.) Knowledge, Education and Cultural Change: Papers in the Sociology of Education (Explorations in Society). London: Tavistock, 1973: 257 – 271.

助的私立学校。四　免费就是免缴学费及其他任何与报名、就读与证书方面有关的费用，并包括对非受资助私立学校的学生给予学费津贴。五　免费及普及的基础教育按总督读定的日程逐步实施，第一期包括小学预备班及小学教育；第二期包括初中教育。

从上述内容可以看出，对基础教育的定位是包含小学预备（即幼儿教育第三年）在内直至初中，以免费及普及为原则的十年教育。另外，法律中亦有一些倾斜的原则以确保每个儿童有均等接受教育的机会，例如第三条第二款 g 项提出："对在适当年龄时未获就读者，确保给予第二机会"。对于一些在学业上有困难的学生，则提供促进顺利学习的条件："将采取教育辅助与补习教育的活动及措施，目的为创造入学和顺利学习的均等机会"（第十九条第一款）。另外，对于因经济原因就学困难的学童，政府提供援助，"在不同教育水平范围内的学界福利，将采取适当的措施对有经济困难的学生提供教育福利援助，旨在确保真正的均等机会"（第二十二条第一款）。

（二）免费教育的落实和制度

基于《澳门教育制度》的精神，以及当时社会对免费教育的需求，澳门政府在 1995 年 6 月 26 日公布了有关倾向免费教育普及之规定的 29/95/M 号法令①。该法令为澳门有序开展免费普及教育迈出了重要的一步，提出"澳门居住之人士有权接受教育之原则，以及行政当局为在入学及学成方面创造真正平等之机会而推动发展适当机制之原则，且基础教育为向所有之人士确保之权利"。法令秉持着教育公平的原则，明确保障学生的受教育权利。

于 1995/1996 学年开始的倾向免费教育是该法令推行的第一阶段，此时期的免费教育包括小学预备班至小学六年级，总共七个年级，规定受益人只限于"入读官立教育机构或非营利性私立教育机构之学生"且"该等私立教育机构须加入公共学校网络"（第二条）。通过这条法令，不仅规范了学校内部的配置和义务，同时亦确立了行政当局的义务。例如：学生人数不得超过 45 人，不得收取学费，也不能在学期间随意开除学生等。教育行政机构的义务集中在为学校提

---

① 澳门政府：29/95/M 号法令（倾向免费教育普及之规定），2010 年 11 月 28 日，取自 http：//www. safp. gov. mo/legismac-orgtxt/1995/S1/1995_ 26/DL29AA95M. pdf。

供支持和创设教师培训机会。之后在 1996/1997 学年，免费教育扩展至初中教育。

综合而言，29/95/M 号法令为澳门正式推行免费教育奠定了基础。行政当局通过对学校的资金资助、学生的学费减免、教师的师资培训等缩小学校与学校之间的可能差距，既保障了学生受教权，同时亦提供了学与教的公平基础。

（三）订定义务教育范围及有关制度

经历了四年的倾向免费教育阶段，并将免费教育由原来的 7 年扩至 10 年后，行政当局于 1999 年公布了《订定义务教育范围及有关制度》，即 42/99/M 号法令①，进一步确立了免费教育的政策。该法令的对象主要为 5 ~ 15 岁的学童，即原则上从小学预备班至初中阶段的学生。但亦有例外者，就是"不论是否完成初中教育，于学生年满 15 岁之学年末终止（注册和义务）"的学童（括号内乃笔者补充）。这条法令的最大价值和特点是由"倾向免费教育普及（escolaridade universidade tendencialmente gratituita）"的概念，转变成"义务教育（escolaridade obrigatória）"。而葡萄牙语"obrigatória"的原意亦有"应遵从"之意，这一说法不仅表达了与其他地区相同的"强迫教育"（compulsory education）的含义，也表明了教育机构和家长有义务去保障学生的就学权。文本第八条就针对就学的义务加以明确说明：一 上课及参加学校之强制活动均属学生应有的义务。二 家长应采取措施使受教者履行就学之义务。三 教育机构负责监督就学义务之履行情况，尤其透过教师、教育指导之辅助机关及机构以及领导机关进行。

除了从学生、家长、学校、教师和行政机关的角度去说明其履行儿童接受义务教育的责任外，法令中亦有提及一些倾斜的措施，以促进学生学习的均等机会，例如在"社会福利、卫生以及心理及学校指导方面提供服务以促进学生确切履行勤学之义务"（第二条第二款）。

（四）新教育法下的免费及义务教育

在《非高等教育制度纲要法》公布前一年，即 2005/2006 学年，特区政府

---

① 澳门政府：《订定义务教育范围及有关制度》（法令 42/99/M），2010 年 11 月 15 日，取自 http：//www. dsej. gov. mo/ ~ webdsej/www/edulaw/basic/d4299mc. htm。

又将免费教育的制度延伸至幼儿教育第一和第二年级，即实行共 12 年的免费教育制度。而 2006 年新修订的教育法，即《非高等教育制度纲要法》也对免费教育和义务教育作了一些调整和说明。继续秉承着教育公平和保障儿童受教育权的基本原则，新的法案明确规定"政府提供条件，使受教育者在入学和学习或学习成功方面有均等机会"（第三条第四款）。另外，在该法的第四章对有关义务教育和免费教育进行专门的论述。与 1999 年的 42/99/M 号法令不同的是，新法对"义务教育"的定义有"强制"的含义："义务教育是指对年龄介于五至十五周岁的未成年人强制实施的普及的教育"（第二十条第一款）。同时，也规定了家长与行政机构有义务"保障未成年人完成义务教育"（第二十条第三、四款）。

该法对于免费教育的定义是"就读于下列范围且属澳门特别行政区居民的学生"，包括了："（一）公立学校内免费教育范围的所有学级；（二）免费教育学校系统内的私立学校按照第三十六条第四款至第六款的规定实施免费教育的学级"（第二十条第三款）。

新法在推行免费教育时，将澳门的学校分为两大类别：一类为"实施正规教育的公立学校和提供免费教育的私立学校，组成免费教育学校系统"（第三十六条第二款），另一类是没有提供免费教育的非免费教育学校系统。尽管理论上就读非免费教育私立学校的学生需要自行缴纳学费，然而，政府对该类的学生，亦于 2006 年提供学费津贴①，以确保学生就学的均等机会。自 2007/2008 学年起，免费教育正式扩展至正规教育的其他年级，即包括由幼儿教育至高中教育的合共 15 年时间。

总体来说，基础教育由回归前 10 年，到今天的涵盖幼儿、小学和中学的 15 年教育是一个巨大的飞跃。按照规定，现年龄介乎 3～15 岁的儿童和青少年都须接受义务教育②。从法律文本的变化检视，澳门免费教育的发展主要有以下几个特点：（1）由"义务"过渡至"强制"；（2）力求遵循教育均等的公平原则，例如均等学习及成功机会；（3）实行有倾斜的补偿措施，特别是对经济有困难

---

① 澳门特别行政区：《学费津贴制度》（第 20/2006 号行政法规），2010 年 11 月 15 日，取自 http://bo.io.gov.mo/bo/i/2006/52/regadm20_ cn. asp。

② 苏朝晖：《教育改革的脉络》，《行政》第十六卷总第六十一期，2003 年第 3 期，第 791～796 页。

家庭和身心有问题的学生予以特别辅助；（4）免费教育尚未完全展开，目前只对公立学校和加入免费学校系统的私立学校实行全免政策，对于尚未加入免费教育系统的学校只予以学费津贴补助。

五 澳门基础教育公平性的议题和讨论

就澳门免费教育发展的目的和之前的进程而言，基本与全球性的《儿童权利宣言》以及人权发展理念是一脉相承的，而且依照法律精神，也能够使学生的受教育权受到保障。然而，随着近年澳门社会发展方向的急剧调整，人口结构发生的重大变化对现行的免费教育体制带来了巨大的冲击及挑战，引发了一系列的社会关注和思考，当中很重要的一点就是涉及学生的学习公平问题。

（一）数字上的弱势

免费教育推行的早期，曾经一度引发私立学校学生的"转校"热潮，主要是从当时的"非入网"转至"入网"学校。当然，这其中受到影响的大多是经济条件稍逊的家庭，免费教育的推行对于中产阶级的家庭没有太大的影响。但之后，随着愈来愈多的学校加入了免费教育系统，因经济问题而导致的转校情况也慢慢平复下来。而自2006年起，对非免费教育系统的学生进行了学费津贴补助的更是为维系学生学习的公平机会提供了保障，在兼顾家长的选择权时，也保障了就读非免费教育系统学生的就学权利。

然而，回归后的几年，澳门的人口结构出现了巨大的变化，特别是出生人口锐减。这一趋势从学生的人数变化亦可见一斑。1999/2000学年，即回归当年，就读于非高等教育系统的正规学生总人数为97903人。而随着出生人口下降，2006/2007学年的学生人数降幅已超过1万，总人数是87115人，至2009/2010学年为止，学生总人数仅有78326人①。学生人数的骤减，使部分学校出现了招生困难的问题。虽然政府为降低此情况对学校的冲击，引入了"小班教学"和

---

① 澳门教育暨青年局：《教育数字概览（1999/2000～2009/2010）》，2010年11月5日，取自 http：//www.dsej.gov.mo/~webdsej/www/inter_dsej_page.php?con=grp_db/statisti.htm。

固定师班比（教师和班级比例）的模式，确实解决了一些学校的困难。然而，持续的学生人口递减依然不能避免一些"新兴的弱势学校"（大多数学校都不是一条龙学校①）的形成，并且因此带来了一系列的影响。

依照澳门教育暨青年局的统计数据显示，过去几年，学校的数目也是逐年递减。2004/2005 学年，学校数是 89 所②；2006/2007 学年，学校数是 86 所③；2007/2008 学年，学校数是 83 所④；2008/2009 学年，学校数是 82 所⑤；2009/2010 学年，学校数是 80 所⑥。当中，减少的学校以纯粹提供幼儿园和小学教育的学校为主。

现时，澳门学校的学生人数呈两极化分布。以 2009/2010 学年正规教育中提供日间课程的属于免费教育系统的学校而论（特殊教育不算在内），学校的学生人数介乎 32 人（单一教育阶段）至 4433 人（一条龙，且有不同校部）之间。其中，幼儿园人数少于 75 人的（25 人一班，以三级算），共有 16 个校部。小学学生人数少于 150 人的（25 人一班，以六级算），共有 15 个校部，班级人数最少的仅为 1 人。学校招生困难的原因各式各样，暂且不去考究，但很明显的，这些学校由于人数过少，已丧失了学校教育的最大优势，也偏离了群育培养的初衷。另外，任教于"弱势"学校的教师们由于缺乏可靠的职业保障，可能导致自身的不稳定并且在一定程度上会反映在教学的素质上。虽然，从教育公平的原则出发，政府努力创设了各种可以提供平等的就学机会的条件，但"少子化"的社会，不可否认，促成了"弱势群体"的出现，这其中包括学校、教师，甚至是学生。因此，行政机构与学校有必要再次从教育公平的原则去检视这些"新兴的弱势群体"，以提供解决的方案。

① 指兼有幼儿园、小学、中学的学校。
② 澳门教育暨青年局：《教育数字概览 06/07 教育数字》，2010 年 11 月 15 日，取自 http：// 202. 175. 82. 54/dsej/stati/edu_ num06_ part2. pdf。
③ 澳门教育暨青年局：《教育数字概览 06/07 教育数字》，2010 年 11 月 15 日，取自 http：// 202. 175. 82. 54/dsej/stati/edu_ num06_ part2. pdf。
④ 澳门教育暨青年局：《教育数字概览 07/08 教育数字》，2010 年 11 月 15 日，取自 http：// 202. 175. 82. 54/dsej/stati/edu_ num07_ part3. pdf。
⑤ 澳门教育暨青年局：《教育数字概览 08/09 教育数字》，2010 年 11 月 15 日，取自 http：// 202. 175. 82. 54/dsej/stati/edu_ num08_ part3. pdf。
⑥ 澳门教育暨青年局：《教育数字概览 09/10 教育数字》，2010 年 11 月 15 日，取自 http：// 202. 175. 82. 54/dsej/stati/2009/c/edu_ num09_ part3. pdf。

（二）资源上的弱势

现时的《免费教育津贴制度》（第 19/2006 号行政法规）为学校教育提供了资金上的资助，这本是促进教育发展的一桩好事，然而，却因为其资金分配的方式问题无形导致了学校之间的差距增大，从而使教育不公平现象更加明显。下面就作具体说明：该法规的计算方式如下。

1. 免费教育津贴的金额须根据下列规定按班计算

（1）学生人数为 25～35 人的幼儿教育及小学教育的班级，津贴金额定为 37.02 万澳门元；（2）学生人数为 35～45 人的初中教育的班级，津贴金额定为 55.845 万澳门元；（3）学生人数少于（1）及（2）项分别规定的下限的班级，津贴金额按以下公式计算：$\dfrac{VS}{Z} \cdot N$。其中，VS 为（1）及（2）项分别厘定的津贴金额；N 为学生的实际人数；Z 为（1）及（2）项分别规定的人数下限。

2. 行政长官得以批示调整上款（1）及（2）项所定的津贴金额。

从上面的计算方式来看，每班的学生人数若在 25 人或 35 人以下，那么其获资助的金额实际是按人数比例来计算的。这种计算方式本无不可，但是考虑到学校在实际的运作过程中，其实是以班级为单位，按照学生学时/学科作为"成本"来计算投入的，所以这种方式对学校来讲可能并不适用。简言之，一班 15 人和一班 25 人的基本成本可能原本是一样的，但因人数比例造成了实际收入的差别，因此学生人数少的学校在资源分配上相对于大校是处于劣势的。而资源的供给是推动改变的其中一项重要因素，如果没有充足的资源配备，那么这些弱校很难跳出弱势的框框。

（三）政策上的弱势

私立学校是澳门教育的主体，加之具地区最高法律效力的《基本法》在第一百二十二条明文规定，"……澳门特别行政区各类学校均有办学的自主性，依法享有教学自由和学术自由"，这就从根本上确立了各私立学校享有"办学自主"和"教学自由"权利的地位，因此政府在推行教育改革时难免困难重重。虽然在回归后，特区政府在加大对教育投入力度的同时，也加强对私校的监管，以确保地区教育的整体质量。然而，在私校各行其是、各自为政的传统影响下，加之政府对私校自主权利的立法保障，使教育行政部门的公权力往往师出无名，颇受争议。因此，政府牵头的实务性教育改革也举步维艰。为了争取更多话语权，政府往往只能通过"金钱推动方案"（money-driven policy）以带动改革的实施。

与香港教育发展的情况不同，澳门私立学校的办校权受基本法的保障，加上由于是私立性质，所以并不存在所谓的"杀校"之说①。如前所述，政府有鉴于学生人口锐减的境况，提出了"小班教学"以及提高教师班级比例津贴的方案，以舒缓收生不足给学校带来的困境。然而，这些措施依然无法完全解决学生人数过少带来的问题。那么到底该怎样定义一间学校呢？学校的基本目的又是什么？怎样才可以保证学生的平等就学权并保障学生学习的素质呢？这不仅是行政机构要考虑的问题，也是办学团体要认真思考的问题。

六　结语

本文主要是从教育公平的视阈，检视澳门教育的发展情况，特别是近年逐步推进的十五年免费教育，对"教育公平"的理解和体现，同时也揭示了由于"少子化"现象而引申出来的"教育不公"的议题，包括：（1）学校发展的公平可能；（2）资源分配的公平原则；（3）学生就学素质的公平问题；（4）教师的职业保障等。尽管在追求教育公平的过程中，很难一蹴而就地达到各方一致的认可。但引用北京师范大学褚宏启教授的话："教育公平不同于教育平等，教育公平包含了教育资源配置的三种合理性原则，即平等原则、差异原则和补偿原则。通过经济公平、政治公平来促进教育公平，是走向真正高水平的教育公平的唯一正确的路径选择，但不能因此否认教育自身尤其是教育行政部门对于推进教育公平的责任和作用，也不能因此低估教育和教育公平对于推进社会公平的意义和价值"②。因此笔者深信，在社会整体的参与下，在政府、学校、教师、家长和广大市民的努力下，教育公平的考虑和实践会努力并最终找到合适的定位。当然也只有这样，"公平"才真正是人民的生活、人民的公平。

---

① 香港采取的教育措施，倘学校的收生未达最低标准，政府会终止运作。
② 褚宏启：《关于教育公平的几个基本理论问题》，《中国教育学刊》2006年第12期，第1~4页。

An Examination of the Implementation and Development of Free Education in the Context of Education Equity

Huang Sujun

Abstract: Education equity is the important means of social equity. The Macau Special Administrative Region has implemented 15 years free education since 2007. It is a direct measure to enhance education equity and students' right to education. However, owing to the historical conditions, private schools in Macau occupy a significant percentage, amounted to 96% of the total school places in the non-tertiary education sector. In last few years, there was a drastic decline of birthrate which had brought some impact on some private schools, in particular, student recruitment. This article stems from this context to explore education equity issue in the context of free education.

Key Words: Macau Education; Basic Education; Education Equity; Education Policy

B.19
澳门的社会治安与犯罪状况

刘建宏　赵若辉*

摘　要：本文从纵向与横向两方面分析澳门的犯罪发展趋势，总结 2009 年的犯罪特点，并对与博彩相关犯罪、青少年犯罪、毒品犯罪以及资讯犯罪等公众普遍关心的犯罪问题详细分析，以提供全面准确的有关澳门社会治安与犯罪状况的信息。2009 年澳门总体犯罪率较 2008 年大幅下降。侵犯人身犯罪与侵犯财产犯罪均有所下降，特别是侵犯财产罪下降幅度较大。在各类具体犯罪类型中，青少年犯罪与滥用药物状况好转，但与博彩相关的罪案持续增长，毒品罪案总数亦有小幅增长。此外，随着高科技的发展，更多经济与资讯罪案涌现，并引发相当关注。就刑事司法体系资源配置而言，各类工作人员总数持续上升。其中，法院司法官人数增加 6 人，为五年来的第一次增长；而检察院司法官人数未变，仍维持在 29 人。同时，澳门特区立法会 2009 年制定了《打击计算机犯罪法》、《禁止不法生产、贩卖和吸食麻醉药品及精神药物》，以及《维护国家安全法》等法律以控制和预防几类犯罪问题。

关键词：犯罪　社会治安　青少年犯罪　毒品犯罪　博彩罪案　资讯犯罪

社会的长治久安是民众普遍关心的问题，而犯罪诸指标系衡量社会治安的重要指标项。本文分为六个部分分析澳门的社会治安与犯罪状况。首先，本文将探讨澳门 2009 年的社会治安状况、犯罪率与犯罪特点；其次，将纵向分析澳门犯罪率的长期发展趋势并横向比较其与邻近地区香港的安全状况；再次，以纵向分析为基础，本文将讨论刑事司法体系人员配置状况与发展趋势；此外，本文将对

---

* 刘建宏，澳门大学社会科学及人文学院教授；赵若辉，澳门大学社会科学及人文学院助理教授。

包括与博彩相关犯罪、青少年犯罪、毒品犯罪和资讯犯罪在内的突出犯罪问题及相关法律进行讨论；最后，笔者将总结澳门的社会治安与犯罪特点与发展趋势，并分析其成因。

一　2009年总体犯罪状况与特点

澳门现行《刑法典》于1995年通过并施行，其通过反映出对基本权利及对人道与包容之价值之尊重。《刑法典》将犯罪类型分为五大类，即侵犯人身罪、侵犯财产罪、危害和平及违反人道罪、妨害社会生活罪和妨害本地区罪。侵犯人身罪包括侵犯生命罪、侵犯子宫内生命罪、侵犯身体完整性罪、侵犯人身自由罪、侵犯性自由及性自决罪、侵犯名誉罪、侵犯受保护之私人生活罪以及侵犯其他人身法益罪；侵犯财产罪包括侵犯所有权罪、一般侵犯财产罪和侵犯财产权罪；妨害社会生活罪包括妨害家庭罪、伪造罪、公共危险罪、妨害交通安全罪以及妨害公共秩序及公共安宁罪；妨害本地区罪包括妨害政治、经济及社会制度罪、妨害国家及国际组织罪、妨害公共当局罪、妨害公正之实现和执行公共职务时所犯之罪。澳门《刑法典》明确规定禁止死刑以及具永久性之刑罪或保安处分。除《刑法典》外，澳门还设有单行刑法对诸如毒品犯罪、有组织犯罪、贩卖人口和计算机犯罪等犯罪类型进行界定并订定应对措施。

与2008年相比，澳门2009年的总体社会治安与犯罪状况呈现出以下主要特点。

（1）总体犯罪数目显著下降。2008年澳门的犯罪总数为13864宗，2009年下降至12406宗，约下降11%。其中，以妨害社会生活罪降幅最大，从909宗下降为675宗，约下降26%；其次为侵犯财产罪，由2008年的7728宗降至6462宗，约下降16%；此外，侵犯人身罪数目亦从2707宗下降至2505宗，降幅约为7%。妨害本地区罪与"其他"① 类型犯罪则略有增长②。

（2）与总体犯罪数目下降趋势一致，以每10万人为基数计算的总体犯罪率③

---

① "其他"类型罪案指侵犯人身罪、侵犯财产罪、妨害本地区罪和妨害社会生活罪之外的罪案。
② 澳门《统计年鉴》，2008年、2009年。
③ 以10万人为基数的犯罪率＝罪案总数/人口总数×100000。

亦显著下降。2007 年澳门的总体犯罪率约为 2524 宗/10 万人，2009 年显著下降至 2288 宗/10 万人，约下降 9%。其中，以妨害社会生活罪降幅最大，从 166 宗/10 万人下降为 124 宗/10 万人，约下降 25%；其次为侵犯财产罪和侵犯人身罪。而妨害本地区罪与"其他"类型犯罪的犯罪率则有所增长①。

（3）与博彩相关犯罪数目持续增长。2008 年司法警察局接获 1506 宗与博彩相关罪案，约占当年所有罪案总数的 13%，2009 年这类罪案上升至 1601 宗，约占当年所有罪案总数的 15%，比重亦有所增加②。2009 年与博彩相关罪案较为突出的为高利贷禁锢，其次为信任之滥用和恐吓③。

（4）青少年总体犯罪状况明显好转。2008 年 21 岁以下青少年犯罪人数为 973 人，2009 年这一数字下降至 658 人，降幅达 32%。就性别而言，男女青少年犯罪人数均有所下降，但女性犯罪人数在所有青少年犯罪人数中所占的比重稍有增加，由 2008 年的约 26% 增长至 2009 年的约 31%。就犯罪类型而言，侵犯人身罪（173 人）与侵犯财产罪（142 人）的青少年人数在 2009 年均达到了 2003 年以来的最低点④。

（5）毒品犯罪总数略有增长。司法警察局接获的毒品罪案总数从 2008 年的 738 宗增长为 2009 年的 767 宗。但其拘捕的贩毒与吸毒嫌犯人数并未增长。具体而言，其拘捕的贩毒人数基本保持在 2008 年的水平；吸毒人数则显著减少，从 2008 年的 218 人下降至 2009 年的 170 人⑤，降幅约 22%。就青少年毒品犯罪总人数而言，其 2009 年的贩毒与吸毒人数均较 2008 年显著下降⑥。

（6）与高科技相关的经济与资讯罪案数目迅速上升。司法警察局 2009 年接获诈骗案为 825 宗、签发空头支票案 31 宗、信任之滥用案 63 宗、伪造文件类型犯罪案 344 宗与洗黑钱罪案 77 宗。此外，各类资讯案件 138 宗，包括涉及互联网的诈骗案 66 宗、假冒网站 3 宗、非法入侵 12 宗，以及发放不雅图片及电邮 2

---

① 澳门《统计年鉴》，2008 年、2009 年。
② 澳门司法警察局：《工作年报》，2009。
③ 澳门司法警察局：《工作年报》，2009。
④ 澳门教育暨青年局：《澳门青年指标》，2010。
⑤ 《澳门禁毒报告书》，2000~2009。
⑥ 澳门教育暨青年局：《澳门青年指标》，2010。

宗等案件。经济与资讯罪案，特别是与高科技密切相关的资讯罪案数目有迅速上升的势头①。

（7）此外，司法警察局数据显示，外来人士犯罪情况严重；假结婚案亦有大幅上升的趋势②。

（8）刑事司法体系工作人员总数增加。首先，警察部门（包括司法警察、治安警察与海关人员之总和）、检察院、法院和犯罪矫治机构的工作人员总数较2008年均有所增长。其次，检察院与法院司法官人数增幅较小。2009年法院司法官人数较之前增加6人，为2005年以来的首次增长；检察院司法官人数与2008年持平。

（9）2009年澳门政府颁布实施了一系列法律，包括第17/2009号法律《禁止不法生产、贩卖和吸食麻醉药品及精神药物》、第11/2009号法律《打击电脑犯罪法》、第2/2009号法律《维护国家安全法》等。这些法律为控制与预防相应类型的犯罪提供了法律依据。

然而，仅仅将2008年的犯罪状况与2007年相比较并不足以说明问题。首先，犯罪率的发展有其长期变化趋势。其次，即便我们知晓澳门犯罪率的长期发展趋势，其与相邻城市或世界其他地区相比较是否更安全？笔者将从纵向与横向两方面分析澳门自回归后犯罪率的发展趋势。

二 纵向犯罪数目与犯罪率分析

澳门《统计年鉴》③所公布之官方数据显示，自1998年至2009年的12年间，澳门的犯罪总数呈现出曲线上升趋势并于2008年达至最高点，这一数目至2009年有所下降。具体而言，综合犯罪总数由1998年的8487宗上升至2008年的13864宗，上升了63.36%。而2009年的犯罪总数为12406宗，较2008年下降了11.75%。就具体犯罪类型而言，侵犯人身罪与妨害社会生活罪在2007年达到最高点，而侵犯财产罪数目在2008年为最高。至2009年上述三种类型的犯罪数目均呈下降趋势。而妨害本地区罪以及"其他"犯罪类型总数为历史最高。

---

① 澳门司法警察局：《工作年报》，2009。
② 澳门司法警察局：《工作年报》，2009。
③ 《统计年鉴》所载数字是向保安协调办公室、法院、检察院、澳门监狱及少年感化院等单位收集的。

妨害本地区罪总数于2009年达至最高点很大程度上取决于妨害行政当局罪①数目的显著上升（由2008年的611宗上升至2009年的772宗）②。尽管各类犯罪类型呈现曲线波动的态势，其总体趋势上升并于2008年达至12年以来的最高点。2009年的犯罪总数较2008年有所下降（见图1）。

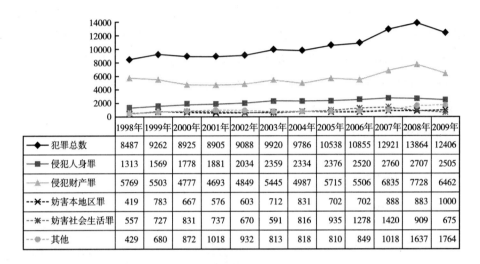

	1998年	1999年	2000年	2001年	2002年	2003年	2004年	2005年	2006年	2007年	2008年	2009年
◆ 犯罪总数	8487	9262	8925	8905	9088	9920	9786	10538	10855	12921	13864	12406
■ 侵犯人身罪	1313	1569	1778	1881	2034	2359	2334	2376	2520	2760	2707	2505
▲ 侵犯财产罪	5769	5503	4777	4693	4849	5445	4987	5715	5506	6835	7728	6462
✕ 妨害本地区罪	419	783	667	576	603	712	831	702	702	888	883	1000
✱ 妨害社会生活罪	557	727	831	737	670	591	816	935	1278	1420	909	675
● 其他	429	680	872	1018	932	813	818	810	849	1018	1637	1764

图1 澳门犯罪数目（1998～2009）

注："其他"罪案系指非图中所列罪案。此图系笔者根据已有数据绘出。
资料来源：罪案总数来源于澳门《统计年鉴》，2000～2009。其所载数字是向保安协调办公室、法院、检察院、澳门监狱及少年感化院等单位收集。

　　然而，犯罪案件数量变化尚不足以昭示犯罪变化趋势，根据人口计算的犯罪率能更好地解释犯罪的变化趋势。考虑到犯罪率的计算通常以每10万人为单位，笔者运用同样的方法计算澳门的犯罪率，即刑事案件总数在每10万人中的比率。如图2所示，澳门总体犯罪率在过去12年间尽管呈波动上升的趋势，并于2008年升至最高点（2524.4宗/10万人），至2009年犯罪率较上一年有明显下降，约为2288宗/10万人。犯罪率的总体变化趋势与犯罪数目的变

---

① 根据澳门《刑法典》，妨害行政当局罪包括抗拒及胁迫（公务员或保安部队成员作出与执行职务有关之行为）、违令（不服从由有权限之当局或公务员依规则通知及发出之应当服从之正当命令或命令状）、纵放被拘禁之人、公务员帮助脱逃、看守时之过失、脱逃、违反判决所定之禁止、被拘禁之人之骚乱、破坏受公共权力拘束之物件、弄毁记号及封印、撕除、破坏或更改告示，以及职务之僭越。
② 澳门《统计年鉴》，2000～2009。

化趋势大体相当。

就具体犯罪类型而言，其犯罪率的最高点所出现的年份及数量不尽相同。侵犯人身罪之最高点为 2003 年的 526 宗/10 万人，2009 年较上一年有所下降；侵犯财产罪之最高点为 2008 年的 1407.14 宗/10 万人，这一犯罪率亦于 2009 年显著下降，从 1407 宗/10 万人降至 1192 宗/10 万人；妨害本地区罪于 2009 年达至最高点的 184 宗/10 万人；妨害社会生活罪之最高点为 2007 年的 264 宗/10 万人，此后两年呈连续下降趋势，2009 年降至 124 宗/10 万人；"其他"罪案之最高点则为 2008 年的 298.07 宗/10 万人（见图 2）。这些结果显示，尽管妨害社会生活罪于 2009 年达至最高点，其他多种犯罪类型的犯罪率在 2009 年均有显著下降（与 2008 年相比较）。

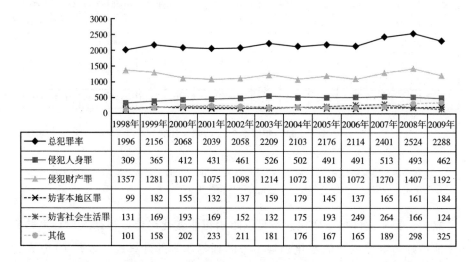

图 2　澳门犯罪率（宗/10 万人）（1998～2009）

注：以 10 万人为基数的犯罪率 = 罪案总数/人口总数×100000。"其他"罪案系指非图中所列罪案。此图系笔者根据已有数据计算并绘出。

数据来源：罪案总数与人口总数均来源于澳门《统计年鉴》，2000～2009。其所载数字是向保安协调办公室、法院、检察院、澳门监狱及少年感化院等单位收集。

三　横向犯罪率分析

尽管纵向犯罪率分析有助于理解澳门犯罪率的变化与趋势，然而这不足以凸显澳门社会治安状况相较于其他城市特别是邻近地区香港的特点。横向的比较分析有助于更清楚认识澳门的治安与犯罪状况①。虑及澳门之犯罪概念与类型与香港有所不同，为便于比较，本文将犯罪简单划分为财产犯罪与暴力犯罪两种基本类型②。就香港地区而言，其每10万人的总体犯罪率在2003年达到了过去12年来的最高点并从2006年起连续三年保持了下降的趋势。暴力与非暴力犯罪率的趋势与总体犯罪率趋势大体一致（见图3）。香港与澳门的犯罪率在2009年均有一定程度的下降。

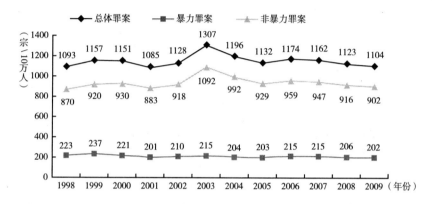

图3　香港犯罪率（宗/100000 万人）（1998～2009）

注：以10万人为基数的犯罪率＝罪案总数/人口总数×100000。此图系笔者根据已有数据计算绘出。

数据来源：罪案总数、暴力罪案与非暴力罪案均来源于香港警务处《罪案统计数字》，2009；人口总数来源于香港特别行政区政府统计处《香港统计资料》，2009。

澳门《统计年鉴》与香港警务处的统计数字似乎显示，澳门地区的犯罪率总体上较香港为高。以2009年为例，澳门犯罪率为2288宗/10万人，这一数字是香港当年犯罪率（1104宗/10万人）的两倍有余。此外，澳门的犯罪率于2008年之前呈曲线攀升状态，至2009年有所下降。而香港的犯罪率却连续三年（2006～2008年）呈下降趋势（见图4）。

---

① 因为中国内地犯罪数据的缺乏，笔者仅比较了澳门与香港犯罪率状况。

② 就财产犯罪与暴力犯罪而言，美国明确一般将犯罪分为财产犯罪与暴力犯罪两种基本类型；香港则将犯罪类型划分为暴力犯罪与非暴力犯罪，其中非暴力犯罪的概念范畴较财产犯罪宽泛。而澳门则将犯罪类型划分为侵犯人身罪与侵犯财产罪，其中侵犯人身罪的概念范畴较暴力犯罪宽泛。

图4 澳门与香港总体犯罪率比较（宗/10万人）（1998～2009）

注：以10万人为基数的犯罪率＝罪案总数/人口总数×100000。此图系笔者根据已有数据计算并绘出。

数据来源：澳门罪案总数与人口总数均来源于澳门《统计年鉴》，2009。《统计年鉴》所载数字是向保安协调办公室、法院、检察院、澳门监狱及少年感化院等单位收集。香港罪案总数来源于香港警务处《罪案统计数字》，2009；人口总数来源于香港特别行政区政府统计处《香港统计资料》，2009。

然而，以上数据并不足以得出香港远比澳门安全的结论。究其原因在于两地对各种犯罪类型的定义不同，所运用的犯罪统计方法亦不一样。澳门《统计年鉴》所提供的总体犯罪数据囊括《澳门刑法典》所定义的所有犯罪类型，不仅包括典型的暴力犯罪与财产犯罪，还包括各类危害和平与违反人道罪、妨害社会生活罪、妨害本地区罪，以及其他犯罪类型。而香港警务处所提供的总体罪案数目主要包括典型的暴力犯罪、财产犯罪与毒品犯罪。因此，澳门《统计年鉴》所提供的数据囊括的犯罪类型更广，其总体犯罪率远大于香港警务处提供的香港总体犯罪率并不出奇①。由此可见，对具体犯罪类型的数据进行比较分析意义更大。以犯罪概念争议较小的凶杀、纵火与勒索为例，香港2009年的凶杀案为47宗，而澳门（杀人案件）为5宗；香港2009年的纵火案为675宗，澳门为45宗；香港的勒索案为354宗，而澳门为40宗。对上述三种犯罪类型计算以每10万人为基数的犯罪率，其结果如表1所示。

① 此外，香港警务处提供的盗窃案件数目包括抢掠、打荷包、店铺盗窃、车内盗窃、杂项盗窃与失车（http://www.police.gov.hk/ppp_ tc/09_ statistics/csc.html）。而澳门《统计年鉴》所提供的"侵犯所有权罪"案件数目包括一般盗窃与加重盗窃、信任之滥用、在添附情况下或对拾得物、发现物之不正当据为己有、窃用车辆、抢劫、毁损、侵占不动产等罪行（见《澳门刑法典》分则第二编第二章）。概念的内涵与外延有相似，亦有不同之处。

表1　2009 年香港与澳门犯罪率比较

单位：人，宗/10 万人

	人口总数	凶杀	纵火	勒索
香港	7033500	0.67	9.60	5.03
澳门	542200	0.92	8.30	7.38

数据来源：香港警务处；澳门司法警察局。

如表1所示，澳门的杀人案件2009年为5宗，其发生率大约为1宗/10万人，仍较香港稍高。勒索案发生率也是澳门高于香港（大约为7∶5）；但纵火案香港却高于澳门（大约为10∶8）。由此可见，澳门与香港犯罪率的总体比较并不足以说明这两个地区在安全问题上孰优孰劣。两地对各类犯罪定义的不同以及对数据收集方式的不同说明，对犯罪数据进行横向比较分析必须谨慎。

四　刑事司法资源配置纵向分析

（一）警务人员配置

本文从警察局、检察院、法院以及监狱四方面阐述司法机关人员配置及其与犯罪总数以及犯罪率之间的关系。首先，就警务人员配置而言，虽然其总人数在过去10年间有所增加，特别是2005年后，增长显著。然而其与犯罪总数的比率却呈曲线下降的趋势，并于2008年达到最低点。至2009年，随着警务人员总数的增长和犯罪总数的显著下降，这一比率有小幅提升但尚未达到过去10年的最高比率（见图5）。然而，这并不必然说明警务人员工作负担减少。相反，由于警务人员肩负着打击与预防犯罪的双重使命，且犯罪总数的减少由多种因素决定，且很大程度上与警务人员为预防犯罪所做出的努力相关。例如，司法警察局本着事前预防优于事后打击的理念长期开展社区警务工作，与社区保持互动，进行多渠道宣传，并成立"大厦罪案预防小组"，以及时发现犯罪并对犯罪活动防患于未然①。其次，由于澳门以博彩产业为支柱，警务人员全天轮班驻守大型博彩场所有助于预防犯罪发生并及时处理已发生案件。

---

① 澳门司法警察局，http：//www.pj.gov.mo/1024/pj_ch/law1.htm。

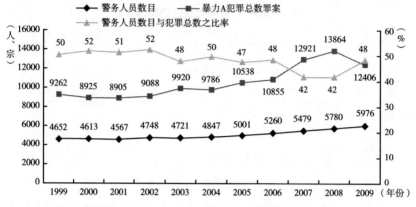

图5　警务人员总数、犯罪总数以及其比率（1999～2009）

注：警务人员数目与犯罪总数之比率系笔者根据已有数据计算得出；此图系笔者根据已有数据计算并绘出。

*陈欣欣、黄锦全：《澳门治安状况》，《澳门经济社会发展报告（2008～2009）》，社会科学文献出版社，2009。

数据来源：警务人员总数包括澳门司法警察、治安警察与海关人员人数之总合。数据来源于行政暨公职局《公共行政人力资源统计资料》，2000～2009；1999年数据来源于陈欣欣、黄锦全《澳门治安状况》载于《澳门蓝皮书》，2009*。澳门罪案总数来源于澳门《统计年鉴》，2000～2008。《统计年鉴》所载数字是向保安协调办公室、法院、检察院、澳门监狱及少年感化院等单位收集。

（二）检察院工作人员总数与检察官人员配置

检察院工作人员总数自 2000 年至 2008 年间呈逐渐增长趋势，至 2009 年达到了 237 人。相较于 2000 年的 155 人，增长了约 53%。然而检察院司法官包括检察长、助理检察长和检察官的人数虽然在 2004 年有所增长（从 2003 年的 24 人增至 2004 年的 29 人），其后连续六年维持在 29 人（见图 6）。亦即说，在检察院司法官人数不变的情况下，犯罪总数增长越快，其需要处理的案件一般而言就会越多，其案负也越沉重。其次，由于检察院每年均有上一年的积存案件兼案件的性质不同，虽然 2009 年澳门的总体犯罪数目较 2008 年显著下降，但检察院刑事起诉案件并未减少，反而比上一年略有增长（从 2008 年的 2957 宗增长为 2009年的 2965 宗）。检察院已完结的刑事侦查总数为 12567 宗，低于 2008 年的 13117宗。其中展开控诉的刑事侦查为 2965 宗，较 2008 年的 2957 宗稍高①。

① 澳门《统计年鉴》，2009。

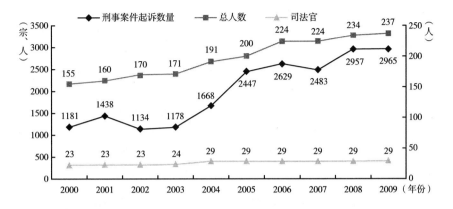

图6 检察院工作人员总数与司法官司数目（2000～2009）

注：此图系笔者根据已有数据绘出。

数据来源：检察院工作人员总数与司法官数目来自澳门《统计年鉴》，2000～2009。刑事案件起诉数量来自澳门特别行政区检察院统计资料，http://www.mp.gov.mo/statistics/stat2009.htm。

（三）法院工作人员总数与法官人员配置

法院工作人员总数在1999年澳门回归前后波动较大（这一人数在2000年和2001年显著下跌至235人和225人），自2003年起呈直线增长趋势（2000～2009年）。至2009年法院工作人员总数达到372人，较2008年的335人增长了约11%。其中，司法官人数在2000～2003年间锐减至1999年的半数，此后的几年间（2004～2008年）虽略有增长，但连续四年（2005～2008年）维持在29人。至2009年司法官人数显著增加至35人，为2005年以来的首次增长（见图7）。

相较于近10年来日益增多的案件，法官们也如检察官一样，案负沉重。虽然法院每年的已结案件数在不断攀升中，从2000年的8896宗持续上升至2008年的15163宗，增长约为70.45%。但其结案率①却呈曲线下降趋势，从2000年的63%下降至2008年的49%。2009年司法官人数的增长显然有助于提高法院案件结案率。2009年法院的总体案件结案率较2008年提升了约5个百分点（54%）（见图8）。以初级法院刑事案件为例，其2009年的结案率约为48%，

① 结案率 = 已结案案件/（上年度积存案件 + 受理案件数）×100%

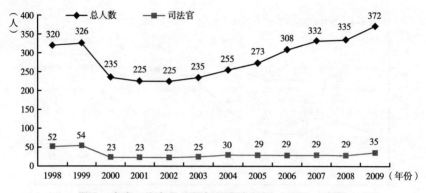

图7 法院工作人员总数与司法官数目（1998～2009）

注：此图系笔者根据已有数据绘出。
数据来源：澳门《统计年鉴》，2000～2008。

比2008年上升了6个百分点①。然而，结案率的高低受多种因素的影响，司法官人数的多少只是影响因素之一。

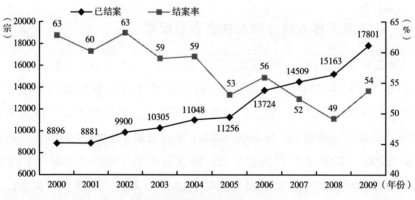

图8 法院当年结案数与结案率（2000～2009）

注：澳门《统计年鉴》所报告之结案率＝已结案案件/（上年度积存案件＋受理案件数）×100％；此图系笔者根据已有数据绘出。
数据来源：澳门《统计年鉴》，2000～2009。

（四）监狱工作人员配置

与法院工作人员总数在2000年时呈大幅下跌相反，澳门监狱工作人员总数在

① 澳门《统计年鉴》，2009。

2000年时有显著增长，从1999年的347人增至2000年的494人。自2000年后，监狱工作人员①总数呈波动上升趋势，并于2009年达到559人。与2008年的显著增长不同（较2007年增长47人次），2009年监狱工作人员增幅较小（3人次）。同时，2009年囚犯人数较1998年增长219人（增长31%），较2008年增长18人（增长2%）。监狱工作人员与囚犯数目的比例总体上呈波动上升态势，但2009年稍有下降（60/100）（见图9）。对这一数据的解释应当考虑到以下因素：（1）本数据中工作人员数目包括主管领导、高级技术员和保安部队人员（占绝大多数）在内的各类人员；（2）监狱工作中某些岗位轮班的性质；（3）实际工作需求。

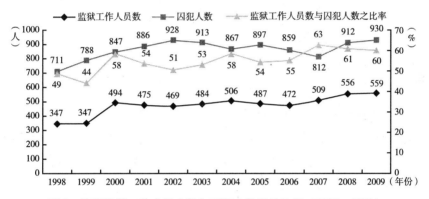

图9　澳门监狱工作人员人数与囚犯人数及其比例（1998～2009）

注：监狱工作人员人数与囚犯人数及其比例系笔者根据已有数据计算得出；此图系笔者根据已有数据计算并绘出。

数据来源：囚犯人数来自澳门《统计年鉴》，2000～2009。监狱工作人员人数来源于澳门行政暨公职局《公共行政人力资源统计资料》，2000～2009。

从上述司法体系工作人员配置的发展趋势可以看出，在过去10年间，警务人员、法院、检察院以及监狱工作人员总数大体上呈增长趋势；其中，以监狱工作人员总数增长最快，其2009年人数较1998年增长61%，与此同时，法院的司法官人数在2009年出现了5年来的首次增长，达到了35人，而检察院司法官人数并未增长，连续6年维持在29人。综合澳门犯罪总数、犯罪率与司法体系工作人员人数的发展趋势可知，其趋势自2000年后基本保持一致，即司法人员总人数随着犯罪数目与犯罪率的增长而有所增长。

---

① 工作人员包括领导与主管、高级技术员、技术员、专业技术员、行政人员、保安部队人员（占绝大多数）和工人及助理员。

五 突出犯罪问题分析

在澳门的各类犯罪类型中，与博彩有关的犯罪、青少年犯罪和毒品罪案成为公众普遍关注的犯罪问题。随着科技与计算机网络技术的发展，各类经济与资讯犯罪亦引起关注。

（一）博彩犯罪、非法赌博与高利贷犯罪状况与趋势

博彩产业的发展带动了澳门经济的发展并衍生出与之有关的犯罪现象。澳门司法警察局专设博彩及经济罪案调查厅，其主要职责为预防和调查与博彩有关的各类犯罪。根据司法警察局的解释，涉及博彩的各类案件包括"发生于赌场或博彩场所及其周边地方的犯罪，以及由博彩犯罪衍生的各种犯罪，包括：高利贷、禁锢、盗窃、诈骗、信任之滥用、不正当据为己有、普通伤害身体完整性、持有及使用他人身份证明文件、违令、非法赌博、公务上之侵占、恐吓等博彩罪案包括在赌场及其他博彩场所内实施的犯罪，又或在该等场所周围实施的与博彩有关的犯罪，以及由博彩犯罪衍生的各种犯罪"。因此与博彩有关的罪案与《刑法典》所规定的各种犯罪类型具有重叠之处。司法警察局《工作年报》数据显示，与博彩相关的罪案在过去8年间大致呈上升趋势（见图10），2005年达到1093宗，占当年所有罪案数的10%①；2006年与博彩相关罪案下降至979宗，占当年所有罪案数的9%；之后三年一直呈上升趋势。2008年这一类型罪案数为1506宗，占当年司法警察局所有刑事案件的13%。至2009年与博彩相关罪案增长到1601宗，占当年所有刑事案件总数的15%。由此可见，与博彩相关罪案在司法警察局所有案件中的比重日益增加。

由博彩犯罪衍生的各种犯罪比重较大的包括高利贷、盗窃、诈骗与非法赌博等类型。以非法赌博与高利贷为例，从2000年至2009年这九年间，检察院就非法赌博及高利贷犯罪之立案数大体呈曲线增长趋势：从2000年的131宗上升至2008年的264宗，增长约102%；至2009年略有下降（244宗），但仍然远高于2000年的

---

① 与博彩相关的罪案数据是"专案调查"、"要求调查"、"精简调查"和"检举"四种类型数据的总和。与博彩相关罪案数占当年所有罪案数的百分比系笔者计算所得。

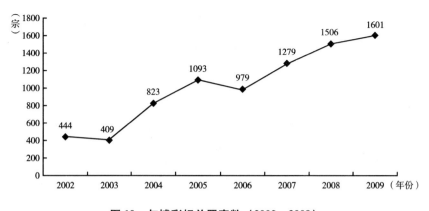

图10　与博彩相关罪案数（2002～2009）

注：此图系笔者根据已有数据绘出。

数据来源：澳门司法警察局《工作年报》，http：//www. pj. gov. mo/1024/pj_ ch/ magazine_ publish. htm。

水平。尽管总体立案数大致呈上升趋势，检察院正式起诉的非法赌博及高利贷罪案件自2003年起呈波动但有所下降的态势，2009年检察院起诉的非法赌博及高利贷罪案为57宗，比2008年多2宗（见图11）。2009年博彩相关罪案中较为突出的为高利贷禁锢，升幅达35%，其次为信任之滥用和恐吓，分别为24%和14%[1]。

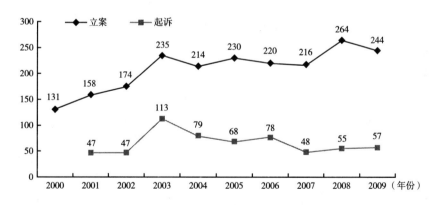

表11　澳门检察院非法博彩及高得贷立案起诉数（2000～2009）

注：2000年非法赌博与高利贷起诉数字未于《统计资料》中公布。此图系笔者根据已有数据绘出。

数据来源：澳门特别行政区检察院《统计资料》，2000～2008。

---

① 司法警察局：《工作年报》，2009。

（二）青少年犯罪状况

首先，澳门青少年犯罪近几年来有上升的趋势，因而引起社会普遍关注。就青少年总体犯罪状况而言，其趋势与成年犯大体一致。其犯罪数目在2007年与2008年呈大幅增长并于2008年达到973人，至2009年显著下跌至658人，跌幅近32%，但这一数字仍然高于2003年的617人。就男女犯罪比率而言，女性青少年犯罪人数远低于男性青少年，但二者犯罪趋势大体一致：在经历连续两年的快速增长后于2009年显著下降，但其人数仍然高于2003年的水平。虽然女性青少年犯罪人数远低于男性青少年，但其所占比例较2008年有所增长。具体而言，2008年女性犯罪人数约占所有青少年犯罪人数的26%，2009年增长至约31%（见图12）。

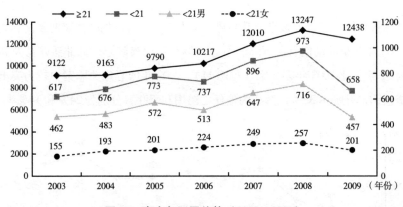

图 12　青少年犯罪趋势（2003~2009）

注：《澳门青年指标》所提供之数据与澳门《统计年鉴》之数据稍有出入，但数据所显示之犯罪趋势大体一致，因而可以互相印证。此图系笔者根据已有数据绘出。

数据来源：澳门教育暨青年局《澳门青年指标》，http://www.dsej.gov.mo/ijm/db.html#7。

就青少年犯罪类型而言，除去妨害社会生活罪人数稍有上升外，其他类型犯罪的人数均在2009年有显著下降。具体而言，侵犯人身罪的青少年人数在过去六年间呈曲线下降的趋势：2009年其人数为173人，较上一年减少34%，为2003年以来的最低点。青少年侵犯财产罪的发展趋势与侵犯人身罪趋势相似，在2009年大幅下降，并达到了2003年以来的最低点（142人）。此外，妨害本地区罪人数在2009年显著下降至50人，接近2003年的水平。"其他"类型罪案的犯罪人数在 2006～2008 年间呈倍数增长，虽然 2009 年其人数亦有显著下降，达到 204 人，但仍然远远高于 2003 年的 39 人（见图 13）。

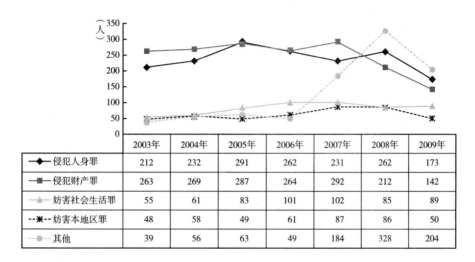

	2003年	2004年	2005年	2006年	2007年	2008年	2009年
◆—侵犯人身罪	212	232	291	262	231	262	173
■—侵犯财产罪	263	269	287	264	292	212	142
▲—妨害社会生活罪	55	61	83	101	102	85	89
✳—妨害本地区罪	48	58	49	61	87	86	50
●—其他	39	56	63	49	184	328	204

图 13　13～20 岁青少年犯罪犯罪类型与趋势

注：《澳门青年指标》所提供之数据与澳门《统计年鉴》之数据稍有出入，但数据所显示之犯罪趋势大体一致，因而可以互相印证。此图系笔者根据已有数据绘出。

数据来源：澳门教育暨青年局《澳门青年指标》，http://www.dsej.gov.mo/ijm/db.html#7。

就青少年年龄段划分而言，16～18 岁年龄组的青少年犯罪人数大致多于其他两个年龄组（13～15 岁和 19～20 岁）。但这一犯罪趋势至 2008 年和 2009 年有所改变。在这两年间，19～20 岁年龄组的犯罪人数多于年龄较小的两组青少年（见图 14）。

2006 年司法警察局移送检察院的未达刑事责任年龄（16 岁）青少年人数为 30 人，其后两年这一数字持续上升，至 2008 年达到 99 人之多。2009 年司法警察局移送的未达刑事责任年龄青少年人数为 55 人，虽较 2008 年显著下降，但仍比 2006 年为多[①]。

针对青少年违法犯罪现象日益严重的情形，澳门特区政府于 2007 年上半年颁布了《违法青少年教育监管制度》，旨在教育青少年遵守法律及社会共同生活的最基本规则，并使青少年能以适当和负责的方式融入社群生活。重视家长的参

---

① 司法警察局：《工作年报》，2009。

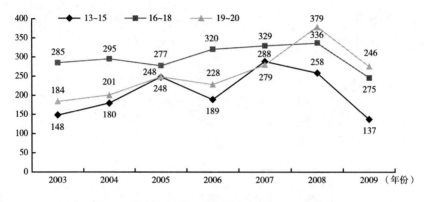

图14　青少年年龄组与犯罪趋势（2003～2009）

注：《澳门青年指标》所提供之数据与澳门《统计年鉴》之数据稍有出入，但数据所显示之犯罪趋势大体一致，因而可以互相印证。此图系笔者根据已有数据绘出。

数据来源：澳门教育暨青年局《澳门青年指标》，http：//www.dsej.gov.mo/ijm/db.html#7。

与、社区的协助和青少年对自己行为的负责。这一制度引入"警方训诫"和"复和"，取消"半收容"措施，改"入住短期宿舍"。措施的种类由原来的5种增至8种。其中，"警方训诫"属于司法介入前的分流措施。这一措施使警方可以处理较轻微且属初犯的案件，以避免标签效应。"复合"措施旨在调解矫正和修复青少年与受害人之间的关系，使青少年为自己的行为负责，改过自新。此外，《违法青少年教育监管制度》对其他的措施也进行了补充与修订。例如，为各项措施设定了跟进期限，分别有最短20小时的"社会服务令"至最长5年的收容。这一制度适用于年满12岁但未满16岁的未成年犯罪人。

综上所述，澳门的青少年犯罪人数在2007年和2008年时显著增长，引起社会普遍关注。经多方努力，青少年犯罪人数于2009年大幅下跌，侵犯人身罪与侵犯财产罪的犯罪人数均达到2003年以来的最低点。

（三）毒品犯罪与青少年吸毒状况

各类毒品犯罪在澳门《刑法典》中并未有明文规定，而是以单行刑法的形式出现于第17/2009号法律《禁止不法生产、贩卖和吸食麻醉药品及精神药物》中①。

---

① 这一法律旨在订定预防及遏止不法生产、贩卖和吸食麻醉药品及精神药物的措施。

澳门司法警察局《工作年报》数据显示，澳门的毒品犯罪总数在过去9年间呈曲线波动并于2006年起呈连续增长态势。2008年毒品犯罪总数从2007年的444宗跃至738宗，增长约66%。2009年这一数字再次增长为767宗（见图15）。在包括侵犯人身罪与侵犯财产罪在内的总体犯罪数目下降的同时，毒品犯罪总数的反方向增长具有警示作用。

图15　毒品犯罪状况与贩毒、吸毒被拘人数（1997～2009）

注：1997～2000年的毒品犯罪总数没有在之后的《工作年报》中公布。此图系笔者根据已有数据绘出。

数据来源：澳门司法警察局《工作年报》，http：//www.pj.gov.mo/1024/pj_ch/magazine_publish.htm；《澳门禁毒报告书》。

首先，就贩毒与吸毒两类毒品罪案而言，澳门司法警察局拘捕的贩毒与吸毒嫌疑人人数在过去13年间呈曲线波动态势，与毒品犯罪总体趋势不完全一致。2000年与2008年为拘捕贩毒与吸毒犯罪嫌疑人人数最多的两年。2009年，司法警察局拘捕的贩毒嫌疑人比2008年少一人，而吸毒嫌疑人较2008年显著下降（由2008年的218人下降至2009年的170人）。

其次，检察院对毒品犯罪立案与起诉的趋势与司法警察局统计的毒品犯罪总体趋势相一致，在近三年中呈连续增长趋势。2009年检察院立案人数较2008年增长11人，起诉人数较2008年增长51人（见图16）。

就青少年贩毒与吸毒状况而言，两类犯罪趋势大体一致：在2006年与2008年间大幅增长，并于2009年显著下降，其降幅虽大但尚未达到2003～2005年时的最低水平。特别是15～24岁青少年的滥用药人数仍然维持在较高水平（126人），仍需引起足够重视。如果将青少年依年龄分为三组：13～14岁、15～19岁

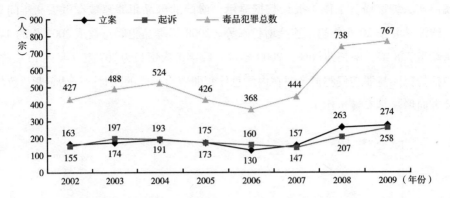

图16 检察院立案与起诉毒品犯罪人数（2002～2009）

注：此图系笔者根据已有数据绘出。

数据来源：澳门特别行政区检察院《统计资料》，2002～2008。

和 20～24 岁，那么 15～19 岁年龄组的青少年在三组中贩毒与吸毒人数最多，其次为 20～24 岁年龄组。13～14 岁年龄组的青少年贩毒与吸毒人数较少，具有随机性，但其总体趋势与其他组别一致（见图17和图18）。

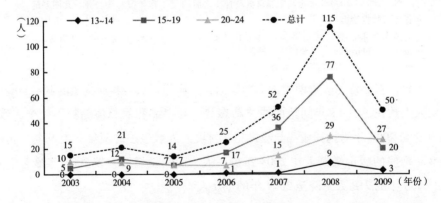

图17 13～24 岁青少年非法贩卖药物人数（2003～2009）

注：此图系笔者根据已有数据绘出。

数据来源：澳门教育暨青年局《澳门青年指标》，http：//www. dsej. gov. mo/ijm/db. html#7。

（四）经济与资讯犯罪状况

为应对与提升高智能犯罪、高科技犯罪的侦查能力，澳门司法警察局早在

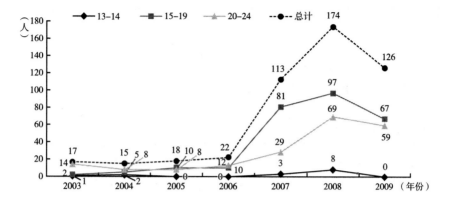

图18 13~24岁青少年非法滥用药物人数（2003~2009）

注：此图系笔者根据已有数据绘出。

数据来源：澳门教育暨青年局《澳门青年指标》，http://www.dsej.gov.mo/ijm/db.html#7。

2002年就将原经济暨商业罪案调查科分为欺诈罪案调查科和资讯罪案调查科①。2002年司法警察局接获的经济资讯领域案件合共为621宗；至2009年接获的诈骗案为825宗、签发空头支票案31宗、信任之滥用案63宗、伪造文件类型犯罪案344宗与洗黑钱罪案77宗。此外，司法警察局接获各类资讯案件138宗，包括设计互联网的诈骗案66宗、假冒网站3宗、非法入侵12宗，以及发放不雅图片及电邮2宗。这些经济与资讯罪案之和已远超2002年的621宗。针对日益增加的高科技犯罪案件，澳门特区政府颁布了第11/2009号法律《打击电脑犯罪法》，旨在订定电脑犯罪，以及设立在电子载体中搜集证据的制度。这一法律定义了电脑犯罪的各种类型与刑罚，并于2009年下半年开始实施。

六 结语

综上所述，2009年澳门的刑事犯罪状况特点可归结为：犯罪总数与总体犯罪率均较2008年有所下降。妨害社会生活罪与侵犯财产犯罪的降幅较大，侵犯人身罪稍有下降。青少年总体犯罪状况显著好转，其贩毒与吸毒人数均显著减少。与博彩相关罪案数目持续增长，经济与资讯罪案数目呈快速上升态势。2009

---

① 司法警察局：《工作年报》，2002。

年澳门的刑事司法体系各类人员总数较 2008 年有所增加，检察院司法官人数保持在 2008 年水平，法院司法官人数有所增加。同时，2009 年澳门特区政府通过了一系列法律以应对包括电脑犯罪和毒品犯罪在内的犯罪问题。

一系列纵向分析的结果表明，澳门的总体犯罪率在过去 12 年间大体上呈曲线上升的趋势。在 2006~2008 年连续三年增长之后，于 2009 年有所下降。犯罪率的长期波动取决于多种因素，诸如刑事政策的变化（包括毒品政策的变化）、社会治安部门（例如司法警察局）的执法力度、社区的参与、防罪宣传的力度、经济发展态势，甚至人口的多少与组成都是影响犯罪率发展趋势的因素。因此，应当客观看待 2009 年澳门总体犯罪率的下降，综合分析其成因。

Social Order and Crime in Macau

Liu Jianhong , Zhao Ruohui

Abstract：This article provides longitudinal analyses of the crime trend in Macau as well as cross-sectional comparisons of the crime rates between Macau and Hong Kong in 2009. It addresses the crime issues by primarily focusing on gambling-related crime, juvenile crime, drug crime, and technology crime. Overall, in 2009 crime and crime rate showed the following features：both the overall number of crimes and the overall crime rate largely declined. Among all types of crimes, violent crime, property crime, juvenile crime, gambling-related crime, and drug crime decreased. With rapid development of Internet technology, a large number of technology crimes came to the fore. When allocation of the criminal justice resources was concerned, the overall number of staff who worked for the criminal justice system was on the rise. Meanwhile, a number of laws were passed to regulate such crimes as cyber crime and drug crime.

Key Words：Crime；Social Order；Juvenile Crime；Drug-related Crime；Gambling-related Crime；Technology Crime

₿.20
澳门社会保障制度建设

邓玉华*

摘　要：澳门的社会保险改革和中央公积金制度建设于 2010 年取得大进展，可以说是澳门社会保障制度建设史上的新里程碑。在这双层式的社会保障制度下，扩大了保障覆盖对象，提升了保障能力。针对这次重大的制度变革，本文分析了当中改革的动力、过程和核心内容，并指出待理顺的主要问题，包括强化社会保障的收入来源和提升给付水平，以达致制度的可持续发展。

关键词：社会保障　社会保险　中央公积金　社会福利

同是华人地区，基于历史和社会制度之别，澳门与内地在社会福利和社会保障就概念上有不同的理解。简单来说，内地倾向采用"大保障、小福利"的制度结构，即社会保障包含了社会救助、社会保险、社会福利等；反之在长期受西方文化影响的澳门，人们习惯视社会保障为社会福利的一个组成部分，即社会福利包含了社会保障、社会福利服务以及教育、医疗、住屋等。

本文写澳门的情况，自然采取"大福利、小保障"的结构方式，而澳门的社会保障制度至今（2010 年）刚发展至三种不同的形式，即社会救助、社会保险和中央公积金，逐渐强化了澳门人的生活保障。

由于笔者在 2009 年版《澳门蓝皮书》中已报告过澳门社会保障的发展状况，在此仅简单分析澳门社会保障制度的发展，以便了解澳门的社会保障制度建设历程。1930 年算是制度化的起点，当年所颁行的第 140 号法令关于慈善印花

* 邓玉华，南京大学社会学博士、公共行政硕士、社会科学学士、社会工作高级专业学位，现为澳门社会保障学会监事长，主要研究方向为社会政策、社会保障、非营利组织管理。

税中包括一种由政府统筹济贫式的社会保障——社会救助，而目前完整的社会救助法律文件可见第 6/2007 号行政法规《向处于经济贫乏状况的个人及家团发放援助金制度》。至 1990 年，澳葡政府乘经济快速增长的机遇，透过法令（第 84/89/M 号）形式颁行社会保险制度（澳门习惯称之为社会保障）和成立公共的基金管理组织"社会保障基金"，以保障澳门的劳动者在退休、残疾、失业等状况下的基本生活所需。至 2010 年，先后推出和启动中央储蓄制度（即第 31/2009 号行政法规《开立及管理中央储蓄制度个人账户的一般规则》，本文视之为未来中央公积金制度之准备安排①）和大幅调整社会保险制度（即第 4/2010 号法律《社会保障制度》），进一步为澳门全体居民的生活保障提升建立法制基础。社会保险加上不久将来明确的中央公积金的制度安排，在澳门被唤作"双层式"社会保障。可以断言 2010 年是澳门社会保障制度建设的一个新里程碑。

由单一的社会救助到双轨并行的社会救助加社会保险，再到今天的多层社会保障：社会救助、社会保险加上中央公积金，澳门社会保障体系越趋完整。

本文会集中讨论"双层式"社会保障的最新情况，探讨社会保险方面的重大修改和中央公积金建设的背景、过程和制度的核心内容，进而指出制度建设上待理顺的一些主要问题。

一　澳门社会保障改革的动力来源

澳门双层式社会保障制度之改革创建绝非偶然之事，而是多方面推动下的结果。

1. 政治因素

澳门回归前后的政府施政报告，大都提出会完善社会保障制度，但具体实践上往往只见些微慢动作。2005 年的澳门立法会选举中，18 组参加直接选举的候选人名单就有 16 组将改革社会保障列作他们政纲概要的内容②。民意代表对社会保障议题的关切，自会推动政府作出回应。笔者以同一标准再检视 2009 年参

---

① 按第 31/2009 号行政法规第一条，法规目的乃为使澳门居民有更好的退休保障，以及为建立包括雇主及雇员供款的非强制中央公积金制度作基础准备。

② 邓玉华：《澳门社会保障制度回顾与前瞻——建立多层次的社会保障》，载杨允中主编《澳门社会福利发展：特点与趋势》，澳门大学澳门研究中心，2006，第 121 页。

加立法会直选的 16 个组别的政纲概要①，也有 11 组提到要提升或完善社会保障，比例上较上一届为少，但时间背景不同，因为在 2009 年选举之前政府已开始了实际行动。

前任行政长官何厚铧于 2006 年讲过会全面检讨社会保障制度，而且完善社会保障制度是他第二个五年任期的心愿之一。至 2007 年底，澳门特区政府就推出《社会保障及养老体系重整咨询方案》咨询文本，提出要建立双层式社会保障制度。2009 年末特区政府换届，崔世安成为第三届特别行政区政府行政长官，在其参选的政纲中表明会"传承创新"，社会保障改革明显是传承重点之一，结果双层式社会保障制度于 2010 年相继立法和启动，亦履行了两位行政长官的心愿和承诺。

2. 经济因素

从社会保障基金本身的财政状况看，由于收入受限而支出方面却连年增加，导致了基金自 2000 年起年度经常性收支出现赤字，为基金的长远稳健运作敲响了警钟，特区政府并为此而每年作大笔特别拨款解困（见表 1、表 2 及图 1）。

表 1　社会保障基金历年收支状况

单位：百万澳门元

年份	收　入				支　出		
	政府拨入	劳资供款	利息收益	总计*	行政费用	各项津贴	总计
1990	32.00	26.01	0.66	58.57	7.92	3.00	10.92
1991	75.74	34.28	5.19	115.21	11.14	8.61	19.75
1992	53.90	40.48	6.22	100.60	14.12	8.07	22.19
1993	101.39	37.23	11.92	150.54	14.52	9.27	23.79
1994	76.28	39.25	22.09	137.62	15.85	23.99	39.84
1995	80.70	40.74	36.09	157.53	16.25	43.33	59.58
1996	84.69	45.74	40.75	171.18	18.83	69.50	88.33
1997	85.53	43.94	34.50	163.97	17.95	89.98	107.93
1998	88.54	49.50	58.12	196.16	18.60	111.37	129.97
1999	81.75	71.71	81.88	235.34	15.78	141.27	157.05
2000	84.57	72.72	28.64	185.93	16.14	171.86	188.00
2001	78.55	75.16	18.60	172.31	16.90	187.40	204.30

① 立法会选举委员会：《2009 年立法会选举候选名单政纲概要》。当中各政纲内容乃由各组别自行向选举委员会提交，由于只是政纲概要，故或许各组应有本身更详尽的政纲文本。

续表1

年份	收 入				支 出		
	政府拨入	劳资供款	利息收益	总计*	行政费用	各项津贴	总计
2002	78.00	78.89	6.49	163.38	20.47	209.61	230.08
2003	97.00	81.90	2.83	181.73	25.63	217.61	243.24
2004	97.00	88.74	0.12	185.86	24.94	219.89	244.83
2005	97.00	100.13	0.78	197.91	26.34	229.21	255.55
2006	329.19	116.87	6.78	452.84	28.57	259.43	288.00
2007	301.92	141.96	7.85	451.73	32.60	308.99	341.59
2008	569.93	164.53	6.98	741.44	37.37	436.05	473.42
2009	366.52	172.16	1.82	540.50	50.34	667.65	717.99

* 未计近年超大的特别拨款和博彩拨款等。

资料来源：《澳门手册》，澳门日报，1998，第174页；社会保障基金的1999～2009年年度报告。

表2 近年对社会保障基金的博彩拨款

单位：百万澳门元

年份	博彩拨款(按第16/2001号法律)	年份	博彩拨款(按第16/2001号法律)
2005	241.52	2008	1446.88
2006	403.61	2009	1365.49]
2007	514.99	—	—

资料来源：社会保障基金的2005～2009年年度报告。

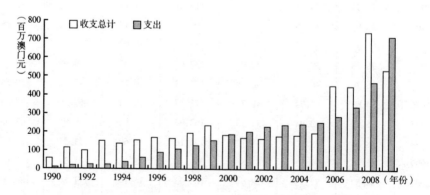

图1 社会保障基金于1990～2009年收支状况比较

注：2009年固定收支中再次出现赤字，主要是自2008年9月起年满60岁的符合资格受益人可提前申领养老金（按第19/2008号行政法规），而同年政府的财政拨入减少所致。

养老金为社会保险基金支出的最大项目，以 2009 年为例，养老金就占各类福利支出的 83.8%①，可以显见随着符合领取养老金或达 60 岁而提前按比例领取的受益人数增加，若按 2010 年前的运作方式，社会保险基金至 2029 年就会破产②。因此，政府有必要尽早改革社会保障制度，改善财政状况，让制度可持续发展。

政府近年对社会保障基金作出大笔特别拨款也有其经济基础，就是拜赌权开放引资和内地推出港澳 "自由行" 等政策所赐。于 2003 年，澳门的本地生产总值为 635.7 亿澳门元，至 2004 年首间外资赌场开业后即增至 822.3 亿澳门元，增幅为 29.4%，就是在 2009 年全球金融海啸后，本地生产总值达至 1693.4 亿澳门元，增长凌厉，亦为完善社会福利创造了有利的物质条件。

3. 社会因素

澳门自 1990 年开始推出社会保险制度，其间社会上亦经历过由抗拒到接受，之后发展到争相要加入的过程。尽管制度安排采取定额且 "象征式"（低金额）供款，起初除雇主不太情愿外，就连雇员也不太叫好，及至 1995 年开始有人符合供款满 60 个月而受惠取得养老金，人们开始逐渐认识到其好处，且乐于供款成为受益人。

随着人们对社会保险制度认识加深，加上预期人口老龄化情况加剧，预期 10 年后（2021 年）65 岁以上的老年人口将占 12%、2031 年更达 19%③，对养老保障需求会大增，社会上对这低供款、低给付水平、低覆盖率的做法开始提出改革的要求，例如在 1999 年民间就成立了专门关注和倡导社会保障制度改革的社团。在社会各方的努力下，对如何完善有关制度似乎渐取得共识，例如期望扩大覆盖对象、提高保障给付水平、设法改善社会保险基金的收入来源等，配合以上提到的政治、经济因素，终于水到渠成，于 2007 年政府推出建立双层式社会保障制度的改革咨询文本，并逐步完成了立法程序。

---

① 社会保障基金：《2009 年年度报告》，2010，第 48 页。
② 社会保障基金所发布的精算报告。
③ 根据澳门统计暨普查局于 2008 年 4 月发布的《澳门居住人口预测（2007～2031）》，按 "中程度" 假设显示：澳门的 65 岁及以上的人口，将由 2006 年（基准年）的 7%，逐渐会上升至 2016 年的 9%、2021 年的 12%、2026 年的 16%、2031 年的 19%。

二　双层式社会保障制度建设过程及内容

澳门的双层式社会保障制度终于 2010 年基本建立起来，其间经历了较长的咨询、立法过程，政府行政及立法机构对制度内容反复进行了讨论，这里尝试整理分析之。

（一）双层式社会保障制度的建设过程

改革是一个延续和创造的历程，针对双层式社会保障制度建设的过程，自 2007 年 11 月政府推出改革咨询文本起计历时两年多，相较于其他事项，它的咨询期较长，立法细则讨论次数较多；大体上争议较少、细节调整较多。最终在民间不断催促和政府履行承诺的决心下逐步完成。为利于阅读，特整理制度的建设历程简表，从中可见制度建设过程中的一些关键时刻和步骤（见表 3）。

表 3　澳门双层式社会保障制度的建设历程

咨询阶段	
时　间	行　动
2007 年 11 月	政府推出"社会保障和养老保障体系重整咨询方案"（以下简称"咨询方案"）
2008 年 4 月 30 日	结束为期半年的咨询
2008 年 7 月 11 日	政府在社会协调常设委员会的全体大会引介双层式社会保障制度咨询方案（经咨询公众意见后的版本）
2008 年 11 月	政府在社会协调常设委员会全体大会上介绍了《社会保障和养老保障体系改革方案》
2009 年 9 月	行政会通过双层式社会保障制度的相关法案

立法、实施阶段		
时　间	行　动　（第一及第二层的进程明显分开）	
	第一层 社会保险	第二层 中央公积金
2009 年 9 月	《社会保障制度》法案交立法会	
2009 年 10 月 19 日		颁布《开立及管理中央储蓄制度个人账户的一般规则》行政法规*
2010 年 1 月 6 日	立法会一般性通过	
2010 年 1 月 11 日	立法会三常会开始审议社保制度修订案	

时 间	立法、实施阶段	
	行 动 （第一及第二层的进程明显分开）	
	第一层 社会保险	第二层 中央公积金
2010 年 4 月 20 日		政府注资入各合资格居民的中央储蓄个人账户之 临时名单公布
2010 年 8 月 2 日		中央储蓄个人账户开始接受合资格者（主要是 65 岁及以上者）申领
2010 年 8 月 5 日	立法会第三常设委员会细则性通过法案	
2010 年 8 月 11 日	法案通过成法律	
2010 年 10 月		预计完整的中央公积金制度框架法案交立法
2011 年 1 月	实施	

＊按澳门特区《基本法》，行政长官有制定行政法规的职权，从法律宏观角度，本文将之也列入立法、实施阶段内。

（二）双层式社会保障制度的核心内容

在层构上，澳门所谓的双层式社会保障，第一层指社会保险，第二层是中央公积金，可说是因应了澳门的社会发展需要，具有澳门特色。若套入世界银行于 2005 年所提出的"多层次"社会保障体系建议，即由基层（basic pillar）的社会救助到第四层的家庭养老①（笔者认为世界银行所提到的最高两层属个别人士和家庭的行为，并无强制性，而首三层更具公共和社会特性，且往往强制执行，是明确的社会保障），相较之下，澳门的社会保障制度在构筑上已见完整。

作为澳门社会保障制度一次重大的改革，当中自有不少新内容，这里仅对当中的核心部分，如保障范围、覆盖对象、资金来源及给付水平等方面剖析新制设计。

1. 社会保险

这是一种含个人供款在内的社会保障制度方式。如世界大部分国家、地区一

---

① 参考柯木兴、李建成的《漫谈社会保险与个人账户制》，2006，第 14～18 页。然而，笔者不同意将个人储蓄、家庭养老等个人自主行为和私人关系所构成的保障视作社会保障，尽管其目的和功能类似。

样（见图2），澳门此一制度含个人供款、雇主（倘有）供款和政府拨款资助，主要为有供款的受益人在退休、失业或遇残疾等情况下对其作金钱给付，以维持基本生活所需。

第四层：家庭养老	
第三层：个人商业储蓄	
第二层：员工退休金制度	第二层：中央公积金
第一层：社会保险	第一层：社会保险
基 层：社会救助	援助金（即社会救助）
世界银行的"多层次"社会保障体系	澳门的社会保障系统

图2　比对澳门与世界银行倡导的社会保障系统

澳门的社会保险由"旧制"变"新制"，其对象由原本仅覆盖劳动者改为覆盖所有成年澳门居民。在新制度下，劳动者一般维持强制性参保，没工作的可通用任意性制度自愿加入。资金来源方面，维持由政府财政拨款、投资收益及劳资双方按定额供款构成（目前是劳方即受益人每月供15澳门元，雇主月供30澳门元。以任意性制度加入者就要自行承担总额45元的月供款）。在给付水平方面，以养老金为例，供款满360个月（30年）者可全额取得给付，目前是每月1700澳门元，而必须符合至少最低供款60个月者方有权按比例领取。由于社会保险有其历史包袱，旧有受益人可维持旧制度有供款60个月记录者即可领取全额养老金。至于保障范围方面，新制度下共有七项福利保障项目，除养老金外，还有残疾金、失业津贴、疾病津贴、出生津贴、结婚津贴、殡葬津贴。至于旧有制度中的两项给付——因劳动关系而产生的债权及疾病的补偿，将以其他方式安排来承接。有关各项福利或保障目前的给付金额如表4所示。

表4　社会保险的福利/保障项目和给付金额

福利或保障项目	给付金额	福利或保障项目	给付金额
养 老 金	1700 澳门元/月	出生津贴	1000 澳门元/次
残 疾 金	1700 澳门元/月	结婚津贴	1000 澳门元/次
失业津贴	70 澳门元/日	丧葬津贴	1300 澳门元/次
疾病津贴	住院者 70 澳门元/日、非住院 55 澳门元/日		

2. 中央公积金

一般由政府强制执行，安排雇主和雇员共同供款，政府以不同方式支持、鼓励，成立雇员个人账户的储蓄养老保障制度。有关的管理工作或由政府设专责部门负责，或交由私人机构管理，澳门即将推行的公积金制度既冠以"中央"二字，已确定由政府部门社会保障基金兼管。此制度开始会以非强制形式，但政府承诺在实施三年后检讨是否具备条件改行"强制性"①。

中央公积金在澳门是新事物，制度建设期望在第一层的社会保险上多加一层保障，让受益人有较宽裕的退休生活。虽然有人认为可让公积金发挥更多功能，如用作医院、购买住房等，毕竟制度才刚开始，个人账户中积累的不多，无须急于扩大其保障范围，寄予太多的要求。

澳门的中央公积金在覆盖范围上，它不似其他地方推行的公积金制度以劳动者为对象，而是以22岁以上的澳门永久性居民为对象，这样安排看来是与政府有意借此公积金的个人账户，分享特区经济成果，长远地"藏富于民"。如在2010年，政府就为每一合资格（过去一年身处澳门至少183日）的公积金个人账户分发1万澳门元；2011年则会注资6000澳门元②，由此看来"政府拨款"将成为中央公积金的收入来源之一，至于个人和雇主的供款安排目前尚未确定，若参考现时政府鼓励企业推行的"私人退休金"做法，以雇员和雇主各按薪金的5%供款比例居多。由于中央公积金制度专为养老而设，一般情况下当参与人到65岁后方可提取，以强化社会养老的力度。至于"退休"后可领得多少公积金，就视个人在退休前的账户积累和期间的投资回报而定了。

三 社会保障制度面对的主要问题

澳门"双层式"的社会保障体系刚建立，一些具体安排还有待理顺，目前存在若干主要问题。

---

① 据《澳门日报》报道，社会协调常设委员会主席谭伯源于2008年7月11日的全体大会引介双层式社会保障制度咨询方案，并表示在非强制中央公积金实施三年后，全面检讨和研究是否具备条件实施强制性中央公积金制度，2008年12月7日。

② 来自于澳门行政长官崔世安于2010年11月16日在澳门立法会上所作的《澳门特区政府2011年财政年度施政报告》。

1. 公平问题

当涉及福利分配时，总是有受益标准的界定问题，这也是一个难题。究竟是完全普及发放抑或有条件进行分配，前者有资源的限制，后者则会出现所谓"夹心层"——边缘人的情况。在修改的社会保险制度上，最明显的是过去未纳入社会保险的 65 岁以上人士，透过最多补扣 15 年供款的方式最多可领取半数的养老金，尽管由无到取得部分是一大进步，但难以避免仍有人认为不公平，皆因之前一套制度只需满足有 5 年供款要求，即可享有养老金全数给付。另外在新建立的中央公积金准备制度上，政府实行将部分年度财政盈余拨款入合条件者账户做法，亦引起部分过去一年留澳不足 183 日者的不满。总之，社会福利分配常会遇到标准线界划在哪里的难题。

2. 个人责任问题

政府近年的财政收入可观，至今的财政滚存已过 1000 亿澳门元，足以应付在毫无收入情况下两年的预算开支，因此，对承担社会保障责任表现得充满信心。问题是社会福利往往"易放难收"，若制度新建设时不将"责任"问题疏理清楚，他日可构成沉重负担。在社会保险层面上，受益人和雇主的供款一直以来维持在低水平上，劳资双方供款合起来只及澳门个人收入中位数的 0.5%，因此，应把握制度改革的契机，适当地逐步调整供款水平，让受益人在享受社会保障的同时，也更好承担应有的责任。事实上，在中央公积金层面上，正是希望透过变相的个人"储蓄"积累，以保障退休生活，这制度本身就是一种个人责任的体现，人们不宜依赖政府年年有充足的盈余供"派钱"，这样也不利于发挥人们的积极性。

3. 基金增值问题

从社会保障基金 2009 年度经常性收入看，透过投资所得收益仅占总体的 0.34%[①]，比 10 年（1999 年）前的 34.79% 相去极远。虽谓投资总有风险，社保基金投资讲求稳健，但大笔的社会保障金若不予较好地增值，甚至追不上通货膨胀率和货币贬值率，无异令人们的"保命钱"缩水，削弱了基金的保障能力。

---

① 按社会保障基金的 2009 年年度报告第 69 页提及基金滚存的运用方式：约有 69% 的投资是由银行存款组成，31% 由投资管理合同组成，这些合同是基于经预先批核的投资组合而签订，须遵从低风险的原则进行投资。

在社会保险层面上，看来有必要调整组合，将部分投放于增值能力较佳而又相对稳健的项目上。在中央公积金层面上，目前虽未全面建成，但将来每一参与者的个人账户可作怎样的投资选择，是有关管理部门要尽快研究的问题，同时如何让参与者从中学习投资理财之道，看来也应是管理部门的任务之一。

4. 保障水平问题

社会保险一直采行"低供款、低保障"的做法，给付金额往往连济贫的标准也达不到，这方面定有可改善的空间。长期以来社会上倾向鼓吹达到政府所定的"最低维生指数"水平确有一定的合理性，因为尽管长者会有积蓄防老，退休后不只靠这养老金过活，但既然作为保障人基本生活水平的公共福利，达不到最低的维生水平也说不过去，反正若新制运行得宜，人人加入社会保险制度，长远而言也减少政府在社会救助上的负担，这样看来，这社会保险安排比社会救助更具积极意义。至于中央公积金的保障水平，如前所述，在于个人退休前的累积，在第一层的社会保险保障基本的生活水平上，提供较宽裕的生活保障，这肯定符合每一个人的期望，也是澳门双层式社会保障制度建设的初衷。

四　结语

澳门的社会保障制度建设至今，是人们所乐见的。第一层的社会保险改革，使"全民"得到基本的生活保障；而"双层式"的社会保障安排理论上当然比单层好，只是要确保制度的可持续发展，制度的稳健性就要特别注意，其关键在资金来源的保证和收支平衡上，如社会保险之雇主及雇员供款额要合理调升，以体现权利与责任相称；调升各项保障给付至更合理的水平；还得强化管理，提升基金的增值能力。

制度建设讲求长远可持续性，社会保障制度建设是为应对人们在工作和生活上所存在的风险，解后顾之忧，故更应作长远计。基此，在澳门政府 2010 年的施政报告中表明会将一些短期计划如现金分享计划及医疗券等，过渡到长期的中央储蓄制度的社会保障体系之中①，笔者认为这是正确的方向。

最后，一个地方的社会制度，定有它的特色，澳门的双层式社会保障制度乃

---

① 澳门特区政府：《2010 年财政年度施政报告》，2010 年 3 月 16 日，第 24 页。

整体社会福利的构成部分，故必须有整体考虑。就如社会保障一个重要任务是回应长者退休生活的需要，除了金钱/实物方面的支持外，还有医疗和社会关怀等，因此，由 2011 年起负责管理社会保障的部门将由经济财政司管辖转到社会文化司属下，应是更合适的安排。

Establishment of Social Security System in Macau

Deng Yuhua

Abstract：In 2010, the social insurance reform and central provident fund establishment engraved a new milestone in Macau. In this double level social security system, it extended the objects of the guarantee overlay and promoted the protective ability. For the major change of the system, this article analyzed the motive factors, established process, core content and pointed out some major problems that should be followed, including how to enforce the income sources and to enhance subsidized level for a sustainable social security.

Key Words：Social Security；Social Insurance；Central Provident Fund；Social Welfare

B.21
澳门居民的综合生活素质

孔宝华　郑宏泰*

摘　要：自 1999 年回归以来，澳门经历了巨大转变，2002 年的博彩业开放政策则进一步提升了澳门的社会经济实力。虽然本地经济一片欣欣向荣，社会不满及怨愤同样不断积聚，本文尝试利用不同指标的数据进行多层次的探讨。除了运用客观指标如人均生产总值、失业率及犯罪率等进行评估，亦会采纳主观指标如幸福感、人生观及不同生活层面的满足感进行分析。并对严重社会问题的发展和转化，以及对过去的看法和未来的期望等，进行系统探索。

关键词：生活素质　客观指标　主观指标　社会调查　社会变迁与社会问题

一　引言①

自 1999 年 12 月 20 日回归以来的 10 年间，澳门在不同层面均取得一定成就②，同时亦经历了重大的社会及经济变迁，其中的居民生活素质问题，更一直备受关注。究其原因，除了因为民意民情日渐受到重视、社会环境更趋开明开放之外，亦与生活素质问题的相对复杂、牵涉极广有关。因为普罗市民生活层面的

---

* 孔宝华，澳门大学社会科学及人文学院社会学系助理教授；郑宏泰，香港大学香港人文社会研究所亚洲研究中心助理教授。

① 本文的主观实证资料来自 2005～2009 年间的多次全澳入户调查及电话调查，谨此向推动本系列研究的澳门可持续发展策略研究中心表示感谢。在整理本文的资料时，陈艺彬先生曾经给予很大帮助，在此一并致谢。

② 港澳研究中心：《港澳经济年鉴（2009）》，港澳研究中心，2009。

顺逆好坏、喜乐哀愁，不但与经济盛衰起落之间的关系微妙，同时亦和政治、文化及社会等的发展步伐紧密相连，如影相随。

生活素质问题备受关注的另一核心，是这一概念十分抽象笼统，内容常常让人觉得不着边际，或是流于空洞，因而容易被误判、误读①，令我们难以完全掌握社会综合发展的脉搏、步伐与轨迹。本文尝试利用历届"澳门居民综合生活素质调查"的主观数据，结合不同层面的客观数据，既深且广、纵横兼重地勾勒出澳门社会自回归以来的各种巨大转变，从而剖析普罗大众在各个生活层面的起落变化，加深我们对社会发展过程的认识和了解，同时亦为政府施政提供一些参考，达至"急市民所急、想市民所想"的以人为本的管治目标。

二 理论、定义与综合指标

人类的本性虽然存在着贪图享乐、好逸恶劳、自私自利、仇恨诡诈，甚至侵犯他人的劣根性，但同时亦潜藏着关怀弱少、追求和平美好生活、牺牲自我完成大我，以及回避痛苦人生、减少社会灾难等精神与基因。正是因为这些既复杂又难以相互排斥的先天性"混合设计"，人类社会不断前进的路途乃显得迂回曲折，一点都不平坦②。

工业革命之前一段极为漫长的岁月，人类为了生存必须像其他生物般服膺于大自然、适应大自然，生活条件当然没有今天般舒适、丰盛。工业革命之后，科学及科技先后被广泛地应用于提高生产力、改善人类物质生活之上，发展经济成为各国政府争相竞逐的主流，亦成为富国强民的最重要圭臬。经历一个多世纪的高虚耗模式生产，欧美发达经济体系自20世纪中叶已清楚说明，大幅发展经济未必能带来预期的社会进步，民众在享受不断改善的生活条件之时，其他方面却付出了相当高昂的代价：人际关系的疏离、贫富差距的扩大、社会秩序和人身安全的恶化、传统社会风尚和道德的沦丧、生态环境的破坏等，便属其中一些常被

① 尹宝珊、王家英、陈膺强、罗荣健：《主观福祉》，载黄绍伦、杨汝万、尹宝珊、郑宏泰编《澳门社会实录：从指标研究看生活素质》，香港中文大学香港亚太研究所，2007，第1～34页。

② Wilson, E. O., *On Human Nature*, Cambridge：Harvard University Press, 1978.

提及的苦果①。

西方社会所呈现的这些现象，令不少政府及民众意识到，经济发展并不等同社会进步，生活素质的提升才是社会发展的首要目标。要全面记录、量度、评估和预测社会的发展和人民的福祉，更全面地反映社会的发展状况，单凭一直沿用的经济指标已有所不足，公共政策制定者和社会科学家只好另辟蹊径。社会指标运动及生活素质研究遂应运而兴，并引起了不同政府和民间社会的高度关注，同时亦引起学术界的广泛兴趣②。

然而，不同的疑问又随之涌至：什么叫做生活素质？可用什么尺规量度？怎么样的生活素质才属优质？怎样的指标体系较能反映社会的综合发展成效？这样的指标体系或量度方法又存在着什么问题？所谓生活素质，简单而言，泛指"当地居民的整体福祉（overall well-being），此福祉不仅反映了生活条件，以及对全面生活领域之资源的控制，亦反映了个人对此等生活领域的回应和感受"③。由于大家对何谓生活素质的问题存有分歧，用什么尺规进行量度亦众说纷纭、方法各异④。较为普遍的做法，除了集中于个人的身心健康、幸福感、满足感外，还包括了家庭、工作、居所的满意度。至于社会关系、政治态度、文化生活、社会道德等，同样应该包括在内。

不论是政商界或学术界，大家对生活素质这个多层次概念的定义虽各有分歧，意见不一，很难达至毫无争议的结论，但对于何谓优质生活，则较能达成相对统一的看法。简单而言，所谓优质生活，当然应该超出"维持基本生理需求（即只为生存）"的层次，而是包括了精神上的满足，例如享有自由、公义、充分发展个人能力的机会等。其基本原则与前任行政长官何厚铧所指：与"既讲求公平竞争、积极进取、物质丰盛，又强调社会正义、人性关怀、相互尊重、彼

---

① Inglehart，R.，*The Silent Revolution：Changing Values and Political Styles among Western Publics.*，Princeton：Princeton University Press，1977；Also see Inglehart，R.，*Culture Shift in Advanced Industrial Society*，Princeton：Princeton University Press，1990.

② Veenhoven，R.，*How Harmful Is Happiness*？Rotterdam：Universitaire Pers Rotterdam，1989.

③ Fahey，T.，B. Nolan & C. T. Whelan，*Monitoring Quality of Life in Europe*，Luxembourg：Office for Official Publications of the European Communities，2003：14.

④ 尹宝珊、王家英、陈膺强、罗荣健：《主观福祉》，载黄绍伦、杨汝万、尹宝珊、郑宏泰编《澳门社会实录：从指标研究看生活素质》，香港中文大学香港亚太研究所，2007，第1～34页。

此支持、和谐共融，并可持续发展"的生活形态可谓相去不远①。

若说人类本身存在着"混合设计"的特性，而这样的设计"更有利于调控基因在最大限度遗传下去"②，那么，我们有理由相信，较能全面反映社会发展的指标，亦应兼备主观感受与客观事实的"混合设计"内涵，因为这样才较有利社会持续发展下去。毫无疑问，客观指标较适合用来量度社会和外在物质条件的状况和变化，主观指标则较适合用来探索个人对生活经验的感受和取向，而两者的结合、对照，当然更能立体地反映经济发展及社会前进的不同层面，防止个别社会组成部分因过分发展而膨胀，而个别社会组织则因欠缺支持而凋零，产生失衡不均的局面。

若要落实建立一套具"混合设计"特性的指标，我们既要继续搜集不同范畴的客观数据，同时亦应支持搜集可以反映市民大众主观感受的数据。由于西方发达经济体系自 20 世纪 50 年代起已逐步意识到主观数据的重要性，因而早已逐步投入资源，展开相关的研究，发展中经济体系在注意到问题的重要性后亦急起直追，希望可以弥补不足。

回归前的澳门，有关这方面的研究可谓一片空白。回归后——尤其是在确保平稳过渡之后，特区政府随即宣布一系列科学决策及以民为本的施政目标，并责成有关部门搜集民意民情，希望能够逐渐完善原来侧重客观数据的指标体系，一来借以加强区域资讯互享，二来则希望能让政府更为准确、全面地掌握社会及经济发展过程中不断变化的核心所在。至于前任行政长官何厚铧在《二零零八年财政年度施政报告》中所提到的一段讲话，则可以作为构建综合指标体系的一个重要注脚：

> （要）以科学理性的精神，深入贯彻"以人为本"的核心施政伦理，和社会各界一起，打造一个经济发展与人文关怀同步发展的社会，打造一个全局和局部、物质与精神都全面走向繁荣的社会……市民综合生活素质的提升，始终是政府施政的首要考虑③。

---

① 《二零零四年财政年度施政报告》，http：//images. io. gov. mo/cn/lag/lag2004_ cn. pdf，2004，第 28 页（2010 年 11 月 15 日浏览）。

② Wilson，E. O.，*On Human Nature*（Cambridge：Harvard University Press，1978：6）.

③ 《二零零八年财政年度施政报告》，http：//images. io. gov. mo/cn/lag/lag2008_ cn. pdf，2008，第 3 页（2010 年 11 月 15 日浏览）。

若从居民综合生活素质的角度了解澳门社会回归以来的转变，我们应能全面地了解 10 年间的深层次转变。下面让我们首先检视客观数据——尤其是人均本地生产总值、工资中位数及失业率等——的一些转变，看看其基本趋势。之后再谈谈主观数据的一些起落，了解澳门居民无论在个人层面、家庭层面，以及社会层面的观感及态度转变。最后，我们再综合这两方面的指标，分析回归 10 年来巨大经济及社会变迁所带来的机遇与挑战。

三 客观指标的状况与变化

自 1999 年 12 月 20 日回归以来，澳门社会碰上了前所未见的重大发展机遇。这机遇，一方面受惠于国家的持续改革开放政策，另一方面则是特区政府打破博彩业垄断局面后产生的巨大连锁效应，两者汇合成一股汹涌澎湃的力量，推动本地经济急速向前发展。至于更趋炽烈的全球化浪潮，既为澳门社会带来若干难得的机遇，但同时亦衍生不少难以回避的挑战。

到底回归 10 年间的澳门经济及社会出现了那些重大转变呢？本文筛选若干核心客观指标，从而描绘这段时间的发展态势、状况及转变。首先，在人均本地生产总值方面。客观资料显示，在回归那一年，澳门的人均本地生产总值为 110637 澳门元；之后的 2001 年及 2003 年分别上升至 114501 澳门元及 142825 澳门元。2004 年起升势急转，达 181580 澳门元，2005 年及 2007 年更分别达至 195214 澳门元及 284268 澳门元。到了 2009 年，受环球金融海啸的冲击，澳门的人均生产总值仍达 311131 澳门元之巨（见表 1）[①]。很明显，在短短的 10 年间，澳门居民的人均生产总值上升了两倍，其升势之劲、增幅之大，实在令人艳羡，亦非邻近经济体系所能比拟。

经济的繁荣很多时候会令劳动市场变得较为活跃，澳门的情况亦如此。就以失业率为例，我们亦可看见其不断改善的轨迹。举例说，1999 年，澳门的失业率已达 7.49%；回归翌年更上升至 7.83%，情况令人忧虑。之后，随着经济环境的转变而逐渐回落至 2001 年的 7.25% 及 2003 年的 6.74%。自落实开放博彩

---

① 澳门统计暨普查局，《统计年鉴》、《住户收支调查》、《环境统计》、《澳门人口》，澳门统计暨普查局，各年。

业的政策后，澳门的劳动市场持续改善，甚至一度出现本地劳力未能应付不断扩张的经济活动的状况，失业率亦进一步回落至 2005 年的 4.74% 及 2007 年的 3.60%。2008 年，受环球金融海啸的冲击，澳门曾出现紧缩投资的情况，令劳动市场颇受影响，令 2009 年的失业率一度回升至 4.40%。幸好，现时的情况已因内外经济环境渐有改善而迅速反弹。换言之，只要不过于计较，绝大部分工作人口都有机会找到工作。

相对于人均生产总值的持续上升而失业率则不断下跌，本地受雇人士的每月工资中位数则明显续有改善。回归当年，本地受雇人士的每月工资中位数只有 4920 澳门元，往后的 2000 年及 2001 年更分别滑落至 4822 澳门元及 4658 澳门元，2002 年及 2003 年则渐有轻微改善，分别回升至 4672 澳门元及 4.801 澳门元。自 2004 年起，升幅转趋急速，达 5167 澳门元。接着 2006 年及 2007 年分别攀升至 6701 澳门元及 7800 澳门元，2008 年及 2009 年更分别上升至 8000 澳门元及 8500 澳门元。若拿 2009 年的工资中位数与 1999 年比较，升幅几近一倍，增长速度同样令区内其他经济体的民众大为羡慕。

回归以来的人口与健康状况看来亦有一定改善。举例说，1999 年，澳门居民的平均寿命已达 77.9 岁，之后则持续上升至 2001 年的 80.3 岁、2003 年的 81.0 岁及 2005 年的 81.1 岁。到了 2007 年及 2009 年，平均寿命更分别攀升至 82.0 岁及 82.4 岁。毫无疑问，居民日见长寿乃粮食、营养及医疗体系等续有改善的综合反映，回归以来的物质条件，显然亦有不少提升及改善。

与平均寿命相对照的，是病人在医院接受治疗（住院）的数据。1999 年，人均住院（接受治疗）的日数为 0.51 天，2000 年、2001 年及 2002 年续有轻微上升，2003 年曾一度回落，但 2004 年及 2005 年又分别回升 0.57 天及 0.58 天，背后原因是否与 2003 年 "SARS" 有关？虽值得日后深入探讨，但起码反映那时期的居民健康实在未如人意。2006 年起，数据渐见回落，到 2008 年时，人均住院日数已下降至 0.53 天，但 2009 年又回升至 0.55 天。相对于 1999 年，10 年间的医疗设备及技术其实颇有改善，政府在医疗方面投入的资源亦相对增多，但人均住院日数则不跌反升，情况值得深思。

如果把人均住院日数与人口老化指数作对照，或者更能洞悉社会的深层次转变。回归当年，澳门的老化指数（即 65 岁及以上人口数目与 0～14 岁人口数目之比）只有 28.84%，之后一直攀升至 2001 年的 32.48%、2003 年的 38.30% 及

2005 年的 43.98%。到 2007 年及 2009 年，比率更分别上升至 50.00% 及 58.59%。换言之，一方面是人均寿命日长，另一方面则是老龄化指数持续攀升，传统社会所指的"一老三病"，反映了人口结构转变对医疗体系带来的巨大压力。

家庭乃一切社会制度之母，它不但决定了社会成员之间的行为，亦左右着其他社会制度的建立和发展，是人类社会结构的最基本单位[①]。房屋为家庭提供了物质条件，亦是维系家庭关系的其中一项重要元素。到底这个物质条件在回归 10 年间有何重要变化呢？数据显示，在 1999 年，澳门居民的人均居住面积为 176.2 平方呎，2001 年上升至 181.4 平方呎。到 2003 年及 2005 年更分别上升至 188.0 平方呎及 193.3 平方呎。其后的 2007 年及 2008 年，又进一步攀升至 207.8 平方呎及 208.1 平方呎。虽然澳门物业价格一直高企，但人均居住面积仍保持增长，显示居住的物质条件应该持续改善。

然而，居住的物质条件续有改善，并不一定表示家人关系或情感亦可同步向前，夫妇关系看来便发生了微妙变化。举例说，回归以来，离婚率与受雇人士的工资中位数一样不断攀升。1999 年，离婚率只有 0.66‰，2001 年上升至 0.80‰，之后的 2003 年及 2005 年更分别攀升至 0.99‰ 及 1.21‰，到 2007 年及 2009 年，再分别上升至 1.30‰ 及 1.44‰。与西方社会相比较，澳门的离婚率仍处相对较低的水平，但其持续攀升的趋势及速度，不免令人担忧。

同样可以反映家庭制度正在发生微妙变化的，还有低工资收入住户的数据。1999 年，17.8% 的住户属于低工资收入的类别，这显示他们的生活水平未达社会的平均水平。2001 年及 2003 年，这个比率分别转为 19.3% 及 17.3%。也即是说，低工资收入住户曾经一度上升，但不久即回落。由于澳门经济在 2004 年起急速扩张，低工资收入的住户到底能否"咸受其利"呢？2005 年，低工资收入住户的比率仍维持在 17.3% 的水平，2006 年更略为上升至 17.8%，2007 年回落至 16.8%，但 2008 年又攀升至 18.6% 的水平。很明显，回归后的澳门经济可说是"翻了两番"，但低工资收入住户的比率则"原地踏步"，经济发展所产生的持续分配不均现象，其实十分明显。

相对而言，女性参与有酬工作的比率则变化不大。举例说，在 1999 年，

① Robertson, I., *Sociology*, New York: Worth Publishers, 1987；亦可参考 Giddens, A., *Sociology*, Cambridge: The Polity Press, 1989。

46.12%的女性在劳动市场担任有酬工作，成为家庭财政收入其中的一个来源。之后的2001年、2003年及2005年，其比率分别维持在46.64%、46.66%及47.11%的水平。到了2007年及2009年，其比率转为46.24%及48.10%。由于已婚妇女常常需要因为照顾家庭而放弃受薪工作，或是同时需要兼顾家庭与工作，其前进步伐的轻慢缓急，往往被视作性别分工模式的微妙转变。观乎此数据变化不大，澳门的性别分工观念应该没有显著改变。

除了家庭，其他诸领域在回归10年来亦出现了若干值得重视的转变。其一是互联网的普及率。1999年，澳门只有3.99%的人口属于经常使用互联网的类别，此比率在此后的2001年、2003年及2005年分别上升至7.93%、13.39%及18.71%。2007年及2009年升得更急，分别达22.81%及26.35%。处身于资讯极为发达的年代，互联网能否普及成为其中一项竞争指标，澳门互联网的普及率虽然增长迅速，但整体比率仍远低于西方发达经济体系，因此有必要继续加强。

测量人口及人力资源素质的其中一些指标，乃人均图书馆藏书量及每千人口公开表演及展览场数。1999年，澳门图书馆的人均藏书为0.8本，之后因政府拨款增加而持续攀升至2001年的1.3本、2003年的1.8本及2005年的2.2本。到了2007年及2009年，此数字分别转为2.1本及2.5本。可以这样说，回归以来的图书馆人均藏书比率已有不错上升了，但能否吸收书中知识，则仍待深入了解。与居民文化修养有关的公开表演及展览数据显示，1999年每千人口已有24.1场，2001年微升至25.4场，2003年曾回落至20.6场（可能受"SARS"影响），但2005年及2007年则回升至25.7场及25.6场，2009年则上升至27.3场。很明显，每千人口公开表演及展览的数据在回归的10年间虽有所改善，但升幅并不突出。

除此以外，还有一项客观指标——犯罪率——的微妙转变值得注意。回归前，澳门一直受到治安问题的困扰。1999年，澳门的犯罪率达21.7%，之后略为回落至2001年的20.5%，但2003年又上升至22.4%。由于博彩业开放后经济活动加剧，外来人口涌澳更以几何级数上升，犯罪率亦同时上扬，2005年及2007年分别上升至22.3%及24.6%。到2009年，情况渐见改善，比率回落至22.8%（见表1）[①]。可以这样说，与1999年相比，虽然澳门社会日趋开放，各

---

① 澳门统计暨普查局：《统计年鉴》、《住户收支调查》、《环境统计》、《澳门人口》，澳门统计暨普查局，各年。

种经济活动及交往虽然大幅增加，但公共安全却没回归前般受到太大冲击，相关部门的工作，实在应该给予肯定。

表1　核心客观指标（1999~2009）

核心客观指标 ＼ 年份	1999	2000	2001	2002	2003	2004
人均GDP（澳门元）	110637	113739	114501	125058	142825	181580
失业率（%）	7.49	7.83	7.25	7.03	6.74	5.45
工资中位数（澳门元）	4920	4822	4658	4672	4801	5167
人均寿命（岁）	77.9	78.6	80.3	80.7	81.0	81.2
人均住院日数（天）	0.51	0.53	0.57	0.57	0.53	05.7
老化指数（%）	28.84	30.07	32.48	35.54	38.30	41.19
人均居住面积（平方呎）	176.2	176.5	181.4	187.0	188.0	189.2
离婚率（‰）	0.66	0.86	0.80	0.88	0.99	1.04
低收入户比率（%）	17.8	19.3	19.2	19.4	17.3	18.4
女性参与有酬工作（%）	46.12	46.48	46.64	47.52	46.66	46.60
互联网普及率（%）	3.99	6.35	7.93	10.69	13.39	16.97
人均图书馆藏书（本）	0.8	1.2	1.3	1.5	1.8	2.0
每千人娱乐表演（场）	24.1	24.9	25.4	28.3	20.6	22.2
犯罪率（%）	21.7	20.7	20.5	20.7	22.4	21.5

核心客观指标 ＼ 年份	2005	2006	2007	2008	2009
人均GDP（澳门元）	195214	230872	284268	313091	311131
失业率（%）	4.74	4.62	3.60	3.60	4.40
工资中位数（澳门元）	5773	6701	7800	8000	8500
人均寿命（岁）	81.1	81.5	82.0	82.0	82.4
人均住院日数（天）	0.58	0.55	0.54	0.53	0.55
老化指数（%）	43.98	46.53	50.00	54.34	58.59
人均居住面积（平方呎）	193.3	198.7	207.8	208.1	n.a.
离婚率（‰）	1.21	1.19	1.30	1.19	1.44
低收入户比率（%）	17.3	17.8	16.8	18.6	n.a.
女性参与有酬工作（%）	47.11	46.18	46.24	46.35	48.10
互联网普及率（%）	18.71	21.11	22.81	23.29	26.35
人均图书馆藏书（本）	2.2	2.2	2.1	2.1	2.5
每千人娱乐表演（场）	25.7	25.0	25.6	24.5	27.3
犯罪率（%）	22.3	21.8	24.6	25.1	22.8

资料来源：澳门统计暨普查局，《统计年鉴》、《住户收支调查》、《环境统计》、《澳门人口》，澳门统计暨普查局，各年。

毫无疑问，若单从上述各项核心客观指标上看，回归10年以来的澳门经济可谓表现极为突出，成绩超卓。虽然某些地方的发展仍有待改善，某些社会问题仍未能准确拿捏或及时解决，但基本上算是朝着正确方向前进，这亦是特区政府一直以来对本身表现甚为满意的自我评价，认为"实行博彩经营权适度开放政策之后，支柱产业快速发展，经济持续保持增长，整体实力有所增强，财政收入改善，为民生的改善和社会事业的发展创造了条件"①。

四　主观指标的状况与变化

然而，我们不禁要问：普罗市民是否亦如特区政府般理解回归以来澳门经济的突出表现及卓越成绩呢？主观指标的数据明显可以加深我们的认识。正如前述，回归前，由于澳门并没搜集主观指标的数据，这方面的资料可谓乏善可陈。在政权平稳过渡、并落实博彩业开放政策之后，特区政府随即提出了"经济发展与社会发展共驾齐驱……并致力于提升全民的生活素质，真正达到为人民谋福祉的理想"的施政方针②，并责成相关部门启动了搜集民情民意以资政府施政的研究计划。正因如此，澳门才逐步建立起主观指标体系，而本文所引用的资料亦始于2005年。

为了便于分析、对照，下面我们从筛选个人层面、家庭层面及社会层面的若干核心主观指标作追踪式探讨。首先，在个人层面而言，到底澳门居民如何理解自己整体生活的忧愁喜乐呢？自2005年开始的调查资料显示，受访者对个人生活的满意度颇为正面，其满意度均值皆高于5分尺度的中间值（3分），显示满意度一直高于不满意度（3.33~3.48分不等）。另一方面，数据更显示受访者的满意度基本上呈现了上升趋势，当中的多年数据，更呈现了统计学上的显著性。

相对于个人生活的满意度，当受访者被问到个人生活是否过得快乐时，其态度亦算颇为正面，快乐程度均值一直高于3分的水平。举例说，2005年时达3.47分，2006年虽略为回落，2007年又上升，其后各年仍呈现了反复上落之态

---

① 《二零一零年财政年度施政报告》，http：//images. io. gov. mo/cn/lag/lag2010_ cn. pdf，2010，第8页（2010年11月15日浏览）。

② 《二零零四年财政年度施政报告》，http：//images. io. gov. mo/cn/lag/lag2004_ cn. pdf，2004，第18~22页（2010年11月15日浏览）。

势，并粗略上仍维持在 3 分以上水平，亦同时呈现了统计学上的显著性，可见受访者的喜乐情绪其实并非铁板一块（见表 2）。毕竟，个人的情感是很容易受人生际遇的顺逆所影响的。

表 2　对个人生活的总体评价（2005～2010）（均值）

个人主观感受　　　年份	2005	2006	2007	2008	2009	2010	2005/2010
满意程度（分）	3.33	3.44**	3.40**	3.43***	3.45**	3.48	+0.15***
（增减比率）(%)	—	+3.3	-1.2	+0.9	+0.6	+0.9	+4.5
快乐程度（分）	3.47	3.41**	3.52**	3.38***	3.47**	3.40	-0.07*
（增减比率）(%)	—	-1.7	+3.2	-4.0	+2.7	-2.0	-2.0

注：* $p < 0.05$，** $p < 0.01$，*** $p < 0.001$。斜体字为评价均值的增减比率。最右栏是 2005 年与 2010 年的直接比较。

到底人生际遇、工作情况及身体健康状况等如何影响受访者个人生活的满意程度？表 3 列出了多项个人生活领域自 2005～2010 年间的变化，部分领域，如教育程度、人生际遇及工作情况的满意度呈现了反复上升之势，部分领域，如身体健康状况等不升反跌，亦有部分领域如日常消遣、精神健康状况等则基本上维持不变。

深入一点看，我们不难发现，受访者对个人的教育程度相对较为不满，2005 年、2007 年及 2009 年的均值皆低于中间值（3 分）的水平，2006 年、2008 年及 2010 年则明显上升。这种情况应该与整体人口教育水平偏低有关，而近年来特区政府较为重视教育，亦投放更多资源，明显有助提升受访者的教育满意度。若拿 2010 年的数据与 2005 年相比，增幅更达 16.8%，乃众领域中之最突出者。受访者的人生际遇亦自觉有不错的改善，其均值更一直高于 3 分的水平。当中原因很可能与本地经济发展势头良好、就业环境持续改善有关。

工作是确保个人收入，从而维持家人生存的一种重要手段。在一个高举自由竞争旗帜的资本主义社会，受访者在工作上难免会有沉闷、压力大、工资低、工时长或晋升机会渺茫和前景欠佳等问题。虽则如此，整体而言，受访者对工作状况的满意度仍相对高于不满意度，其均值一直维持在 3 分以上水平。这种情况一方面进一步说明就业环境续有改善，另一方面则反映了澳门居民敬业乐业、尽忠职守的专业精神和工作伦理。

相对而言，受访者个人日常消遣及精神健康状况自 2005 年以来基本上颇为稳定，起落变化不大。举例说，受访者日常消遣的满意度一直维持在 3.38 ~ 3.23 分之间，除 2008 年及 2009 年的波动较大外（可能与环球金融海啸有关），其他年份则转变相当轻微。精神健康状况的满意度虽然相对较高，并一直维持在 3.53 ~ 3.39 分之间，但趋势则同样变化不大，而 2008 年及 2009 年的波动亦同样较为明显。

所谓"健康无价、病痛有时"，受访者对自己身体健康状况的满意度似乎正在下降，情况令人关注。2005 年，受访者满意自己身体健康状况的均值为 3.48 分，2006 年更上升至 3.51 分，但其后各年则录得了反复下降至 2010 年的 3.34 分，显示受访者对于本身的健康状况渐趋不满。当然，我们必须指出，其满意度均值仍保持在 3.34 的水平（见表 3），显示他们的身体状况基本上仍然相当健康。到底是什么原因令受访者愈来愈不满自己的健康状况呢？我们的调查数据未能提供答案，但显然值得我们日后再作深入探讨。

表 3　对个人生活领域的满意程度（2005 ~ 2010）（均值）

个人主观感受　　年　份	2005	2006	2007	2008	2009	2010	2005/2010
上升							
教育程度	2.85	3.26 ***	2.93 ***	3.23 ***	2.93 ***	3.33 ***	+ 0.48 ***
（增减比率）(%)	—	*+ 14.4*	*- 10.1*	*+ 10.2*	*- 9.3*	*+ 13.7*	*+ 16.8*
人生际遇	3.19	3.31 ***	—	3.31		3.35	+ 0.16 ***
（增减比率）(%)	—	*+ 3.8*	—	*+ 0.0*	—	*+ 1.2*	*+ 5.0*
工作情况	3.26	3.35 *	3.23 **	3.33 *	3.31	3.36	+ 0.10 *
（增减比率）(%)	—	*+ 2.8*	*- 3.6*	*+ 3.1*	*- 0.6*	*+ 1.5*	*+ 3.1*
稳定							
日常消遣	3.30	3.33	3.38	3.23 ***	3.33 **	3.31	+ 0.01
（增减比率）(%)	—	*+ 0.9*	*+ 1.5*	*- 4.4*	*+ 3.1*	*- 0.6*	*+ 0.3*
精神健康状况	3.46	3.53 *	3.50	3.39 **	3.49 **	3.43	- 0.03
（增减比率）(%)	—	*+ 2.0*	*- 0.8*	*- 3.1*	*+ 2.9*	*- 1.7*	*- 0.9*
下降							
身体健康状况	3.48	3.51	3.41 *	3.42	3.35	3.34	- 0.14 ***
（增减比率）(%)	—	*+ 0.9*	*- 2.8*	*+ 0.3*	*- 2.0*	*- 0.3*	*- 4.0*

注：* $p < 0.05$，** $p < 0.01$，*** $p < 0.001$。斜体字为满意程度均值的百分比变化。最右栏是 2005 年与 2010 年的直接比较。

正如前述，家庭乃社会结构的最基本单位，其制度能否健康运作往往成为影响社会能否和谐稳定的核心。表4列出多项家庭生活领域自2005年至2010年间的微妙变化，部分领域如家庭经济状况的满意度呈现了上升之势，部分领域如家务情况不升不跌，维持平稳，部分领域如家居情况、家庭生活则反复下跌，各种情况及转变实在颇值得深入探讨。

作为支持家庭活动的重要物质基础，家庭经济状况是盈是亏，明显影响了家人的基本生活素质。历届调查数据显示，受访者对家庭经济的满意度一直维持在3分以上的水平，并且呈现了反复上升的态势，其均值由2005年的3.15分上升至2007年的3.21分、2009年的3.23分及2010年的3.30分，显示家庭经济状况在住户收入中位数及工作收入中位数持续上升的带动下续有改善，物质基础因而亦应得到一定支持。

相对于家庭经济状况的续有改善，家务状况（即每位家庭成员承担家中杂务的比率）则基本上没有太大起落。2006年，此领域的评分均值为3.56分，2008年及2010年分别转化为3.46分及3.60分。若拿2010年与2006年相比，变化只有0.04分（或增加了1.1%），可谓十分轻微，显示受访者对于家务情况的满意度其实没有太大变化。

受访者对家庭经济状况及家务情况的满意度虽然较为正面，但对家居情况及家庭生活的满意度则呈现了下滑的趋势。举例说，在2006年，受访者满意家居情况的评分均值为3.48分，2008年及2010年则分别下滑至3.40分及3.39分。若拿2006年的数据与2010年相比，下滑比率达2.6%。从比率上看，下滑的速度虽并不快，但其反复下跌的趋势颇为明显。

同样地，受访者对家庭生活的满意度亦呈现了反复下滑的趋势。举例说，在2005年的调查中，受访者满意家庭生活的均值为3.66分，2007年曾略为上升至3.81分，但2009年及2010年则分别下降至3.79分及3.54分，显示受访者对于本身的家庭生活渐趋不满（见表4），情况颇值得关注。为什么受访者的物质条件愈见改善，但他们对自己身体健康状况、家居情况及家庭生活却日渐不满呢？这实在是一值得深入探讨的重大社会学问题。

受访者个人层面及家庭层面满意度在2005~2010年间的时高时低，一方面反映了本身的私人感受及个别状况，但更大程度上则应是他们在经济发展大潮中调适时的有感而发。若我们再宏观一点看他们在社会层面的感受，则能更清晰地

表4　对家庭生活领域的满意程度（2005～2010）（均值）

家庭生活领域　　年份	2005	2006	2007	2008	2009	2010	2005/2010
上升							
家庭经济状况	3.15	3.26**	3.21	3.24	3.23	3.30	+0.15***
（增减比率）(%)	—	+3.5	-1.5	+0.9	-0.3	+2.2	+4.8
稳定							
家务情况	—	3.56	—	3.46	—	3.60	+0.04
（增减比率）(%)	—	—	—	-2.8	—	+4.0	+1.1
下降							
家居情况	—	3.48	3.27***	3.40***	3.32*	3.39*	-0.09**
（增减比率）(%)	—	—	-6.0	+4.0	-2.4	+2.1	-2.6
家庭生活	3.66	3.60	3.81***	3.53***	3.79***	3.54***	-0.12***
（增减比率）(%)	—	-1.6	+5.8	-7.3	+7.4	-6.6	-3.3

注：* $p < 0.05$，** $p < 0.01$，*** $p < 0.001$。斜体字为满意程度均值的百分比变化。最右栏是2005年与2010年的直接比较。

看到一些端倪。历届调查中，我们曾要求受访者谈谈他们对澳门不同公共服务的感受，表5则是相关公共服务2005～2010年间的评分（5分尺度的均值）的起落变化。同样地，我们可将受访者对这些公共服务的满意度粗略地分成三个类别：一类是满意度反复上升，一类是反复下跌，余下一类则是不升不跌，基本上维持不变。

受访者满意度呈现上升的一类包括了社会福利服务、中小学教育，以及大专教育，这些领域的满意度均值皆高于3分的水平。举例说，社会福利服务满意度的评分由2005年的3.11分上升至2010年的3.34分，6年间的增幅达7.4%，可谓相当不错。中小学教育满意度的评分由2005年的3.35分反复上升至2010年的3.57分，6年间的升幅亦有6.6%。大专教育的满意度评分则由2005年的3.28分持续上升至2010年的3.38分，增幅只有轻微的3.0%。若我们对照这些年来特区政府多次增拨资源于社会福利，并大力推动教育工作，则不难理解受访者对这些服务满意度的日见上升了。

受访者满意度基本上维持平稳的公共服务包括长者服务、社区服务及医疗服务。举例说，长者服务的满意度均值由2006年的3.18分微升至2010年的3.20分；社区服务满意度评分由2006年的3.16分微跌至2010年的3.11分；而医疗服务的满意度则由 2006 年的 3.15 分微跌至 2010 年的 3.09 分。相对于社会福利服务、中小学教育，以及大专教育，这些服务的满意度较低，甚至只达接近 3 分（中间数）的水平而已，显示这些领域的服务其实未能完全令市民满意，服务质素有待提升。

受访者满意度日低的公共服务包括文娱康乐设施和服务、司法机构工作表现、公共交通服务，以及政府工作表现。深入一点看，我们不难发现，文娱康乐设施和服务的满意度由 2005 年的 3.29 分反复下跌至 2010 年的 3.16 分，6 年间的跌幅约 4.0%。2005 年，受访者对司法机构工作表现的满意度达 3.10 分，2010 年已下跌至 2.88 分，跌幅达 7.1%，2008 年及 2010 年的评分更低于 3 分的中间值，显示受访者的不满程度已高于满意的程度，情况令人关注。同样令人忧虑的——亦可看做是服务未达市民要求或预期的，还有公共交通服务及政府工作表现。前者的满意度由 2005 年的 3.35 分下跌至 2010 年的 2.97 分，6 年间的跌幅达 11.3%；后者的满意度则由 2005 年的 3.28 分下跌至 2010 年的 2.87 分，6 年间的跌幅达 12.5%（见表 5）。

表5　对公共服务的满意程度（2005～2010）（均值）

公共服务领域　　年份	2005	2006	2007	2008	2009	2010	2005/2010
上升							
社会福利服务	3.11	3.12	3.09	3.11	3.26 ***	3.34 *	+0.23 ***
（增减比率）(%)	—	+0.3	-1.0	+0.6	+4.8	+2.5	+7.4
中小学教育	3.35	—	3.54 ***	3.48	3.50	3.57 *	+0.22 ***
（增减比率）(%)	—	—	+5.7	-1.7	+0.6	+2.0	+6.6
大专教育	3.28	3.33	3.42 *	3.29 ***	3.37 *	3.38	+0.10 **
（增减比率）(%)	—	+1.5	+2.7	-3.8	+2.4	+0.3	+3.0
稳定							
长者服务	—	3.18	—	3.05 **	—	3.20 ***	+0.02
（增减比率）(%)	—	—	—	-4.1	—	+4.9	+0.6
社区服务	—	3.16	—	3.08 *	—	3.11	-0.05
（增减比率）(%)	—	—	—	-2.5	—	+1.0	-1.6
医疗服务	—	3.15	—	3.05 *	—	3.09	-0.06
（增减比率）(%)	—	—	—	-3.2	—	+1.3	-1.9
下降							
文娱康乐设施和服务	3.29	3.33	3.18 ***	3.11 *	3.22 **	3.16	-0.13 ***
（增减比率）(%)	—	+1.2	-4.5	-2.2	+3.5	-1.9	-4.0

续表5

公共服务领域　　年　份	2005	2006	2007	2008	2009	2010	2005/2010
司法机构工作表现	3.10	—	—	2.91 ***	—	2.88	-0.22 ***
（增减比率）(%)	—	—	—	-6.1	—	-1.0	-7.1
公共交通服务	3.35	3.12 ***	—	2.76 ***	—	2.97 ***	-0.38 ***
（增减比率）(%)	—	-6.9	—	-11.5	—	+7.6	-11.3
政府工作表现	3.28	—	—	2.85 ***	—	2.87	-0.41 ***
（增减比率）(%)	—	—	—	-13.1	—	+0.7	-12.5

注：* p < 0.05，** p < 0.01，*** p < 0.001。斜体字为满意程度均值的百分比变化。最右栏是 2005 年与 2010 年的直接比较。

粗略地看，受访者满意度反复上升的公共服务一般是政府资源近年投放较多的领域，受访者满意度下滑的，则是公共资源被压缩或是原来的制度设计未能配合社会急速发展步伐的领域，而政府虽有拨出一定资源，但相对于社会需求仍有一段距离的领域，受访者的满意度则基本上维持平稳。当然，我们必须注意，要有效提升公共服务的水平，有些可以透过增拨资源解决，但有些却只能从制度改革入手，否则只会事倍而功半，造成资源浪费。

紧接着的核心问题是：市民大众到底如何评估不同社会领域的现状呢？表6列出 2005 ~ 2010 年调查时曾提及的若干社会领域，我们不难发现，除了社会廉洁的满意度呈现上升之势及男女平等的满意度保持稳定外，其他多个领域均出现反复下滑的趋势。我们更应注意，社会廉洁一项只在 2007 年、2009 年及 2010 年的调查中询问过受访者的感受，历年比较的参考价值相对较弱，其均值更远低于 3 分的水平，显示受访者其实相对不满。至于其评分由 2007 年的 2.38 分上升至 2010 年的 2.63 分一方面可以看做"谷底回升"，但另一方面当然亦可理解为问题已略有改善，原因显然与社会高度关注、政府不能坐视不理有关。

受访者对男女平等的满意度维持稳定的情况，显然反映了社会的某些核心价值或传统仍然相当稳固，没被动摇。举例说，在 2006 年，表示满意男女平等的均值为 3.53 分，到了 2010 年，此评分只微跌至 3.52 分，显示澳门社会自回归以来的急速开放，与邻近地区及国际社会的交流更趋紧密，并没为男女平等问题带来改善，恶化程度亦只是十分轻微。

相对而言，无论是维持治安、就业情况、社会稳定、经济繁荣、保护环境、政府效率，以及居住环境等，受访者的满意度均呈现了反复下跌的趋势，某些领域的满意度均值更低于 3 分的水平，情况令人担忧。在众多领域中，受访者满意度下跌最大的乃居住环境，跌幅达 11.6%；其次是政府效率，跌幅亦有 9.6%；再次则是保护环境，跌幅达 8.1%。

西方的发展经验早已告诉我们，大力发展经济——尤其是缺乏周详计划并没充分考虑自然及居住环境的高耗费模式发展，必然会令我们的居住环境承受沉重压力①。受访者对澳门居住环境及保护环境两项的满意度急速下跌的情况，显然反映了他们对大力发展经济过程中造成环境破坏的不满。另一值得正视的问题，是受访者对政府效率的不满意度正在积聚，其评分由 2006 年的 3.14 分反复下跌至 2010 年的 2.84 分（见表 6）。众所周知，政府的授权来自人民，而行政管理是

表 6　对社会现况的满意程度（2005～2010）（均值）

社会现况　　　　年份	2005	2006	2007	2008	2009	2010	2005/2010
上升							
社会廉洁	—	—	2.38	—	2.42	2.63 ***	+ 0.25 ***
（增减比率）(%)	—	—	—	—	*+1.7*	*+8.7*	*+10.5*
稳定							
男女平等	—	3.53	—	3.54	—	3.52	− 0.01
（增减比率）(%)	—	—	—	*+0.3*	—	*−0.6*	*−0.3*
下降							
维持治安	3.40	3.29 ***	3.21 *	3.22	3.10 ***	3.31 ***	− 0.09 **
（增减比率）(%)	—	*−3.2*	*−2.4*	*+0.3*	*−3.7*	*+6.8*	*−2.6*
就业情况	3.09	3.30 ***	3.28	3.00 ***	2.74 ***	2.94 ***	− 0.15 ***
（增减比率）(%)	—	*+6.8*	*−0.6*	*−8.5*	*−8.7*	*+7.3*	*−4.9*
社会稳定	3.59	3.49 ***	3.42 *	3.19 ***	3.30 ***	3.35	− 0.24 ***
（增减比率）(%)	—	*−2.8*	*−2.0*	*−6.7*	*+3.4*	*+1.5*	*−6.7*
经济繁荣	3.62	3.47 ***	3.67 ***	3.16 ***	3.33 ***	3.34	− 0.28 ***
（增减比率）(%)	—	*−4.1*	*+5.8*	*−13.9*	*+5.4*	*+0.3*	*−7.7*
保护环境	3.22	3.02 ***	2.97	2.95	2.95	2.96	− 0.26 ***
（增减比率）(%)	—	*−6.2*	*−1.7*	*−0.7*	*+0.0*	*+0.3*	*−8.1*
政府效率		3.14		2.84 ***	2.83	2.84	− 0.30 ***
（增减比率）(%)				*−9.6*	*−0.4*	*+0.4*	*−9.6*
居住环境	3.19	3.10 **	2.98 **	2.89 **	2.99 **	2.82 ***	− 0.37 ***
（增减比率）(%)	—	*−2.8*	*−3.9*	*−3.0*	*+3.5*	*−5.7*	*−11.6*

注：* $p < 0.05$，** $p < 0.01$，*** $p < 0.001$。斜体字为满意程度均值的百分比变化。最右栏是 2005 年与 2010 年的直接比较。

---

① Hardisty, P. E., *Environment and Economic Sustainability*, Boca Raton: CRC Press, 2010.

否高效则成为能否获得人民进一步授权的重要指标。受访者对政府效率日趋不满的情况，显然值得政府深入反省。

五 严重社会问题的状况与变化

从某种意义上说，社会问题乃经济发展及政治运作过程衍生出来的。至于社会问题能否得到有效解决，或是反其道而行，愈演愈烈，更趋严重，甚至最终危害政府管治，则是考验政府能否有效施政、能否落实以民为本管治伦理的最直接反映。针对澳门严重的社会问题，历届生活素质的调查均有触及，其数据的变化更可视作社会矛盾如何转化及发展的一种讯号。

表7列出2005～2010年间受访者对澳门严重社会问题的评估①。其中的老人问题、赌博问题及青少年问题虽然十分严重，但情况看来日见改善；贫富悬殊问题虽然亦十分严重，但相对稳定，变化不大；而道德风气问题本来没那么严重，但却有渐趋恶化的情况。

前文的客观数据虽然反映出澳门的老化指数正在急速攀升，但受访者对于这个问题的严重程度却认为日渐改善，其评分均值由2005年的3.43分逐步下降至2010年的3.20分，认为不严重的比率下降了6.7%。另一方面，自从博彩业开放之后，一般人的看法是赌博问题应会日趋严重，但受访者的感受则认为赌博问题的严重性渐减，2005年的评分均值为3.76分，但2010年则转为3.55分，认为不严重的比率则下降了5.6%。至于受开放博彩业的直接影响，普罗居民大多认为青少年较易误入歧途，但受访者的回应则指青少年问题的严重性渐见缓和，其评分均值由2005年的3.81分反复下滑至2010年的3.70分，认为不严重的比率下降了2.9%。

受经济急速扩张的牵引，在2005年的调查中，贫富悬殊问题在最严重的社会问题中位列第二（位列第一的是青少年问题）。此问题在其后各年并没得到有效处理，其评分由2005年的3.77分反复微升至2010年的3.84分，升幅约为1.9%，其中的2007年更高达4.09分，显示问题极为严重，而2010年则成为最

---

① 受访者的评分仍为5分尺度，但评分愈高表示愈严重，愈低则愈不严重，与前文的满意度评分愈高表示愈满意刚好相反。

严重社会问题，情况值得高度关注。

道德风气问题在 2005 年的调查中仍没显得那么严重，评分为 3.21 分，但到了 2010 年则上升至 3.32 分，升幅达 3.4%，并呈现渐趋恶化的状况（见表 7）。过往，澳门经济虽然十分依赖博彩业，但市民大众基本上仍坚持某些利害对错的道德价值。自博彩业进一步开放后，不论男女、贫富、老幼，大家几乎被其相对较高的收入所吸引，一窝蜂似地拥向该行业，"向钱看"的过分追求物质心态显然转趋炽烈，情况令人忧虑。

表 7 对严重社会问题的评估（2005～2010）（均值）

社会问题的类别　　年　份	2005	2006	2007	2008	2009	2010	2005/2010
上升							
老人问题	3.43	3.22***	3.66***	3.24***	3.52***	3.20***	-0.23***
（增减比率）(%)	—	-6.1	+13.8	-11.5	+8.6	-9.1	-6.7
赌博问题	3.76	3.71	4.03***	3.62***	3.96***	3.55***	-0.21***
（增减比率）(%)	—	-1.3	+8.6	-10.2	+9.4	-10.4	-5.6
青少年问题	3.81	3.74	3.94***	3.80***	3.94***	3.70***	-0.11**
（增减比率）(%)	—	-1.8	+5.3	-3.6	+3.7	-6.1	-2.9
稳定							
贫富悬殊问题	3.77	3.71	4.09***	3.94***	3.93	3.84*	+0.07
（增减比率）(%)	—	-1.6	+10.2	-3.7	-0.3	-2.3	+1.9
恶化							
道德风气问题	3.21	—	3.44***	—	3.41	3.32**	+0.11***
（增减比率）(%)	—		+7.2		-0.9	-2.6	+3.4

注：* $p < 0.05$，** $p < 0.01$，*** $p < 0.001$。斜体字为严重程度均值的百分比变化。最右栏是 2005 年与 2010 年的比较。

可以这样说，近年来，澳门经济及社会的急剧变迁，极可能导致或加剧各种社会问题的发生、牵引及演变。某些社会问题更可能是发展经济的代价，情况就如部分父母为了增加收入，被逼"加班"，延长工作时间，因而减少了与子女相处的时间，或是减少休闲娱乐的时间，甚至影响了身体健康一样。我们倡导综合生活素质研究的原因，正是要提出一个重点，若然只着眼于某些社会组成部分的发展，忽略其他社会组成部分的状况，甚至因为发展某些社会组成部分而牺牲另一些社会组成部分，则有必要深入思考，取得合理平衡。

六　个人及社会生活素质的评估

对核心客观指标、核心主观指标以及严重社会问题有一具体了解后，让我们回到本文更为关键的问题上：到底受访者如何评估自己整体生活状况的转变呢？对近年来的社会发展趋势有何感受呢？又怎样理解社会整体生活素质的转变呢？作为本文的总结部分，让我们粗略地谈谈这些问题的状况。

表8列出2005~2010年间受访者对于自己三年前生活、目前生活及三年后生活评估的数据，从表8中，我们不难感受到受访者对三年前生活的评估相对较低，对三年后生活的评分相对较高，对目前生活的评分则居于两者中间。深入一点看，我们又会发现，无论是对三年前生活的评估、对目前生活的评估，或是对三年后生活的评估，其评分均录得大幅度上升，显示受访者普遍认为个人生活整体状况续有改善①。举例说，在2005年的调查中，受访者给予三年前生活总体评分是4.81分，2010年则升至6.05分，升幅达25.8%。同样，在2005年的调查中，受访者给予自己目前生活的总体评分是5.09分，2010年上升至6.06分，升幅接近19.1%。对于三年后生活，2005年的总体评分为5.86分，2010年上升至6.63分，升幅达13.1%。很明显，大多数受访者认为自己的生活一直均在改善，亦对未来相对乐观。

表8　对个人生活整体趋势的评价（2005~2010）（均值）

个人生活评估＼年份	2005	2006	2007	2008	2009	2010	2005/2010
三年前	4.81	5.69***	5.15***	6.03***	5.42***	6.05***	+1.24***
（增减比率）(%)	—	+18.3	-9.5	+17.1	-10.1	+11.6	+25.8
目　前	5.09	6.00***	5.52***	6.04***	5.53***	6.06***	+0.97***
（增减比率）(%)	—	+17.9	-8.0	+9.4	-8.4	+9.6	+19.1
三年后	5.86	6.74***	6.08***	6.54***	5.79***	6.63***	+0.77***
（增减比率）(%)	—	+15.0	-9.8	+7.6	-11.5	+14.5	+13.1(h)

注：*** $p < 0.001$。这儿的评分采用十一分尺度。斜体字为满意程度均值的百分比变化。最右栏是2005年与2010年的比较。

---

① 这里的评分采用十一五分尺度，0分表示最差生活，10分表示最好生活，中立（中间值）则为5分，其评分标准与前文略有不同。

相对而言，受访者对澳门社会到底是逐步走向"最差社会"的类别（0分）或是逐步走向"最好社会"的类别（10分）则表现得态度审慎，颇为现实。在2005年的调查中，对于三年前社会的总体评分为4.91分，低于5分的中间值，显示受访者较偏向于相信三年前社会较差。到了2010年，评分反复上升至5.77分，升幅达17.5%，反映愈来愈多受访者"确认"澳门整体社会在过去"三年"间的逐步改善。

另一方面，当受访者被问及三年后澳门社会的整体状况时，2005年的总体评分为6.62分，2010年则反复下滑至6.18分，跌幅为6.6%。2005年时，博彩业刚开放不久，普罗市民显然相对乐观，对未来亦有所憧憬。然而，随着经济规模的不断扩大，发展步伐的持续前进，很多市民未能如预期般"获益良多"，因而变得较为现实，评分微跌自然不难理解。

除了要求受访者对过去或未来社会评分外，我们还请他们评估当前整体社会的状况。2005年的调查数据显示，其总体评分为5.95分，虽高于5分的中间值，但亦不是很突出。2010年则微跌至5.83分，评分仍高于5分的中间值，跌幅则有2.0%而已（见表9），显示发展步伐颇为平稳。

表9 对社会整体发展趋势的评价（2005～2010）（均值）

社会发展趋势评估＼年份	2005	2006	2007	2008	2009	2010	2005/2010
三年前社会	4.91	5.58 ***	5.20 ***	5.95 ***	5.71 ***	5.77	+0.86 ***
（增减比率）(%)	—	+13.7	-6.8	+14.4	-4.0	+1.1	+17.5
目前社会	5.95	6.41 ***	5.88 ***	6.00 *	5.86 *	5.83	-0.12 *
（增减比率）(%)	—	+7.7	-8.3	+2.0	-2.3	-0.5	-2.0
三年后社会	6.62	6.71	6.35 ***	6.22	5.97 **	6.18 *	-0.44 ***
（增减比率）(%)	—	+1.4	-5.4	-2.0	-4.0	+3.5	-6.6

注：* $p<0.05$，** $p<0.01$，*** $p<0.001$。这儿的评分采用十一分尺度。斜体字为评分均值的百分比变化。最右栏是2005年与2010年的比较。

可以这样说，受访者对三年前社会的评分一般高于目前社会的评分，而三年后社会的评分又高于目前社会的评分。这种情况，一方面说明他们相对乐观的期望，另一方面亦反映了他们对现实社会的理解及判断。至于受访者对目前社会及三年后社会的评分反复趋跌，则可以作为我们评估回归10年来经济急速发展其

中一个不容忽视的注脚。

针对受访者较为相信目前社会变化不大的情况，我们曾要求他们直接评估澳门整体社会的生活素质，并发现其感受同样起落不大、转变轻微。在 2005 年的调查中，受访者的总体评分为 3.18 分（此处仍采取 5 分尺度），略高于 3 分的中间值。受经济一片火热的带动，受访者在 2006 年的评分明显上升至 3.27 分，但 2007 年及 2008 年则分别下跌至 3.15 分及 3.08 分，似乎是对繁华背后未能真正得益的一种回应。之后的 2009 年及 2010 年，才逐步上升至 3.12 分及 3.18 分的水平。若拿 2005 年的评分与 2010 年的评分相比，更不难发现 6 年来的寻寻觅觅、积极开拓，原来只是"原地踏步"而已（见表 10）。

表 10　对社会整体生活素质的评估（2005～2010）

受访者感受　　　　年份	2005	2006	2007	2008	2009	2010	2005/2010
评分（均值）	3.18	3.27 ***	3.15 ***	3.08 ***	3.12	3.18 *	+0.00
（增减比率）(%)	—	+2.8	-3.7	-2.2	+1.3	+1.9	+0.0

注：* $p < 0.05$，** $p < 0.01$，*** $p < 0.001$。斜体字为评分均值的百分比变化。最右栏是 2005 年与 2010 年的比较。

七　结语

毫无疑问，回归后的澳门，经济发展确实摆脱了葡萄牙人管治时期的低沉呆滞，大大提升了普罗市民的物质基础。但是，若我们只视改善物质为最终目标，忽略更高层次的生活元素——例如前任行政长官何厚铧口中的"既讲求公平竞争、积极进取、物质丰盛，又强调社会正义、人性关怀、相互尊重、彼此支持、和谐共融，并可持续发展"，甚至只着眼于创造财富，漠视发展经济过程中对其他社会组成部分的破坏或伤害，或是对财富只集中于极少撮人手中而毫不察觉，则很可能会导致顾此失彼，形成发展失衡不均之局。博彩业开放后的经济热火朝天，同时衍生出其他纠缠复杂的贫富悬殊问题、青少年问题及赌博问题等，便是这样的例子。

综合上面各项调查数据的分析，我们可以清楚地看到，不同的尺规，其实可让我们看到不同的标准、状况，因而得出不同的结论。客观指标侧重的是物质的、可触摸的、可量化的东西，例如工资的增减、货物的价值。主观指标所注意的是非物质的、难触摸的，甚至是不能轻易量化的东西，例如市民大众私人领域的生活感受及认知。任何采取单一指标以测量社会综合发展，或是以客观指标量度主观事物，甚至以主观指标量度客观事物，均会弄出差之毫厘、谬以千里的错误，更无助于对问题的全面了解。

若人类基因的"混合设计"核心，是为了帮助本身"最大限度遗传下去"，那么主观指标及客观指标的兼收并蓄，同样重视，实行俗语所说的"双轨并进"或"两条腿走路"，显然更有利于社会和谐稳定及可持续发展，而非侧重任何一方，或是只重视某方面的单线发展，忽略其他层面的同时提升，甚至未能洞悉各个层面之间的互惠互动及相互影响。正因如此，提倡改善综合生活素质，而非片面谈论提升生产总值，社会才能长治久安，和谐共融，持续发展。

Research on Total Quality of Life of Macau's Residents

Kong Baohua, *Zheng Hongtai*

Abstract：Since the reunification with China in 1999, Macau has undergone tremendous transformation. The deregulation of the casino gambling industry in 2002 further accelerated the process of socio-economic upgrading. Although the domestic economy has become increasingly prosper, social discontent and grievances also getting stronger. This paper attempts to use various indicators to measure Macau's recent development multi-dimensionally. Apart from objective indicators like GDP per capital, unemployment rate, household income and crime rate will be cited for evaluation, subjective indicators such as sense of happiness, major life concerns, and satisfaction towards different life domains will also be selected for close examination. After that, some of the most serious social problems will also be drawn for systematic analysis. Comment on the past and perception toward the future will be briefly explored.

Key Words：Quality of Life；Objective Indicator；Subjective Indicator；Social Survey；Social Change and Social Problem

B.22
近期澳门的城市规划概况[*]

邢荣发[**]

　　摘　要：澳门特别行政区自2006年欧文龙案发生以后，除暴露出城市规划上的种种不足外，更在世遗景点之一的东望洋灯塔景观视线被周围的高厦所阻，而受到联合国教科文组织警告之后，令居民对完善澳门城市规划的诉求强烈，因而促使澳门特区政府加快在这方面的工作。本文尝试总结澳门特区政府2009～2010年两年间在城市规划范畴工作的进展情况。

　　关键词：澳门　城市规划　2010

一　引言

　　澳门，是一个微型城市，地域面积连同2009年获中央政府批准的361.65公顷填海地[①]在内，只有33.20平方公里[②]，与香港的陆地面积1104.38平方公里相比较，只是她的2.97%。在这小地域中，却居住了54.95万人[③]，一些分区的人口密度竟达15.6万人/平方公里（见表1）。虽然如此，在数十年的发展与磨

---

　*　本文部分资料由澳门特区政府运输工务司"城市规划内部研究小组"提供。
　**　邢荣发，历史学博士，澳门科技大学人文学院助理教授。
　①　澳门特区政府于2006年向中央提呈填海方案作申请，经国务院相关部门研究，最后将申请的填海面积调低。澳门特区政府于2009年11月29日公布国务院批准澳门特区填海361.65公顷。这里顺带说明澳门填海须中央政府批准的原因，是由于澳葡政府于1887年与清政府签订《和好通商条约》时，地界问题并没有谈妥，即条约中的地界只有澳门半岛葡占范围的陆地部分。而氹仔及路环皆为澳葡强占而列入澳门范围。到1909年进行过勘界，无奈碰上葡中双方先后改朝换代。此后再没有界务谈判，形成澳门直至回归以至今天，都没有任何海域辖权。故每次大规模填海，都必须得到中央政府的同意。
　②　据澳门地图绘制暨地籍局2010年公布，澳门现有土地面积为29.70平方公里。
　③　澳门统计暨普查局公布2010年第三季统计澳门人口数据。

合中，这里的居民为适应环境而形成了礼让的风气，加之居民独特的适应性出行习惯的人文环境，过去的澳门生活空间环境尚算宽裕。但在社会高速发展的今天，基于10年来人口的不断增加①，年旅客量达2200万人次，以及经济发展带来的空间压力，使原来悠闲的小镇风情渐而消失。在这样一个地小而活动人口拥挤、新旧城市元素并重的澳门地区，要进行城市规划，确实不是一件简单的事。在澳门特别行政区成立11年后的今天，我们有必要总结一下过去澳门城市规划工作的进展情况及其成果。

表1 澳门的人口分区分布*

分 区	人口（人）	面积（平方公里）	人口密度（人/平方公里）
青洲区	9372	0.4	23430
台山区	36497	0.4	91243
黑沙环及佑汉区	62454	0.4	156135
黑沙环新填海区	48948	0.6	81580
望厦及水塘区	21428	1.0	21428
筷子基区	22329	0.2	111645
林茂塘区	20626	0.2	103130
高士德及雅廉访区	22107	0.2	110535
新桥区	43127	0.3	143757
沙梨头及大三巴区	27017	0.4	67543
荷兰园区	25271	0.3	84237
东望洋区（松山区）	5653	0.3	18843
新口岸区	11059	0.6	18432
外港及南湾湖新填海区	8229	1.8	4572
中区	21321	0.5	42642
下环区	36873	0.5	73746
南西湾及主教山区	11419	0.4	28548
氹仔海洋花园及小潭山区	9118	0.6	15197
氹仔中心区	41541	0.9	46157
大学及北安湾区	5053	0.5	10106
北安及大潭山区	3584	2.0	1792
氹仔旧城及马场区	3997	1.2	3331
路环区	3292	7.6	433

* 澳门特区政府可持续发展策略研究中心编撰《澳门城市概念性规划纲要》咨询文本，2008年7月，第43页。

———————————

① 据澳门统计暨普查局资料，2000年澳门人口为43.1万人。

回归以后，澳门社会对城市规划的关心，源于 2006 年欧文龙案发生以后。在 2002 年博彩业开放以后，由于各大博彩牌照的经营场所及其连带设施的建设，土地需求暴增。数年间，澳门半岛东南部、路氹填海区随处可见博彩业场所及酒店等新建筑物。由于特区政府善意地对各大博彩业的设施建设予以全面配合，大开绿灯，致使澳门连同住宅楼在内的超高楼宇不断涌现。这段时期所暴露出来的，是澳门原来的城市规划体系并不完善，以致在这一波经济突起之际，澳门地价不断上升，发展土地奇缺，超高楼宇到处建造，杂乱无章；海岸景观被突然拔高的超高大厦群所破坏；城市天际线遮蔽；大三巴、大炮台等处的远景眺望变得突兀。政府为了满足这时期的各类建设的增高要求，更于 2006 年 8 月，透过行政长官批示签署的第 248/2006 号法令，废止了沿用十多年的《外港新填海区都市规划章程》（第 68/91M 训令）①，令该区建筑高度和土地面积比率大幅增加，最后导致世遗景点灯塔景观几乎被遮挡……。在这种情况下，澳门社会舆论强烈，纷纷要求政府尽快制订和完善有关城市规划及其连带性法规，如《文化遗产保护法》及《土地法》等，因而促使政府不得不加快相关的工作步伐，以满足市民的广泛诉求。2007 年 8 月运输工务司成立了"城市规划内部研究小组"及"检讨及修订《土地法》工作小组"后，开始循较有系统的方向开展相关的工作。

在中央政府公布的《珠江三角洲地区改革发展规划纲要（2008～2020）》②中，明确提出"提升西岸，优化东岸，提高整体发展水准"的总体空间策略；并将澳门定位为"世界旅游休闲中心"。及后，澳门特区政府的相关部门开始启动各项规划的研究工作，并分阶段向公众展开意见收集活动。这些工作计有由澳门政府"可持续发展策略研究中心"于 2008 年 7～9 月进行的《澳门城市概念性规划纲要》公众咨询；以及由运输工务司 11 月 10 日向市民发布的《对构建现代化与科学化的城市规划体系的探索》和《土地法及其配套法例的初步检讨》

---

① 本区原规划中，今凯旋门酒店之用地原规划为三层高的菜市场（街市）用地；今作学校的 23 号地段及美高梅金殿用地之后部分原分别为公园广场设施用地；今星际酒店的跨街道部分原为人工内水道；沿友谊大马路的绿化带原来规划全为内水道，后因水流不畅而遭政府填平，建为'艺园'公园带。现有大丰银行与置地广场之间的行车天桥的加建，是因原规划对大马路两边填海区的交通联结考虑欠周所致。

② 中国国家发展和改革委员会于 2009 年 1 月 8 日公布。

两份公众咨询文本，并于 2008 年 12 月 9 日完成咨询工作。

澳门特区政府 2008 年底发表的施政报告中提出："继续贯彻'以民为本'理念，有序推进城市规划的制订。抓紧完善《澳门城市概念性规划纲要》，深入分析澳门城规体系特点，引进区域规划合作思维，构建现代化、科学化的城市规划体系"① 的城规范畴工作方针，将城市规划的工作提上 2009 年度特区政府工作清单的日程上，并促使政府相关部门于 2009 年进行并完成了多项城市及分区域概念性设计的公众咨询工作。当中包括《对构建现代化与科学化的城市规划体系的探索》、《土地法及其配套法例的初步检讨》、《氹仔旧城区优化计划概念 2009》及《荷兰园区优化方案 2009》等。

二　2009 年澳门的城市规划概况

在《对构建现代化与科学化的城市规划体系的探索》这项方向性的规划咨询工作上，首先由特区政府"城市规划内部研究小组"提出构建现代化与科学化城市规划体系的三大原则，即"尊重历史、立足现实、着眼未来"而展开咨询工作，其理念得到澳门及外地的专家、学者及社会各界广泛认同，并建议需要以澳门整体利益作依归，充分体现科学化、务实、公平、公正及"以民为本"的精神。小组从意见中总结出六个方面，作为日后规划构思的方向：（1）抓紧机遇，积极参与区域合作，协调、优化区域发展空间策略和布局；（2）优化生态安全格局，重视保护文化遗产；（3）完善城规法律制度，构建务实运作体系，增加规划透明度；（4）整合城规部门，提高行政效率；（5）加强人员培训，建立专业队伍；（6）推动社区规划师，鼓励公众参与②。这对未来的澳门城市规划工作的展开起了重要的指向作用。

2009 年，"城市规划内部研究小组"除了完成上述咨询工作外，还完成了两项区域性优化计划概念的咨询工作。其一是 2009 年 5 月 15 日启动、咨询期为一个月的《氹仔旧城区优化计划概念 2009》，小组在咨询会中提出四点优化概念：（1）优化公共空间，盘活营商环境；（2）优化步行环境，串联旅游景点；（3）优

① 澳门新闻局；《特区政府 2009 年施政安排综述》，2008 年 11 月 11 日，澳门新闻局网页。
② 运输工务司：《土地法及其配套法例的初步检讨建议》咨询总结报告，2009，第 48~49 页。

化公共系统，创造便捷交通；（4）优化停车空间，吸引驾驶人士。冀望借以改善和优化已发展了近百年的氹仔旧城区，从而使其发展步伐与澳门整体协调。另一项是 2009 年 7 月进行的《荷兰园区优化方案 2009》公众咨询工作。方案是由"荷兰园二马路优化计划"、"塔石广场与大三巴接驳巴士构思"，以及"激活塔石广场旅游设施"三部分组成。为深入听取居民意见，小组除了在华士古花园设置展板介绍优化方案的内容外，还派员向荷兰园大马路、荷兰园二马路及东望洋街等多条街道的住户和商号派发宣传单和问卷，并即场讲解；又与街区代表进行座谈，务求令搜集民意后而优化的方案，更贴近居民诉求及更具可操作性。

三　2010 年澳门的城市规划进展状况

2010 年，是以行政长官崔世安为首的澳门特别行政区第三届政府履薪的第一个年头，澳门的各项城市规划、城市交通规划都进入了新的发展阶段。运输工务司先以区域优化概念，逐区解决部分城市功能已基本固定的旧区，再以更大区域的规划概念结合新城填海区的配套规划，以形成澳门总体城市规划设计概念。首先于 2010 年初以《澳门城市发展与文化遗产保护》为题进行了向公众的咨询工作；继而于 2010 年 10 月完成了《澳门总体城市设计研究》，得出了"一个目标、三大原则、四个策略及七个分策略"的澳门城市规划纲领，为未来的澳门城市规划工作的进展订定了原则、方向细则及执行策略等，将促使澳门在这方面的工作得到飞跃性的成果。

（一）《澳门城市发展与文化遗产保护》

澳门城市规划工作的主要难题，在于如何在这 30 平方公里的地域中，平衡发展与保育的问题。有见及此，在进入 2010 年后，运输工务司为推进澳门城市规划工作，刘仕尧司长亲率团队，联同社会文化司相关团队一道，以《澳门城市发展与文化遗产保护》为题，率先于 1 ~ 2 月间主办了多场与社会各界的座谈会，以征集市民对澳门城市发展中如何保护"澳门历史城区"这一世遗景区，并达到为未来澳门发展的建设需求作出合理而平衡的城市规划的目的。4 月 19 日，两司又合办了一个集国际、国内及澳门的专家、学者及专业团体代表的研讨会，征集了多篇对澳门城市规划和文化遗产保护有独到见解的论文，为两司制订未来的澳门的城市规划及"澳门历史城区"的保育方面的政策提供了多项专业建议。

与会者普遍认为，文化遗产的保护与社会进步中的新建设不应是对立的，而更多的是认为"一刀切"式的倾向保育世遗的政策，对澳门新时期的发展造成障碍，阻碍了社会发展过程中必要的建设发展。故而澳门未来的城市规划必须达到既有助于澳门未来社会发展的需求，又要符合保护"澳门历史城区"的原则。

（二）《澳门总体城市设计研究》

2010 年 10 月，澳门特区政府运输工务司及中国城市规划学会公布了《澳门总体城市设计①研究》成果简介。正如简介中所言，"这个课题是希望通过总体城市设计研究的角度，回应澳门社会关注的重大课题，诸如对稀缺资源的保护与利用；构建独特的澳门城市景观，组织公共及开敞空间；落实对历史及文化遗产地区的保护；衔接重大基础设施建设，优化公共设施布局；塑造澳门国际滨海城市形象等方面提出建议和构想，并以此作为构建科学化和现代化城市规划体系的基础之一。……目标是建立一个兼顾保护与发展、促进人与环境和谐发展的澳门城市公共空间系统"②。

研究报告提出对公共空间要强调其"公共性"、"开放性"和"系统性"，重视人文价值和社会价值的兼容并蓄。以"特色化发展、整体化引导、绿色化生态"作为城市总体设计三大原则，作为满足澳门城市可持续发展的条件需求，实现《珠江三角洲地区改革发展规划纲要（2008～2020）》中提出的，将澳门城市发展成"世界旅游休闲城市"的目标。透过加强澳门与区域在政策与空间布局上的协调，以建立澳门城市整体化发展的秩序；引导局部发展，整合特色而有限的城市空间资源，以建立整体的空间资源利用系统。同时倡导低碳和绿色生活，强化生态保育以建构澳门可持续发展的价值原则，等等。这无疑为澳门城市

---

① "总体城市设计，是在对城市自然与人文现状以及历史文化传统分析的基础上，从城市的整体角度研究城市的功能结构、主要景观风貌特色、开敞空间以及形态特征，以彰显城市特色"的工作。澳门特别行政区土地工务运输局网页公布的《澳门总体城市设计研究》成果简介，第 1 页中的定义。

② 2010 年 10 月公布，《澳门总体城市设计研究》成果简介，澳门运输工务司、中国城市规划学会联合研究成果，第 1 页，见澳门特别行政区土地工务运输局网页。

整体发展订定了一个大框架。在这大框架下，应尽快以各种可行性手段，引入现行的城市设计及城市建设的规范中，作为澳门城市建设的指导性思想，以避免未来具体实施时造成无可挽救的局面。

在上述城市总体设计的三大原则下，研究团队又针对澳门的生态环境、公共空间、城市景观、城市形态四个领域，提出澳门未来城市设计的具体策略，进而细化为七个更具体的分项策略。

四大策略分别为：（1）"增绿开敞——改善城市生态环境"。建议加强澳珠生态环境保护的紧密合作；扩大生态保护范围，增加和完善滨水带状连续公共开敞绿化空间，提高人均绿化面积。（2）"宜人便利——建立特色公共空间"。城市公共空间要兼顾常住与流动人口活动的需求，建立澳门城市公共交通服务体系，优化旧城区公共空间，突出城市公共交通和海滨公共空间的整合作用，促进新旧城区协同发展。（3）"山海城谐——优化人文海滨城市"。突出"山、海、城"的滨海景观和山体自然景观，塑造独一无二的文化遗产及滨海文化城市形象。（4）"完形成势——确立魅力城市形态"。强调群岛格局、海岸线景观、建筑与山体的整体性。构建滨海活力地区特征，使澳门整体城市形态呈现为由水上基础设施连接的群岛之城①。

研究报告提出更细化的七项分策略简述如下。

（1）增加和完善绿化空间网络，构建"三横两环多廊道"的生态绿化网路，采取澳路氹及新填海区四大生态环境区划的原则，实施差异化建设策略。

（2）按澳路氹的步行公共空间的不同特征，在澳门区强调各个步行区联通，以体现"网"的特征；氹仔采取局部地带形成"片"状步行区；而路环则采取穿行山林中的"线"状形态特征。

（3）塑造国际级城市滨海休闲长廊，以"海"和"岸"的关系塑造公共海岸空间，优化轻轨、路桥、港珠澳大桥及各口岸等大型滨海基建设施的设计。

（4）控制"山、海、城"景观视廊，选择有代表性及潜在价值的全景点、观海视点、观河视点及海上视点，对周边环境及观景视廊加以控制、保护或整治。

（5）保护整体历史风貌以促进旧区活化，保护澳门各个时期有价值的历史

① 2010年10月公布，《澳门总体城市设计研究》成果简介，澳门运输工务司、中国城市规划学会联合研究成果，第3页，见澳门特别行政区土地工务运输局网页。

建筑和特色要素，保护建筑、街道和环境要素所构成的整体空间格局。

（6）复兴妈阁和内港具历史价值的地区，发展海洋文化产业，打造内港滨水休闲走廊，重塑妈阁和内港地区的功能活力。

（7）引导新城填海区的开发与利用，宣导绿色低碳、产业多元、可持续、新旧区协调发展的模式，塑造新澳门海滨长廊①。

四 2010 年澳门城市分区规划概念的咨询工作

2010 年，运输工务司在城市规划范畴的工作进展相当良好，全年除完成了包括《澳门新城区总体规划研究》、《新桥区整治方案初步构思》、《内港区整治方案初步构思》、《世遗核心区（大三巴）整体规划》等概念性分区规划的公众咨询工作外，土地工务运输局与文化局作了一次大胆尝试，以集思广益为目的，向公众征集南湾湖 C 区、D 区的规划概念设计，取得良好的效果。

（一）《澳门新城区总体规划研究》

新城填海区规划工作小组于年中完成了《新城填海区规划概念设计》，并于 2010 年 6 月 19 日至 8 月 18 日进行了第一阶段的咨询工作，包括多场现场公众咨询、专家座谈会、问卷调查、电话调查、网络调查②等。2010 年 12 月，运输工务司与中国城市规划学会及中国城市规划设计研究院正式签署了《澳门新城区总体规划研究》合作协议，争取明年（2011 年）中提出规划草案，并将再次透过《规划草案》和《规划方案》两步骤进行公众咨询工作，最后达到完成方案而公布实施。同时将针对新城填海区 A 区和 E1 区开展城规编制，做好跨境交通对接的前期规划③。

（二）《南湾湖 C 区、D 区规划概念征集活动》

2010 年对于土地工务运输局及文化局方面，都是忙得不可开交的一年。两

---

① 2010 年 10 月公布，《澳门总体城市设计研究》成果简介，澳门运输工务司、中国城市规划学会联合研究成果，第 4～9 页，见澳门特别行政区土地工务运输局网页。

② 《新城规划开展问卷调查》，2010 年 6 月 21 日《澳门日报》C1 版。

③ 《新城旧区将互补发展》中，运输工务司司长刘仕尧向公众公布。2010 年 12 月 7 日《澳门日报》B5 版。

个政府局级单位第一次大胆尝试以集思广益的形式，向公众征集南湾湖 C 区、D 区的规划概念设计。自 7 月 19 日公布至 8 月 18 日的一个月中，成功从民间征集了 19 份设计，并从其中选出 10 份入围作品。

这次征集活动的评审委员认为，参赛作品大部分并没有提出高层建筑设计，可见澳门社会对世界遗产的尊重和保护理念均得到大众的认同。而收到的作品中反映出多个主题内容，如对世界遗产景观的尊重及注重旅游元素，或倾向于文化艺术方面着墨，或以房地产开发的角度进行构思，又或以绿化带动其他景观与功能设施为主题等，当中不乏开发地下空间的新构想。总的来说，这次作品中呈现出一种新理念，包括对环保及低碳元素的重视，以及着重居民使用土地的权利，等等。

这次小分区概念设计征集活动是一个创新的尝试，其效果甚佳。正如评委之一的崔世平先生所言，这次活动已形成了参与者的共同价值观，为社会上不同专业、持不同价值观人士提供了表达自己对城市局部构想的平台，亦促进了官民之间共同对南湾湖 C 区、D 区新规划寻找未来规划的共识①。

（三）《新桥区整治方案初步构思》

澳门的新桥区，是一个数代本土老居民较为集中的商住区，由于地势较低，间或有水淹之虞。在澳门的新一轮发展中，此区显得较为残旧，且老街的交通亦不胜负荷。因此，为活化该区的商业及优化居住环境，土地工务运输局于 2010 年 2 月 18 日至 3 月 25 日，将规划《新桥区整治方案初步构思》向该区的居民、商户及社团组织等各界人士收集意见和建议。在收到的 100 多份建议书中，居民提出了多方面的优化建议，如增加休憩区和区内绿化面积等，并建议若要达到长远整治的目的，应当在整治新桥区内的小贩摊档、商铺、泊车、街道乃至环境卫生等问题上，政府各有关部门必须对违规者严格执法，才能有效实现长期盘活新桥区内经济、提升区内居民综合生活质素的目的。

（四）《内港区整治方案初步构思》

内港区是 20 世纪中叶澳门的对外交通枢纽，当时这一带的商业旺盛，在港

---

① 《南湾湖 C 区、D 区概念规划十作品入围》，2010 年 9 月 13 日《澳门日报》A2 版。

澳码头搬离后逐渐颓败；虽然尚有部分商户坚持经营至今，亦有大型博彩业酒店迁入，但整区风貌已显得陈旧破落。因而土地工务运输局联合民政总署、文化局和旅游局共同构思了该区的整治方案，并于2010年2～3月间向内港区的居民、商户及社团组织等各界人士收集意见和建议。居民普遍相信，内港区的整治计划将有助改善区内的居住及营商环境，重新激发内港沉寂多年的社区活力及经济动力。

（五）《世遗核心区（大三巴）整体规划》

土地工务运输局与文化局于2010年2月26日，以《澳门城市发展与保护》为题，向公众提出《世遗核心区（大三巴）整体规划》分区规划构想。取向以大三巴园区为中心，向外扩展成包括：（1）以新马路与内港区作为休闲购物空间体验带；（2）以白鸽巢区为特色商业休闲餐饮地带；（3）以塔石望德堂区为文化荟萃创意艺术区域等三叶形的世遗扩展区域，并以塔石望德堂区的发展作为将东望洋灯塔与澳门历史城区主体联结的纽带。此规划的目的是为了达到在澳门整体城市规划设计中，首先形成对世遗主要历史城区范围的保护。方案除了技巧地联结世遗景区的三个地带外，最主要是以考虑未来如何导向旅客的人流流向，及盘活三个地带中的区内经济活动为目的。

五 澳门城市规划相关法例的修订与制订概况

澳门特区政府对城市规划及城市建设方面的相关法律法规的修订，近两年亦马不停蹄地进行中。运输工务司有关大方向上的相关法律法规的修订，如《澳门城市规划编制体系研究》、《土地法》的修订，以及社会文化司相应城市规划的《文化遗产保护法》等，都在不断的咨询和修正中有所进展。而城市建设方面亦没有怠慢。土地工务运输局先后于2009年9～10月间推出《防火安全规章（修订版）》咨询文本，向业界征询意见。经意见总结和修正文本后，部分条例已引入行业落实执行。同年12月，又推出了《都市建筑总章程（行政篇修订版）》咨询文本，修订了该总章程中的阻碍社会建设发展的部分不合适之行政程序，包括报建审批、监督及违例处罚等方面。2010年9月，推出了《都市建筑总章程（法律制度的行政性质）》咨询文本，将该总章程的整体条文的不合理性与不合适性进行了全面修订，务求切合澳门新时期的发展需要。

另外，由于城市建设行业的专业性要求，因应澳门的社会发展，特区政府一直按计划推进从事建筑师、土木工程师、电机工程师及机械工程师等有关技术员须具备专业资格制度的建立，并就相关法例的订定，成立了咨询委员会及工作小组开展研究工作。工作小组于 2009 年完成《楼宇建筑和城市规划领域的技术员专业资格认可及登记的法律制度》的法律草案及行政法规草案，现阶段正按照法务部门的意见作修改、调整，待完成立法程序后即可配合澳门城市发展的需求①。

（一）《澳门城市规划编制体系研究》

为锐意完善澳门城市规划体系，提高澳门的城市规划及管理水平，澳门特区政府根据《对构建现代化与科学化的城市规划体系的探索》所提出的完善方向，于 2010 年 11 月启动了《澳门城市规划编制体系研究》方面的工作，此研究之目的在于构建现代化与科学化的澳门城市规划体系②。

由于澳门现有的城市规划体系存在多方面问题，如规划类型不完善、逻辑关系松散、法律地位不高；规划编制程序不清晰，公众参与缺乏制度保障；规划许可环节不完善，许可类型及程序不明晰；又如规划修改的制度和配套不清晰；督查与申诉机制不完善及管理规则不明确，等等③，都对澳门的城市规划工作造成极大的障碍。因此，澳门特区政府已委托"广东省城市发展研究中心"进行《澳门城市规划编制体系研究》工作。研究的内容包括规划编制体系、规划组织编制与审批、规划许可、规划修改、规划督查与申诉五个方面，以形成澳门的城市规划编制体系。

（二）《土地法》的修订

一部 1980 年颁布的澳门《土地法》，虽然经过其后十多年不断因应实际情况而修订或废止部分条文④，但其主体法律沿用已有 30 年之久。在澳门回归 11

---

① 《政府重视专业资格审核》，2010 年 5 月 7 日《澳门日报》B5 版。
② 广东省城市发展研究中心提交之《澳门城市规划编制体系研究》的"研究摘要"第 1 页，见澳门特别行政区土地工务运输局网页。
③ 广东省城市发展研究中心提交之《澳门城市规划编制体系研究》的"研究摘要"，第 5 页，见澳门特别行政区土地工务运输局网页。
④ 立法会、澳门印务署编辑《土地法》，1995 年 10 月出版，目录页。

年后的今天，显见其严重滞后，与时代相脱节。在社会强烈的舆论诉求下，澳门特区政府运输工务司于 2008 年 11 月 10 日启动为期一个月的《土地法及其配套法例的初步检讨建议》的咨询工作，过程中得到社会各界的积极反应。除在各公开咨询会、座谈会获得不同批评、意见和建议外，并收到来自社会不同阶层人士及社团、机构等共 15 份书面意见①。

这次《土地法》修订草案内容主要是就批地方式、批地面积、批地期限、修改批地用途、批地的转让、溢价金的订定方法、批地程序及监察履行批地合同的机制八方面，提出了加强规范的建议。

澳门政府于 2009 年初已委托学术机构的专家意见组研究修订原《土地法》的内容，并向政府提交专业报告。在参考研究成果的专业意见后，政府会正式进行草拟修订《土地法》的更新草案，然后再次征集社会意见和建议，深化完善草案内容以后才付诸立法程序。由于修订《土地法》具有一定的复杂性，特区政府至今尚未完成正式修订文本以交立法会审议。

（三）《文化遗产保护法》

《文化遗产保护法》（草案）自 2008 年 2 月推出向公众咨询以来，备受各界关注，社会普遍对《文化遗产保护法》（草案）中设定的延伸扩大保护世遗范围、法律条文的系统结构较完备等给予肯定和好评。

《文化遗产保护法》（草案）分 11 章共 100 项条文，内容涵盖不动产类文化遗产、已评为文化遗产的不动产类适用制度、动产类文化遗产、非物质文化遗产等，亦就澳门历史城区、文化遗产委员会、博物馆、图书馆及档案馆等专门范畴作出了规范；另外，还设有奖励、优惠及支持等项，更有刑法约束及行政违法行为等章节，是一部涵盖面广、具前瞻性和可行性的法律草案，将从长远上为保护与弘扬澳门文化遗产提供法律依据和法制基础，促进澳门社会的可持续发展②。同样地，文化局至今未完成《文化遗产保护法》的立法文本以供立法会审议。

---

① 《土地法及其配套法例的初步检讨建议》咨询总结报告，2009 年，序言，见澳门特别行政区土地工务运输局网页。
② 《文化遗产保护法》（草案），见澳门特别行政区政府文化局网页，2009 年 3 月。

六 《路环旧市区详细建设规划》公布实施

路环旧市区是澳门一个别具特色的区域，以十月初五马路、船人街、打缆街和民国马路围合的范围是该区的核心。经听取社会及区民意见，土地工务运输局与相关部门作深入探讨后，编制了《路环旧市区详细建设规划》。这项规划是依循路环旧市区原有的特色及氛围，兼顾保育与发展两者间的平衡而制定，其主要规划指引有六点，包括规定已评定之文物建筑的保护；设立非建设用地的绿化区及保留现有树木；订定保留现有用途和特色的区域及公共空间；限制有价值的建筑物须保留门面；限制部分地段的发展高度等。同时规划中还订定了以特殊的01/DSSOPT/2009 号行政指引，独立规管大幅未开发的路环旧市区土地①。

七 总结

澳门的城市规划近两年已明显朝向系统化发展，至今取得三大成果。其一是赋予民众参与权。这对澳门特区政府的施政顺畅度起着重要的作用；也是逐步扭转及去除沿用已久的殖民统治思维的行政方式，是回归以来"澳人治澳"的一大进步。其二是将澳门特区的城市规划范畴逐步导向科学化、系统化和规范化。其三是展开了各司多部门的合作，进入公共行政"头、手、脚协调并用"的新的历史阶段。如运输工务司联合文化局，与民政总署、旅游局、交通事务局、港务局等部门的协调、分工同步进行项目，务实地逐步朝向较彻底解决澳门的种种问题。

目前澳门城市规划范畴的工作，在 2009～2010 年底的两年间，在政府相关部门的努力，及澳门社会各界的支持下，透过概念设计的模式，由澳门部分小分区的优化和改善概念，至扩展公共空间的构思；从保护和利用"澳门历史城区"，以及构思划生态环境保护区及绿化带等，明显表现出新时代特区政府新的思维方式。各个城市局部优化及构想概念，在经过社会的广泛咨询后，已完成初步的澳门城市整体规划发展的大方向、大框架。在《澳门总体城市设计研究》

---

① 见澳门特别行政区土地工务运输局网页。

成果中明确了"一个目标、三大原则、四个策略及七个分策略"的澳门城市规划纲领，为未来澳门城市规划工作的进展订定了原则、方向细则及执行策略，可以预见未来澳门在这方面的政策将逐步清晰。

接下来的工作，就是政府于 2010 年 11 月启动的《澳门城市规划编制体系研究》，这是构建现代化与科学化的澳门城市规划体系的重要研究。其研究内容包括规划编制体系、规划组织编制与审批、规划许可、规划修改、规划督查与申诉五个方面，将是改善和革新澳门特区规划体系中不足和缺失的重要一环，是关系到未来澳门城市发展中包括规划设计订定及其落实执行的多个重要环节的程序与法规的研究。

另外，澳门特区政府未来的重要工作尚有《土地法》的修订并透过立法程序而落实执行的工作，以及为保护澳门世界文化遗产"澳门历史城区"的《文化遗产保护法》的立法，还有社会舆论热烈的澳门《城市规划法》，等等，都是为保障澳门未来可持续发展的重要法律法规。

The General Situation of Macau Urban Planning

Xing Rongfa

Abstract：Since the corruption case of the Secretary for Transport and Public Works of the Macau S. A. R. had happened, and a warning from UNESCO regarding the sight-seeing to Guia Fortress, item of Macau World Heritage, was hidden by some over-height buildings which under construction around it. This caused the Macau people more concern about the insufficient urban planning in Macau. Under the pressure of public opinions, The Macau S. A. R. government speeds up the concerned works. This study attempts to summarize the progress of urban planning works done by Macau S. A. R. government within 2009 to 2010.

Key Words：Macau；Urban Planning；2010

文 康 事 业

Cultural Development

B.23

澳门学的新发展

林广志 叶农*

　　摘　要：本文从三个方面讨论了澳门学的新发展。1）总结过去近30年来，学术界对澳门学研究所做的工作，包括就建立澳门学举办过多次学术研讨会，并对澳门学定义、研究范围、成立条件等理论问题进行了探讨；2）总结2010年学术界为澳门学研究所做的工作，包括召开首次澳门学国际学术研讨会，研究的基地逐渐形成，一些新观点与新看法的提出；3）在未来澳门学研究工作中，有下列问题需要解决：从学理上来看，长期局限一时一地，缺乏更高更广的研究视角和一个合适的学术范式；文献建设是其研究的难点；研究人才仍是制约其发展的瓶颈。

　　关键词：澳门学　年度进展　未来发展

* 林广志，澳门大学澳门研究中心学术总监；叶农，广州暨南大学中国文化史籍研究所副研究员。

一　绪论：历史的回顾

进入 20 世纪 80 年代后期，随着中葡两国政府关于澳门问题联合声明的签署和澳门进入到回归过渡期，澳门问题的研究又掀起了一个新高潮。大批学者加入研究队伍，大量的原始史料得到了整理出版，澳门的主权、政治、经济、社会、文化交流、教育、宗教、城市等诸多方面得到了广泛深入的研究。这些研究成果难以尽举，从而形成一些澳门问题的国内外研究中心与重镇。有鉴于此，1986年以来，澳门及内地学者提出了建设"澳门学"的设想，这是完成澳门问题研究者们所面临的艰巨任务的重要前提。学者们对澳门学的概念、研究对象与范围以及研究方法等问题，开展了有益的探索。

（一）学术界曾就建立澳门学举办过多次讨论相关问题的学术研讨会

20 世纪 80 年代后期，香港学者提出创立"香港学"的构想后，澳门学术界也开始思考创建"澳门学"的问题。1986 年 11 月，澳门社会科学学会首次在澳门举行关于澳门学学术座谈会。学者们认为有必要研究颇具特色的澳门社会和历史，研究的课题包括东西方贸易发展史、中国对外开放史、中西文化交流史、新闻史、教育史、慈善事业史、宗教史等，并提出建立澳门学的创议。该概念提出后，澳门学术界热烈响应，1988 年 7 月，举行了"澳门文化研讨会"。1989 年 2月 25 日，东亚大学澳门研究所（澳门大学澳门研究中心前身）举办了"关于建立'澳门学'问题"学术研讨会。这些研讨会讨论澳门学的成立条件、方法及其意义，对澳门学的概念作了初步界定。在后一次研讨会上，学者一致认为该研讨会是探讨建立澳门学的一个新开始，会后还必须加强合作，多研究多探讨，务必将澳门学建立在稳固的科学基础上，希望经过几年努力，取得成果。1994 年，澳门大学再次召开澳门学问题研究的专题讨论会。2000 年 11 月，澳门社会科学学会、澳门大学社会及人文科学学院、澳门大学澳门研究中心联合举办"'澳门学'的对象与方法"学术研讨会，对澳门学多年来的研究做了一次阶段性总结，将澳门学研究推上了新台阶。

（二）学术界关于澳门学定义、研究范围、成立条件等相关理论问题进行了探讨

从 20 世纪 80 年代中期开始，以黄汉强、陈树荣、杨允中为代表的一批澳门学者首先提出建立"澳门学"的构想，并进行了多次深入的探讨①。进入 20 世纪 90 年代以后，以汤开建、吴志良等为代表的一批澳门与内地学者又对此问题进行了深入的研究。

1. 澳门学的定义

要创建一门新学科，必须先研究其定义与内涵。澳门学的提出，是基于澳门丰富的历史文献与文化遗存以及独特的文化特征。但是如何界定澳门学？其内涵是哪些？"澳门学"如何区别于"澳门研究"？这些问题一直是学术界争论的焦点。关于澳门学的概念，主要有三种观点。

黄汉强认为，澳门学是一门反映和阐明澳门社会及社会各领域的矛盾、规律及其相互关系的学问②。后来，他又进一步对澳门学的定义进行了阐述：澳门学是以澳门文化为研究对象的一门学科，它研究澳门 400 多年来在东西方经贸互动和中西文化交流、碰撞、融合中形成和积淀的澳门文化，研究澳门文化独特的个性、质量、功能及其形成和发展的规律性，从而揭示人类社会异体异质文化的交流和碰撞的规律及其价值，为人类的真正的持久和平与合作发展找寻有益的启示③。

汤开建认为，澳门学可以较为准确地研究澳门的千景万象，是涵盖所有澳门问题研究的学科："澳门学的概念。这里关键是这个'学'字，这里的'学'，不是指一般的知识学问，而是指一种学术分类或一定的科学领域，也就是说，这个'学'字是指学科而言。前面又冠以'澳门'二字，那就限定，这只是一门专门研究澳门问题的区域性学科。"④

吴志良等学者指出，澳门学不是仅冠上"澳门"两字的松散学科联合体，而是各学科融会贯通的综合区域学科。澳门学具有多学科性，是综合研究澳门问

① 吴志良：《旧话重提"澳门学"》，《东西交汇看澳门》，澳门基金会，1996，第 37 ~ 42 页。
② 黄汉强：《关于建立澳门学的一些思考》，《港澳经济》1989 年第 2 期。
③ 黄汉强：《关于"澳门学"对象与方法的思考》，《学术研究》2001 年第 7 期。
④ 汤开建：《"澳门学"刍议》，《特区与港澳经济》1995 年第 2 期，第 38 ~ 39 页。

题的地区性学科。

2. 澳门学的学科性质

关于澳门学的学科性质，学术界主要有下列看法：黄汉强、汤开建认为，澳门学是一个"地区学"："总而言之，我认为澳门学是以澳门地名创立的一门学科，以 400 多年来中西方文化在澳门交汇、交流、碰撞、融合而形成的独具特质的澳门文化为对象，研究其特点、性质及其形成和发展规律。广义而言，是以澳门文化为模式，寻找和揭示世界不同文化交流的规律性及其价值。"① 而常绍温认为："就澳门而言，既然是明清以来中西文化交流的桥梁和汇合点，又积累有丰富的研究数据，援香港例建立以'澳门学'为名的区域研究学科，固然未为不可，但觉这个'学'（ology）似不若'文化'或'历史文化研究'含容广而概念明确。"② 赵利峰则认为，它系区域史："'澳门学'应归入区域史研究范畴，类似国内三大显学：西北的敦煌学、西南的藏学和腹地的徽学。"③

学者们还将澳门学与其他区域性学科做了比较。黄汉强称"正如敦煌之所以产生敦煌学，而且敦煌学已成为今天世界的一门显学，不是因为敦煌这个小镇的自然环境、风土人情有什么过人之处，而是由于在敦煌发现了五万卷的敦煌遗书和在保存了以莫高窟、榆林窟、西千佛洞等为代表的大量石窟艺术的缘故。也正是由于敦煌遗书和敦煌石窟艺术的存在，敦煌学才成了一门学科。"④ 而澳门学的成立，"不是因为澳门社会过去是中国第一个对外开放的经济特区，更不是因为 1840 年以后成为葡国的'殖民地'，亦不是因为今天是世界著名的东方'蒙地卡罗'，而是因为澳门 400 多年来，沉积了中西文化交流的丰富文化基因，形成今天独特澳门文化模式，而这种文化模式对 21 世纪的人类社会有独特的意义。"⑤

汤开建则就澳门学的性质，厘清了一些旧观点，如澳门学是否有殖民主义色彩。"过去，凡以'××学'命名的区域性研究，多是研究者对异国或异域的称谓，如西方早期所谓'汉学'和'东方学'，多少带有一些殖民主义色彩，澳门

---

① 黄汉强：《关于"澳门学"对象与方法的思考》，《学术研究》2001 年第 7 期，第 36 页。
② 常绍温：《从澳门历史文化的特点略谈建立"澳门学"问题》，《文化杂志》1994 年第 19 期，第 169 页。
③ 赵利峰：《澳门文献整理研究与"澳门学"》，载澳门近代文学学会、澳门文献信息学会编《澳门文献整理研究暨数字化论集》，澳门基金会、澳门文化局，2008 年 11 月，第 281 页。
④ 黄汉强：《关于"澳门学"对象与方法的思考》，《学术研究》2001 年第 7 期，第 35 页。
⑤ 黄汉强：《关于"澳门学"对象与方法的思考》，《学术研究》2001 年第 7 期，第 35 页。

学的提出似乎也会带有这类嫌疑。……其实'学'本身既不带民族性亦不带阶级性，对澳门的研究既不只限于中国人亦不只限于外国人，任何冠以'××学'的区域研究，既可以异域人研究，也可以本域人研究。……过去以'××学'命名的区域研究也许多是对异域的研究，多带有殖民主义异彩，即我们今天不就可以发展成既有异域人参加也有本域人参加的研究。同时可以彻底清扫这引起区域研究中的殖民主义色彩，岂不更是好事，'澳门学'的建立就确有这双层的意义。"①

3. 关于澳门学的研究范围与对象

20 多年来，学术界对澳门学有两种基本的理解。一种是以现实问题为导向的澳门研究，认为一切有关澳门当下的经济、政治、文化、社会等问题都在其研究范围之内；另一种将其看成单纯的历史学研究，认为澳门学就是以澳门史为重点，以文献档案为基础，探讨 16~19 世纪中叶澳门在东西方文化交流过程中的角色的史学研究。这两种理解导致澳门学的研究现状呈现出两种困境：一是长期停留在地区学的层次上，即使是澳门史的研究，也较少与中国史、欧洲史乃至全球史深入交融，而是着眼当前的澳门研究更具有明显的地区学特点；二是史学研究和现实研究各成一体，互不连接，古今割裂的局面使得研究难以发挥以史为镜、鉴古知今的现实功能。

对于这个问题，黄汉强最初认为澳门学研究的是"澳门社会"。澳门学从发展的流程来剖析澳门的纵切面，即研究澳门社会的过去、现在和未来；寻找和阐明其发展的规律性；从社会各领域来剖析它的横切面，即分门别类地研究澳门的经济、法律、政治、教育、文化、社会以及同外界关系等各方面的特点、架构及其规律②。后来，随着研究的深入，他认为应该是"澳门文化"："我过去认为澳门学的对象应是'澳门社会'，这太笼统了，也不贴切。现在看来应该是澳门文化，是中西文化长达 400 多年在澳门交汇、碰撞、交流的沈积和结晶，既包括历史文化，也包括现状文化，而且这个文化是广义的文化，即文化结构的三个层面，不仅涵有深层的精神意义，还包括有表层的物质文化和中间层'物质化的意识'，即理论、制度与行为等。"③

① 汤开建：《"澳门学"刍议》，《特区与港澳经济》1995 年第 2 期，第 38~39 页。
② 黄汉强：《关于建立澳门学的一些思考》，《港澳经济》1989 年第 2 期，第 34 页。
③ 黄汉强：《关于"澳门学"对象与方法的思考》，《学术研究》2001 年第 7 期，第 36 页。

汤开建认为，有关澳门地区的一切问题均系其研究对象，并认为"澳门文化"或"澳门历史文化研究"并不等于澳门学。澳门学的研究对象，如果"澳门社会"过于宽泛的话，"历史文化"又偏于狭窄。因此，"历史文化"只是澳门学的一个分支，因为澳门学既然是区域性学科，那发生和存在于这一区域的有关问题均应是这一学科的研究对象，不应局限于"澳门文化"、"澳门历史文化研究"①。

吴志良提出了澳门学研究的13个范畴："要严格界定澳门学的范畴还是一件容易的事情，我们以为，其主要内容可包括下列诸项：1. 澳门起源。2. 澳门宗教及中国传教史。3. 澳门港口都市发展。4. 中西文化交流。5. 澳门海外贸易及其在中国总体海外贸易中的地位与作用。6. 原住民、民族融合及族群关系。7. 以澳门为中心的华人移民史。8. 涉外关系。9. 海洋思想文化。10. 文学史。11. 语言史。12. 世界澳门学资源普查。13. 其他。"②

赵利峰提出了澳门学研究对象的三个层次说，认为："'澳门学'的时间应在'地理大发现'以后（从世界史角度），以澳门为圆心，包括三个层次的内涵：一、内层（本地史）：是以澳门本地历史为核心，澳门社会的发展演进；二、中间层（中国史）：内向的澳门——由澳门延伸到中国，以华南地区为主；三、外层（世界史）：外向的澳门——辐射东亚、南亚及欧美等地区。"③

当然，也有学者认为，澳门学的研究对象不应该是包罗万象的，也不应是钻"故纸堆"的，而应该是研究澳门现在和未来的主要问题。澳门学应该是以研究澳门社会和文化为主体、以探讨澳门的过去、现状和未来为主要研究对象、各学科融会贯通的综合性学科④。

4. 澳门学成立的条件及学科名称

关于澳门学成立的条件，学者们普遍认为，澳门学创立的两个重要条件已经具备。如黄汉强认为："就地名学而言，以澳门地名创立一门学科，而这门学科

---

① 汤开建：《"澳门学"刍议》，《特区与港澳经济》1995 年第 2 期，第 38~39 页。

② 金国平、吴志良：《澳门历史研究述评》，《东西望洋》，澳门成人教育学会，2002，第 15~16 页。

③ 赵利峰：《澳门文献整理研究与"澳门学"》，载澳门近代文学学会、澳门文献信息学会编《澳门文献整理研究暨数字化论集》，澳门基金会、澳门文化局，2008 年 11 月，第 280 页。

④ 吴志良、陈震宇主编《澳门人文社会科学研究文选·综合卷序》，社会科学文献出版社，2009。

又以澳门文化为对象，还必须有一个前提条件，这就是数据和人才问题。关于前者，这个前提是十分足够的。过去的历史档案，非常丰富，是个'富矿'；反映社会生活的方方面面，凝聚着澳门文化精髓的各种文化形态，举凡精神文化、制度文化和物质文化，也是非常丰富，而且多姿多彩，举目可见，澳门亦因此成为中西文化相交相汇的'博物馆'。至于后者，十多年经过本澳及广东学术界的努力和推动，对澳门文化节的研究已引向深入，取得一些成果。而创建澳门学也逐渐被一些学者认知和认同，逐渐参与研究。"①

汤开建论述了澳门学创设的两个"量"已经达到了要求：一是澳门学研究的内涵量。澳门虽然地域狭小，但 400 余年来，一直成为联结东西方文化的一座桥梁，直接或间接对东西方近代历史产生重大的影响。在此过程中所产生的，涵盖历史、经济、地理、法律、文学、艺术、教育、宗教、科技等方面的文献，就数量庞大，其可供研究的价值无法估量，"其中所表现的问题，有许多会填补十六至十九世纪中国史及世界史研究之空白"②。据学者统计，现藏于世界各地的有关澳门历史文化的文献，估计总数约在 150 万件以上，其数量是敦煌文书（约 6 万件）的几十倍。除历史问题外，还有许多其他问题也需要研究。因此，从被研究对象的内涵量上来说，澳门学是没有问题的。一是研究队伍的数量与质量。"澳门、葡萄牙及中国大陆是目前澳门研究中的三大重镇，海外学者从事澳门研究也是重要组成部分，（中国）台湾、香港、英国、美国、加拿大、澳大利亚、印度、日本、法国等地均有学者介入，其中有许多研究质量水平很高，不可忽视。"③

关于学科名称，除上述之外，吴志良认为澳门学的葡萄牙语名称，除了"Macaologia"之外，也可采用"Estudos Macaenese"或"Estudos de Macau"这两种译法④。

总之，澳门学概念的提出，虽已有 20 多年的历史，有关澳门问题的研究一直没有停止过，特别是回归以后，以澳门历史文化为重心的澳门研究已经取得了

① 黄汉强：《关于"澳门学"对象与方法的思考》，《学术研究》2001 年第 7 期，第 36 页。
② 汤开建：《"澳门学"刍议》，《特区与港澳经济》1995 年第 2 期，第 39～40 页。
③ 汤开建：《"澳门学"刍议》，《特区与港澳经济》1995 年第 2 期，第 40 页。
④ 金国平、吴志良：《澳门历史研究述评》，《东西望洋》，澳门成人教育学会，2002，第 15～16 页。

很大的成就，无论是研究资料的开掘、研究队伍的规模，还是研究领域的广泛、研究成果的丰硕，都超过了以往任何时期。但是，有关澳门学的研究，仍仅仅停留于"地区学"的范畴，其学科概念、学科理论、学术范式等学科建设的重大问题还没有严谨的界定。因此，近20年来，澳门问题的研究，可以概括为，"澳门研究"进步很大，而澳门学的学科建设则处于初始阶段。

二 澳门学的新发展：学理化与国际化

进入2010年，澳门学研究又有了新发展。

（一）召开了首届澳门学国际学术研讨会

2010年4月15～16日，为了推动澳门学研究，并将其推向国际主流学术界，由澳门大学、澳门基金会、澳门欧洲研究学会主办，澳门社会科学学会、澳门学者同盟合办的"首届澳门学国际学术研讨会"在澳门召开，再次对澳门学的学科体系、学科建设等问题进行探讨。

此次会议是近年来在澳门举办的规模较大的、以研究澳门文化为主题的国际性学术会议，引起了澳门特区政府、学术界以及社会各界的广泛重视，并得到了国际学术界的热烈反响，来自中国内地、葡萄牙、日本、德国、巴西、美国、意大利，以及中国台湾、香港和澳门等[①]国家和地区的学者70余人汇聚澳门，就澳门学的学术范式、学科建设、学科发展等问题进行讨论和交流，并展示了近年来"澳门学"研究的最新成果。

（二）该国际学术研讨会的主要成就

此次国际学术研讨会，主要在以下几个方面对澳门学的相关问题进行了探

---

① 前来出席本次研讨会的外国学者有：滨下武志，Narana Coissoró，普塔克（Roderich Ptak），萨安东（António Vasconcelos de Saldanha），麦健智（José Luís de Sales Marques），Angelo Adriano Faria De Assis，冈恩（Geoffrey C. Gunn），韩林（Jean A. Berlie），Kendall Johnson，冼莉萨（Tereza Sena），雷祖善（Joseph Abraham Levi），莫伊沙贝（Isabel Morais），Julia Schiavone Camacho，陈学霖，邵式柏（John Robert Shepherd），Lúcio de Sousa，Paul Spooner，冈美穗子，Elisabetta Colla。

讨，推进了澳门学的学理化与国际化。

1. 澳门学研究的意义与背景：解剖样本，确立澳门文化的价值

澳门学产生的历史背景是：澳门学研究是围绕着颇具特色、影响很大的澳门文化展开的。澳门的人口规模和土地面积很小，但却创造了影响近代世界历史进程的辉煌历史。东西方文明在此互相吸引、共存、交融，产生了一种澳门文化——新的文明形态。

澳门学研究的历史价值在于：中国历史上对外交往第一阶段的主要成就集中体现于敦煌学，孕育着中国与西方接触互动更重要、更光辉的第二阶段的主要成果体现在澳门学。在学术上敦煌学具有重要的文化"化石"意义，澳门学是可以揭示一套文明发展互动知识体系的"活化石"。

澳门学研究的社会价值在于：回归10年以来，澳门经济增长迅速，城市变化巨大，但仍存在着一些比较尖锐的深层次的社会问题。澳门学的研究可以为其提供历史和理论性的解决途径。澳门的赌城形象太突出，文化形象较薄弱，挖掘和提升澳门的城市品位和文化内涵，改善国际形象，有助于将澳门变成独特的、深厚的历史文化为主导的"世界旅游休闲中心"①。

澳门学追求的目标是：挖掘澳门文化的内涵，凸显澳门文化的形成、形态及效应在人类文明进程中的地位和作用。学者们普遍认为，澳门文化的真正价值尚未为世人所完全认识。东西方学者们构建政治史、思想史、宗教史、经济史、社会史等学术体系，研究人类文明发展的历程中，没有给予澳门文化的独特价值应有的关注，造成了在现有国际学术体系中澳门文化缺位。因此，澳门学的研究，不能仅仅停留在对历史的考证与解释之中，更要以国际学术的视野，从学理上认识、发掘、推广澳门，建构澳门本土知识体系，寻找其内在发展的规律，为文化多样性的合理性解释提供方法论、认识论；在人类文明发展史上澳门文化的互动相生模式有独特价值，"澳门学"应是以不同文明互动相生为研究对象，挖掘文明互动相生的过程、形式与规律，揭示人类文明互动发展的澳门模式，为今天世界各国解决民族冲突提供重要启示与借鉴。

研究澳门学的现实意义在于：这为在不同的文明、不同的国家找到可以避免

---

① 吴志良之开幕词——《作为本土知识体系而构建的澳门学》；林广志：《互动—相生：人类文明发展的澳门模式——近二十年"澳门学"研究述评及其他》，均载该研讨会论文集。

冲突、和谐相处的道路，为当今世界各国妥善处理宗教、民族问题，促进世界的和平发展所提供的启示与借鉴是：向全世界表明：当今世界各国解决民族、宗教冲突时，不在冲突中被毁灭，而从差异中求大同；不在征服中求胜利，而在多元中求和谐。这同样可为中国有效处理民族团结问题、在大中国地区实践"一国两制"提供历史经验，又可为中国走向世界时，与其他国家和民族交往提供经验。

2. 澳门学及其学科体系：科学性与国际化

在此次会议上，许多有关澳门学的重要理论问题都得到了讨论，并达成了一些共识。

关于澳门学的定义[①]，学者们认为，澳门学是一门以历史文化和社会生活为对象，以文献档案、文化遗产为基础，探寻澳门精神及其效应与澳门模式的综合性学科。具体来说，它是从物质生产、社会结构、人群组织、风俗习惯、宗教信仰等各个方面，研究澳门社会的形成、变迁和发展的过程，通过跨学科的研究，发现澳门特有的发展模式及精神特质，并解剖澳门样本，揭示澳门方式和精神所呈现的规律及其对人类文明进步所蕴含的意义。学者们认为目前学术界对澳门学的讨论，已经超越了澳门学是否具备创立条件的问题，而是在如何完善、充实、丰富澳门学，让其在研究、认识、发扬、推广澳门的实践中发挥更大的效应，如何确立其学术范式、理论框架、学科体系[②]。

学者们认为，"互动相生"文明形态是澳门学的主要理论框架和学术范式。回望人类文明发展的曲折历史，人类文明传播，大多都是"血与火的洗礼"，一种文明以优胜的姿态，以战争的方式征服另一种文明并取而代之，而在澳门看到的，却是文明的包容、互动与新生。这种以文明互动为核心的理念，要求在地方

---

① 此次研讨会上，学者们还有一些争论和不同看法，如有学者认为，可以继续沿用"澳门研究"的概念，没有必要再建一个"澳门学"；也有学者认为，澳门学有广义、狭义之分，广义的澳门学包括澳门历史文化以及社会生活的各方面，狭义的澳门学主要以研究历史文化为中心。绝大多数学者认为，建立和发展现代学科意义上的澳门学的理论与现实意义是：在科学研究的基础上，揭示澳门多元文化"互动相生"的奥秘，可以为澳门经济社会的繁荣稳定，推进"一国两制"国策的贯彻实施，不同民族、宗教、文化和谐共处，丰富人类知识与文明体系，人类和谐进步，作出贡献。因此，它完全可以成为一门国际"显学"。杨允中：《整合学术，确保长期繁荣稳定》，载该研讨会论文集。

② 刘泽生：《澳门热·澳门研究·澳门学——关于"澳门学"的若干思考》，载该研讨会论文集。

史研究中引入全球视角，探究大世界与小地方之互动关系的学术范式，为澳门学的发展提供科学方法论。澳门学有别于内地的区域性或专题性学科，如红学、藏学、徽学等，它的形成起于16世纪全球化的政治、经济、文化的交流，其特殊性在于两种文化的接触、冲突与和解，它的学理归纳具有一定的普世性，可以服务澳门社会可持续发展，更为人类文明发展提供可供参考的理论范式①。

从澳门学研究范畴来看，学者们认为其内涵量非常丰富。从16世纪至今，在澳门发生的和经由澳门在中国各地乃至世界各地发生的中西方文明碰撞、交流和相互借鉴的全部内容，都是澳门学研究的对象。首先是澳门的历史文化，是澳门学得以确立的重要基础，并建议划定研究时段的上下限，集中研究澳门历史文物、文献②；其次，从一门研究澳门的综合性学科的角度来看，它应研究澳门的过去、现在、未来，应该研究澳门社会生活，探讨和构建"澳门精神"、"澳门模式"。这反映在其学科分支上，应为澳门文献学、政治澳门学、澳门历史学、澳门经济学、澳门文化学、澳门人类学、澳门社会学、澳门地理学、澳门民俗学、澳门宗教学、澳门语言学、澳门文学、澳门艺术学、澳门建筑学等③。

关于澳门学研究的分期，有学者认为应分5个阶段。18世纪中叶，以印光任、张汝霖为代表的中国学者发起了对澳门学的全方位研究。因此，《澳门记略》是历史上第一部真正意义上的澳门学著作④。

学者们还为澳门学研究工作的展开，提出了许多建议。与会者认为，经过20多年的探索，已经具备了建立澳门学的学术积累和学术力量，整合国际学术资源，制定相应的研究规划，投入必备的人力、物力，开展澳门学的研究工作，在文献整理、学科建设、理论研究等方面拿出高质量的研究成果，是澳门学今后面临的主要任务。澳门特区政府应该加大力度投入，积极推动澳门学研究，将澳

---

① 陈文源：《关于澳门学建设的若干思考》，载该研讨会论文集。

② 黄启臣：《澳门历史与"澳门学——论构建"澳门学"的缘由》；杨允中：《整合学术，确保长期繁荣稳定》；陈树荣：《再议建设澳门学——澳门学大启文明走向世界》，均载该研讨会论文集。

③ 萨安东的开幕致词。他认为澳门在明清以来，在中国政治中占有一席之地。载该研讨会论文集。

④ 这5个时期为18世纪中叶至18世纪末、19世纪上半叶至20世纪初、20世纪上半叶至20世纪80年代前、20世纪80年代至20世纪末、2000～2010年。汤开建：《"澳门学"的起源及分期》，载该研讨会论文集。

门学打造成为澳门之"文化名片"。澳门学亦应向其他学科借鉴，如历史地理学的理论方法和"地方学"等。①

3. 澳门学研究的基础与难点：文献整理与史料发现

学者们认为，首先必须建立一个世界性的澳门学文献数据中心，配备多语种人才，以几代人的努力，将散落世界各地的有关澳门的史料进行普查、整理和翻译，使澳门成为明清以来东西方文化交流研究的文献中心和信息中心。"澳门文献学"应成为澳门学的根本科学②。目前，海外及澳门本地许多地方都收藏着数量相当可观的、用汉语以外的西方语言所写成的、关于澳门的文献，即西文澳门史料。学者们建议展开国际合作共同开发这些文献，建立历史文献研究机构来整理这些文献，建立人才培养的国际化联合机制，来研究这批文献③。此外，学者还应将注意力放到收藏在澳门中央图书馆里大量近代葡文报纸上，这是一个尚未开发的巨大数据宝库。它共有117种澳门土生葡人在澳港穗沪等地创办的各种外报④。历史地图是以图像化的时空结合形式描述历史，可以弥补传统史书偏重于文字性时间沿革描述的不足。编纂《澳门地图集》，可以更好地展示、教育宣传推广澳门历史文化名城，填补澳门历史研究在空间形式的图形表现方面的空白⑤。

4. 近年来澳门学的新成果：史料发掘与观点创新

本次研讨会既对过去澳门学研究成果进行了总结，也展示了一批在发掘出来的新资料基础上、以新视角来研究问题的最新成果，这亦开启了澳门学研究的新时代。

（1）澳门与基督教传教活动的研究。

卓新平研究了澳门学与基督宗教的关系，他认为澳门发展史与基督宗教在华传播史有着密切关联，澳门因此成为自明朝以来近代基督宗教在华传播的始点和支撑其传教的据点。无论是天主教传教士利玛窦，还是新教传教士马礼逊，都以澳门为其入华传教的第一站，并因此而取得了入华传教的成功。因此，基督宗教

---

① 吴宏岐：《历史地理学视野下的澳门学研究》，何伟杰《近年来辆地方研究的借鉴——兼论澳门学》，载该研讨会论文集。
② 杨开荆：《论"澳门文献学"为"澳门学"的根本科学》，载该研讨会论文集。
③ 张西平：《澳门学的重要内容：西方历史文献的整理》，载该研讨会论文集。
④ 李长森：《葡文文献整理与澳门学的建设——澳门中央图书馆庋藏近代葡文报刊情况研究》，载该研讨会论文集。
⑤ 郭声波：《关于编纂澳门历史地图集的初步构想》，载该研讨会论文集。

研究，尤其是对明末清初以来基督宗教传教士的研究，应该成为澳门学不可或缺的部分①。

葡萄牙人得以澳门为中转站从事海外贸易，得益于中国明清政府确立的贸易制度。从此角度，学者们研究了明末广州、澳门贸易制度和清代澳门额船制度②。在此鼓励下，一些基督教徒商人在17~18世纪得以开展葡萄牙、巴西与澳门的贸易③。

在16~17世纪，澳门至长崎的航线主要由澳门的葡萄牙人控制，他们经营着中国与日本的生丝贸易。耶稣会传教士们为了筹措传教经费，不顾自身圣职者的身份倾心于世俗的生丝贸易，给日本耶稣会带来了多方面的影响。葡萄牙商人和日本耶稣会成了这场以大航海辉煌色彩为背景的贸易宏大历史画卷中不可或缺的景色④。

耶稣会得以参与到生丝贸易中来，与耶稣会远东巡视员范礼安（Valignano Alessandro）有很大的关系。他批准、鼓励了这项活动。他是往返澳门次数最多、当地级别最高的耶稣会士，于1606年在澳门逝世。这在澳门宗教发展史上也是重要事件⑤。

此后，许多天主教修会就以澳门为基地开展了对华传教活动⑥。而关于一些新教差会于鸦片战争后来活动的研究也获得了进展。如1844年，美北长老会传教士娄理华在澳门开设了澳门华英校书房⑦。

（2）关于澳门博彩业史的研究。

博彩研究是澳门学的一环。它不再限于博彩业和博彩问题研究，已经延伸到了经济学、管理学、历史学、社会学、心理学、数学、统计学等诸多领域。2002

① 卓新平：《澳門學與基督宗教研究》，《廣東社會科學》2010年第4期，第79~80頁。
② 李庆新：《从颜俊彦〈盟水斋存牍〉看明末广州、澳门贸易制度若干变动》；张坤：《清代澳门额船制度的完善与演变》，载该研讨会论文集。
③ See Angelo Adriano Faria de Assis, New Christian Merchants and Commerce between Portugal, Brazil and Macao in the modern Age, 载该研讨会论文集。
④ 刘小珊、吴婉惠：《耶稣会士于澳门·长崎的生丝贸易活动中——围绕生丝贸易利润的考述》，冈美穗子：The Commodity in the Nagasaki - Macao Trade of the Late 16th Century, 均载该研讨会论文集。
⑤ 戚印平：《范礼安的澳门岁月》，载该研讨会论文集。
⑥ 耿昇：《澳门在基督教第三次入华中的作用与地位》，载该研讨会论文集。
⑦ 冯锦荣：《美北长老会传教士娄理华（1817~1847）与澳门华英校书房》，载该研讨会论文集。

年以来，澳门大学、澳门理工学院、澳门旅游高等学院、中西创新学院先后开办了与博彩业有关的课程和研究机构。2003 年，北京大学与澳门理工学院还签订了"博彩研究合作备忘录"。国外也有许多高等学府也开展对澳门赌业的研究。从文化人类学角度来说，澳门已经形成了赌博文化。民国时期是澳门博彩业发展进程中一个承前启后的关键历史时期。博彩业的专营承充制度出现了较大的调整，以适应澳门城市的发展定位，而且博彩的形式和内容也有不少改变，大量的西式博彩得以引入，奠定了当代澳门博彩业格局。就在这样格局下，曾经有过一批承充公司影响过澳门博彩业的发展①。

（3）关于澳门社会生活的研究。从葡萄牙人入居澳门以来，拜神与酬神戏是澳门华人的重要活动，这些活动与佛山、广州的剧团有着千丝万缕的联系②。鸦片战争之后，澳门人口与文化发生剧变，华人的社会地位与政治地位也迅速改变。华人政治地位提高，华文报纸出版，华人社团兴办，华人罢工出现，华人慈善组织运作起来③。澳门葡人移居它处，成为澳门社会生活的一个重要现象。菲力普（Felipe B. Nery）就是一位移居到美国加利弗尼亚的"澳门之子"④。此外，学者们还研究了塞法迪犹太人在澳门的定居；通过日记等透视了 19 世纪初在澳门的美国人的生活；20 世纪 30 年代，墨西哥人移居澳门⑤。1894 年，腺鼠疫在穗港地区流行。1895 年，虽在澳门也有流行，很快被遏制，澳门因此独享太平。究其原因，是中西族群协力合作的结果。1918 年，流感在中国许多地方流行，澳门亦受到了影响，而且保留下来系统的统计数据⑥。

---

① 胡根：《博彩研究是"澳门学"的重要环节》；霍志钊：《浅谈从文化人类学观点看博彩》，赵利峰：《民国时期的澳门博彩承充公司——从启兴到泰兴》，载该研讨会论文集。
② See Jean A. Berlie，张廷茂，The Chinese in Macao，载该研讨会论文集。
③ 查灿长：《鸦片战争后的澳门华人与澳门文化刍议》；黄雁鸿：《清末民初澳门华人慈善组织的运作模式》，载该研讨会论文集。
④ See Joseph Abraham Levi，Felipe B. Nery（1920 – ）and Macau：A Lifetime of Memories in the Diaspora，载该研讨会论文集。
⑤ See Lúcio de Sousa，Sephardic Jews：Enterprise and Settlement in Asia（1530 – 1620）；Kendall Johnson，The Place of Macao in American Literary Studies：Visualizing Romance in the Diaries of Harriett Low and Commodore Matthew C. Perry；Julia Schiavone Camacho，Becoming Mexican in Macao：Mexican Chinese Community and Diasporic Identity Formation in the Portuguese Colony in China（1930s – Early 1960s），载该研讨会论文集。
⑥ 郭卫东：《社群合作：公共防疫的必要前提：港澳应对 1894 至 1895 年鼠疫的差异性研究》；John Robert Sheperd，Studying the 1918 Influenza Epidemic in Macao，载该研讨会论文集。

（4）澳门学的传统领域——历史方面，亦有许多精彩的成果。

1684年澳门粤海关总口设立前，由谁掌管丈量？西方史料中的两个词"Taquessi"及"Mandarim do Sal"，引起了学者的注意。经多方勘对，它们是明末清初中国驻澳最高官员——盐科提举司①。

俄国地处朔方，澳门地处华南，历史上两者往来甚少。不过，俄国与欧洲其他国家一样，对来华贸易充满了渴望。17～19世纪，俄国人通过几次来澳门的经商、游历，认识了澳门②。

进入20世纪30年代之前，澳门又与中国内地政治生活紧密地联系在一起了，学者通过考究澳门史学者徐萨斯（Carlos Augusto Montalto de Jesus）死亡时间，勾勒出了这段复杂的历史线索③。抗日战争时期的澳门史，开始受到学界的重视。通过国民党党史馆所藏档案及其所编的原始史料，学者研究了抗日战争前期国民党在港澳的组织与活动及抗日战争后期澳门的国民党党务与情报工作④。抗日战争胜利后，英国何以能够迅速重占香港？重占之后，又何以能站稳脚跟？澳门在这个过程中担当了一个重要角色。学者通过香港历史档案馆收藏的"梁昌档案"，补充了英国迅速重占香港的一段史实，揭示了日本投降前夕至日军在香港正式签署投降书期间，澳门在英国接收香港中所扮演的角色⑤。

此外，学者们还关注到了澳门美术、澳门文学、澳门语言、澳门历史地理、澳门出版等领域。

（三）澳门学研究基地逐渐形成

澳门、中国内地、葡萄牙是世界上研究澳门问题的三个中心。随着澳门学研究的不断深入，澳门大学逐渐成为世界澳门学研究的主要基地，并聚集了一批澳门学的研究者。

澳门大学正在制定未来科研发展规划，以贯彻落实2009年胡锦涛主席在澳

---

① 金国平：《盐科提举（Taquessi，Mandarim do Sal）——明末清初中国驻澳最高官员考》，载该研讨会论文集。
② 柳若梅：《20世纪以前俄罗斯人眼中的澳门》，载该研讨会论文集。
③ See Paul Spooner, The Year of the Death of Montalto de Jesus, 载该研讨会论文集。
④ 李盈慧：《战时国民党在澳门的党务与情报活动：兼论香港的国民党党务》，载该研讨会论文集。
⑤ 吴树燊：《澳门在英国接收香港中的角色》，载该研讨会论文集。

门大学横琴新校区奠基典礼上提出的澳门大学要努力争创"五个一流"的重要指示精神。澳门大学鉴于澳门独特的文明形态及其重大的现实意义，拟将澳门学作为重要的人文学科加以建设和发展，并制定了澳门学研究与发展规划，争取用3~5年时间推出一大批高质量的研究成果，实质性推动澳门学的学科发展。

澳门大学亦表示将在澳门学研究领域发挥更重要的作用，包括在全球范围内，整合各种研究资源，设立澳门学研究的专门机构，做好澳门学研究的长远规划，加大对澳门学研究的投入，有计划出版高质量的研究成果等。大力推进澳门学研究，需要对学术史进行回顾，以期把握学术研究的脉搏，避免重复研究。编制《澳门学研究著作提要》，就是对澳门学研究进行系统的学术回顾，相当于编制一部澳门学研究学术发展史，使今后的澳门学研究工作，有一个坚实的启动平台与基础①。

（四）本土研究力量的形成及其新观点与新看法的提出

2010年，澳门学研究进入一个新的阶段，形成了以吴志良、郝雨凡、汤开建、朱寿桐、林广志等学者为代表的澳门本土研究力量，并发表了许多新观点与新看法，包括从本土知识体系建设的角度、从全球视野以及人类文明发展的高度探讨澳门学对丰富人类知识体系的作用，并尝试从学理上解释澳门学的研究对象、研究方法及其学术范式。

郝雨凡研究了澳门学的范式及其意义。他们认为澳门学虽然经历了20余年的发展，却长期未能有突破性进展，因此必须研究澳门学范式及其意义。所谓学术范式，是指一个学科哲学的和理论的研究框架。过去的学术范式要么将历史看成是静止和孤立的，要么将文明的扩散定义为以西方为主导向非西方的单向传播，很少考察非西方文明对西方文明的影响。澳门文化所展现的"互动相生"的特征与规律，应该成为建立澳门学范式的基础。对澳门学学术范式的研究，应该从下列角度进行：（1）中西方文明之间的交汇共存。从16世纪至今，在澳门发生的中西方文明碰撞、交流和相互借鉴的全部内容，都是澳门学研究的对象。因此，从文明互动的视角来看，澳门学不仅可以和敦煌学相媲美，其重要意义甚

---

① 叶农：《试论构筑"澳门学"研究的坚实基础——关于编制〈澳门学著作提要〉的若干思考》，载该研讨会论文集。

至超过敦煌学。在澳门我们看到的是文明的包容、互动、共荣与新生。研究这种"互动相生"的文明形态，为澳门学提供了理论框架和更大的学术舞台。（2）文明多元之间的互动进步。在地方史研究中引入以文明互动为核心理念与全球视角，成为探讨大世界与小地方之互动关系的学术范式，为澳门学的进一步发展提供了借鉴。（3）和谐大同之宝贵经验。澳门学的现实意义，既可用于处理中国民族团结问题及大中国地区"一国两制"，又可为中国走向世界提供经验。（4）历史眼光用于分析今天。这种范式可以打破地区学对澳门学的狭限，也可弥合历史研究和现状分析之间的裂痕。我们可以将历史的眼光用之于分析今天的澳门，可以从历史中寻觅解决今天问题的答案，也可以启示明天。（5）提升城市品位。把澳门学推向国际，可以帮助改善澳门的国际形象。日本著名的思想家池田大作曾形容澳门是一座"给不安宁的世界带来光明和希望的灯塔"①。

在综合各家看法的基础上，林广志试图提出澳门学的定义，他认为，概而言之，澳门学就是研究澳门的学科。具体来说，澳门学是一门以文献档案、文化遗产为基础，以历史文化和社会生活为研究对象，探寻澳门模式与澳门精神及其国际效应的综合性学科。从学科特征上看，澳门学不仅仅是"历史学"，而是一门综合性的学科，涉及澳门历史发展以及现实社会的方方面面，包括澳门的历史、文献、政治、经济、社会、语言、人种、地理、宗教、民俗、建筑等诸多领域。当然，历史文化是澳门学得以建立的重要基础。几百年间，在澳门发生的中西方文明接触、碰撞、交融的种种事迹，其真相和特点至今仍然无法全部揭披于世，其间所形成的浩瀚的文献仍然无法全部解读，甚至尘封于世界各地。如果有一天，在解读文献的基础上，澳门的真实历史得以"显现"出来，中国历史、葡萄牙历史，乃至于全球史，都有改写或补充的可能，更不用说对澳门相关问题的认识了。因此，如果不了解澳门的历史发展及文化形成的过程，则无法解释今天澳门政治、经济、社会等领域的诸多现象。

从时间特征上看，澳门学不仅是面对"已经过去"的历史存在，而且随着澳门特殊的政治形态和文化形式的存在和延续，更加关注澳门的政治、经济、文化形态在现阶段以及未来的表现形式及其走向。由此可以确定，澳门学的内涵具有历史学领域的文献性和当代政治学、民族学、宗教学、人类学、文化学视野下

---

① 郝雨凡：《澳门学的范式及意义》，2010年3月31日《澳门日报》。

的现实性特征。

从区域特征上看，澳门学不是"地区学"。作为全球化第一波浪潮的"独木桥"，许多重大事件、重要人物都以不同的方式在澳门留下印记，澳门文化的丰富内涵及其对欧亚政治、经济、文化的影响和辐射，使澳门学更具全球性质。研究澳门学，不应该只是说澳门的事，而应该看到她对人类文明发展的贡献和影响。在几百年间，澳门外引欧洲，内联中国，是中国与世界联系的枢纽，也是东西方文化相互窥探、接触、传播和影响的驿站，直接或间接对东西方近代历史，乃至于全球文明史产生了重大影响。即便是今天，澳门的文化价值模式仍然对世界的和谐发展具有启示意义①。

三 存在的问题与未来发展

虽然澳门学研究已经取得了上述重大突破与成就，但它的发展仍然存在着一些不足之处，有待未来发展。

1. 从学理上来看，长期局限一时一地，缺乏更高更广的研究视角

澳门学难以大步前行，究其深层次的原因，是需要一个更高、更广的研究视角，一个跨越多学科、可以足够包容的学术范式。要使澳门研究上升为澳门学，我们应该认真寻找一种可以贯穿古今、连接历史与现实的研究方法，突破地区学的限制，从更具全球视野的高度去看待 16 世纪至今在澳门所发生的一切，并探索其中的学理奥妙和知识财富。

2. 文献建设是澳门学研究的难点

从研究材料来看，与澳门有关的大量历史文献仍然有待发掘，有关澳门的文献档案在全世界有多少，至今仍无法统计。文献建设，包括文献的收集、整理、翻译，是澳门学研究的基础，也是澳门学研究的难点。

3. 澳门学研究人才仍是制约其发展的瓶颈

虽然学术界与澳门社会各界都已经认识澳门学的重要价值与学术意义，但是长期制约澳门学蓬勃发展的人才问题仍然没有得到很好的解决。如果没有一大批年轻学者投身到澳门学的研究工作中来，澳门学的发展也将是空谈。而澳门学研

---

① 林广志：《试论澳门学的概念、对象及其方法》，《广东社会科学》2010 年第 6 期。

究人才的培养应该包括以下几个方面：首先，是多语种人才培养问题；其次，应
该具备相当强的研究能力。

The Recent Advances of Macaology

Lin Guangzhi , Ye Nong

Abstract：This Article discusses three recent advances of Macaology. The first one
is *Prolegomenon*：*a historical review*. It summarizes the academic research works in last 30
years which includes having held multi academic seminars which discussed many subjects
for Macaology; Academia discussed the relating theories for Macaologic definite,
research fields, research requirements, etc. The second one is *Recent Advance of
Macaology*：*Theoreticalization and Internationalization*. It summarizes the academic research
work in 2010 which includes holding the first international symposium; forming
academic research bases for Macaology; academic attention continued to pay to
Macaology, and putting forward fresh ideas and perspectives. The third one is *Existing
Problems and Future Advance*. It summarizes the following problems which are needed to
be solved in the future research works which are lacking a higher and broader research
view and a probable paradigm while the research was limited to one period of time and
one place for a long period in the theoretical view; Materials construction still being
difficulty for research work; persons of academic ability being also the bottleneck for
Macaologic research advance.

Key Words：Macaology; Yearly Advance; Future Advance

B.24

公共广播在澳门的起步

——澳门广播电视股份有限公司的重新定位*

吴　玫　李凝怿**

摘　要：公共广播的核心在于以国有公营或非商业盈利模式，提供自由、多元、并有利于社会持续发展的公共广播服务。澳门广播电视股份有限公司作为澳门唯一一家无线公共广播机构，是澳门居民了解本地时事的重要渠道，但回归以来澳广视的运营服务与澳门飞速发展的经济社会形势明显有所脱节，不但完全依靠政府拨款运作，且提供之节目数量、质量都远不能满足公众对公共广播的需求。本文依托对澳广视服务现状的首次大型受众调查和对国际及澳门邻近地区典型公共广播制度的比较研究，综述了2010年澳广视定位为"澳门人的公共广播"的改革调研与规划历程，并重点介绍了澳广视未来发展规划中，在定位、体制、管治、财政、监督、人事、节目、评估八大方面的改革路径。

关键词：澳广视　公共广播　澳门传媒　制度改革

2010年12月6日，中华人民共和国澳门特别行政区行政长官批示，设立公共广播服务工作小组，旨在协助澳门广播电视股份有限公司（简称澳广视）成为公共广播服务的提供者①。此举标志着广为社会关注的澳广视改革工作正式启动。

---

* 本文参考文献除特别标出外，均引自《澳门广播电视股份有限公司策略发展工作小组报告》，2010。

** 吴玫，澳门大学传播系副教授；李凝怿，澳门大学传播系博士研究生。

① 新闻局，"政府设立公共广播服务工作小组"，2010 - 12 - 06，http：//www. gcs. gov. mo/showNews. php？DataUcn = 49662&PageLang = C。

澳广视是澳门第一家也是唯一一家无线电视台，是澳门居民了解本地时事的主要渠道。自回归以来，澳广视的运营与服务虽然比回归前有了明显的改进，但仍然与澳门飞速发展的经济社会形势脱节，一方面完全依靠政府大量拨款支持运营，另一方面，其提供的节目数量、质量都远远不能满足公众对公共广播服务的需求。澳门社会各界要求澳广视改革的呼声日益强烈。新一届澳门特别行政区政府上任伊始，就将澳广视的改革提到了政府的议事日程。通过设立"澳门广播电视股份有限公司策略发展工作小组"（简称工作小组）来系统检讨澳广视的问题与症结，最终决策将澳广视重新定位为公共广播服务机构——"澳门人的公共广播"。本文回顾了2010年澳广视改革的调研与规划历程，并重点介绍了澳广视未来发展规划中，在定位、体制、管治、财政、监督、人事、节目、评估八大方面的改革路径。本文分六个部分：改革的缘起；澳广视简介；澳门公共广播及电视服务受众调查；国外及周边地区公共广播比较研究；澳广视的问题与改革规划；社会反馈与政府决策。

一 改革的缘起：工作小组的成立

为回应社会各界要求全面检讨澳门广播电视股份有限公司（简称澳广视）工作的呼声，新一届澳门特别行政区行政长官崔世安于2010年4月21日作出第99/2010号批示，设立《澳门广播电视股份有限公司策略发展工作小组》（下称工作小组），全面检讨澳广视存在的问题，并提出整体改善意见和长远发展策略。工作小组包括关翠杏（澳门特别行政区立法会议员）、吴在权（澳门特别行政区立法会议员）、沈振耀（澳门特别行政区政府法律改革咨询委员会委员）、容永恩（澳门注册核数师公会副会长）、梁金泉（澳门核数师会计师公会理事长）、郝雨凡（澳门大学社会科学及人文学院院长、政治学教授）、冯少荣（澳门特别行政区行政长官办公室礼宾事务主管）7位成员。工作小组要求在6个月内向特区政府提交报告。

在行政长官的批示中特别强调工作小组的工作原则是：尊重采编自主，确保新闻自由；保障就业，提升素质；尊重现实，谋划未来。工作小组的工作内容是：检讨现有体制与运作，找出存在的问题，厘清定位与方向，制定未来发展策略。具体有下述几个方面工作：（1）社会调研与咨询：就澳广视的内部运作情况与澳广视高层及员工座谈；就澳广视现存问题、发展及建议与社会人士会面咨询；（2）委托澳门大学对澳广视的节目播出表现进行受众调查；（3）委托澳门大学对国际及周边地区公共广播服务模式进行比较研究；亲自参访珠、港两地相关业内机构，吸取发展公共广播服务的经验；（4）就澳广视的定位、管治、财政、人事、节目、监督、评估等问题及其发展方向深入探讨，并撰写策略发展报告。

澳门社会各界对特区政府的这一决策普遍欢迎，并对工作小组的调研工作积极回应、热忱参与。工作小组以各种方式会见了约 300 人，广泛听取各阶层意见。参与者包括澳广视高层及员工、澳门大专院校新闻传播等领域的学者。工作小组还设立了专门的电子邮箱及信箱，以广泛收集市民意见。总共收到 70 份不同形式的意见书，其中电子邮件 37 份、邮寄信函 15 份、直接提交 18 份。所有这些意见都对工作小组最终撰写的报告——《澳门广播电视股份有限公司策略发展工作小组报告》提供了坚实的民意基础。

二　澳门广播电视股份有限公司简介

澳广视成立于 1983 年 1 月 1 日，初始为政府出资、行政上独立运营的公共广播机构，下辖 1933 年启播的澳门电台。1984 年 5 月 13 日正式开始中葡文双语电视服务，成为澳门本地第一家电视台。1989 年，澳广视接受私人股东入股，成为政府和私人合资组成的有限公司，澳门政府持股 50.5%，其余由私人股东持有。1995 年，澳广视的资本结构是：澳门政府占 50.5%，澳门旅游娱乐有限公司（STDM）占 19.5%，南光（集团）有限公司占 15%，何厚铧占 15%。1999 年澳门回归后，澳广视的股东结构进行了调整，原本由行政长官何厚铧及旅游娱乐有限公司的股份分别转让予新韵有限公司及信城达有限公司，转让后的私人股东结构为：新韵有限公司 15%、南光（集团）有限公司 15%、信城达有限公司 19.5%①。2002 年，私人股东分别以无偿方式将股份退还澳广视，澳广视其后又将这些股份作价售予政府。现时澳门特区政府持有澳广视的 99.8% 的股份，其他财政自治的公共机构持有 0.2%。澳广视实际上已经成为政府全资拥有

---

① 余建栋：《澳门的广播电台电视台历史》，为"澳门广播电视股份有限公司策略发展工作小组"提供的未发表文章，2010。

的机构。

1990 年 7 月 25 日，当时的澳葡政府与澳广视签署了为期 15 年的《电视及声音广播服务批给合同》（简称专营合约）。根据该合约，澳广视享有澳门的广播电视专营权，但使用的广播频率仍归政府所有，澳广视专营权期限为 15 年，期满后享有续约优先权。2005 年 7 月 11 日，澳广视与特区政府签署公证书，此合同得以续期。

现时，澳广视的管治架构包括股东会、董事会、行政委员会以及职能部门。董事会由五名成员组成，下设行政委员会，负责筹划及管理澳广视的日常运营工作。行政总裁由特区政府行政长官任命，行政委员会下设财务及行政部、中文频道新闻及资讯节目部、葡文频道新闻及节目部、节目制作部、技术及特别项目部、节目及发展部六大职能部门，分管具体业务。

根据特区政府与澳广视签署的公证合同，特区政府行政长官办公室主任作为政府代表加入澳广视，并享有法定的职责和权力①。此外，旅游局局长担任股东会主席，新闻局局长、教青局局长及旅游局副局长担任董事。

在财政方面，澳广视多年来一直是亏损经营，需要依赖政府提供津贴维持其运营。在 2006～2009 年，政府每年津贴从 6500 万澳门元增至 1.264 亿澳门元，而营运成本也从 9870 万澳门元升至 1.586 亿澳门元。2009 年澳广视的营业亏损高达 1.064 亿澳门元，只是因政府津贴，才有了 2005 万澳门元的营业节余②。

在节目方面，电视台初始阶段，每晚 6 点至午夜，用中葡两种语言轮流播出新闻、体育及娱乐节目。1990 年起，设立了葡文台和中文台，每日播出时间也逐步延长。从 2008 年起，电视频道逐渐增至目前的 6 个，分别为澳视澳门③、澳视高清④、澳门—MACAU 卫星频道⑤、澳视体育⑥、澳视生活和葡文频道⑦。于 2009 年开始，澳广视又设立了三个独立频道转播内地知名电视频道节目，包括中央电

---

① 参见《电视及声音广播服务批给续期公证合同》，第 IV 章第四十一条，2005 年 7 月 11 日。
② 数据来源为 2006～2009 年外部核数师年度审计报告。
③ "澳视澳门" 即 1990 年 9 月 17 日电视台分拆两台后的 "澳广视中文台"。该频道于 2007 年 4 月 1 日改称 "澳门电视台"，再于 2009 年 11 月 2 日更为 "澳视澳门"。
④ 2008 年 7 月 14 日启播，大部分节目和澳视澳门作同步播放。
⑤ 2009 年 10 月 1 日启播，每日 24 小时广播。
⑥ 2009 年 10 月 9 日启播，每日播出时间由下午 4 点至次日凌晨 7 点。
⑦ 2009 年 10 月 26 日启播，每日播出时间由下午 4 点至次日凌晨 2 点。

视台新闻频道、中央电视台英语新闻频道和湖南卫视国际频道。

与此同时，它的广播电台一直保持中文和葡文两个频道，24 小时不间断播出。作为澳门唯一获准进行新闻播报的广播电台，它的内容包括新闻、时事、资讯、音乐、清谈和宗教等。

澳视澳门频道是澳广视的核心频道，年播出时间从 2006 年的 6164 小时增至 2009 年的 8760 小时，其中自制节目占播出时间 1/3 左右。澳门—MACAU 卫星频道、澳视体育和澳视生活自 2009 年 10 月陆续开播以来，年总计播出时间分别为 2208 小时、1324 小时和 670 小时不等。

澳广视网站（www.tdm.com.mo）于 2000 年正式开通，通过互联网提供电视台和电台的视频及音频节目。

截至 2009 年底，澳广视员工人数为 455 名，其中记者、节目制作人 239 人，占员工总数一半以上①。人员薪酬占澳广视年度支出总额的 70%。

综上所述，澳广视成立以来，股权几经变动，从 2002 以来，几乎完全依靠政府拨款支持，实际上已成为一间"全公帑运营"的广播机构。然而其法律性质仍属于商业有限公司的传媒机构，且长期处于亏损经营状态。作为澳门市民了解本地时事的主要信息渠道，澳广视服务质素也与社会期望相距甚远。如何把脉澳广视的痼疾，并为它探寻规划革新路径，是工作小组致力于研究的核心问题。

三 澳门公共广播及电视服务受众调查

为了更精确的了解澳门市民对澳广视节目的收看情况以及对澳门公共广播服务的意见和需求，工作小组委托澳门大学进行了公共广播受众抽样电话调查，这是澳门历史上第一次大规模的广播电视受众调查。电话调查于 2010 年 6 月 30 日至 7 月 3 日期间以随机抽样的方式进行，成功访问了 1044 位澳门 16 岁以上的澳广视受众。回应率约为 15.2%，抽样误差为正负 3.2%②。

澳门是一个资讯自由流动的社会，特别是香港的两家无线电视台在澳门占据

---

① 《澳门广播电视股份有限公司策略发展工作小组报告》附录 7 "澳广视人力资源分布（2007 ~ 2009）"。

② 本章节内容均引自《澳门广播电视股份有限公司策略发展工作小组报告》的附录 2 "澳门公共广播及电视服务受众调查报告"，2010。

重要的市场。澳广视是澳门唯一使用粤语和葡语传播新闻资讯的免费媒介，也是传播本地新闻的最主要渠道之一。调查结果显示，绝大多数澳门居民可以接收到澳广视的各个频道。70%的受访者选择澳广视作为了解本地新闻的首选渠道，略高于选择本地报纸的63%。

然而，受访者对澳广视新闻在准确性、及时性、客观性和深刻性等方面的满意度不高，平均评分仅为48%~58%。而在娱乐资讯的提供方面，澳广视则远逊于香港的电视台，满意度评分不足35%。

具体来说，超过70%的受众是通过澳广视来了解本地新闻的，近50%的受众把澳广视作为最主要的体育资讯来源。但当受访者被要求选择一个媒介作为最主要的电视娱乐节目来源时，超过70%（76.8%）的人选择了香港的电视台，而选择澳广视的不到10%（9.1%）。

受访者对澳广视新闻"准确性"的评分为58.50分，高于"及时性"的54.50分和"客观性"的52.50分。对"深入详细"的表现则仅评分49.25分。而受众普遍列为最喜爱的澳广视电视节目中，新闻类节目被提及711次，占57%。其他依次为体育类（19%）、娱乐综艺类（18%）和言论类（4%）的节目。

在电台节目方面，62%的受访者表示曾经收听过澳门电台的节目，而声称完全没有收听澳门电台的则有38%。在所有受访的澳门电台听众中，收听新闻报道的占67%；收听音乐节目的约占21%；收听时事评论和清谈节目的分别为30%和17%。

对于调查中列出五项传媒功能，即"提供新闻资讯"、"监督政府"、"满足教育和知识需求"、"满足文化和娱乐需求"和"对外推广澳门"，受访者表示对澳广视满意的仅为22%~29%（选项为"满意，一般，不满意"）。而受访者对澳广视最突出的意见，则主要集中在节目内容与制播的质素、新闻节目数量以及新闻监督力度方面。值得注意的是，受访者中的"男性、年轻、高学历和高收入群体"对澳广视的满意度普遍较低。

调查中，受访者对问卷中给定的五个澳广视电视节目改革方向认同程度都相当高。其中，"增加深度新闻报道"，同意者高达90%。其次"为增加教育类电视节目"、"增加本澳新闻的数量"、"加强评论性节目"和"增加本澳制作的娱乐节目"。有742位受访者对澳广视提出了共计923条意见或建议。其中，最突出的意见，包括改进新闻节目的质素、改进制播质素、增加新闻节目及坚持新闻监督。

四 国外及周边地区公共广播比较研究

为了吸取公共广播服务的经验，建构具有澳门特色的公共广播服务，工作小组还委托澳门大学进行了国际及周边地区公共广播服务模式的比较研究，并亲自走访了香港电台和珠海广播电视台。通过对澳门以外一些典型的公共广播服务机构在定位、管治、资金来源、人力资源、节目制作、服务评估等方面的综述比较，总结出不同的公共广播服务模式类型，为澳广视的改革模式设计提供参考[①]。

比较研究中选定的公共广播机构包括几个有代表性的公共广播机构：英国广播公司、美国公共电视网、澳大利亚广播公司、新加坡新传媒集团、香港电台以及部分邻近地区的公共广播服务机构：韩国放送公社、中国台湾公共广播电视集团、中央电视台以及珠海广播电视台。这些机构分别代表了不同类型的公共广播服务模式。

（1）英国广播公司是国有社会公营体制的典型，以资产国家所有和经营活动由特许公司在社会参与下自主进行为基本特点。它是一种最传统的公共广播服务模式。

（2）美国公共电视网是社会团体联合体制的典型，透过众多成员公共电视台联营方式，体现众多政治力量和公众团体共同认可公共广播组织架构、负责人选和大政方针。

（3）澳大利亚广播公司代表的是在国有社会公营模式上的一种变异版，是政府主导下的国有公营体制。联邦政府作为最终向国会负责的主要角色，对公共广播电视进行领导。

（4）新加坡新传媒集团代表了一种主权基金控制下的广播报业一体化的企业运营体制。在这一体制中，政府对媒体的控制转换为主权基金对媒体的100%控股。

---

① 引自《澳门广播电视股份有限公司策略发展工作小组报告》的附录3"国际及周边地区公共广播服务模式比较研究"，2010。

（5）香港电台则是完全依靠政府的财政拨款维持运营的公共广播机构。它在行政体系上属于政府部门，但在服务职能上享有独立的公共广播服务职责。

在这五大类型之外，另外几个选定机构代表了公共广播、国营、商营混合型模式。

（1）韩国放送公社代表了一种公共广播、国营与商营交集的混合模式。它是由政府直属的媒体机构转型为独立的社会公共法人组织，但仍然受政府的间接影响。

（2）中国台湾公共广播电视集团是一种政府资助、民间捐款与商业经营相结合的公共广播服务混合体，是美国社会团体联合体制的变异版。

（3）中国中央电视台、珠海广播电视台代表了公共广播服务的一种国家控制的媒介体制。然而不同于完全依赖国家财政的传统国营服务，实行的是一种国家财政支持下的企业化运营模式。

比较研究主要是对于现有相关文献资料的总结与梳理，并参照相关公共广播机构发布的互联网资料、年度报表等资料，还借鉴了部分学术期刊对公共广播的相关学术论述。通过分类与梳理，总结出了对澳广视改革有借鉴意义的国际同周边地区公共广播服务机构在性质、定位、财政、责任、监督、人事等方面比较一致的几个制度特点。

第一，公共广播服务机构，大多数为公有性质。它是以国家（或政府）建立、组织、分配资源为主导的广播模式，它不是也不依附于任何商业机构，而是全社会公民的共同财产。另外，绝大多数公共广播机构在新闻业务上奉行不受政府干预，严守新闻自由，采编自主原则。这种制度安排可以保证公共广播有充分的资源服务社会公众利益，而不受商业利益的限制与左右。可以最大限度地承担社会责任，引领价值导向，提供自由、多元、高品质、有公信力，有利于全社会公民福祉的公共广播服务。

第二，公共广播服务强调如何有效地配置和使用公共资源，同时不排除社会资源的参与。除了政府投入资金外，公共广播机构都在不同程度地引入其他资助以解决财政问题，实现资金来源多元化。

第三，公共广播服务，必须建立监管和问责机制。各国/地区均有一系列相关法律法规对公共广播服务进行规管。其评估及监督机制，包括由社会各界组成咨询/顾问委员会，观众投诉处理机制，定期和不定期的节目满意度调查，来自议会、政府和社会各界的质询与检讨，定期对社会发布年度报告或服务检讨等。

第四，公共广播机构通常采用企业化的多元聘任制度，包括长期任用、合约聘用与临时聘用。同时，加强员工培训，培养高素质、有竞争力的人才是公共广播服务机构致力的目标之一。

五 澳广视的问题与改革规划

在澳门社会广泛期待下，工作小组于 10 月 7 日向行政长官呈交了《澳门广播电视股份有限公司策略发展工作小组报告》。报告共分 4 个部分，15 个章节，并有 7 个附录。

报告在总结社会各界的普遍意见基础上指出，澳广视的表现，无论节目的数量、质量，都与澳门公众要求有较大距离，不能满足市民对公共广播服务的内容更加丰富、题材更加多样、制作更加优良的需求。

报告认为澳广视目前存在五大问题：定位不清晰、目标不明确、制度不完善、管理不规范以及监督不到位。

（1）澳广视公共广播性质没有得到清晰的法律定位。虽然 2005 年修订的《电视及声音广播服务批给续期公证合同》，赋予澳广视提供"电视及声音广播公共电信服务"的权利，但对这一条款没有明确的定义。

（2）由于定位不清晰，导致澳广视的服务与运营目标模糊，其节目、管治、监督等诸多方面既不是商业运作，也无法以公共广播服务机构的标准去衡量。

（3）在管治方面，股权性质的变更并没有带来相应的制度改革以保证良好的、有公信力的管治。这主要表现在澳广视董事会领导作用缺失。由于董事会的职能"缺位"，行政总裁经常"越位"行使本应属于董事会的决策职能。这种职权不清的情况，给澳广视的运营及发展带来了严重的影响。

（4）澳广视的行政管理不完善，在资源分配方面，欠缺统筹合理的内部资源分配，在人力资源管理方面，缺乏合理完善的招聘、培训、职级、薪酬、绩效、晋升等内容的规章制度。管理层"家长式"的行政作风导致内部沟通机制堵塞，员工缺乏归属感以致前线新闻员工流失率较高，从而导致缺乏稳定、团结、高质的员工队伍。

（5）缺乏有效的监督机制。在澳广视内部，董事会运作不正常，对行政总

裁指导、监督不到位。从外部来看，由于公共广播定位不明确，社会公众也无法对其行政、财务、服务、运营等情况实施有效监督。

工作小组报告在定位、体制、管治、财政、监督、人事、节目、评估8大方面规划了澳广视改革的路径。

1. 定位

澳广视应该明确定位为澳门公共广播服务机构，承担社会责任，打造"澳门人的公共广播"，为全社会公民提供普及、多元、独立和独特的公共传播服务。

2. 体制

建立由澳门特区政府拥有，为市民服务的企业化运营的公共广播服务机构——澳广视，并通过股东会授权董事会经营管理。在尊重新闻自由，不干涉采编自主，以及澳广视依法规经营管理的前提下，政府有权委派独立、专业的人士组建"澳广视发展策略顾问委员会"，对澳广视的经营方针、发展策略以及制播质素进行指导和监督。

作为澳广视的出资人，政府拥有财产所有、授权经营、指导监督以及资产审计等权力。澳广视不是以盈利，而是以提供充分、优质、多元的广播服务为目的。它必须提供公共广播电台、广播电视以及公共广播新媒体等服务，并且受到相关法律及守则的约束。

从长远来看，条件成熟时，政府可以考虑引进周边地区资源型、国际型企业入股澳广视，以此拓展中国内地及亚洲市场，扩大澳广视的发展空间。

3. 管治

澳广视现行管治架构基本不变，包括股东会、董事会、行政委员会、监事会，但政府须进一步明确其职责，并建立相应的制衡与监督机制，使各层级成员更加有效地履行其职责。同时参照国际经验，并结合澳门的实际情况，设立发展策略顾问委员会加强指导与监督。

4. 财政

澳广视拟采用以政府拨款为主，社会捐助及广告收入为辅的"综合财政模式"。同时，政府应拨出专项资金，统筹解决澳广视场地狭小、分散，设施落后等问题，为澳广视未来发展奠定基础。澳广视应加强财务管理，并受政府相关财政监督机构的监督与规管。

5. 监督

对澳广视的监督，主要集中在服务范畴、节目素质、理财得当、管理规范、廉洁高效等方面。应建立内部、外部监督机制以及多层、立体的监督体系，及时披露运营情况和服务表现，持续改善服务质素，以充分满足市民对公共广播的需求。

6. 人事

澳广视应做好人力资源规划，建立人才培养与引进机制。应建立或完善包括职程、聘用、薪酬、绩效、培训、退休等内容的人力资源管理制度，实现循章办事，制度管人，逐步形成尊重人、关心人、激励人的文化氛围，增强员工的认同感和凝聚力。

7. 节目

根据澳门的实际情况，以符合澳门公共广播服务目标，稳健推进频道与节目的改革，并且通过提升节目质素，适当拓展澳广视的覆盖面，争取更大的服务与宣传空间。

从长远来看，为了促进区域一体化以及中国与葡语国家经贸平台的建设，推广澳门的多元文化特色，扩大受众覆盖面，可以合作方式，选择在珠三角及主要葡语国家开设有澳门特色的频道与节目。在节目内容、编排、形式、技术、规划等方面精心设计与组织，大胆创新，为市民提供基于澳门本土文化生活及国际视野的全面、多元、优质而具创意的节目。

8. 评估

澳广视应建立正常的表现评估制度。可以通过以下方式进行：建立由高层管理人员负责的内部服务与表现监察小组；以"顾问团"的方式，邀请市民就频道、节目的质素提出意见和建议；委托第三方做民意调查；建立顺畅的投诉及其处理机制。同时应适时向公众披露评估的结果以及改善的情况，加强公众对澳广视运营及其质素的参与和监督。

报告最后提出了澳广视的改革与发展不同阶段的计划。

短期措施：根据新的公共广播机构的定位，对相关法律法规进行制定和修订；甄选及委任澳广视发展策略顾问委员会成员；调整和充实股东会、董事会、行政委员会、监事会等成员；聘任专业核数机构，对澳广视的资产、财务进行审计检查，为政府投入资金、实施监督提供参考依据；完善和建设公司的各种管治

监督制度等。

中期措施：由澳广视新的董事会制定《澳广视未来发展规划》，确立因应未来发展而需要增加的基础设施、重大设备、人力资源等软硬体以及政策方面的配套；加强人力资源的充实与提升；新场馆的落成或搬迁；扩展服务空间，进行与珠三角、葡语国家合作创办节目或频道的调查、论证。

长期措施：根据《澳广视未来发展规划》，以 5 年为一个阶段，对产权结构、目标定位、管治结构、治理结构以及财务盈亏、服务表现、发展策略等进行定期检讨评估，对新的形势、新的要求以及运营中的问题及时调整，持续改善公共广播服务水平；跟进国际公共广播服务领域发展的新情况、新问题，积极开展区际交流与合作，提升澳广视作为区域性公共广播服务提供者的角色和地位；启动物色和引入战略投资者的相关工作。

六　社会反馈与政府决策

工作小组报告递交后，《澳门日报》、《濠江日报》、《市民日报》均以专题等方式转载小组的报告内容，同时也引发了社会各界对于澳广视制度改革的热烈讨论，对工作小组的报告表示充分的肯定。有学者说工作小组的报告"是骚到了痒处的，是有的放矢的，也是具有改善方向的，应该给予热烈掌声"。

在工作小组报告调研撰写期间，澳门的《试听广播法》、《出版法》的修正项目的文献研究工作也在着手进行中。整个法律修订过程计划将历时几年完成。另一项与澳广视今后运作有关的政策问题是公共天线的管制问题。澳广视和澳门本地公共天线服务提供商，在信号转播等问题上长期存在争执。由于历史遗留造成法律上的缺陷，公共天线服务提供商迟迟未能纳入政府规管范围，导致电视广播服务市场的混乱。在澳广视改革起步同时，尽快完善法律相关内容，将公共天线纳入管理范围并规范电视服务商的管理制度已经提到政府的议事日程中。

2010 年 11 月 6 日特区政府发布文告，表示经过深入研究及分析"澳门广播电视股份有限公司策略发展工作小组"的报告，同意澳广视应定位为澳门公共广播服务的提供者；设立公共广播服务工作小组；并检讨澳广视董事会运作模式。公共广播服务工作小组展开工作后，将与澳广视董事会配合，协助澳广视逐步过渡到公共广播营运模式；而特区政府为确保公共利益，将一如既往，坚持尊重新闻自由，不干预澳广视的采编自主。

一个新的澳广视——"澳门人的公共广播"正承载着澳门市民的热切期盼，即将扬帆起航。

Repositioning TDM as Public Broadcasting Service: Threshold to a New Era

Wu Mei, *Li Ningyi*

Abstract: Public Broadcasting Service (PBS) is essentially a state-owned or non-commercial broadcasting operation aiming to provide free, pluralistic, and sustainable service in favor of public interests. Teledifus? o de Macau (TDM) is the only free terrestrial TV station in Macao, and an essential channel for Macao citizens to receive local news. However, since the Handover in December 1999, its service has not kept abreast of the rapid social and economic development of the city. Nor has it provided satisfactory service for local residents in terms of adequate, diversified and high quality broadcasting programmes, although its operation has become completely dependent of government funds. This article, making reference to the first large-scale TDM audience survey and a comparative study of representative PBS models in the world and neighbouring countries and regions, provides an overview of the reform efforts undertaken by the Macao government in 2010 to restructure TDM into a public TV service. It elaborates in particular the reform plan which covers eight aspects including the reposition, structure, governance, finance, supervision, personnel, programmes and assessment.

Key Words: TDM; Public Broadcasting Service; Macau Media; Institution Reform

B.25
澳门演艺事业及其文化热土品性

朱寿桐*

摘　要： 澳门不仅是文学热土，更是演艺之都。这里每万人每月拥有的艺术演出场次可能是世界之最。特殊的文化传统、特定的艺术资源以及独特的社会生活方式，通过经典的或通俗的演艺活动，构成了澳门相当活跃也相当迷人的文化热土现象。澳门特区政府对演艺活动乃至所有文化活动的重视与支持，也可能是其他华人地区所无法比拟的。澳门演艺文化需要面向大中华的志向，加强创作含量，提高创作水平，从而在汉语文学艺术和文化世界中努力展示澳门身影，凸显澳门作为演艺文化热土的澳门形象。

关键词： 演艺文化　文化热土　澳门形象

澳门是一方文化热土，是一个综合着现代与传统、东方与西方文化的文明标本。这是从文学角度业已阐论过的结论①。但文化的内涵包罗万象，即其荦荦大端亦非文学一角所能涵盖，须分别从各种艺术类型和社会文明形态进行详尽的分析，方能见出澳门作为文化热土的特定品性。

澳门不仅是文学热土，更是演艺之都。几乎每一天，这座城市的各个剧场、公园，甚至是有些街头的一角，都常常是弦歌不辍，笙箫悠扬。剧场的喧闹伴着澳门柔和的春秋，街头的演艺更给炎炎夏日带来了纳凉的风气，即便是隆冬时节，远离了冰天雪地的温暖的南国街巷依然充满着粤音的铿锵。踏上这片狭窄的热土，处处感受演艺之风的温润，那是属于每一个澳门人和每一个游客的黄昏。

---

* 朱寿桐，教授，澳门大学中文系主任。

① 在2010年度的《澳门蓝皮书》中，我们就澳门文学与澳门作为一方文化热土的关系作了学理的梳理。参见《文学热土的生机与活力》，郝雨凡、吴志良主编《澳门经济社会发展报告（2009～2010）》，社会科学文献出版社，2010。

这一切都不容忽略，就像无法忽略游乐场和大三巴一样。

澳门戏剧已有专史①，澳门音乐远近闻名，但综合澳门的演艺事业与相应的运作机制和市场状况，则是较为全面地透视澳门文化热土品性的学术路径。面对回归之后 10 年的文化现实，面对 2010 年澳门演艺事业发展的常况与新机，我们应能对澳门文化的发展规律和美好前景有着更为清晰的学术把握。

一　演艺活动之热烈

如果说澳门每平方公里拥有的诗人数堪称世界之最，那么，这个小城每万人每月拥有的艺术演出场次更可能是世界之最。除了澳门文化中心等为数众多的正式演出场所高频度的演出安排，以及《澳门日报》等主流媒体的公开报道和评论的正规演出外，诸如威尼斯人等娱乐场所长期不断的商业性演出，还有各个戏剧和文化团体组织的经常性演出活动，更有在各个公园和街道自发组织的以粤曲为主体的自娱自乐的戏剧演艺活动，澳门可以说是戏剧狂欢的乐土，是通过活跃的戏剧演艺活动呈现的一方文化热土。

以 2010 年为例，这一年在主流媒体——《澳门日报》上关于演艺活动的正式报道有 305 则，考虑到其中重要活动约 15% 的重复报道率，则在正规剧场和正式媒体报道的演艺活动约 250 场次，加上一些单位和学校组织的未加报道的正式的演艺和综艺活动，澳门几乎每天都能平均到一场相当正规的演出活动。这对于一个只有 50 万人的小城来说，其频度之高已经相当惊人。以每次演出平均 400 观众计，这一年正式演艺活动的参与者已达 12 万人次。演艺活动毕竟只是市民的一种休闲方式，一个休闲的城市有资格享受休闲的人口约占 1/4，选择正式演艺活动休闲的则占 1/16，其中约一半人选择正规的消费式的演艺活动，这样，澳门的演艺活动参与人口应该占 1/100，即 5000 人。这样的基本人口需要每人每年参与演艺活动 30 次，平均每两周 1.5 次。

商业性的演出在澳门这个娱乐之都来说更是突出而日常的演艺活动。威尼斯人几乎每天都有高水准的商业性演艺活动，太阳剧团常驻此娱乐场，其影响已经扩大到东亚和南亚地区，成为这个地区的演艺人口游览澳门的另一宗理由。除了

---

① 最有代表性的当然是田本相、郑炜明主编的《澳门戏剧史稿》，江苏教育出版社，1999。

太阳剧团的演出外，威尼斯人娱乐场还不定期地举行著名歌星演唱会以及其他高层次的演艺活动，这些演艺活动更加强化了澳门夜夜笙歌的文化娱乐气氛。此外，以新濠天地娱乐场的水舞间观赏项目为标志，澳门娱乐场的商业性观赏项目正在往演艺方向设计和发展。新濠天地的天幕项目其实已经具有电影演艺的初步特性，而水舞间则在全球最大的、可容纳 2000 名观众的商用水池的大型剧院——Theater of Dreams，通过幻影奇技演绎虚构的爱情故事，将澳门这个娱乐之都的演艺活动朝高科技方面做了一次切实的推动。

以粤曲演唱的自娱自乐方式为主的澳门民间演艺活动，从来就充满生机。与广粤其他地区相比较，澳门人本来就有休闲的天性，也秉有休闲的心理与条件，而且这样的心理和条件也未受到革命和动乱的冲击。粤人休闲的传统在这里得到了最稳定最工细的继承和发扬，于是各派粤曲都在这里得到了最自由且长期不断的发展与普及，其中比较有代表性且也较成气候的如素有濠江歌王之称的李向荣开创的“哒味腔”粤曲。在白鸽巢公园、青州公园一带，粤曲的自娱自乐已经成为市民文化活动的保留项目和城市景观。一位外地记者曾经这样描述过澳门黑沙环三角花园的粤曲票友的自娱自乐活动：一个票友告诉他，他喜欢粤剧、粤曲，每天一下班就到这里来，“天天下午都在这里活动”。据这位票友提供的情况，澳门的粤曲“发烧友”有很多，像他们这样的粤曲自娱自唱场所，澳门共有近百个①。这里传递的信息从统计学的角度而言非常有意义，甚至可能有一定的震撼力：如果说澳门这种群众性的粤剧、粤曲演艺活动场所近百个，而几乎每天都有演艺活动，以每个场所每次自娱性演唱活动参加者 20 人计，每年参与这种街头和公园角演艺活动者总数就会达到 700000 人次。

澳门社会对于粤曲粤剧的重视并不局限于市民社会，在上层人士中，也不乏造诣很深的爱好者。据中国曲艺家协会会员、湛江市曲艺家协会副主席、湛江市群众艺术馆副馆长黄美梅透露，澳门行政长官崔世安就是一位深有修养的粤曲票友②。澳门文化节的保留节目——澳门国际音乐节也都包含有粤曲的专场演出。澳门政府有关部门一直支持粤剧粤曲文化的整理和出版工作，澳门版的《粤曲

---

① 吕铭康：《澳门频闻粤曲声》，2008 年 12 月 13 日《青岛晚报》。
② 《爱唱粤曲的澳门新特首》，2009 年 12 月 21 日《湛江晚报》。

宝典》系列丛书，包括《名曲名腔名家粤曲集》等，近些年在陆续出版，发行量颇为可观，这充分显示出澳门政府和澳门社会各界对粤曲文化及其演出活动的重视。

遍布于澳门街角和公园的粤剧和粤曲演出，可以说是澳门最经常也是最重要的社区文化活动。除此之外，澳门还有其他较有声势与活力的区域文艺活动或社团演艺活动。各个居民社区的艺术联谊活动强化了澳门作为文化热土的演艺气氛，不少社团每年都组织一定的演艺活动，同样能为澳门这片文化热土添热增光。由于各个同乡会之类的社团常常对于澳门各个社区有着传统的和稳定的对应关系，因而当社团活动与社区活动紧密联系在一起并形成某种传统以后，其之于澳门演艺文化的影响力就更为明显。黑沙环地区的福建同乡会等社团活动，其演艺节目之丰富，在澳门颇有影响。

在澳门的社区和社团活动中，一个特殊的群体及其演艺活动应该得到高度重视，这便是俗称为"土生葡人"族群的活动。对于这一有相当文化内涵和丰富文化心理的族群，传统的和通俗的"土生葡人"之称显然并不妥当。首先，"土生"一词往往带有"土著"的歧义，用来指称葡裔人士，则会通向极大的误解。其次，这些人虽然是葡裔人士，但是真正的"澳门人"，是中国人，不应被含糊地称为"葡人"。因此，用"葡裔澳人"来称呼才最为准确。

澳门是个多宗教融合的文化和洽之地，宗教演艺活动以及宗教团体主办的演艺活动常常有意无意地超越各自的教派，在澳门社会形成不可忽略的艺术文化景观。尤其是佛教团体的各种祭祀和节庆活动，可谓声势浩大，同时也形成了传统。天主教耶稣会在澳门设立的利氏学社，通过管风琴演奏会等新颖别致而又高雅不俗的演艺活动，丰富了澳门的演艺文化气氛。基督教、天主教教堂活动中常有丰富多彩的演艺活动，同样是澳门色彩斑斓的演艺活动的一个重要组成部分。

澳门的学校演艺业具有相当深厚的传统，这样的传统至今仍然得到发扬和提升。澳门大学、澳门科技大学的学生演艺活动已经呈现出越来越热门、越来越开放的势态，澳门大学生联合组织的演艺活动已经在各高校展开。同时，澳门大学还与南京大学交响乐队等内地大学生演艺团体订立了合作互访的演出计划，这些都是澳门演艺活动丰富性的生动展示。

总之，在澳门，剧场里经常上演代表澳门文学创作水平的高端文艺作品，以及与世界水平接轨的经典音乐演奏与演唱，街角广场和公园则每日不辍地活跃着

粤曲票友欢快的嗓音，娱乐场以商业演出的高端不俗地装点着这块狭小的地面，教堂寺庙也竞相呈现富有宗教文化色彩的演艺风貌，街坊、社区、学校和各种社团都纷纷向社会献演自己的才艺。于是，澳门社会的日常生活构成了一个细密而有序的演艺活动网络，这个网络将澳门铺展得夜夜笙歌，烘染得有声有色，装扮得风情万种。澳门是一座文化之城，其弹丸之地是一片名副其实的文化热土，而在这种文化的温热中，演艺的繁盛提供了一种不可小视然而又经常不为外人认知的重要能源。

二 演艺繁盛的文化渊源

特别是在影像艺术已经深入人们日常生活的时代，演艺活动也能够形成一派文化热土的景象，这是澳门的文化特色，也是澳门的文化优势。这丝毫不意味着这个城市"保守"或者"落后"，而恰恰意味着这个城市富有深厚的文化传统，持有丰富的文化资源，拥有特别的文化节奏和文化方式。正是这样的传统、资源与特定方式，通过经典的或通俗的演艺活动，构成了澳门相当活跃也相当迷人的文化热土现象。

至少对于西方人来说，澳门就是东方的罗马，不仅世界各地的水路都能够通向这里，而且这里狭窄的街巷，小巧的檐楼，精微的广场或圆形地，都充满着古老中国乃至遥远东方的风情民俗。经过历次战火的焚烧与革命的冲击，中国其他区域的传统文化痕迹越来越多地遭受剥蚀、磨砺与变异，唯有澳门这个少见战火的和谐地域，兼有相对悠久的历史和原生态的民间文化。在这里各种各样的民间文化都有机会得到原汁原味的保存，这是澳门比其他中国区域更为优越的天然的文化条件。这样的文化条件使得澳门社会有可能比任何其他中国社区更多、更丰富、更本原地保持中国传统文化习俗，这样的习俗显然包括民间演艺传统。自从演艺活动由宫廷和庙堂延溢到民间社会之后，一直是民间文化最集中最活跃的保存与展示方式，更是区域文化和民族文化最基本的识别标志。

澳门空间逼仄，地域狭小，而且人种驳杂，文化多元，这样的社会状态决定了它无法形成自己相对独立的民间文化系统，包括民歌、民谣，民间故事，乃至于神话传奇，等等，都只能与它的文化母体——中华文化和粤文化紧密联系在一起，甚至于澳门一些土产的、与澳门风物密切相关的民间文化作品，其实都不过是粤文化相应作品的一种有明显痕迹的民间迁移。这是各种版本的澳门民间故事和民歌民谣都能彰显的基本事实。民间文化资源及其存在和发展方式始终是自然的文化状态，它的原创性往往与一定区域独立的流传条件紧密相连。如果一定区域中这种独立流传的条件不具备，则这种民间文化的原创性便得不到鼓励，致使该区域的民间文化呈现出边缘传导性的特征。澳门总体上缺失民间文化的地域原创性和独立流传性，因而造成了其民间文化鲜明的边缘传导性特征。在自然的文化环境中，仪式感越强的艺术样式和文化形态越能够得到接受与发展。在所有的民间艺术和民间文化样式中，民间戏剧以及相应的演艺传统最具有形式感，最容易寻找到愿意接受它的人群并在其中扎根繁衍，这就是澳门民间艺术和民间文化中粤曲粤剧能够一枝独秀的社会文化原因。

澳门经济结构相当稳定，社会生活长期安定，绝大多数居民拥有统一的文化传统，这是民间戏剧及其演艺形式在这片热土上能够持续繁盛的历史保证。类似于赛义德提出的东方主义的某些原理，边缘的优势在一定的历史条件下往往会胜过中心的影响。如果说粤曲粤剧来自于相对广大的粤文化地区，澳门只是这一地区的一个边缘，那么，流传于澳门民间的粤曲粤剧由于历史相对悠久且未受到革命和各种改革浪潮的直接冲击，它就比任何其他的粤文化区域更显示出真朴、正宗的传统优势，包括其演艺方式在内，包括传承方式在内，包括观赏和自娱习惯在内，澳门无可讳言地保留着粤文化最传统的文化习俗。粤地的温热气候养成了其他中国区域无法比拟的街头演唱和广场演出的习惯，这样的演艺方式与寒冷气候下形成的喝热茶嗑瓜子摔毛巾把的北方传统剧场演出形成了鲜明的对照，尽管随着现代剧场的发展和普及，南北方剧场越来越趋同，而在澳门，长期形成且从未间断过的街角、广场演出和自娱自乐形式仍将这片文化热土烘染得笙歌处处，热火朝天。也只有在这片从未发生过直接革命乃至重大文化体制改革的文化热土上，粤曲粤剧的传承仍然沿袭着古老的师傅带徒弟的方式以及民间自相传习的方式；也只有在澳门这样的地方，粤曲唱腔和粤剧演出的风格还依然那么门派清晰，宗派分明。例如豉味唱腔的李向荣门派就相当活跃①。粤曲曲目和粤剧节目

---

① 李向荣（1909～1966），素有濠江歌王之称。广东台山海晏区沙栏村人，小学教师。受乡中时有八音班演出影响，喜粤曲，擅洋琴；尔后小提琴、风琴、钢琴亦无师自通。后从乡间往广州某报社任职广告部，业余唱曲，曾与罗品超同一乐社。他在澳门有一批传人，至今仍然活跃在粤曲界。

的正宗，演出方式与演出习惯的传统化，传承方式与观赏习惯的老套路，使得澳门在这方面体现出粤文化丰厚的积淀，体现出中华文化鲜明强烈的传统，因而也就在边缘地带体现出了强甚于中心地段的优势。

除了粤文化资源促成了澳门粤曲粤剧演出的活跃而外，澳门多元文化也活跃了澳门的演艺环境和气氛。澳门是中国历史最为悠久的中西文明交融、中外文化并存的神奇地块，这种文化交融与并存的物质标志是各种建筑，包括不同风格的民居商厦和不同教派的教堂庙宇，这种文化交融与并存的精神内核是不同文化理念、价值形态和生活习俗的相互影响或并行不悖，这种文化交融与并存的仪式形态便是各种各样的演艺艺术的争奇斗艳。与澳门的发祥密切相关的妈祖崇拜同样与传统的演艺仪式紧密相连，华人社区必不可少的佛道文化、儒家文化也都拥有一定的演艺传统和礼乐仪式。西方演艺的传入是基督教、天主教等西洋教化运作的直接结果，而澳门是西方近代宗教最早登陆的中国领地。多元的宗教文化带着多彩的演艺传统纷纷涌入澳门这个历史古城，使它变成了名副其实的世界文化长廊，同时也使它成了弦歌不断的东西艺术舞台。有形与无形的舞台，正式与非正式的舞台，东方与西方的舞台以及南方与北方风格的舞台，将本来空间非常狭窄的澳门铺展成了以丰富的演艺为标志的文化热土。

中外文化的优势资源并存，东西文明的优良艺术交融，使得澳门的演艺活动呈现出罕见的创造性和活跃度。这种创造性甚至体现在艺术形式的开拓方面。西方戏剧进入中国以后成为话剧这一独特的艺术形式，以至成为 20 世纪以来中国艺术的一种独特剧种，实际在更大的概念意义上成了中国现代文化一个独特的艺术领域，它出色地证明了中西方优势文化资源和优良艺术文明并存与交融的可能性。在澳门以及香港，人们将话剧与当地人离不开的粤语方言结合起来，创造了为当地观众所喜闻乐见的粤语话剧。这不仅标志着中国艺术百花园中又一朵灿烂的奇葩嫣然开放，更宣告了西洋艺术不仅能够走上中国艺术民族化的道路，而且可以进入为当地老百姓所亲近的艺术运作之中。值得一提的是，澳门丰富的演艺活动中，具有原创性的节目比例最大的乃在于话剧的演出。2010 年影响颇大的话剧——《七十三家半房客》①，是由澳门晓角话剧研进社创作并演出的。该社本年度还创作演出了《想死》。澳门戏剧农庄不仅将 2004 年创作上演的话剧

---

① 该剧创作并初演于 2009 年。

《玩谢莫扎特》重新上演，还积极投入了新的创作演出。作为第 21 届澳门艺术节的精彩内容，澳门还组织了话剧《聚龙通津》以及《魔幻候车室》、《街舞超想象》等剧目。天边外（澳门）剧场演出的话剧《樱桃园》也是 2010 年澳门艺坛一件醒目的盛事。与此同时，澳门的话剧舞台还向香港的话剧敞亮开放。香港与内地作家联合创作的话剧《弥留之际》，由澳门文化中心及香港话剧团联合制作、香港导演兼编剧吴家禧执导的话剧《濠岛》，都在澳门这片文化热土上留下了鲜明的足印。

必须指出，在经济转型和当代传媒的冲击下，话剧这一舶来艺术在大中华地区已经失去了许多市场与活力，除了北京、上海这样的政治、经济、文化中心外，一般城市的话剧演出已经少之又少，更不要说话剧创作了。相比之下，地方小人口少的澳门几乎平均每个月都能推出一场话剧，这可以算是话剧演出史上的一项奇迹。这奇迹的创造固然与话剧语言形式的充分本土化有关，更重要的是与澳门这片文化热土重视戏剧，人们习惯于观赏戏剧演出有关。

从戏剧到音乐，各种各样的演艺活动之所以能够在澳门如此密切地展开，得力于澳门特殊的文化资源和厚重的人文传统，而这种相关的文化资源的开发，这种厚重的人文传统的形成，还与澳门社会独特的文化生活节奏和普遍的社会生活方式密切相关。澳门社会从来都呈现出对内、向外无限开放的态势，这种开放的形态就像是为四面八方的艺术团体和艺术种类准备了一个充满人气的舞台，各种形式、各种来路的演艺活动正需要通过这样的舞台展示自己的魅力与影响。欣赏这种艺术魅力，接受这种艺术影响，这个社会的成员在精神和物质两方面均需有闲，而澳门正具备了这样的条件。澳门社会经济结构单纯，社会生活运作有序而简单，社会文化节奏缓慢而幽雅，这些都养成了相当多数的人群休闲化的生活方式与生活习惯，这种生活方式和习惯的养成实际上为频繁丰富的演艺活动培养了观众，同时为这片演艺文化热土营造了一种适宜的气氛。这种与澳门人的生活方式紧密相连的休闲文化气氛，是澳门迥然区别于其他华人区域的重要特征，也是澳门最有资格成为演艺文化热土的重要理由。

三 政府作用与演艺文化的前途

2010 年，是澳门演艺活动十分活跃的一年，更是澳门演艺活动发生重要转

变的关键之年。这主要体现在政府支持、资助、管理和引导演艺活动的体制的转变上。

其实，澳门作为演艺文化热土的最重要也是最直接最现实的条件，是澳门特区政府对演艺活动乃至所有文化活动的重视与支持，其支持的力度在相对意义上是其他华人地区所无法比拟的。澳门特区政府文化局、澳门基金会对于澳门境内正式的公益性和艺术性演艺活动的支持和资助，其覆盖率在90%以上，这种对于演艺活动经济资助的覆盖面也是其他华人地区所无法比拟的。这还不包括澳门政府的其他机构对于相应演艺事业的支持甚至组织。澳门政府对演艺活动的资助方式仍然在不断的探讨和完善之中，但这种资助力度总体上仍会加强，这是澳门成为演艺文化热土的重要条件。

澳门政府对于演艺活动的支持和资助应该说卓有成效，其成功不仅仅在于使得澳门地界上的演艺活动有了相当的经济支撑，还在于有效地密切了政府与艺人和民众的关系。虽然多是政府资助行为，但各演艺团体乃至临时演出动议，无论在申报还是在审批方面，澳门有关政府部门都体现出了亲民形象。即便如此，澳门文化局和澳门基金会还在进一步改善包括演艺活动在内的各种文化建设项目的申请和审批程序，从2010年下半年起，确立了两个机构联合资助、统一申请和审批环节的工作机制。这一工作机制改变了以前演艺活动分别向文化局和基金会申请资助的做法，杜绝了两个机构资助标准不统一或者重复资助等不良现象，使得政府对于演艺活动的支持和资助更有章法，也更加有序。

在支持澳门演艺活动方面，澳门政府所做的并不仅仅是花钱资助。随着政府发展文化产业方针的确立与实施，澳门文化发展策略有了明晰的思路，对澳门文化创作和演艺活动的导引也有了明确的方向。一个最抢眼的举措和成就便是，2010年澳门政府主导了澳门本地的电影创作和制作，并在内地许多重要城市进行推介。澳门电影创作和制作的起步与庆祝澳门回归10周年的系列活动相联系，2010年初，澳门主创和组制的电影《奥戈》闪亮登场，无异于宣告澳门电影开始了其越过拱北和板樟山走向内地走向全国的征程。此后，澳门本土导演执导的影片《堂口故事》，澳门主导制作的电影《星海》，都产生了相当强烈的影响，澳门制作的电影短片《错过的美丽时光》也获选为西班牙电影节参展节目，在内地影响最大的金鸡百花电影节上于2010年特辟"澳门题材电影展"，在这次影展上，《堂口故事》被确定为开幕电影。与此同时，《堂口故事》被定位为澳门首部系列影片，其第二辑《爱情在城》也已进入实际操作阶段。澳门发展电影创作与制作的思路还体现在 2010 年上海世界博览会澳门馆的布展策略上，澳门馆所播放的电影荣获第 46 届芝加哥国际传播影视展电影艺术银奖及公众展示类别的优异奖。

以这样的创作和制作成就为基础，澳门甚至出现了举办澳门电影节的呼声①，在此之前，以大学生为主体的电影周或电影节活动已经在澳门科技大学等学校成功展开。澳门电影经过 2010 年的不凡运作，已经形成了澳门文化艺术界的一项新事业，结合澳门题材电视剧的进一步开发，澳门电视管理体制和电视片制作体制的逐步改革，澳门作为演艺文化热土已经"电光闪闪"地走出了传统的轨道，开启了全面而有特色地发展文化产业的全新时代。

在一个缺少基础和传统的小城，一年之内能够推出 3～4 部影片并形成一定范围的影响，这是澳门又一项骄人的业绩。相对于澳门传统的演艺文化，澳门电影是澳门政府正确主导并取得重要成就的一项新的事业。澳门演艺活动需要总结和发扬澳门电影发展的成功经验，分析和借鉴澳门电影起步阶段的教训，这样才能保证澳门的文化事业持续有序地繁荣发展。

澳门电影一开始定位为以自我主创为主导，这是在全国范围内赢得关注的文化亮点。文化事业不同于其他社会事业，它需要相当质量的创作和创新内涵，需要体现一定水准的创造性因素，演艺活动更是如此。因此，澳门的演艺文化不能仅仅满足于活动的正常化和频繁性，而应该在追求自我独创方面下大工夫。澳门电影事业虽然较多地运用了"澳门题材电影"而不是"澳门电影"的概念，试图通过对外界摄制相关电影的借力来壮大澳门电影的声威与影响，但澳门电影的发展思路基本上立足于自我主导的创作与制作，这是从政府部门到业界人士都相当明确也较为一致的思路。澳门的音乐、戏剧演出能否沿着这样的思路走出一条自我发展的崭新路径，实际上是澳门演艺事业能否持久地繁荣发展的关键。澳门音乐会演出非常频繁，水平也相当高端，但澳门的音乐创作却非常薄弱，大部分音乐会几乎都是在零创作的状态下组织并开展起来的，这不能不说是澳门演艺文化界的一大遗憾。相比之下，澳门的戏剧演出其自我主导的创作比例偏低，水平也不尽如人意。我们讨论

---

① 《电影人支持澳办电影节》，2010 年 10 月 14 日《澳门日报》。

的 2010 年虽然有一些粤语话剧属于自我主导的创作剧目，但创作水平比往年有所退步。

面对这样的遗憾，澳门文化管理部门和澳门演艺文化界需要有足够的气魄，在政策导向和资助方略上明确鼓励和大力扶持自创作品的演出，就像支持和赞助澳门电影的起步发展一样。政府部门还需要帮助澳门演艺界和文化界的有志者确立面向内地、面向港台、面向大中华的文化发展志向，鼓励创作和演出走出澳门。毋庸讳言，粤语话剧一方面带有浓厚的地方特色，另一方面也显露了创作、演出思路上满足于本地化和本澳化的思想痕迹，这多少影响了澳门演艺文化的发展以及创作水平的提高。2009 年李宇梁创作的话剧《天琴传说》应该说放在当年汉语戏剧创作的精品之中不仅毫不逊色，甚至比其他剧作都高出一筹，但该剧的演出局限在粤语上，结果文学影响及在演艺界的影响都没走出澳门，这是相当深刻的教训。当澳门的演艺界人士借助"立足本澳"的口号长期满足于在澳门本地的自娱自乐时，就不可能瞄准全国乃至整个汉语文学艺术圈，也就失去了在创作水平和演艺艺术作高端追求的动力和压力。

只有立意于走出澳门，面向内地，面向港台，面向大中华的文化志向，澳门的演艺文化才可能加强创作含量，提高创作水平，从而在汉语文学艺术和文化世界努力展示澳门身影，凸现澳门作为演艺文化热土的形象。其实，当澳门的文学艺术创作和相应的制作真正能体现出在大中华文化圈毫不逊色的水平和质量时，澳门的演艺事业包括影视事业才可能真正向文化产业方面过渡、发展，澳门的文化才可能真正走上良性发展和自主创新的轨道，最终达到不倚重政府扶持与资助的境界。

Performance in Macau and Macau's Image of Cultural Hotspot

Zhu Shoutong

Abstract：Macau is not only a literary hotspot, but also a hotspot of performance. People here must have the most frequent chances to enjoy performance in the world.

Special cultural tradition, art resources and mode of social life, with the classic and folk performing, composed active and attractive phenomena of cultural hotspot in Macau. The government gave a strong support to Macau's performance. It is necessary to face the whole China in dramatic creation and performing, to raise Macau's art level and reform Macau's image of cultural hotspot.

Keywords: Performance Culture; Cultural Hotspot; Image of Macau

B.26
澳门博物馆业现状与发展

吕志鹏*

　　摘　要：本文是在对澳门博物馆事业发展的历史进行回顾和梳理的基础上，分析博物馆在澳门文化建设中扮演的角色。同时在阐述和分析中指出博物馆事业虽然在城市高速发展中取得了多方面的成就，市民对博物馆的参与和理解亦有所增强，但与此同时，博物馆自身发展亦存在不少的难题，如馆际合作、法规制定、小区承担及经济发展与文化平衡等。最后指出，未来澳门博物馆事业发展的核心工作，应是由多发展到精，以优质化、精品化方向为努力目标。

　　关键词：澳门　博物馆　馆际合作　小区承担　发展

一　澳门博物馆业概况

　　澳门除了是一个东西文化的交汇地，拥有众多古迹之外，亦是世界知名的旅游赌城。在社会飞速发展的前提下，如何保留我们旧有的回忆和风俗文物，是一个重要问题，除了学者们为我们留下可贵的文字外，年代久远的文物又将如何抢救？为此，澳门的博物馆无疑成为历史文物的最佳避难所。在第 11 届国际博物馆会议中所通过的《国际博物馆协会会章》便概括了"博物馆"的意义，指出"博物馆以研究、教育和欣赏为目的，对人类和人类环境的见证物进行收集、保护、研究、传播和展览"，而博物馆的管理营销、高科技的信息运用、情景教育、观众满意度测量等都对博物馆赋予新时代的责任和意义。而从这些发展趋势

---
　　* 吕志鹏，上海华东师范大学中文系博士，现任职于澳门民政总署，从事博物馆工作。主要研究方向为文学研究、澳门史及博物馆发展。

中，我们可以看出，一种直观而非刻板的概念正浮现出来，在21世纪，在瞬息万变的社会里，我们实有必要对澳门的博物馆作一番回顾和前瞻。

20世纪以来，澳门博物馆事业所走过的道路是漫长的，同时亦是一个自我定位的过程，这个过程历经艰辛坎坷和风雨磨洗而逐渐走向繁荣昌盛。如数量由1960年的两所，发展到2004年的17所；参观人数亦由1883人次递增到1171195人次，到2009年，人数更高达2253697人次，这不能不说是一种飞跃。

回溯历史，在19世纪末澳门只有一些短期的小展厅，亦曾有送出过一些物品往外地参加博览会式的展览，到后来出现过临时性的博物馆，到最后发展成真正稳定长期的博物馆，在这里我们应提到20世纪20年代由当时的港务局局长阿瑟卡蒙拿海少将倡议成立的海事及渔业博物馆（可惜在第二次世界大战期间被破坏而关闭），这是早期澳门具博物馆雏形的代表性例子。及后，1960年9月成立的贾梅士博物院，其内主要有文第士所收藏的中国文物，包括铜器、陶瓷和中国画等，有1000多件，其中汉代的青釉陶瓶、六朝的仕女彩陶、明朝的"祖唐居"绿釉壁挂、八大山人、傅山的画作等都是精品。此外，当时博物院还展出了洋枪、洋炮、轿子和人力车等武器和交通工具。贾梅士博物院可以说是澳门早期最具规模的博物馆。

到了近20年以内可谓博物馆事业发展的黄金期，政府除了物色新地兴建博物馆外，亦会为具历史、艺术等象征意义的建筑物订立法则，并在修葺保护后活化成面向公众的博物馆。当中既有完备功能的博物馆，亦有着重陈列展示的展示馆或纪念重要人物的纪念馆，可谓五花八门，而各式各样的博物馆能在澳门土地上纷纷建成，这不能不说是因应澳门回归与社会文化发展的推动力（见表1）。

从表1中我们可以看到现存的博物馆中，最古老的应是1958年开幕的国父纪念馆，其后则是海事博物馆、大赛车博物馆、林则徐纪念馆、土地暨自然博物馆、消防队博物馆、龙环葡韵住宅式博物馆等相继开幕，从而为澳门这个小城增添了一份文化色彩。另外从分类上我们还可以看到以介绍天主教历史为宗旨的圣物宝库、天主教艺术博物馆、仁慈堂博物馆；推动科学教育的通信博物馆及澳门科学馆；专题性的澳门茶文化馆、葡萄酒博物馆、镜湖历史纪念馆等，诸如这些都可看出澳门博物馆类型的丰富多样。及后博物馆经营方式亦出现变异，由从前的公营逐渐出现公私合营的情况，如典当业展示馆就是其中一例。但这里值得申明的是，澳门博物馆业出现了公私合营的情况，其政府依然为经营主导，并非如台

表1　澳门地区博物馆一览

年份（兴建或开幕）	名　称	所属部门	主　题
1958	澳门国父纪念馆	台北经济文化中心	介绍孙中山在澳门之事迹
1987	海事博物馆	港务局	航海、渔业和葡萄牙航海事业
1989	镜湖历史纪念馆	镜湖医院慈善会	镜湖医院慈善会及其属下医院、学校等机构的发展历程
1993	大赛车博物馆	旅游局	澳门的赛车历史
1995	葡萄酒博物馆		葡萄酒文化
1996	天主教艺术博物馆与墓室	文化局	天主教的圣物、油画和墓室
1997	澳门林则徐纪念馆	莲峰庙慈善值理会	林则徐事迹及相关纪念物
	土地暨自然博物馆	民政总署	澳门自然生态及保育情况
	圣物宝库	文化局	天主教的圣物
1998	澳门博物馆		澳门的历史、风俗及文化
	消防队博物馆	保安部队事务局	澳门消防事业之发展
1999	龙环葡韵住宅式博物馆	民政总署	土生葡人的住宅和昔日生活面貌
	澳门艺术博物馆		艺术类为主
2001	仁慈堂博物馆	仁慈堂	天主教之圣物和圣器
2003	典当业展示馆	文化局	澳门地区之典当业
2004	澳门回归贺礼陈列馆	民政总署	澳门获各地赠送之回归贺礼
	澳门保安部队博物馆	保安部队事务局	澳门保安部队之发展历史
2005	澳门茶文化馆	民政总署	中西茶文化
2006	通信博物馆	邮政局	邮政事务和其他通信设备发展
	路氹历史馆	民政总署	路环和氹仔之历史文化
2010	澳门科学馆	澳门科学馆股份有限公司	科技发展

湾地区一样倾重公办民营，其目的主要是解决政府的财政负担，至于未来澳门地区会否出现其他的公私合营博物馆，又能否借此突破公型博物馆年度预算有限，改善行政体制繁复与经营限制，甚至降低博物馆的支出成本，则仍有待观察，但无毋置疑的是这种合作模式使澳门的博物馆发展模式开始变得多元。到了1998年及1999年的澳门博物馆、澳门艺术博物馆的出现，其规模之大、藏品之丰富、制度之完善及修复队伍之壮大，更为澳门博物馆所少见。截至2010年澳门的博物馆共有21座，虽未至于五步一楼、十步一阁，但按人口比率来平均这一数字可谓非常之高。此外，我们亦不难发现管理博物馆的机构颇多，如政府的有文化

局、民政总署、旅游局、邮政局、港务局、保安部队事务局等；民办的亦有镜湖医院慈善会、仁慈堂及莲峰庙慈善值理会等。

二 澳门博物馆众多——加强博物馆间的合作交流与统一管理

从概况介绍中，我们不难发现，由 20 世纪 80 年代末期开始博物馆事业正在急速膨胀，几乎平均每年就有一间新的博物馆出现，这甚至可以说是近 20 年澳门博物馆事业发展的最大特征。在 1999～2009 年，进入澳门博物馆参观的人数增长了 2 倍多（见表2）①。

表 2 澳门的博物馆参观人次

年份	1999	2004	2007	2009
参观人次	631984	1171195	1984638	2253697

促使博物馆业能这样迅速发展的原因是多方面的。如：政府对博物馆投资的日益增加；市民的文保意识有所提升；地域经济的发展；申报世界遗产成功；澳门回归祖国，等等，都是促使博物馆事业兴盛的原因。在形势一片大好的环境下，这里笔者有意分享徐宁的一篇文章《愈多愈好？——谈博物馆建设的浮夸风》，以及《中华人民共和国博物馆管理办法》。首先徐宁在其文中提到："真正博物馆应具有：一 具有藏品；二 要有基本陈列；三 要向社会公众开放；四 要有管理藏品、开展社会教育的专业人员。"② 而在 2006 年 1 月 1 日起施行的《中华人民共和国博物馆管理办法》第二章第九条更进一步明确规定了设立博物馆，应当具备的条件：（1）具有固定的馆址，设置专用的展厅（室）、库房和文物保护技术场所，展厅（室）面积与展览规模相适应，展览环境适宜对公众开放；（2）具有必要的办馆资金和保障博物馆运行的经费；（3）具有与办馆宗旨相符合、一定数量和成系统的藏品及必要的研究数据；（4）具有与办馆宗旨相符合的专业技术和管理人员；（5）具有符合国家规定的安全和消防设施；（6）能

---

① 澳门统计暨普查局：《2009 年统计年鉴》，2010 年 8 月，第 175 页。

② 徐宁：《愈多愈好？——谈博物馆建设的浮夸风》，2006 年 2 月 24 日《中国文物报》。

够独立承担民事责任。

虽然笔者深信澳门的博物馆基本上会符合上述的要求，但我们亦可以毫不讳言，在澳门地区中不少博物馆在必要的研究资料或藏品、专业技术和管理人员、库房和文物保护技术场所层面上还是相对薄弱的。

这里确实暴露了澳门博物馆事业发展的一个问题，基础的条件跟上去了，但整体规划的水平还是无法得到有效提高。从发展的道路上看，少——多——精，基本上是发展不移的定律，澳门的博物馆在前人的努力下基本完成了由少变多的发展阶段，现在更需要集中处理好由多变精的问题。当然这里所指的多变精并不是要求高大全，又或者每所博物馆都五脏俱全，其侧重点应像西方遍地开花的博物馆一样，规模虽小但整体的质量却很高，这具体表现在教育推动、人员培训、小区营造等方面，而非在单纯建立设施，以及管理人员架构的膨胀之上。

此外，由于"博物馆是一个不追求盈利，为社会和社会发展服务的、公开性的、永久性的机构"[1]，尤其在澳门，其结果是办馆的优劣与成效并不构成馆自身关闭的危机，但要建立完整的区域博物馆，提升博物馆的形象，以至让今人了解人类文明遗产的价值，在今天有必要考虑分治管理与统合管理的优缺。

澳门博物馆业长期以来都处于一种分散及各自管理的状态，各馆或各政府部门一般都会从自身的需要或能力去规划一间博物馆，虽然没有像传统的企业一样出现资源、产能和消费者的竞争，但无可否认的是，在宏观上比较缺乏地区总体的需要和考虑，亦缺乏分工协作、统整资源的思想，从而形成博物馆事业各自孤立发展的局面，结果往往导致资源浪费，但数据未能共享的局面。本来分散和多元是澳门不少事业的特色，其好处是自由度大，应变迅速，坏处是文物管理、协作发展的不稳定，容易造成进退失据。就像一块未被开垦的土地，每位耕者随意耕作开发，自然一切都会来得称心如意，反正地多得很，但当耕者越来越多，而固有土地不增的情况下，自然会出现重叠（包括器具、土地等）和效益渐减的情况，这时谁都会想到需要规划，否则定会出现在挖沟引水中让作物溺死或枯死，又或者每人都有一套普通工具，而无力购置专业工具提高生产的情形。

欠缺规划的布局有可能在新时代中令博物馆事业停滞不前，正如前任澳门博

---

① 徐宁：《愈多愈好？——谈博物馆建设的浮夸风》，2006年2月24日《中国文物报》。

物馆馆长傅玉兰所提出的："若成立一个独立的机构统一管理，又是否有更大的好处？对于馆藏品和文物修复是否可做到集中管理和技术支持？对于所有的公营的博物馆，是否可订立出长远的、统一的发展目标？"① 笔者亦时常对此反思，是否能在各馆牢固的合作关系中，做到减少支出，增加收入，扩展效益和达到资源、知识和经验的共享，最重要的是打破各博物馆工作者的非协作经营观念。在短时间内，笔者认为出现一个机构或委员会统整全澳的博物馆可谓无甚可能，但诸如定期进行馆长会议、加强博物馆间的合作交流却是不二之选。尤其后者，每一间博物馆有各自的专长与特色，如果能够相互合作，互补其短或共同营销，结合成博物馆联盟或是博物馆群，共生一体，无论在人力或经费上必定会节省，如《全澳博物馆参观简介》的出版就是在节省资源与协作宣传的前提下出现的，当然在澳门最成熟的例子应该是博物馆通行证的使用及国际博物馆日。前者是自2001 年开始，于特定的六间博物馆中（澳门博物馆、澳门艺术博物馆、澳门林则徐纪念馆、海事博物馆、葡萄酒博物馆、大赛车博物馆），可以以优惠价格购票，并在五天内参观上述各馆，达到人流共享及宣传推广的效果。

至于国际博物馆日，则源于 1946 年 11 月在法国巴黎成立的国际博物馆协会，到了 1977 年国际博物馆协会更将 5 月 18 日定为第一个"国际博物馆日"（International Museum Day）。澳门在回归以后，2000 年开始，澳门博物馆业亦发起了本澳各博物馆联合举办国际博物馆日的活动。首届的吉祥物为"博物龙"，在最初期，只有 8 间博物馆共同参与该活动，到 2007 年已发展到 20 间博物馆参与。同时在磨合发展中，博物馆活动每年的内容变得多姿多彩，各博物馆除了基本豁免入场费和组织不同类型的专题展览外，还会发行首日纪念封、派发纪念品、组织专题讲座、展板介绍、抽奖游戏及相关活动，诸如"国际博物馆日标志设计比赛"、"澳门国际博物馆日摄影比赛"、"博物馆全接触 DV 录像比赛"、"澳、港、粤博物馆联展"等。庆祝活动的时间也延长了不少，由早期只有 5 月 18 日国际博物馆日当天举办活动，进而开展至整个 5 月份（甚至我们可以说成是博物馆月），各馆充分利用不同时间为公众提供各式各样的精彩活动。而整个国际博物馆日的活动组织，每年均会由不同博物馆负责统筹的工作，亦会定期进

---

① 傅玉兰：《澳门博物馆业发展现况》，见 http：//www. gzwh. gov. cn/whw/channel/ztlm/2006_518/asp/gzlt/200551893428. htm。

行会议①，令庆祝活动既有完善统一的协调，同时可按各博物馆不同的实际情况及特色而灵活设计内容，做到资源共享，增进交流，引起协同效应，从而达至向市民推广博物馆文化的目的。

现在国际博物馆日馆际间的合作并不限于澳门本土，其中值得注意的是透过澳门博物馆日，我们还有不少是与外地博物馆界的文化交流和合作，尤其是香港和广州等。自 2004 年起，澳门博物馆已组织澳门多间博物馆于 5 月份到这些地方参加庆祝国际博物馆日的活动，同时亦有为广州送去展板参与国际博物馆日的宣传。诸如这类的活动不仅加强了澳门的对外宣传，同时亦增加了外界对澳门历史和多元文化的认识，并有助建立澳门博物馆业的地区专业形象。

当然，若从"量"的层面来说，单纯靠"博物馆通行证"、"国际博物馆日"这类合作是不够的，要加强博物馆的功能与成效，除了重视共同讨论研究诸如共同组织中央博物馆藏品检索系统、博物馆持续发展、提升服务素质、文物转赠的互为转介、危机处理及人员持续培训等议题外，实有必要进行更多不同类型的馆际合作。未来，当地方馆际合作条件成熟后，我们更应该发展其他区域的博物馆合作，并积极参与国际博物馆协会、美国博物馆协会，或是其他专题性的协会，建立行之有效的联网，除了能获得先进的发展信息外，从长远来看更能营销澳门的本土文化。

澳门是一个开放型的旅游城市，随着赌业的开放，澳门更有可能成为区内的旅游和休闲中心，在可预见的日子，无论娱乐场所、网吧、酒店、商场都将会出现高品位的展览和展销。据笔者统计，除常设展览外，2009 年澳门的博物馆共组织了约 10 场展览，同年澳门地区公开的展览已达 134 场（当中已包括博物馆所组织的部分）②，虽然两者展览的定位及性质并不相同，但在超过 10 倍之距的情况下，博物馆在观众的争夺战中胜算有多少实在不容乐观，只有在各业同步发展的同时，加强各博物馆间的合作，形成固定的规模效应，在行动上多组织一些跨馆的中小型坊间（或小区）展览、推广交流等才是长远的发展之道。

---

① 这种定期会议，由每馆派出代表参与，在临近"博物馆日"的实际工作期，不少馆长更会参与会议，以落实工作，过后亦会进行检讨会议，改善弊陋。

② 澳门统计暨普查局：《2009 年统计年鉴》，2010 年 8 月，第 178 页。

三 博物馆的教育活动——从针对性群体到 青年学生群体到小区群体

丹尼洛夫在《科学中心》一书中，将博物馆教育活动分为三大类，"包括馆内基本教育活动、辅助学校的教育活动及服务社会的教育活动"①，博物馆内的基本教育活动，一般已由展览本身的讯息传递介绍及馆内活动完成，如澳门博物馆的现场导赏服务、"形声形象——汉文字展"的有奖征答、澳门艺术博物馆的《艺博馆之友》通讯，以及"澳门茶文化馆教育小册子"、"路氹历史馆教育工作纸"、"他乡故里——乔治。钱纳利作品展教育小册"等一批教育小册子都属于此类，而澳门的博物馆一般都处理得比较完善，所以我们将着力探讨辅助学校的教育活动及服务社会的教育活动。众所周知，不少博物馆的教育活动过去针对的对象主要是专属群体，着重纵深的发展，如"秣陵烟月——南京博物院藏明末清初金陵画派精品展"、"甲骨文、金文孔子《论语》篇书法展"、"无限空间——金仁谦雕塑装置展"等展览的确很容易将教育活动导向成纵深型研究的策略，但2005年前后，澳门的博物馆重点已逐渐移向普及性，积极开展与学校间的合作，组织相应的活动，并渐渐发展成新时代的趋势。其实早在20世纪90年代，这种转变无论是在西欧、北美，抑或是澳大利亚地区都已取得成功，其后渐渐推展到日本和新加坡，成效亦不俗，这里我们不妨以澳大利亚为例子，澳大利亚的艺术教育之所以这样成功，除了学校与政府的因素外，还离不开对博物馆的利用，皆因博物馆不单成为年青人收集知识的宝库，亦成为其表达创意的天地。我们知道成年人的习惯一旦形成是难以更改的，所以教育必须从小培养，而近年澳门博物馆参观的观众年龄层越趋年轻，在素质教育的原则下"了解年轻人的期待及可能的反应，关注博物馆未来的观众"②，令他们跳出书本的框框，亲身体验与操控展览以增强其感知事物的能动性已是不争的新时代主流。其实早在1910年美国的教育先驱 H. W. Kent 即主张博物馆应提供学校师生教育的服务，1992年美

---

① 丹尼洛夫：《科学中心》，引自黄淑芳《现代博物馆教育理念及实务》，台湾省立博物馆，1997年6月，第83页。

② 科妮莉娅·布鲁宁豪斯：《博物馆功能背景下的博物馆教育》，《经营博物馆》，国际博协中国国家委员会、中国博物馆学会译：译林出版社，2010年9月，第179页。

国博物馆协会出版的《卓越与平等》一书更指出："逾半数的博物馆提供到校教学、教材外借与导览服务，而中小学生人数两倍于其他观众。"① 在英国的国家课程中甚至指出博物馆教育可与学校课程作有系统的链接，近年台湾亦有"学校利用博物馆计划"出台……澳门作为重要的旅游和外向型城市，实有必要为这种全球化的趋势做好准备，在澳门的博物馆中，促使学校或学生进入博物馆并不是毫无基础，如由 2006 年开始，民政总署即与澳门历史教育会合作组织"博物馆学生研究员"计划，截至 2010 年已培训超过 200 名青少年参与本地博物馆的活动，其中包括导赏、研究、推广、交流、考察及培训等，而 2009 年这些青少年更自发组织成博物馆学生研究员协会，继续推动澳门博物馆业发展，成绩斐然，这可以说是澳门现今博物馆同类活动中较为大型的活动。此外，澳门博物馆就曾推出了"文物修复课程"、"澳门影话教育活动"、"认识考古与文物保护"、"抗战时期的澳门互动教育区"，以及"博物馆之友"等活动，澳门艺术博物馆亦推出"青少年考古研习班"、"让生活充满欢愉幻想——学校推广计划"等活动，还有海事博物馆的"捕鱼及海上畅游活动"，澳门茶文化馆、路氹历史馆、住宅式博物馆的专题展板借出，通信博物馆的科普夏令营等活动开展情况理想，亦能扎根校园，但在欣喜之余值得令人思考的是，除了数间大型的博物馆之外，澳门其他博物馆对这类学校与博物馆间的互动还是颇为缺乏的，这在未来的日子有待加强。

由此看来，我们未来可以透过互联网利用教育课程与学校的教学产生互动，为学校提供相关课程的辅导数据之余，亦让学生和教师充分享用博物馆藏品及专家资源。教师们可以通过博物馆的网络检索相关数据，如数据不足，还可通过电邮主动向博物馆索取。透过这些活动与学校进行第二课堂的开展或任何形式的合作，相信不但可以培养出学生的美感和求知欲，同时亦可以令博物馆的教育职能得到更有效的发挥。P. Davis 在谈到新时代博物馆的发展方向时，主张博物馆的关注面应更多元，并应该多注重以多元的观点及新的诠释方式与观众沟通或启动群众的思考②。

---

① 美国博物馆协会：*Excellence and Equity*，引自廖敦如《我的教室在博物馆：英美"馆校合作"推展及其对我国的启示》，《博物馆学季刊》2005 年 1 月第十九卷第一期，第 79 页。

② P. Davis, "New Museologies and the Ecomuseum", pp. 397 - 414, In the Ashgate Research Companion of Heritage and Identity, Ashgate Publishing, 2008.

　　另外，虽然澳门的博物馆推展策略已由针对性群体辐射到青年学生群，但未来随着社会的进步还有必要通过小区的植入，利用公众的沟通与互动来增强亲和性，使博物馆成为小区服务的新文化教育中心，吕济民指出："当前必须加强博物馆在社会中的横向联系使自己植入小区建设之中"①，如西方不少博物馆已注意到这个问题，他们在考虑小区植入方面一般都会以家庭单位入手，如在博物馆中专设有"家庭"部分，一方面为家长带领孩子参观博物馆提供各方面的基本服务，另一方面也为家长引导孩子学习提供指导。更为重要的是，让家长与孩子共同参与博物馆设计的亲子游戏或导赏，增进亲子交流。

　　在澳门地区的博物馆中近年亦有以此作为宣传切入的，如澳门博物馆即曾组织"亲子花灯扎作坊"，澳门艺术博物馆组织的"米罗的梦想世界——儿童化装会演"，澳门茶文化馆的"亲子茶艺"等都是博物馆促进亲子交流的例子。此外，值得注意的是，近年亦有出现由馆内走进附近小区的情况，如路氹历史馆组织的"话说路氹——路氹历史馆夜间话剧表演"，这是一个以戏剧作引介的活动，虽然从字面上我们只能看出其关键词"夜间"、"博物馆"和"话剧"，但若从实际安排中去研究，我们便发现其展演的舞台并不单纯集中在博物馆内，反而更为注重附近的小区，如排角、北帝庙、氹仔旧城区的街巷等，其用意是将博物馆作为一个核心引子，吸引市民大众从这里出发去认识和关怀周边小区的历史文化，这种小馆大区的概念确实值得我们提倡。当然，小区教育的兴起代表了博物馆职能的扩展亦对博物馆发展提出了挑战，除了要做好宣传、推广和教育外，笔者认为未来澳门地区的博物馆应对小区有更大的责任，如欧盟积极资助的 AEM 计划中博物馆对小区及成人教育的内容就包括：高级人员退休早期计划、失业人员再就业计划、残疾人计划、博物馆的语言学习计划、青年人的职业培训、学徒资格课程和犯人课程，由此可见其广泛性和全面性。澳门的博物馆实有必要主动地融入地区的发展之中，如澳门博物馆便长年邀请公众参与博物馆工作，内容包括澳门历史专题研究、博物馆教育教案编写、工作坊导师、资料搜集、撰写学术论文、设计博物馆纪念品、非物质文化遗产项目的展演工作，等等，内容丰富，还有澳门艺术博物馆"老虎头上玩餐饱"的弱势社群专场等，为拓展和承担社会责任起到良好的示范作用，但此类型的活动多为偶尔为之，实在无法得到长期

---

① 吕济民：《跨世纪博物馆的走向》，《中国博物馆通讯》1997 年第 12 期。

的持续深化发展。虽然现实如此，与小区建立密切、长期和深入的合作并承担公益责任，通过这种"教育社会化、社会教育化"的实现，笔者坚信定能做到博物馆及小区共同的可持续发展。

四　世界文化遗产①、非物质文化遗产与博物馆之关系

2005 年澳门历史城区在南非德班市举行的第 29 届世界遗产委员会会议上成功申报列入《世界遗产名录》，一时间"爱护文物，传承文化"的口号响彻整个澳门，在几年间，从前以博彩业为主的经济发展环境已无可否应带来了新的文化的转变。首先是澳门人自身的文化觉悟得到前所未有的提高，一些与之相关的活动、计划、法规、保育等如雨后春笋一样开遍濠江，如随口即能道出的"全澳文化遗产推广计划"、"澳门文物建筑展"、"世界的遗产——澳门历史城区校园推广计划"、202/2006 号批示②、澳门旅游学院的"文化遗产管理"学士课程、文物大使协会及澳门文化遗产导游协会组织的活动、蓝屋仔、望厦兵营、松山灯塔及高园街政府宿舍的保育呼声、文化遗产日，等等；其次是入境的旅客持续上升，在 2004 年申遗以前，澳门入境旅客为 16672600 人次，截至 2009 年澳门入境旅客已上升至 21752800 人次③，这里我们虽然无法系统地统计出有多少人是冲着"世遗"的名声而来的，但肯定的是到澳门旅游的必定会游世遗；最后是以世遗为点辐射向周边的环境持续改善与保护，如澳门的世遗说明牌的设立，以及城区说明牌、灯塔附近建筑的限高规定、圣老楞佐堂外围古石墙侧兴建垃圾房所引发的持续讨论等都可以看到世遗渐渐影响到城区的固有环境，甚至笔者不排除将来会出现一些诸如《杭州西湖文化景观保护管理办法》④ 的

---

① 笔者集中讨论的是世界文化遗产与澳门地区博物馆的关系，故一般的文化遗产与博物馆的关系，如将历史文化建筑改建成的博物馆（包括典当业展示馆、路氹历史馆），以及对一般文物的保护将暂不列入讨论。

② "关于澳门历史城区列入世界遗产名录，因此，有需要对其作出保障和特别的保护，并确立其有关的保护区"，引自澳门政府《澳门特别行政区政府公报》第 30 期，澳门印务局，2006，第 996～997 页。

③ 澳门统计暨普查局：《2009 年统计年鉴》，2010 年 8 月，第 243 页。

④ 杭州西湖申报世界文化遗产工作领导小组办公室：《杭州西湖文化景观保护管理办法》，2008 年 11 月 30 日公布，2009 年 12 月修正。

细则（该细则包括的保育范围除了历史文化史迹外，甚至连特色植物景观也有细致的规定）。

从上述三点中，我们仿佛可以看到世界文化遗产与澳门地区博物馆的丝丝关系，如从客观上加强了文物保护意识、提供了认识历史的途径，等等，当然这是对的，我们亦不否定游客在澳门看完世遗后会前往博物馆，深入了解地区或某项专属历史，从而将人流引导到博物馆之中，更不会抹煞澳门人想透过博物馆来认识和反思澳门的初衷，但在澳门我们实在找不到诸如武当山博物馆等因为世界文化遗产而催生成博物馆的例子，未来这种情况亦不容乐观，加上虽然有一些原属世遗历史城区建筑内的文物，尽管会在博物馆内展出，但其分散的放置与处理并不构成博物馆推动世遗的原因，可以说世遗与博物馆的关系是比较单向的。反之，就笔者所见，近年博物馆需要对非物质文化遗产责任的承担，反而令两者之间更为融合，如图1所示。

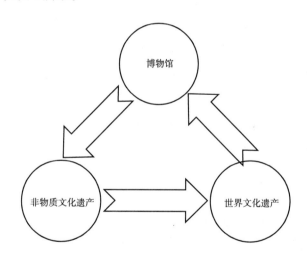

图1　博物馆、世界文化遗产及非物质文化遗产关系示意

从图1中我们可以看到，世界文化遗产的确立有助于提升博物馆的质性基础，反之从博物馆中，虽然我们可以透过文物的修复及保护使之发生一定的联系，但博物馆的确无法直接反馈、推动及发展澳门的世界文化遗产。但从近年的观察中，笔者却发现澳门博物馆对非物质文化遗产有着明显的承担，可以说博物馆对非物质文化遗产的推动，正好完善了世界文化遗产的内涵，这种相互推动的状态，促成了三者之间的共性发展。尤其是非物质文化遗产这个环节，笔者有理

由相信其会成为未来澳门地区博物馆业的工作重点。

非物质文化遗产是指依个人存在的一种非物质形态的遗产，是来自某一群体所表达的形式，亦是符合当时社会期望的作为其文化社会特性的表达形式，包括口头传承和表现形式，即作为非物质文化遗产媒介的语言；传统表演艺术；社会风俗活动、礼仪及节庆；有关自然界和宇宙的知识和实践；传统的手工艺技能等方面。而早在 1997 年，联合国教科文组织已建立了"人类口头遗产和非物质遗产"保护体制框架，2000 年更设立了《非物质文化遗产名录》，到 2002 年的"无形文化遗产——文化多样性的体现"文化部长会议及同年的"博物馆、非物质文化遗产与全球化"国际博物馆协会亚太区第七次大会，更落实具体的协调行动计划，以至于 2003 年在法国公布的《保护非物质文化遗产公约》，其权威性与实施性已被奠定。其内容均从不同角度指出博物馆作为保护非物质文化遗产建设性合作伙伴关系的推动者，博物馆应创立跨学科、跨行业的方法，制定全面开展博物馆和遗产保护实践活动的档案记录方法与标准。其目的是建立可评估档案，以采取经常性或抢救性的方案传承非物质文化遗产。所以现今我们可以从国际博物馆协会对博物馆作出的定义中看到："为达致教育、研究及欣赏等目标而获取、征集、保护、研究、传播及展出人文及自然环境的物质及非物质遗产"[1]。

在澳门方面，2008 年文化局公布的《澳门非物质文化遗产申报评定暂行办法》第十五条中便明确指出："文化局由澳门博物馆具体负责非物质文化遗产保护工作，其主要任务是协助澳门非物质文化遗产名录的评定，协调和促进澳门的非物质文化遗产保护工作，开展信息交流和学术研究等工作"[2]，这里包括了申报非物质文化遗产工作，如 2008 年由博物馆自行申报的"木雕——澳门神像雕刻"，2010 年协助不同社团申报的"南音说唱"、"澳门道教科仪音乐"及"鱼行醉龙节"等，这已证明澳门并非昔日所说的文化沙漠，此外还有非物质文化遗产的相关演示和展览，如 2008 年的澳门非物质文化展演，2010 年"人类非物质文化遗产代表作——粤剧图片展览"等都是其中的例子。由此可见，非物质文化遗产的发展，已由单纯的博物馆业自我申报，发展到辐射式的小区推动及培

① Museum Definition according to the International Council of Museums Statues, adopted during the 21st General Conference in Vienna, Austria, 2007.

② 澳门特别行政区政府文化局：《澳门非物质文化遗产申报评定暂行办法》，2008 年 6 月 18 日。

育，无论是由专人定期深入小区进行调查、整理非物质遗产，还是开展以非物质文化遗产为内容的研究和推广、认定非物质文化遗产的历史文化价值，给予重点的抢救或保护，甚至是赋予传承者的权利和荣誉及培训传承人等方面，博物馆都义不容辞，相信未来澳门地区的博物馆必会朝这方向健康发展。

五　博物馆藏品保管制度的规范化以及文物保护相关法规

澳门的博物馆中到底有多少藏品？答案是无法统计，即使行内人士亦无从说起。从整体分析，这一问题应归咎于博物馆电子化信息不足以及各馆欠缺交流；从内部看则是藏品管理制度有欠透明。《中华人民共和国博物馆管理办法》① 第三章合共七条即涉及藏品的管理，如"专项档案应当保存 75 年以上"②；另外在《中华人民共和国文物保护法》③ 第四章合共 14 条涉及藏品的管理，如"修复馆藏文物，不得改变馆藏文物的原状"④、"借用文物的最长期限不得超过三年"⑤。其他法规诸如《中华人民共和国博物馆藏品保管试行办法》、《中华人民共和国文物藏品定级标准》、《中华人民共和国博物馆一级藏品鉴选标准》、《中国文物博物馆工作人员职业道德准则》、《全国博物馆评估办法》（试行）、《博物馆评估暂行标准》、《博物馆建筑设计规范》、《博物馆照明设计规范》及《博物馆照明设计规范》等亦对博物馆的规范提供依据。反观澳门，我们可以看到的只有1984 年颁布的第 56/84/M 号法令、1992 年颁布的第 83/92/M 号法令、2006 年颁布的第 202/2006 号行政长官批示、2008 年颁布的第 83/2008 号行政长官批示，其内容仅倾向建筑物本身的保护，偶有提到文物的是第 56/84/M 号法令第二十七条"考古的发现"：（1）当由于挖掘或其他工作而在公地或私人地段发现遗迹、铭刻、硬币，或具有考古、历史、人种学或艺术价值的其他物品时，将应立即通知澳门文化学会，以及暂停有关工作，直至委员会建议适宜的措施为止。

---

① 《中华人民共和国博物馆管理办法》，2006 年 1 月 1 日。
② 《中华人民共和国博物馆管理办法》，第二十三条，2006 年 1 月 1 日。
③ 《中华人民共和国文物保护法》，2002 年 10 月 28 日。
④ 《中华人民共和国文物保护法》，第四十六条，2002 年 10 月 28 日。
⑤ 《中华人民共和国文物保护法》，第四十条，2002 年 10 月 28 日。

（2）上述所指物品将得由政府或具公权的多人承购，以便适当地存放于博物馆或其他适当地方。

这是回归以前笔者仅见的一条有关文物管理的法规，直至 2010 年出台的《文化遗产保护法》（草案）咨询文件①"博物馆、图书馆及档案馆"一章中终于有捐赠、寄存及借用的阐述，如下：（1）博物馆、图书馆及档案馆应鼓励动产类文化遗产，包括未评为文化遗产的财产的捐赠、寄存及借用。（2）上款所指寄存及借用不变更有关财产的私人所有权。（3）如捐赠、寄存或借出供展览或推广的财产的自然人或法人同意，博物馆、图书馆及档案馆应展示该自然人或法人的身份数据或认别数据。（4）寄存或借出的财产的所有人应获博物馆、图书馆或档案馆发出一份载明寄存或借用条件的证明书。（5）捐赠、寄存或借用财产可以博物馆、图书馆或档案馆承担修复该等财产的义务作为回报。

此外，值得我们注意的还有"学术及技术自主"一栏，其中指出博物馆、图书馆及档案馆享有学术及技术自主权，但须遵守文化局发出的一般性指引。笔者对此完全表示同意，但这里值得深思的是何谓一般性指引？一般性指引真的足够吗？政府是否有必要再加强相关法规或法案的形成？未来澳门地区的博物馆法规，会否细化到诸如《古人类化石和古脊椎动物化石保护管理办法》、《文物进出境审核管理办法》、《文物出境审核标准》、《1949 年后已故著名书画家作品限制出境的鉴定标准》及《1795 ~ 1949 年间著名书画家作品限制出境的鉴定标准》等专项的法规，又或者规范如《北京市博物馆条例》那样分总则、发展与保障、管理与监督、法律责任的部分②呢？这需要拭目以待。

其实上述所提的不过是一套法规，是属于方向性的，在奠定方向后我们还需要什么来配合澳门博物馆事业的高速发展？而一些实务的法则诸如《中华人民共和国博物馆藏品管理办法》、《省市自治区博物馆工作条例》等应该引起我们注意。现代的藏品管理不同于藏品保管的概念，保管充其量只是藏品管理的内容之一，这是途径而不是目的，而更大程度上应该着眼于最大限度地发挥藏品的价值，当然这又会涉及藏品的寿命与展示的问题，如不少名画都有一定的光照寿

---

① 《文化遗产保护法》（草案）咨询文件，见澳门文物网：http：//www. macauheritage. net/mhlaw/Default. aspx。

② 北京市人民代表大会常务委员会：《北京市博物馆条例》，2000 年 9 月 2 日，中国国家文物局、中国博物馆协会编《博物馆法规文件选编》，科学出版社，2010 年 10 月，第 107 页。

命，到了一定的时数后，则需要将画放在幽暗的环境中（即展出寿命的结束）。但不少澳门的博物馆在硬件（展出场地）和藏品展示位置上亦与展出的标准有所距离，所以我们首先要加强自身对文物保护的规范性及重视程度，加拿大文物保护中心的米赫斯基（Michalski，S.）编纂的温度与相对湿度明细表便是很好的借鉴（见表3）。

这种参照或考虑，笔者无从估计澳门地区中有多少博物馆严格执行，但可喜的是亦非绝无仅有，如澳门艺术博物馆一般都会在藏品上列明保存的适用范围，如参考室温为18℃～21℃、相对湿度为50%～55%、光度50Lux～150Lux等。当然还会按纸、石、铜、铁等不同的展品类型作出相应的调整，这比较符合现代藏品的管理原则，值得人们效仿。

另外，随着澳门博物馆业的发展，藏品已改变了从前变动较小的局面，一些临时展览、对外展览或因变换主题的展览展场的重新布置，都会涉及藏品的安排，藏品的使用频率也将会大大提高。而建立规范的藏品制度，系统地开展藏品登记鉴定和建立档案工作，并落实安全保安工作和风险评级都是现今博物馆必须要做的工作。在澳门地区的博物馆中，部分对藏品欠缺系统的管理，如没有"博物馆藏品管理软件"、"易宝藏品管理系统"等科学的管理软件，甚至缺乏齐全的藏品进出库凭证；没有严格的进出库房渠道，本应归入A库的却到了B库中等，诸如这些都会使库房管理出现紊乱或无法准确地找到藏品，最可怕的是倒借、转借的关系，在年长日久几经易手中藏品就会失去踪迹！

为解决这些情况，首先要建立藏品基本档案，根据浙江博物馆陈水华先生解释，建立藏品档案有两个含义："一是随着对藏品的研究深入藏品所包含的信息被逐渐揭示出来，而对藏品的研究是一个长期的逐渐深入的过程；二是藏品的信息含量并不是固定不变的，而是动态积累的，特别是藏品的历史信息随着时间的推移、历程的丰富在逐渐增加"[1]，总括而言即要将建立藏品档案视为日常工作，而且在一定时间需要进行更新。如现行国际上通用的建立藏品档案的主要步骤包括：①编目号；②授权日期；③从何处得此藏品；④登录号；⑤接受或登录日期；⑥接收方法；⑦简要描述；⑧最初存储地点；⑨页码；⑩历史信息；⑪注释；

① 陈水华：《试论自然类藏品的特性及其规范管理》，《博物馆建设思考答卷》，文物出版社，2003年4月，第169页。

表3　加拿大文物保护中心的米赫斯基（Michalski, S.）编纂的温度与相对湿度明细（节录）

藏品类别	控制设定点或年度平均值	在受控空间内的最大变化值与升降率			藏品的危机/收益
		控制类型	微弱变化以及空间变化升降率	控制设定点的季节性调整	
一般类型的博物馆、美术画廊、图书馆与档案室，化学性质稳定的藏品的储藏室，特别是藏品的物理性质受损程度为中至高度的物品	50% RH（或对永久性藏品的历史上的年度平均值）；温度：15℃～25℃（需要能够符合合适与信息检索出上所有要求的温度）	AA　精确控制，无季节性变化	±5% RH，±2℃	增10% RH，降10% RH；增5℃，降5℃	对于多数文物与画作，无物理性损害风险，即使超过了临界值，某些金属和矿物可能退化，化学性质不稳定的物品，将于数十年间无法再使用
		A　精确控制，些许升降率或季节性变化，二者不会同时发生	±5% RH，±2℃	相对湿度：无变化增5℃；降5℃	对于大多数文物、画作、照片与书籍，有轻度物理性危害。对于大多数文物，将于数十年间无法再使用
			±10% RH，±2℃		对于高度易受损文物，有中度物理性损害风险。对于多数画作、多数照片、若干书籍，有微小风险。对于大多数书籍则无风险。化学性质不稳定的物品，将于数十年间无法再使用；若处于30℃，生命期再减少，而处于30℃、生命期减半
		B　精确控制，些许升降率及至冬季温度。有逐渐损失控制现象	±10% RH，±5℃	增10% RH，降10% RH；增10℃，但不超过至30℃；可降至需要的低温，只需保持湿度的控制	对于高度易受损文物，有高度物理性损害风险。对于多数文物与大多数画作，有数种风险。对于多数文物、若干书籍，有中度风险。对于多数文物、数十年间无法再使用，将于数十年间无法再使用；而处于冬季性环境下生命期加倍
		C　防止所有高度危险机的最大值	整年相对湿度在26%～75%的范围内温度极少超过30℃，通常低于25℃		照片，若干文物、若干书籍，有高度风险，有中度风险。对于多数文物与大多数书籍，将于数十年间无法再使用；生命性质为30℃，生命期再减少，而处于冬季性环境下生命期加倍
藏品类型化学性质物理性质是受损为中至高度高度的物品		D　防止潮湿，相对湿度必须低于75%	相对湿度必须低于75%		对于大多数文物与画作，有高度的突然和物理性损害风险，特别风险来自有镶饰的木板、画作、纸质和照片，化学性质不稳定的物品，将于数十年间无法再使用，更应避免这些风险。若常规温度30℃，生命期再减少，而处于冬季性环境下生命期加倍
	冷藏率温度：10℃ 相对湿度：30%～50%	（只要不带来潮湿的发生，即使只在冬季达成也可接受）			化学性质不稳定的物品，数百年间仍可使用。此类书籍与纸质对化学变化有低度物理性受损的倾向

⑫待填或补充部分。当然这不过是建立藏品档案的核心部分，我们可以因应情况而有所调整，如路氹历史馆、澳门茶文化馆及住宅式博物馆所采用的藏品档案"藏品记录表"就包括：①馆内编号；②原编号（旧编号）；③入藏日期；④财产编号；⑤财政局分类；⑥现存位置；⑦长期存放位置；⑧藏品主题；⑨创作年份；⑩藏品类别；⑪藏品来源；⑫藏品产地；⑬购入金额；⑭藏品估值（包含估值年份）；⑮保险价值；⑯藏品名称（包含中、英、葡文）；⑰素材、技法（包含中、英、葡文）；⑱作者名称；⑲尺寸及画心尺寸；⑳重量；㉑整体状态；㉒曾修复（修复情况）；㉓整理评级；㉔借展记录；㉕内容描述；㉖专家评语；㉗修复简介；㉘备注；㉙记录日期；㉚部门编号；㉛记录人；共计 31 项，并将藏品记录作定期的更新及存盘，最后需要补充的是，建立藏品档案还要注意各类藏品的加标签、藏品摆放位置与移动控制、维护信息及状况报告、注销处理、藏品档案的管理及藏品信息的电子化等不同内容。此外，还要建立藏品的流程管理，笔者认为必须有完善的提取制度，因为藏品随着修复、摄影、展示的需要其流通量已大大增加，实有必要由专人管理藏品进出库房的相关事宜，另外在提取藏品上亦需要由固定人员负责或两人以上提取，以维持其安全性规定。还有定期签报、藏品提用凭证的设置等都是确保藏品安全的有效措施，如澳门艺术博物馆藏品借出的流程管理是地区中甚为严谨的，其展品借出表内容包括申请部门（申请者）数据、借出原因、地点、编号、名称、展品、运往地点、展出日期及归还日期，各项信息填写完毕后，按照规定请相关负责人和经手的工作人员（经办人、保管员、提借人）签署，另外亦会在借出表上附上借出展品的状况报告（包括作品的名称、作者、年份来历、质料编号、保险价值、展品现状及保存建议等）。这样不但确保交接手续的完善，亦进一步防止藏品信息的流失。而要发挥流程管理的最大效力还有赖建立藏品管理系统。博物馆应在该系统中需要植入藏品出入库管理模块，内容应包括身份核对模式，如掌纹机；提供藏品的现状、数量和存放位置的记录；记录人员的出入库时间；藏品归库时的现状、数量；相关人员很轻松地从计算机中检索到所要查找的藏品的方位，而不必仅凭记忆去翻阅或查找，并透过计算机准确反映出各类藏品的利用率和它在宣传教育和研究中发挥的作用，进而有计划地运用藏品为社会文化事业服务。最后，澳门的博物馆亦应从空间上去考虑，藏品位置是一个密封的空间，在藏品库中只有一个进出通道以方便管理，澳门的不少博物馆都缺乏一个统一的安放藏品的地点，即

使同一间博物馆亦有可能将藏品放置在不同的地方，这当然与澳门地少有关，但从长远看，藏品分散使得相关的藏品出库无法及时结清，时间一长，展品就会越积越乱，加之有关人员的转职或对提取管理规范性的意识不严谨，都会使藏品的借出与归还存在安全隐患。

总之，博物馆是一个城市不可或缺的组成部分，它包含了物质与非物质的承传及文化精神，是一个地方发展轨迹的记录。虽然近年澳门博物馆事业的成绩可以说是有目共睹的，但随着新时代的来临，诸如公众期望的提升、经济效益的考虑、职能的深化和扩展等各种难题将会陆续浮现，除馆际合作、法规制定、小区承担及经济发展与文化平衡等，诸如人才培训、营销的创新、私营化及公私合营的模式、危机处理等问题都值得我们深入讨论和思考，但笔者深信只有透过理性的讨论，政府不同部门的衷诚合作，于传承中努力创新，澳门博物馆事业在不远的未来将会更上一层楼。

Current Status and future Development
of Macau Museum Industry

Lü Zhipeng

Abstract: This essay is an analysis on the role of museums in the path of Macau's cultural development. Based on reviewing the past, it is to point out that museums in Macau have made undoubted contribution along with the rapid urbanization, arousing and enhancing the awareness as well as the participation among the population. Nevertheless, considerable difficulties do exist in terms of its sustainability, such as inter-museum cooperation, legislation, social community responsibility, cultural preservation commensurate with economic development. It comes to the conclusion that the ultimate mission of the museums will and should be content-oriented, prioritizing the professional and quality services.

Key Words: Macau; Museums; Inter-museum Cooperation; Social Community Responsibility; Development

附　　录

Appendix

B.27
澳门概况（2009～2010）

刘炜华 *

一　澳门地理与天气

东经：113°31′33″—113°35′43″

北纬：22°06′39″—22°13′06″

陆地总面积：29.5 平方公里（2009 年）

　澳门半岛：9.3 平方公里（2009 年）

　氹仔岛：6.8 平方公里（2009 年）

　路环岛：7.6 平方公里（2009 年）

　路氹填海区：5.8 平方公里（2009 年）

海岸线：47.18 公里（2009 年）

---

* 刘炜华，澳门大学社会科学及人文学院博士候选人，西安外国语大学商学院讲师，研究方向为政治经济发展。

海拔高度：

澳门半岛海拔最高：90.0 米（东望洋山）

氹仔海拔最高：158.2 米（大潭山）

路环海拔最高：170.6 米（叠石塘山）

全年平均气温：22.5℃（2009 年）

全年日照时间：1865.5 小时（2009 年）

紫外线指数低至中等（0～5.4）的日数比例：41.2%（2009 年）

总降雨量：1620.2 毫米（2009 年）

降雨日数：125 日（2009 年）

全年平均相对湿度：72.0%（2009 年）

热带气旋数目：8 次（2009 年）

二　澳门人口与住户

人口估计：549500 人（2010 年第三季度）

男性：262200 人

女性：287300 人

住户数目：177.9 千户（2009 年）

年龄结构（2009 年）：

15 岁以下：12.7%

15～64 岁：79.5%

65 岁或以上：7.7%

澳门居民主要国籍（2006 年）：

中国：93.9%

菲律宾：2%

葡萄牙：1.7%

澳门居民主要出生地（2006 年）：

澳门：42.5%

内地：47.1%

广东省占内地：74.1%

　　福建省占内地：15.2%

　　香港：3.7%

　　菲律宾：2%

　　葡萄牙：0.3%

平均预期寿命：82.4 岁（2006～2009 年）

出生率：8.8‰（2009 年）

死亡率：3.1‰（2009 年）

结婚率：5.6 宗/千居民（2009 年）

离婚率：1.4 宗/千居民（2009 年）

人口年增长率：－1.3%（2009 年）

老化指数：60.3%（2009 年）

依赖指数：25.7%（2009 年）

住户总数：177900 户（2009 年）

人口密度：每平方公里 18400 人（2009 年）

人均居住面积：225 平方呎（约合计 20.90 平方米）（2009 年）

获准居留人士：9489 人（2009 年）

持"单程证"的中国内地移民数目：3121 人（2009 年）

三　澳门社会

（一）环境

空气质量属良好的比例（澳门半岛路边监测站）：83.1%（2009 年）

经处理的食水总量：78074261 立方米（2009 年）

人均耗水量：0.39 千人/立方米/日（2009 年）

绿化总面积：7703995 平方米（2009 年）

绿化区占土地面积比例：26.1%（2009 年）

人均绿化面积：14.2 平方米（2009 年）

生活垃圾：159723 吨（2009 年）

废纸回收总重量：236598 千克（2009 年）

焚化中心处理的固体废料：324808 吨（2009 年）

平均每日处理之污水量：182273 立方米/日（2009 年）

绿化区山火：20 宗（2009 年）

行人道树木总数：15658 株（2009 年）

离岛再植林用的树木总数：472706 株（2009 年）

投诉（2009 年）：

    噪声：4533 宗

    空气：163 宗

（二）医疗

每千人口之医生：2.4 人（2009 年）

每千人口之护士：2.8 人（2009 年）

每千人口之牙科医生和医师：0.4 人（2009 年）

每千人口之中医生和中医师：0.9 人（2009 年）

每千人口之病床：2.0 张（2009 年）

病床使用率：73.8%（2009 年）

（三）教育

就学率（2008/2009 学年）：

      幼儿（3~5 岁）：95.4%

    小学（6~11 岁）：101.6%

    中学（12~17 岁）：89.0%

    高等（18~22 岁）：40.4%

学生与教师比例（2008/2009 学年）：

    高等教育：11.5

    幼儿、小学及中学教育：15.7

    特殊教育：4.5

    回归教育：13.6

    成人教育：79.3

升级率（2008/2009 学年）：

高等教育：23.6%

幼儿、小学及中学教育：91.1%

特殊教育：11.0%

回归教育：56.6%

成人教育：83.0%

（四）司法与罪案

罪案总数：12406（2009年）

    侵犯财产罪：52.1%

    侵犯人身罪：20.2%

    妨害社会生活罪：5.4%

四　澳门经济

（一）本地生产总值

本地生产总值：

当年价格：169342936千澳门元（2009年）

2002年不变价格：143091490千澳门元（2009年）

    私人消费支出：41603649千澳门元（2009年）

    政府最终消费支出：13738.759千澳门元（2009年）

    资本形成总额：30587435千澳门元（2009年）

    货物及服务出口：155494562千澳门元（2009年）

        减：货物及服务进口：73073540千澳门元（2009年）

本地生产总值名义增长率：-2.4%（2009年）

本地生产总值实质增长率：1.3%（2009年）

人均本地生产总值（当年价格）：311131澳门元（2009年）

人均本地生产总值（2002年不变价格）：262900澳门元（2009年）

耗水量：68117千立方米（2009年）

耗电量：3463.3百万千瓦小时（2009年）

（二）对外商品贸易

出口货值：7672.540 千澳门元（2009 年）

　　　　同期变动率：−52.1%

　　对中国内地出口货值：1117488 千澳门元（2009 年）

　　　　同期变动率：−43.2%

　　对香港出口货值：3014637 千澳门元（2009 年）

　　　　同期变动率：−4.7%

　　对美国出口货值：1308258 千澳门元（2009 年）

　　　　同期变动率：−79.6%

　　对欧盟出口货值：631263 千澳门元（2009 年）

　　　　同期变动率：−60.3%

进口货值：36901985 千澳门元（2009 年）

　　　　同期变动率：−14.2%

　　从中国内地进口货值：11571100 千澳门元（2009 年）

　　　　同期变动率：−31.6%

　　从香港进口货值：4036362 千澳门元（2009 年）

　　　　同期变动率：−7.5%

　　从美国进口货值：2217119 千澳门元（2009 年）

　　　　同期变动率：−7.0%

　　从欧盟进口货值：7814.949 千澳门元（2009 年）

　　　　同期变动率：10.1%

贸易差额：−29229445 千澳门元（2009 年）

　　同期变动率：−8.2%

（三）外来直接投资

外来直接投资累计总额：96806 百万澳门元（2009 年）

外来直接投资流量：22118 百万澳门元（2009 年）

（四） 博彩、旅游及会展

1. 博彩

博彩毛收入（不计赏钱）：120383 百万澳门元（2009 年）

　　同期变动率：9.6%

2. 旅游

入境旅客：21752751 人次（2009 年）

　　海路：8684809 人次

　　陆路：11448843 人次

　　空路：1619099 人次

旅客留宿晚数：1.54 晚（2009 年）

酒店入住率：71.40%（2009 年）

可供应用客房：19259 间（2009 年）

旅客平均逗留时间：1.1 日（2009 年）

旅客人均消费（不包括博彩消费）：1616 澳门元（2009 年）

澳门居民出境：24997.0 千人次（2009 年）

3. 会议展览

数目：1485 场次（2009 年）

与会人次：698814 人次（2009 年）

平均会期：2.04 日（2009 年）

会议（2009 年）：

　　数目：1406 场次

　　与会人次：133097 人次

　　平均会期：1.97 日

展览博览会（2009 年）：

　　数目：79 场次

　　入场人次：565717 人次

　　平均展期：3.36 日

（五） 消费与物价

通货膨胀率：1.17%（2009 年）

综合消费物价指数（4/2008 - 3/2009 = 100）：101. 40（2009 年）

甲类消费物价指数（反映本地区 49% 家庭户数的物价变动，其每月平均消费 3000 ~ 9999 澳门元）：101. 45

乙类消费物价指数（反映本地区 31% 家庭户数的物价变动，其每月平均消费 10000 ~ 19999 澳门元）：101. 37

零售业销售额：22339 百万澳门元（2009 年）

同期变动率：15. 2%

（六）劳工与就业

劳动人口：329200 人（2009 年）

就业人口：317500 人（2009 年）

失业人口：11700 人（2009 年）

外地雇员期末结余：74525 人（2010 年第三季度）

劳动力参与率：72. 0%（2009 年）

失业率：3. 6%（2009 年）

就业不足率：1. 9%（2009 年）

月均工作收入中位数：8500 澳门元（2009 年）

（七）建筑及房地产

公共工程开支：3021. 2 百万澳门元（2009 年）

私人建筑工程：

新动工楼宇：

单位数目：1547 幢（2009 年）

同期变动率： - 24. 4%

总楼宇建筑面积：228874 平方米（2009 年）

同期变动率： - 57. 1%

建成楼宇：

单位数目：3251 幢（2009 年）

同期变动率：176. 2%

总楼宇建筑面积：1406242 千平方米（2009 年）

同期变动率：140.7%

按印花税统计之楼宇买卖数目：17310 幢（2009 年）

按印花税统计之楼宇买卖价值：26298.7 百万澳门元（2009 年）

住宅单位每平方米（实用面积）平均成交价：23235 澳门元（2009 年）

不动产之按揭贷款数目：8965 百万澳门元（2009 年）

（八）公共账目

总收入：69870878 千澳门元（2009 年）

博彩税：45697.512 千澳门元（2009 年）

总开支：35447918 千澳门元（2009 年）

结余：34422960 千澳门元（2009 年）

（九）货币及金融

狭义货币供应量（M_1）：30608.0 百万澳门元（2009 年）

广义货币供应量（M_2）：212233.3 百万澳门元（2009 年）

居民存款：207327.4 百万澳门元（2009 年）

本地信贷：−15392.4 百万澳门元（2009 年）

对外资产净值：275219.6 百万澳门元（2009 年）

外汇储备：146578.7 百万澳门元（2009 年）

澳门元平均兑换价（兑每百元外币）（2009 年）：

美元：798.42

欧元：1113.09

日元：8.5382

人民币：116.88

澳门元储蓄存款年利率期末值：0.01%（2009 年）

（十）商业

新组成公司数目：2529 家（2009 年）

同期变动率：−7.6%（2009 年）

新组成公司资本额：340367 千澳门元（2009 年）

同期变动率：-17.6%（2009 年）

解散公司数目：469 家（2009 年）

同期变动率：4.9%（2009 年）

解散公司资本额：1994414 千澳门元（2009 年）

同期变动率：277.0%（2009 年）

不涉及买卖之不动产按揭贷款：45066.5 百万澳门元（2009 年）

五　澳门运输与通信

（一）运输

道路行车线长度：413.1 公里（2009 年）

新登记车辆：15815 辆（2009 年）

行驶车辆：194666 辆（2010 年 10 月）

　汽车：89378 辆（2010 年 10 月）

　电单车：105288 辆（2010 年 10 月）

行使机动车辆密度：460 辆/公里（2009 年）

商业航机班次：37177 班次（2009 年）

货柜货物：232107 吨（2009 年）

海路货柜总吞吐量：88548 标准货柜单位（2009 年）

航空货运：52464 吨（2009 年）

交通意外数目：12643 次（2009 年）

（二）通信

固网电话用户数目（期末结余）：168903 户（2010 年 10 月）

流动电话用户数目（期末结余）：1108906 户（2010 年 10 月）

传呼机用户数目（期末结余）：3100 户（2009 年）

互联网用户数目（期末结余）：166437 户（2010 年 10 月）

　　　总使用时数：340418 千小时（2009 年）

寄出邮件数量：30694900 件（2009 年）

六　2009～2010年澳门大事记

2009年

11月

11日

《人民日报》澳门分社成立。——澳门电台

14日

易研网络研究实验室调查显示，澳门居民对自己是中国人的认同程度达8.8分（0分为最低分，10分为最高分）。对于10年来特区政府的发展，约40%的居民满意特区政府过去10年的整体表现，另外约40%认为一般。澳门居民对于自身的生活满意度却有所下降，对于经济及社会状况的信心指数较前有所上升，但仍处于低至中等的水平。——华侨报

17日

透明国际公布本年国际清廉指数，澳门得5.3分比去年下跌0.1分。排名第43位，与去年持平。——透明国际

21日

第56届澳门格兰披治大赛车正式开赛。——华侨报

24日

国务院公布澳门特区第三届政府主要官员名单。——澳门电台

29日

行政长官办公室宣布，国务院日前批准了澳门填海361.65公顷，以兴建新城区。——新闻局

12月

1日

第三任行政长官崔世安委任第三届政府行政会委员。——政府公报

澳门高等校际学院易名为圣若瑟大学。——政府公报

2日

澳门大学澳门研究中心所进行的调查显示，澳门居民对第三届新班子的满意

度平均值为 5.59 分（10 分为满分）。——澳门电台

5 日

劳工事务局局长孙家雄表示，会着力解决结构性失业问题，而未来输入劳工将以外语人才为主。——华侨报

15 日

港珠澳大桥动工仪式在珠海举行。——澳门电台

16 日

珠海横琴新区今日正式挂牌，是继上海浦东、天津滨海新区后第三个国家级新区。——北方网

19 日

国家主席胡锦涛抵达澳门，参加回归 10 周年庆祝活动，在澳门特区政府举行的欢迎晚宴上宣布赠送澳门一对大熊猫。——澳门电台

澳门科学馆开幕。——澳门电台

行政长官何厚铧最后一次授勋，李成俊和许世元获大莲花勋章。——新闻局

20 日

崔世安就任澳门特别行政区第三届行政长官，主要官员及行政会成员随后亦宣誓就职。——澳门电台

澳门大学横琴校园动工。——澳门电台

约 1100 人参加回归日民主大游行。——澳门电台

23 日

《新华每日电讯》举行首发式，并于 2010 年 1 月 1 日正式在澳发行。——新华网

26 日

第十一届全国人大常委会第十二次会议通过人大常委会澳门特别行政区基本法委员会名单。——澳门电台

2010 年

1 月

5 日

立法会全体大会在出席的 25 名议员全部赞成的情况下，一般性通过《预防

及控制吸烟制度》法案。——澳门电台

行政长官崔世安在会见社会人士时表示，将研究设立高官财产申报机制，并考虑公众日后可查阅主要官员的财产申报资料，并透露政府将修订《廉政公署组织法》。稍后亦表示会设立新闻发言人。——澳门电台

6日

立法会全体大会一般性通过《禁止经营非法旅馆》及《社会保障制度》法案。——澳门电台

15日

澳门出现日偏食。——澳门电台

20日

《华尔街日报》及传统基金会发表本年全球经济自由度指数，本澳在全球179个经济体中，名列第20。——华侨报

29日

著名教育家、书法家、诗人、社会活动家、爱国侨领、澳门归侨总会及澳门福建同乡会创会会长、澳门福建学校始创人梁雪予去世，享寿108岁。——澳门日报

2月

3日

澳门监狱狱长李锦昌表示，目前在囚人数926人，当中非本地居民人数已超越本地居民，占当中55%。——澳门电台

5日

耗时九年维修的郑家大屋首期对公众开放。——澳门电台

19日

本澳魔术师翁达智获得今年世界魔术杰出贡献奖——"默林奖"。——澳门电台

20日

《市民日报》创办人何曼公去世，终年103岁。——华侨报

2月28日

前行政长官何厚铧增补为十一届全国政协委员。——人民网

3 月

1 日

行政长官崔世安在与工会联合总会会面时，承认置业移民政策已经过时。——澳门电台

2 日

香港《文汇报》在澳门成立新闻中心。——澳门电台

5 日

国务院总理温家宝在十一届人大三次会议发表政府工作报告，支持澳门发展旅游休闲产业，促进经济适度多元化。——华侨报

7 日

国家副主席习近平会见澳门全国人大代表时提出三点看法：要加快经济发展模式的转变、促进经济适度多元化发展、澳门特区要学习和全面贯彻执行胡主席在澳门回归 10 周年庆典讲话的精神。——澳门日报

9 日

"天主教澳门教区档案文献（16～19 世纪）"在当天结束的联合国教科文组织世界记忆工程亚太地区委员会第四次会议成功被列入亚太地区世界记忆名录。——华侨报

13 日

前行政长官何厚铧在当日闭幕的全国政协十一届三次会议中，当选全国政协副主席。——新华网

15 日

行政长官办公室主任谭俊荣表示，粤澳两地政府将共同制定《粤澳合作框架协议》，推进粤澳合作。——新闻局

特区政府接获马其顿共和国驻华使馆通知，2009 年 10 月 1 日起特区护照持有人可于马其顿免签逗留 90 天。马其顿国民亦获同等待遇。——新闻局

16 日

行政长官崔世安发表上任后首份施政报告。——澳门特区政府

21 日

街坊会联合总会对今年施政报告进行的民意测验显示，27％的市民表示满意或十分满意，42.6％表示一般。——澳门日报

22 日

各区空气质量指数介乎 198～228，是 1999 年空气质量报告记录设立以来最差的一天。——澳门电台

26 日

特区政府捐出 6000 万澳门元，援助西南旱灾。——华侨报

27 日

澳门科技大学庆祝成立 10 周年。——华侨报

澳门当日参加了地球一小时。——华侨报

4 月

8 日

第三届澳门国际环保合作发展论坛及展览开幕。——澳门电台

14 日

祝庆生大校接替王玉仁少将，任解放军驻澳门部队司令员。——澳门日报

15 日

首届澳门学国际学术研讨会在澳门大学举行。——华侨报

17 日

首场《聘用外地雇员法》公众讲解会举行。——华侨报

19 日

国际古物遗迹理事会副主席郭旃在《城市发展与文化遗产保护》研讨会表示世遗专家不能接受新葡京一带高层建筑。而本地地产商则认为不应硬性套用某一特定的严厉标准，而扼杀一个地区的发展及生存空间。——新华澳报

21 日

澳门特区政府各部门、公共机构及中央驻澳机构下半旗并停止公共娱乐活动，悼念 2010 年玉树地震死难者。——华侨报

23 日

经济财政司司长谭伯源与五个工会代表会面，了解失业工人情况。——澳门电台

24 日

行政长官崔世安就有市民未被纳入中央公积金受益人临时名单公开道歉。——华侨报

26 日

社会保障基金就中央储蓄制度临时名单引起的社会问题，承认系与治安警察局沟通及跟进不足而导致，向公众致歉并即时推出相关简易措施。——华侨报

《聘用外地雇员法》今日起生效。——印务局

29 日

终审法院裁定，民政总署不得限制团体举行集会地点。澳门博彩、建筑业联合自由工会胜诉，可于 5 月 1 日在黑沙环三角花园举行集会后起步游行。——华侨报

30 日

行政长官崔世安抵达上海，出席世博开幕礼。——华侨报

5 月

1 日

当日先后有六个队伍参与劳动节游行。其中部分人试图经过新马路时与警方在水上街市附近发生冲突。警方动用胡椒喷雾和水炮驱散，41 人包括一名外国记者受伤。——新闻局

4 日

终审法院裁定，新澳门学社就举行公众集会地点向民政总署提出的上诉得直。——澳门日报

5 日

行政长官中午宴请中文传媒代表时强调，《出版法》的修订是基于"维护新闻自由"和"支持本澳传媒发挥更大的作用"的原则。——市民日报

6 日

社会工作局计划以至少 3000 万澳门元租金在江门市兴建智障人士宿舍。——华侨报

澳门发现一种首次在亚洲出现的人类免疫缺陷病毒变种。——新闻局

9 日

新青年协会调查指有 40% 的人反对五一游行经过新马路，35% 的人支持。——华侨报

11 日

春季书香文化节开幕。——华侨报

18 日

个人资料保护办公室高度关注谷歌为提供街景服务而在包括澳门在内的多个国家和地区收集影像资料时，同时收集了未经加密的 Wi－Fi 网络资料的事件。——新闻局

诗人胡晓风去世，终年 88 岁。——澳门日报

24 日

当日在太平工业大厦发起静坐的七个团体宣布成立"澳门工人同盟总会"，宗旨为争取工人权益，促进社会发展，声讨官商勾结不理工人就业。——正报

26 日

体育发展局前局长萧威利被指在任期间滥用职权，案件定于 2010 年 9 月 15 日在初级法院第四刑事法庭开审。——句号报

28 日

紧贸安排第七份补充协议签署。——新闻局

29 日

赠送澳门特区的大熊猫名单出炉，两只来自成都大熊猫繁育研究基地的大熊猫最终获选。——华侨报

31 日

《聘用外地雇员法》的补充性行政法规颁布，规定输入外雇的企业必须保证聘用最低数量的本地雇员。——印务局

6 月

1 日

接近两千人在社交网站 facebook 发起网上游行，要求政府"一视同仁地待商待民、特首履行好职责，给市民一能安居乐业的澳门"。——正报

2 日

政府就《出版法》和《视听广播法》举行简介会，强调在修订内容没有既定立场。——新闻局

4 日

民主发展联委会在玫瑰堂前地举行烛光晚会，主办单位表示超过 400 人参与晚会，是近 10 年来最多。——澳门电台

6 日

工会联合总会调查发现，澳门邻里关系普遍疏离淡漠，又对参与大厦管理意识薄弱。——正报

9 日

当日早上 8：00～9：00 录得 77.2 毫米雨量，引起多处水浸。气象局迟至上午 9：05 发出暴雨警告信号，其后向市民致歉。——华侨报

16 日

1184 人在澳门综艺馆演唱饶舌，成功打破德国在 2007 年所创的吉尼斯世界纪录。——澳门电台

22 日

本地电影《奥戈》入选捷克卡罗维发利国际电影节主竞赛单元 12 部影片之一。——澳门日报

检察院决定就五一游行有侮辱国旗之事立案。——澳门日报

28 日

立法会细则性讨论及表决通过《修正二○一○财政年度预算》法案，以安排本年度现金分享计划，另外一般性通过《医生职程制度》、《非高等教育公立学校教师及教学助理员职程》、《因执行公务的司法援助》三项法案。——华侨报

经济财政司司长谭伯源表示，有 30 万人被纳入中央储蓄制度，合资格人士最快可于 9 月份提取款项。——华侨报

29 日

公共房屋事务委员会建议，经济房屋建筑面积售价为每平方英呎 1100 澳门元。——新闻局

立法会一般性通过五项卫生范畴的职程法案。——华侨报

30 日

卫生局局长李展润在慢性病防制委员会第一次会议上指出，慢性病正取代传染病成为澳门人主要死亡原因。——新闻局

7 月

1 日

社会工作局宣布投放澳门币逾 5000 万元，推出"协助弱势社群舒缓通胀压

力措施"，将有 8500 个家团受益，同时亦会把"短期食物补助计划"延长半年。——华侨报

2 日

"提升公共管治能力 2010 两岸四地学术研讨会"在澳门大学国际图书馆举行，澳门大学教授刘伯龙表示，政府必须建构包括非传统社团在内的全民咨询机制，提升管治水平。——华侨报

5 日

林则徐纪念馆完成重修工程。——正报

即日起外劳及其家属，以及在澳外地学生，在取样手续后，可使用自助过关系统。——新闻局

9 日

多名议员质疑轻轨展览馆的必要性。——正报

10 日

立法会举行开放日。——华侨报

11 日

行政长官崔世安宣布冻结轻轨展览馆计划。——华侨报

12 日

行政长官批示，公布高官离任不得从事私人业务的情况。——印务局

13 日

全国人大常委会副秘书长及澳门基本法委员会主任乔晓阳，指澳门政改程序基本与香港相同，亦即惯称的"五部曲"，即行政长官向全国人大提议修改，人大同意修改，修改方案立法会 2/3 同意，特首同意，人大常委会批准或备案。——华侨报

14 日

立法会开始细则性审议《因执行公共职务的司法援助》法案。——华侨报

21 日

政府公布五对大熊猫的候选名字，让市民投票，选出将要来澳大熊猫的名字。——正报

23 日

第十三届澳门书市嘉年华开幕。——华侨报

25 日

澳门传媒工作者协会发表声明，要求撤回《因执行公共职务的司法援助》法案相关条文。——华侨报

28 日

行政法务司司长陈丽敏表示，《因执行公共职务的司法援助》法案不会损害新闻和言论自由，可继续依法批评政府，又指出社会不可能享受公务员所有同等的福利。——华侨报、澳门电台

30 日

立法议员高天赐促请撤回《因执行公共职务的司法援助》法案。其他公务员团体则认为有需要立法，更表示期待已久，支持政府推出法案。——正报

31 日

行政长官崔世安就《因执行公共职务的司法援助》法案保证，特区政府非常尊重广大传播媒介及确保新闻自由。——华侨报

8 月

1 日

新一期医疗券开始派发。——澳门日报

由新视角学会、新青年协会进行的民意测验显示，49％受访者认为讨论澳门政制改革具迫切性，65％受访者希望未来实现行政长官、立法会"双普选"。——澳门日报

2 日

立法议员关翠杏表明，不认同政府在《因执行公共职务的司法援助》法案中有关"官告民"条款的取态。——华侨报

3 日

新澳门学社到立法会递信，要求删除《因执行公共职务的司法援助》第四条。——华侨报

4 日

立法会前主席曹其真在博文中认为，《因执行公共职务的司法援助》法案违反《基本法》。——华侨报

廉政公署就包括劳工事务局 3 月搜查澳亚卫视一事批评劳工局存在不恰当行为。——华侨报

5 日

立法会第三常设委员会完成审议《社会保障制度》以及六项卫生职程法案，并签署意见书。——澳门电台

立法会第二常设委员会继续讨论《预防及控制吸烟制度法》。——澳门电台

7 日

位于圣保禄学院遗址的利玛窦铜像揭幕。——华侨报

8 日

有政策研究员和传媒团体继续批评《因执行公共职务的司法援助》法案。——华侨报

9 日

政府决定就《因执行公共职务的司法援助》删除第四条有关"名誉"的部分。——澳门电台

11 日

立法会通过《社会保障制度》法案。——华侨报

12 日

在立法会本年度最后一次会议上，细则性通过六个卫生范畴职程和《非高等教育公立学校教师及教学助理人员职程制度》法案。——华侨报

13 日

《禁止非法提供住宿》法律正式生效。跨部门工作小组当日成功捣破七个怀疑用作非法提供住宿的单位。——新闻局

15 日

澳门青年动力在玫瑰堂前地集会，要求撤回《因执行公共职务的司法援助》法案。——正报

全澳当日哀悼甘肃舟曲县泥石流惨剧死难者。——华侨报

17 日

政府宣布就《因执行公共职务的司法援助》法案，向前线公务员在月底举行四场交流会。——新闻局

18 日

廉政公署发表年度工作报告，再次对多个部门发出劝吁。——新闻局

19 日

个人资料保护办公室表示，暂时不会允许谷歌在澳门再以"街景服务"专车在澳门收集影像资料。——新闻局

25 日

立法会主席刘焯华期望政府设立中央机制，赋予某个机构有法案的统一审查权和立法计划的编制权，以解决提案不均衡的问题。——华侨报

27 日

街坊会联合总会调查指，近 60% 的受访者认为政府对现时房产市场的调控程度不足。——华侨报

29 日

行政长官崔世安在福州表示，就珠澳跨境工业区的升级已经与广东方面达成初步共识。——澳门日报

30 日

《因执行公共职务的司法援助》交流会最后两场举行，六场共有 1100 名公务员参加。——正报

9 月

1 日

社会房屋确定轮候名单公布。4798 份申请获接纳。——新闻局

行政会议成员陈明金证实独资接办亚洲（澳门）国际公开大学。——华侨报

6 日

大西洋银行和中国银行澳门分行获续发钞权 10 年。——华侨报

7 日

行政长官崔世安抵达福建厦门，出席"第十四届中国国际投资贸易洽谈会"开馆式，他表示日后会减少外访。——新闻局

10 日

大三巴周围首期考古工作成果公布，发现罕见青花瓷。——新闻局

中央赠澳一对大熊猫已取名为"开开"、"心心"。该组合在 5.6 万张票中占近 44%。——澳门电台

12 日

《亚洲周刊》总编辑邱立本指澳门的新闻自由未受《维护国家安全法》的影响。——正报

13 日

一份问卷调查显示，近 80% 的博彩业员工感到工作压力大，主要是因为前景不明和工作环境差。——华侨报

20 日

行政会宣布，对《因执行公共职务的司法援助》法案作重大修订，包括第四条涉及"官告民"的条文整条删除；行政长官、主要官员、司法官被剔除出法案的司法援助对象；增设独立委员会审核司法援助申请。政府亦计划修订现行对象包括一般居民的司法援助制度，下月将提出文本咨询公众。——正报

有保钓人士递信，抗议在 9 月 18 日仍然举行烟花表演。——正报

21 日

澳博董事苏树辉期望政府能减轻对澳门基金会注资要求，以多出款项协助员工。——正报

对于行政会删除《因执行公共职务的司法援助》法案中第四条，行政法务司司长陈丽敏认为，这体现了立法过程中充分沟通，本澳迈向成熟立法。——华侨报

22 日

政府发言人谭俊荣指澳门社会对近日钓鱼岛问题的反应"充分体现了澳门居民维护国家主权和领土完整的坚定意志和决心"。——新闻局

26 日

新视角学会调查发现，12 名直选立法议员中，吴国昌、关翠杏和区锦新的评分在前三位，而近半数受访者则认为议员表现一般。——市民日报

29 日

立法会前主席曹其真表示，立法会选举法亦要因应情况修改。——澳门日报

30 日

葡萄牙商业银行澳门分行开业。——正报

10 月

1 日

特区政府举行升旗礼和酒会，庆祝国庆 61 周年。——澳门电台

四个团体分别发起游行，它们都按照警方路线前进。——澳门电台

4 日

土生葡人作家飞历奇去世，享年 86 岁。——*Macau Business*

9 日

行政长官崔世安在澳门大学毕业典礼表示，目前在氹仔的校园未来不会作商业用途。——华侨报

镜湖医院慈善会举行仪式，纪念辛亥革命 99 周年。——市民日报

11 日

两个团体分别向中联办递信，要求释放有关人士和捍卫钓鱼台列岛主权。——华侨报

新闻界人士认为，修改《出版法》和《视听广播法》的目的，应该从维护新闻自由的角度出发。——正报

13 日

知名爱国侨领、全国侨联顾问、澳门归侨总会荣誉会长司徒眉生在澳门镜湖医院病逝，享年 82 岁。——中新网

首次有三部与澳门有关的电影亮相内地金鸡百花电影节。——澳门电台

14 日

中级法院裁定，2009 年立法会选举一个同乡会领导层指示他人穿着同一款式及颜色 T 恤衫，并不构成违法宣传，维持初级法院判决。——中级法院

18 日

保安司司长办公室主任黄传发就早前在接受访问期间"推咪"举动，向相关记者道歉。——市民日报

21 日

第十五届澳门国际贸易投资展览会开幕。——新闻局

22 日

《出版法》和《视听广播法》修订方向文献研究报告完成。——正报

24 日

由于9月综合消费物价指数上升3.83%，超过3%的警戒线水平，社会工作局计划再向弱势社群发放特别援助金。——市民日报

25 日

政府呈交新《因执行公共职务的司法援助》法案文本予立法会常设委员会，当中完全删除"官告民"条款。司法警察和狱警亦被剔除出保障范围。——正报

26 日

透明国际公布年度全球清廉指数，澳门排名下跌三级至第46位。——透明国际

环保局局长张绍基透露，已完成修订"规范若干环境噪声之预防及控制"法令。——正报

政府完成医疗补贴计划的初步评估，使用率达90%，其中近一半用于中医。——华侨报

29 日

意大利总统乔治·纳波利塔诺到访澳门，参观纪念利玛窦文物展览。——华侨报

行政会完成讨论财政储备制度，建议分为基本储备和超额储备两部分。——正报

31 日

廉政公署就澳门有线电视和公共天线公司的争执向电信管理局发出劝吁。——新闻局

政府公布《澳门总体城市设计研究报告》。——华侨报

11 月

2 日

国际反贪局联合会第四次年会暨会员代表大会一连四日于澳门召开。——正报

廉政专员冯文庄指，会在本月中旬推出"决策官员的财产公开申报制度"。——华侨报

6 日

政府公布《澳门城市规划编制体系研究报告》。——澳门日报

12 日

广州亚运会揭幕，澳门派出 245 人参加 19 个比赛项目。——市民日报

13 日

国务院总理温家宝抵达澳门，展开两日访问行程。——新闻局

中国—葡语国家经贸合作论坛（澳门）第三届部长级会议揭幕。——新闻局

温家宝在会见行政、立法、司法机关负责人时，提出了"以人为本、廉洁、忠于职守"的三点希望。——正报

五个团体共约 150 人游行，结束后部分人士到司法警察局抗议，两名发起人被带走。——澳门电台

14 日

贾瑞在广州亚运会男子刀术棍术全能项目中获得金牌，为澳门在亚运会历史取得金牌"零的突破"。——香港电台

温家宝在与社会人士座谈时提出"提高政府施政水平、促进经济适度多元发展、努力保障和改善民生、重视维护社会和谐安定"四点希望。——新闻局

15 日

一项关于快乐指数的民意调查显示，澳门人的快乐指数为 72 分（满分 100），其中"80 后"指数最低。——华侨报

几内亚比绍驻澳门名誉领事馆开幕。——正报

16 日

行政长官崔世安发表 2011 年施政报告，题为《落实科学施政，规划发展蓝图》。——澳门特区政府官方网站

17 日

"易研方案"民意调查指，2011 年施政报告获 55 分（满分 100），而最受支持和反对的政策都是房屋问题。——正报

19 日

立法会首次开会细则性审议《修改著作权及有关权利的法律制度》法案。——华侨报

20 日

何鸿燊在香港礼宾府接受大紫荆勋章，由香港行政长官曾荫权亲自颁发，成为第一位同获港澳两地最高荣誉的人士。——市民日报

21 日

第 57 届澳门格兰披治大赛车闭幕，4 天赛事共吸引逾 60000 人次入场观看，莫他拿成为历史上首位成功卫冕三级方程式比赛的车手。——华侨报

22 日

行政长官批示，在 2013 年 3 月底之前完成采用为特区法律的澳门原有法律进行清理及适应化处理工作，由法务局协助并协调。——印务局

23 日

陈丽敏表示，年底颁布《主要官员通则》。——华侨报

多名议员继续就政制发展发表意见，其中关翠杏认为讨论政制发展不违《基本法》。而陈丽敏强调民生工作优先。——市民日报

24 日

街坊会联合总会有研究指出，澳门和拱北之间物价差距逾倍。——澳门日报

26 日

谭伯源回应议员何润生时表示，多项博彩业监管措施已进入立法程序。——华侨报

27 日

广州亚运会结束，澳门代表队以一金一银四铜的历来最佳成绩完成赛事。——澳门电台

28 日

澳区全国人大代表林笑云表示，澳门政制发展可以开始讨论，并预计 3～5 年内能达成共识。——市民日报

有基层团体发起游行，抗议 2011 年削减现金分享金额。——正报

图书在版编目（CIP）数据

澳门经济社会发展报告：2010~2011/郝雨凡，吴志良主编.
—北京：社会科学文献出版社，2011.4
（澳门蓝皮书）
ISBN 978-7-5097-2206-0

Ⅰ.①澳…　Ⅱ.①郝…②吴…　Ⅲ.①区域经济发展－研究
报告－澳门－2010~2011②社会发展－研究报告－澳门－2010~
2011　Ⅳ.①F127.659

中国版本图书馆 CIP 数据核字（2011）第 037012 号

澳门蓝皮书

澳门经济社会发展报告（2010~2011）

主　　编／郝雨凡　吴志良
执行主编／林广志

出　版　人／谢寿光
总　编　辑／邹东涛
出　版　者／社会科学文献出版社
地　　　址／北京市西城区北三环中路甲 29 号院 3 号楼华龙大厦
邮政编码／100029
网　　　址／http：//www.ssap.com.cn
网站支持／（010）59367077
责任部门／编译中心（010）59367139
电子信箱／bianyibu@ssap.cn
项目经理／祝得彬
特约编辑／刘景松
责任编辑／王玉敏　段其刚
责任校对／丁爱兵
责任印制／董　然

总　经　销／社会科学文献出版社发行部
　　　　　　（010）59367081　59367089
经　　　销／各地书店
读者服务／读者服务中心（010）59367028
排　　　版／北京中文天地文化艺术有限公司
印　　　刷／北京季蜂印刷有限公司

开　　　本／787mm×1092mm　1/16
印　　　张／25.75　字数／442 千字
版　　　次／2011 年 4 月第 1 版　印次／2011 年 4 月第 1 次印刷

书　　　号／ISBN 978-7-5097-2206-0
定　　　价／69.00 元

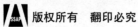

盘点年度资讯 预测时代前程

从"盘阅读"到全程在线阅读
皮书数据库完美升级

· 产品更多样

从纸书到电子书，再到全程在线网络阅读，皮书系列产品更加多样化。2010年开始，皮书系列随书附赠产品将从原先的电子光盘改为更具价值的皮书数据库阅读卡。纸书的购买者凭借附赠的阅读卡将获得皮书数据库高价值的免费阅读服务。

· 内容更丰富

皮书数据库以皮书系列为基础，整合国内外其他相关资讯构建而成，内容包括建社以来的700余部皮书、20000多篇文章，并且每年以120种皮书、4000篇文章的数量增加，可以为读者提供更加广泛的资讯服务。皮书数据库开创便捷的检索系统，可以实现精确查找与模糊匹配，为读者提供更加准确的资讯服务。

· 流程更简便

登录皮书数据库网站www.i-ssdb.cn，注册、登录、充值后，即可实现下载阅读，购买本书赠送您100元充值卡。请按以下方法进行充值。

充值卡使用步骤：

第一步

· 刮开下面密码涂层
· 登录 www.i-ssdb.cn
  点击"注册"进行用户注册

社会科学文献出版社 皮书系列
SOCIAL SCIENCES ACADEMIC PRESS (CHINA)

卡号：54868718588196
密码：

（本卡为图书内容的一部分，不购书刮卡，视为盗书）

第二步

登录后点击"会员中心"
进入会员中心。

SSDB
社科文献资源库
SOCIAL SCIENCE DATABASE

第三步

· 点击"在线充值"的"充值卡充值"，
· 输入正确的"卡号"和"密码"，即可使用。

如果您还有疑问，可以点击网站的"使用帮助"或电话垂询010-59367071。